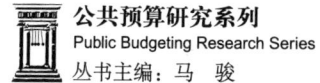

公共预算研究系列
Public Budgeting Research Series
丛书主编：马 骏

本成果获中山大学三期"985工程"项目、
国家社科基金"预算改革与责任政府构建"项目的资助

构建中国公共预算法律框架

Building a Framework for Chinese Budget Law

牛美丽 马蔡琛 主编

中央编译出版社
Central Compilation & Translation Press

序 研究预算法的感想

陈立齐[①]

中国的预算法与我很有缘分。我的第一篇有关中国财政的文章是关于中国 1995 年初生效的《预算法》。那是因为我在 1995 年读到王绍光和胡鞍钢著的《中国国家能力报告》，引起我对一些技术性问题的兴趣，例如，财政收入包括债务收入；官方统计的赤字比"实际数据"少得多；预算之外还有基金；等等。因为这些做法与我所知道的会计概念大有出入，使我开始从学术角度回归祖国。我也开始注意美国的预算法，并在 1999 年发表一篇关于美国预算法的文章。2001 年我到清华大学经管学院当客座教授，同时财政部邀请我担任政府预算和会计改革的顾问。之后我经常回国讲课和开会，对国内财政政策和财务管理更加多一些了解。没有想到那篇美国预算法的文章竟然扩展到 2005 年中国财政部委托我研究美国预算法，作为当时讨论修改预算法的参考资料。接着，2006 年我应国际货币基金组织邀请参加咨询团来华，从国际比较角度为预算法修改提出建议。当时我会见了一些参与该工作的官员学者，对其中奥妙更加入神。所以我后来建议中山大学行政管理研究中心

---

① 陈立齐，美国芝加哥伊利诺伊大学荣退会计教授，中国财政部财政科学研究所研究生部特聘教授，中山大学中国公共管理研究中心研究员。

举办一个关于预算法的专题研讨会，获得马骏教授赞同，这个会于2008年4月在广州召开。与会学者又使我增加了知识，并了解到这个研究领域的机会和难处。这个研讨会的具体成果就是这本书收集的文章。

应编者之邀请，我利用这个机会谈谈对预算法研究的一些感想。这些感想来自上述的经验，以及我阅读了近十年来发表的几十篇有关中国预算法的学术文章后的体会。（请参看许云宵和我合编的参考书目。）

研究预算法的目的。书目里的文献给我的印象是：绝大多数作者的研究目的是为了改善预算法。几乎没有人说是为了增加学科知识，例如关于：预算法立法过程；预算法如何具体反映已经实现的财经制度设计，与政府内外各方面的权利和权力的分配，以及上述的衡量等。

我想这个情形可能有几个原因：中国学者自古就有报国的抱负，而且预算和法律都是改革政府和经济的工具，所以"学以用为贵"是可佳的精神。我只是建议多一个目的，可以将预算法当做一门社会科学学习。在提出批评和改革之前，先明了其来龙去脉，借以建立一套理论来描述，解释或者预测预算法的整体和各项款的创立、执行和结果。

研究预算法的学科和专业。书目里的文献和几次研讨会给我的另外一个印象是：大多数研究预算法的学者来自公共财政或行政管理领域，而不是法学。如是法学，与经济和税收有关的比与公法（宪法和行政法）有关的更多。从政治学角度来看预算法的也不多。

当然，每个学科都有资格和自由研究预算法。我的意思是每个学科和专业都有自己的一套理论和方法，因此对一个事物可能会有独特的观点和贡献。例如，会计学的训练使我对收支和赤字的定义和衡量特别敏感。公法学者对立法部门和行政部门的正式权利的规定比我会有更深入的见解。我相信政治学家不会只看宪法或预算法的明文规定，而更关注实际权力的分配和使用。所以我主张多学科和超学科的研究。

我以学者和顾问的双重身份有机会接触到学者和专业人士。后者多是政府技术官员或者研究者。他们的主要任务是在起稿和谈判的过程中，保护和促进自己所在单位的利益。信息是他们的战略资源，所以他们守口如瓶。于是外人和普通学者难以知道内幕，造成"知者难言，言者难知"的现象。立法过程成为一个"黑箱子"，对后人的知识无益。我建议当事人事后正式记录他们的经历。另外是允许学者专家参与立法起稿过程，事后可以发表，著书立作，用于教学。这样对下一代的政治家和政务人员的培养会有点贡献。

研究预算法的方法。有关预算法的学术文章大多数是短篇的评论。评论的方式大概有两种：第一种是对比预算法的规定与作者推荐的规定。第二种是对比预算法实行的结果与作者想看到的结果。对比的结果往往是发现预算法有缺陷，于是作者提议改革的措施。

采用第一种方法的作者的推荐大概都是基于各种理想，例如：事权与财权匹配，立法与行政权力平衡，透明财政，政府（和官员）受托责任，等等。言下之意是预算法的规定没有达到这些标准。采用第二种方法的不少作者的观察是10—15年前的预算法跟不上中国日新月异的财经发展，不然就是规定不够权威或者实践比法律高明。

这些评论提醒我当初制定《预算法》与后来提议修改《预算法》面临的一个问题是：到底预算法是（1）将现行的做法升级明文立法，还是（2）把一些理想和目标先赋予法律地位，以便可以使用执法手段来达到这些理想和目标。如果是后者，我想建议第三种研究方法：从理论或者实证寻找实践能够维持的原因，实现理想和目标的先决条件。

最后，我希望看到更多的国际比较研究。这种研究的目的是为了明了哪些做法是国际惯例，哪些做法是中国特色的。从实证研究观点，特色并没有好坏，而是鼓励找出不同的原因。从规划的角度，特色会提高辩护的负担。辩护成功则增强信心；辩护挫折则希望引起反省。无论如何，知人知己，对在世界上已经是举足轻重的中国至为重要。

前　言

牛美丽①

　　我国的公共预算改革已经开展了十几年，所取得的成就有目共睹。然而，令人遗憾的是，相对于预算管理的不断创新，预算立法明显滞后。1994 年全国人大颁布的《中华人民共和国预算法》（以下简称《预算法》）和 1995 年国务院颁布的《中华人民共和国预算法实施条例》的相关规定不尽人意。为了推进改革，虽然中央和地方都出台了一些新的条例和规定，但是由于作为上位法的《预算法》没有进行修订，其中的部分条款已经成为我国深化预算改革的掣肘。在陈立齐教授的大力倡导和中山大学中国公共管理研究中心的精心组织下，2008 年 4 月，国内从事公共预算研究的学者和有识之士济济一堂，各抒己见，就中国构建中国预算管理的法律框架及《预算法》的修改展开了热烈的讨论，这本书汇集了这次研讨会的主要成果。

　　本书共包括了五个部分，第一部分的三篇文章集中分析了中国公共预算的演进，按倒序收编了王绍光教授和马骏教授的《走向"预算国

---

① 牛美丽，中山大学中国公共管理研究中心研究员，政治与公共事务管理学院副教授，研究领域是公共预算与财政管理。

家":财政转型与国家建设》、刘守刚教授的《1978年后现代预算在中国的成长》和李炜光教授的《难以走向共和——中国近代预算制度的变迁与启示》。这些文章一方面阐述了公共预算在国家建设中的地位，另一方面帮助读者理清了中国构建现代预算制度的路径，从而为中国的预算法制化建设提供了一个宏观的背景。

第二部分是公共预算的法制化建设。这些文章所涉及的内容实际上超越了《预算法》本身的内容，为修改《预算法》提供了更广泛的分析思路。朱大旗教授和何遐祥的文章侧重对预算的法律责任的分析。邓淑莲教授的文章主张预算的法律性应该是预算改革的核心内容。她认为，中国目前的预算改革存在的主要问题就在于法律性没有得到贯彻，她分析了预算的编制、审批、执行和调整等各环节所存在的法律性问题，提出为了加强中国政府预算的法律性，必须落实人大的预算权力，同时建立独立的审计制度，加大预算的公开度和透明度。潘善斌教授和谭光从契约的视角讨论《预算法》的定位与使命。张明教授的文章分析了我国人大预算审查监督中存在的问题，并且提出从健全法律体系、充实内容、改善程序、改进方法、健全组织体系等五个方面来完善人大的预算审查监督。马蔡琛教授和王晓洁的文章分析了我国公共预算法制化进程中的程序问题，并且从预算执行、超收治理、预算调整、法定支出四个方面提出了完善预算程序的建议。

第三部分所选取的八篇文章对我国《预算法》目前所存在的问题进行了有针对性的分析。王雍君教授的文章从法治精神和良治理念出发，提出了《预算法》修订的一系列关键命题，包括准确界定政府的权力和官员的自由裁量权、建立和完善控制与报告机制、强化财政透明、促进公民参与、强化结果责任等等。苟燕楠教授的文章对我国的《预算法》及其实践进行了系统的反思，包括法的缘起、目标、内容与实践、原则等四个方面，同时在借鉴发达国家的经验基础上，提出了我国《预算法》修订的原则。孙玉栋教授的文章从预算立法、预算编制、预算执行、预算权责划分、与改革实践的衔接等五个方面比较全面地分析了我国《预算法》存在的问题。他提出的具体修订的建议包括增加临时预算、调整预算周期、严格控制预算调整、细化和固定财政体制、明确收入组织征收权、重新划定财政收支范围、细化法律责任等等。马蔡琛教授的文章指出《预算法》修订的主要困难来自于三个方面：《预算法》中的技术问题与财政基本法问题的协调、人大与财政部门的利益冲突、《预算法》与部门法之间的协调。此外，他认为《预算法》的修订还必须处理好与当前预算改革实践的关系。叶青教授的文章从我国的预算报告制度的变化谈起，分析了公共预算审批中的问题，然后有针对性地提出了《预算法》修订的具体建议。肖鹏教授的文章从预算编制环节来分析现行《预算法》所存在的诸多问题，并且提出了规范预算编制的六点建议，包括强化完整性原则、完善复式预算、编制与执行机构分析、延长预算编制时间和精细化预算编制、调整预算年度、引入中长期计划和编制滚动预算等。林慕华教授的文章分析了我国预算修正权缺失所导致的人大预算审批的困境，然后分析了目前部分地方人大在落实人大修正权的实践。她认为，落实预算修正权是中国实现预算民主化、理性化的契机。马海涛教授、程岚和秦强的文章主要从落实人大的审查监督权力的角度分析了目前制约人大行使预算权力的内外因素，并且提出落实人大预算权力的建议，包括完善相关制度、加强人才队伍建设和提高信息技术水平、建立分部门预算审议制度等。

第四部分是国际经验借鉴。陈立齐教授介绍了美国联邦预算法律体系。他认为，从美国的经验来看，各个预算法律背后反映了政治权力的角逐，预算法案的通过实际上是各种政治力量平衡的结果。预算的法律体系提供了解决各参与者利益冲突的框架，是预算法治国家的基础。虽然中国与美国的法律体系不尽相同，但是很多相关的观念可以成为构建中国现代公共预算制度的有益参考。按照对制度变迁的需求层次，陈立齐教授把这些概念分成高度相关、中度相关和低度相关。这一分类为我国借鉴美国的经验提出了更明确的指引。张献勇教授的文章通过文本分析，对多个国家的预算立宪制度作了梳理，比较分析了预算在宪法中的地位、预算原则、预算提案、预算审批、预算执行、决算等方面，为我国修订《预算法》提供了非常丰富的参考依据。马蔡琛教授和白彦锋教授的文章主要介绍了 OECD 国家预算法的基本原则。彭健教授的文章把英国公共预算的演进分成三个阶段来介绍。他认为，英国的公共预算制度和政治制度的发展密切相关，都具有原创性、渐进性和灵活性。张光教授的文章从中国是世界上唯一一个没有通过立法来规范政府间财政转移支付的国家这一现象出发，首先阐述了对政府间财政转移支付立法的必要性，然后比较了多个国家在政府间财政转移支付上的立法实践，最后分析了中国当前存在的问题，并指明了改革的方向。

第五部分收录了此次研讨会中探讨的中国预算管理的其他相关问题的文章，包括中国政府间财政转移支付影响因素分析（张光教授）、"超收"收入分析（王金秀教授和何志浩）和政府会计改革（路军伟教授和李昊）的相关内容。这三篇文章虽然和《预算法》修改没有直接关系，但是所探讨的主题却是构建中国公共预算的法律框架不可缺少的内容，因此也收录书中。

在本书的最后，徐云霄教授和陈立齐教授还收集整理了 2001 年以来国内学者发表的《预算法》研究的经典文献，供有兴趣的读者阅读和参考。

目 录

第一部分　中国公共预算的演进

走向"预算国家"：财政转型与国家建设 ……………… 王绍光　马　骏／3
1978年后现代预算在中国的成长 ……………………………… 刘守刚／39
难以走向共和
　　——中国近代预算制度的变迁与启示 ………………………… 李炜光／55

第二部分　公共预算的法制化建设

预算法律责任探析 ………………………………………… 朱大旗　何遐祥／73
中国预算的法律性分析 ……………………………………………… 邓淑莲／88
公共预算的契约性 ………………………………………… 潘善斌　谭　光／105
我国公共预算法治化与人大预算审查监督制度建设 ………… 张　明／120
基于程序视角的中国公共预算法制化进程 ……… 王晓洁　马蔡琛／134

第三部分　《预算法》修改

法治—治理—政府约束与《预算法》修订 …………………… 王雍君／155
反思《预算法》：目标、实践与原则 …………………………… 苟燕楠／179
我国《预算法》的冲突、问题与完善 ……………………………… 孙玉栋／190

构建中的中国公共预算法律框架
　　——兼论中国《预算法》的修订问题 ………………… 马蔡琛 / 202
预算报告审批与《预算法》改革 …………………………… 叶　青 / 212
政府预算编制环节问题与完善思路探讨 …………………… 肖　鹏 / 226
中国"钱袋子"权力的突破：预算修正权 ………………… 林慕华 / 239
落实人大预算权力　推进公共预算
　　法制化建设 …………………………… 马海涛　程　岚　秦　强 / 254

第四部分　国际经验探讨与借鉴

美国联邦预算法律：构造、演变及对中国的启示 ………… 陈立齐 / 267
预算立宪制度比较研究
　　——一个文本分析的视角 ………………………………… 张献勇 / 299
OECD预算法的基本原则与预算改革 ………… 马蔡琛　白彦锋 / 318
英国公共预算制度的演进 …………………………………… 彭　建 / 328
国际比较视野下的中国财政转移支付法律制度框架思考 … 张　光 / 343

第五部分　中国预算管理的其他相关问题

中国政府间财政转移支付影响因素的实证分析
　　——离基本公共服务均等化还有多远 …………………… 张　光 / 371
探究财政"超收"原因，强化预算约束机制 ……… 王金秀　何志浩 / 383
试论公共财政下政府会计的目标与改革 ……………… 路军伟　李　昊 / 397

结语及附录

结语：反思《预算法》修订 ………………………………… 牛美丽 / 411
附录：有关中国《预算法》的部分
　　学术文章（2001—2010年） ………………… 许云霄　陈立齐 / 416

公共预算研究系列
Public Budgeting Research Series

第一部分
中国公共预算的演进

走向"预算国家":财政转型与国家建设

王绍光 马 骏[①]

【摘要】 在国家建设的过程中,重构财政制度至关重要,财政转型可以在很大程度上引导国家治理制度转型。在西方的国家建设历史上,出现过两次重要的财政转型——从"领地国家"到"税收国家"再到"预算国家"。预算国家是采用现代预算制度来组织和管理财政收支的国家,它具有两个基本特征:财政集中和预算监督。随着这些国家成功地向预算国家转型,它们的国家治理也变得更加高效而且负责。1978年经济体制改革以来,中国逐步从"自产国家"向"税收国家"转型。随着1999年启动预算改革,中国开始迈向"预算国家"。不过,在建立预算国家的道路上,中国仍然面临很多挑战,不仅预算监督亟待加强,集中统一也需继续完善。

【关键词】 财政转型 国家建设 预算国家

毫不夸张地说,一个国家的治理能力在很大程度上取决于它的

[①] 王绍光,香港中文大学政治系主任、教授,主要研究领域包括比较政治、政治经济学、中国政治、东亚新兴工业经济体、中央—地方关系、民主理论与实践。马骏,中山大学政治与公共事务管理学院院长、中山大学中国公共管理中心主任、教授,主要研究领域有公共预算、公共财政、财政管理、公共行政学、交易费用政治学、财政史与行政史。

预算能力。

(Allen Schick, 1990)

如果你不能预算,你如何治理?

(Arron Widavsky, 1988)

任何国家都要汲取财政资源并按一定的方式进行支出。国家汲取和使用财政资源的方式有很多,也就是说,财政制度有很多种。不同的财政制度通常与不同的国家治理制度相联系,并体现着不同的国家治理水平。现代国家一般都采用现代预算制度来组织和管理财政收支。最近,王绍光(2007)将这样的国家称为"预算国家",并分析了法国、英国和美国向"预算国家"转型的历史过程。本文将财政转型和国家建设联系起来,进一步完善了"预算国家"这一分析概念,并用之来分析中国的预算改革。本文主要包括三大部分。在第一部分,我们将在国家建设的框架内讨论财政转型,并试图构建一个以预算国家为核心的国家建设的初步理论。我们首先阐明这样一个观点:财政制度转型是国家治理制度转型的关键,财政转型可以引导国家治理转型。随后,我们总结了国家建设历史上两次重要的财政转型——从"领地国家"到"税收国家"再到"预算国家",并分析了预算国家的两个基本特征:集中统一和预算监督。在第二部分,我们总结了英国、法国和美国这三个国家建立"预算国家"的经验。从某种角度看,这不仅是三条建立"预算国家"的道路,也是三条建立现代国家的道路。对这些历史经验的分析和总结,有助于我们更好地理解中国预算改革在现阶段的主要任务以及相应的制度建设重点。在借鉴国外经验时,我们需要具备必要的历史意识。我们要看其他国家处在大致类似的发展阶段、面临大致相同的问题时,它们是如何解决的,而不能仅仅看别人正在做什么,我们就跟着做什么。本文的第三部分以建立预算国家为核心,对中国的预算改革进行了分析,并提出了进一步完善的建议。最后对全文进行总结。

一、国家建设、财政转型与预算国家：一个初步的理论

无论是哪一种类型的国家，它都必须汲取财政资源并按一定的方式进行支出。一旦国家的财政制度发生改变，在很大程度上，国家的治理制度也会随之改变。因此，在国家建设的过程中，应抓住财政制度这个关键环节，通过财政制度改革来引导国家治理制度转型。

（一）国家建设与财政转型

建立一个有能力而且负责的国家，是现代国家建设的基本目标。要实现这个目标，需要在很多方面进行制度建设，重构国家治理制度。在此过程中，财政制度无疑是一个非常关键的环节。因为无论是什么性质的国家，其活动都离不开财政支撑。国家机器的运转需要资金，制定政策实质上是在分配资金，实施政策也需要资金保障。即，没有资金什么活动都不可能开展。从这个意义上看，如何筹集资金并进行支出固然首先是一个财政问题，但更是一个国家治理问题。不同的财政制度，一般都是与不同的国家治理制度联系在一起的，通常也意味着不同的国家治理水平。因此，改变国家取钱、分钱和用钱的方式，就能在很大程度上改变国家做事的方式，改变国家的治理制度，即财政制度转型可以在很大程度上引导国家治理制度转型。如果能通过财政制度重构，改进国家的理财水平，也就可以在很大程度上提高国家的治理水平。正如著名预算专家希克（Schick, 1990: 1）所说的："毫不夸张地说，一个国家的治理能力在很大程度上取决于它的预算能力。"所谓预算能力就是指能否有效而且负责地筹集和使用财政资金的能力。下面，从提高国家能力和建立负责的政府这两个角度，进一步阐明财政制度转型的重要性。

首先，无论如何定义国家能力，它都必须包括汲取财政收入并按照一定的方式进行支出这两个方面的内容。例如，麦格达尔（Migdal, 1988: 4-5）定义的国家能力就包括国家的社会渗透能力、调节社会关系的能力、汲取资源以及按既定的方式拨款或者使用资源的能力。不

过,更准确地说,汲取财政收入并按一定方式进行支出是国家能力最基本的支持性要素之一(Skocpol,1985:16)。① 而且,"相对于其他任何要素而言,一个国家筹集和配置财政资源的方式更能说明国家现有的(和即将具备的)能力"(Skocpol,1985:17)。

分析国家能力,必须兼顾汲取和使用财政资源这两个方面的内容。国家固然需要有足够的汲取能力才能有效地实现其目标,而且,无论出于什么动机或目的,即使仅仅是为了满足统治者的消费,国家都会有很强的动机去汲取财政收入。但是,仅有汲取能力并不能确保国家能有效地实现其政策目标,并取得合法性。如果没有有效的财政制度,国家汲取财政收入的活动也可能是低效率的。例如,可能会存在各种腐败。即使国家汲取财政收入的活动是高效率的,也不能说它就一定具有很高的国家能力——即使仅仅从实现国家的目标来看。例如,尽管国家已经从社会中汲取了足够的财政资源,但是,由于收入管理分散,资金都被控制在地方政府或者各个政府部门,国家实际上可用的财政资源反而经常面临短缺。在既定的财政收入水平下,国家能力在很大程度上取决于国家能不能有效率地分配财政资源,并在资金的使用过程中减少各种浪费和腐败。无论在历史上还是在现实中,我们都不难找到这样的例子:一个国家可能有很高的收入汲取能力,但是,它的资源配置能力进而通过配置资源来发展经济、解决社会问题的能力却很低。总而言之,只有将汲取和支出资源这两方面结合起来,才能准确地理解国家能力。

其次,对于建立责任政府、落实"政治问责"(political accountability)这一目标来说,"财政问责"(financial accountability)是根本性的、必不可少的条件。如果缺乏财政问责,政治问责就不可能具有实质性的内容(Funnell & Cooper,1998:10)。此外,政治问责本身也更加关注这样一个基本的问题:"为什么要以某种特定的方式支出资金,以及它们带来了什么结果或好处"(Glynn,1987:21)。

---

① 在斯科波(Skocpol,1985:16)看来,国家能力必须具备的"普遍性的支撑"包括:绝对的主权完整、对于特定领土稳定的行政—军事控制、忠诚而且有技能的官员、充足的财政资源,以及对之进行配置的权力和组织方式。

从本质上看，政治问责包括两个基本要素：可回答性（answerability）和实施性（enforcement）。前者主要是指应该负责的官员有义务提供关于他们的行动——无论是计划的、正在从事的或者已经完成的——的各种相关信息，并就这些行动的正当性进行解释。后者主要是指"问责机构"有能力根据行动的恰当与否，对应该负责的机构或者官员进行奖励或者惩罚（Schedler，1999：14）。可见，要使得政府负责，首先必须要求它提供关于活动的各种信息，并就这些活动的正当性进行解释。从问责的需要来看，所有与政府活动相关的信息和解释都是有用的。但是，最重要的关于活动的信息及解释应该是关于政府收支方面的信息。这个道理是显而易见的。政府开展任何活动都需要筹集和安排一定的财政资源。没有财政资源，什么活动都不可能开展。因此，政府在这方面提供的信息越全面和详细，我们对政府的活动也就了解得越全面和详细。在此基础上，如果能建立起一种要求政府提供解释并对那些不能提供恰当解释的活动进行否决的制度，以及一种以奖惩为特征的实施机制，那么，我们就可以让政府变得负责。

在西方现代国家建设的历史上，发生了两次意义深远的财政制度转型。它们不仅改变了国家汲取和支出财政资源的方式，而且也导致国家治理制度的转型。第一次财政制度转型是从"领地国家"向"税收国家"转型，第二次转型是从"税收国家"向"预算国家"转型（王绍光，2007）。前者使得国家汲取财政收入的方式发生了根本性的转变，后者不仅从根本上改变了国家使用财政资源的方式，而且从整体上重构了国家的收支管理。随着财政制度的成功转型，这些国家开始迈向现代国家。在很大程度上可以说，如果没有这两次财政制度转型，现代国家建设是不可能成功的。

（二）税收国家

在现代国家建设的历史上，财政制度的转型最早发生在财政收入方面。这似乎并不难以理解。无论是什么国家，它都必须有相对充足的财政收入才能成其为国家。在汲取充足的财政收入方面，所有国家都有很强的动机。然而，汲取财政收入必然会引起国家与社会经济之间的互动,一旦国家汲取财政收入的方式发生转变,必然会产生超出财政领域的社会影响。正如熊彼特(Schumpeter, 1918)指出的,与财政收入相联系的财政体系是理解社会和政治变化的关键,它不仅是衡量社会变化的重要指标,也是社会变化的源泉。在不同的财政收入汲取方式下,国家和社会之间的关系是不同的。一旦国家汲取财政收入的方式发生变化,必然会使得国家与社会的关系发生改变,有时甚至是根本性的改变。

在财政社会学中,与财政收入相联系的概念是"财政国家"(fiscal state)。根据收入来源不同,主要有六种"财政国家":领地国家(domain-state)、贡赋国家(tribute-state)、关税国家(tariff-state)、税收国家(tax-state)、贸易国家(trade-state)、自产国家(owner-state)(Campbell, 1998; Tarschy, 1988)。从一种类型的财政国家转向另一种类型的财政国家,不仅国家汲取财政收入的方式会发生转变,而且常常会伴随着国家与社会关系的调整,伴随着政治变迁和国家治理方式的转型。在近现代时期(1500—1800年),最重要的财政国家转型是从"领地国家"转变到"税收国家"。这始于欧洲中世纪后期,一直到18世纪末期才完成。这一转型对欧洲国家的政治制度与国家治理产生了重大的影响,从根本上改变了它们的国家治理制度。

中世纪的欧洲国家都是"领地国家",它是封建制度的产物。在封建制下,国家的财政收入主要有两个来源,一部分来自国王自己的领地,另一部分来自诸侯的进贡以及司法收费方面的收入;国家无权直接对诸侯领地进行征税。由于领地国家的统治者主要依赖其领地收入而生存,因此,国家财政对于社会的影响是有限的。从中世纪后期开始,在战争和宫廷消费所形成的巨大支出压力的驱使之下,同时,新兴的商业繁荣也累积了让各国统治者垂涎三尺的财富,国家于是开始到领地之外去寻找额外的收入来源,以税收的方式将领地之外的其他财产所有者的财富的一部分转化为国家财政收入。这就使得这些欧洲国家逐渐转变为另一种类型的财政国家——"税收国家"。税收自古便有,但有税收的国家不一定是税收国家。税收国家是中央政府及下级政府在全国范围内用税收的方式来汲取财力，而且，更重要的是，国家的财政收入主要来源于私人部门（家庭和私有经济）的财富，这使得税收国家的财政收入高度依赖于私人财富（Bates & Lien, 1985；Musgrave, 1980；Schumpeter, 1918；Tarschy, 1988；王绍光, 2007）。

欧洲各国向税收国家转变的速度是不同的。大约在13世纪晚期至15世纪中期，英国和法国王室才逐步摆脱对领地收入的依赖。但直到1630年，瑞典、丹麦的领地收入仍占财政总收入的44.8%和36.9%。在普鲁士，迟至1778—1779年，仍有近一半的财政收入来自领地。总的说来，从13世纪末到18世纪是欧洲国家建立税收国家的关键时期（王绍光, 2007）。在这一时期，随着统治者开始获得并垄断了征税权，欧洲国家纷纷转向税收国家。税收国家的建立大大地提高了国家的财政汲取能力（主要与领地国家相比），但是它也使得国家越来越依赖于私人部门。在汲取税收收入的过程中，国家不得不与私人部门讨价还价，并在某些关键的时候作出政治上的让步，最终导致国家重新构造了财政制度和政治制度。其中尤以议会制的产生最为重要。早期的议会制既是纳税人（尤其是纳税大户）为了保护自己的财产而建立起来的制度，也是国家用来和这些纳税大户讨价还价、获得征税方面的同意与合作的制度（Bates & Lien, 1985；Musgrave, 1980）。

然而，从领地国家转向税收国家的政治影响远不止于此。在税收国家，由于国家的财政收入越来越依赖于私人部门的财富，一种纳税人意识逐渐形成。在这种背景下，纳税人及其代表不仅希望将国家的征税行为纳入某种制度化的约束，而且越来越要求国家能够负责而且有效率地使用这些纳税人提供给国家的资金。对于税收国家来说，由于财政收入不再是来自统治者自己的财产所形成的收益，不再是"私人资金"，而是"公共资金"，用公共资金建立起来的政府就不再是"私人政府"，而是"公共政府"。既然是"公共政府"，就必须对公众负责，尤其是在资金的汲取和使用上负责（Webber & Wildavsky, 1986：148, 299）。正是在这个意义上，著名财政学家马斯格雷夫（Musgrave, 1980：363）总结说："税收是现代民主制度兴起的先决条件"。

然而，如果没有一个有效的财政制度将所有的收支都集中起来并进行约束和规范，要约束国家的收支行为并使之负责是很难的。正如韦贝尔和瓦尔达沃夫斯基（Webber & Wildavsky，1986：228）总结的：

> 在中世纪欧洲，国王和他的人民都很穷；在近现代时期（从15到18世纪），绝大多数人民仍然很穷，但是，国王开始变富裕了，这主要是因为通过提高收入征收能力，他们的政府的财富上升了。通过机敏地估计他们的臣民的容忍度，统治者稳步地增加税收负担……通过收获来自生产率提高的果实，上升的财政收入使得国王可以过上令人眩目的生活和发动扩展国家的战争。在一些国家，负担之重已经超过了人民的容忍度。

在13世纪末至18世纪末这一时期，随着国家逐步从领地国家过渡到税收国家，国家的财政收入汲取能力大大地得到提高。然而，由于不能将国家所有的收支活动都整合进一个有效率而且负责的制度框架内进行规范和约束，财政收支管理仍然弊端丛生。一方面，国家的收入汲取行为经常存在各种过度掠夺的现象，甚至激发了各种抗税暴动，而且收入征收也是低效率甚至是腐败的；另一方面，尽管国家汲取的财政收入越来越多，但是，这些资金中的绝大部分并没有被用于公共目的，而是主要被用来满足统治者及其军队和官僚体系的消费，而且，充满着浪费和腐败（Caiden，1978，1989；Webber & Wildavsky，1986：228－282）。要解决这些问题，需要全面、彻底地根据"公共政府"的原则重构国家财政制度。没有一个符合"公共政府"精神的现代预算制度，就不可能有真正的公共政府。

（三）预算国家

如果把财政收支的记录称之为"预算"，则预算古已有之。因为任何统治者都需要财政方面的记录，尤其是税收方面的记录，以便预测收入，防止下属盗用税收款项。在支出方面，统治者当然也希望限制下属乱花钱，尽管他们并不想限制自己的开销。不过，前现代国家的"预算"有三个特点。一是乱,税收、支出与借贷往往混杂在一起。二是散,收入往往采取分头包税(tax farming)的方式进行征收;支出往往采取专款专用(earmarking)的方式,君王无从了解国家整体的收支状况。三是只限制贪官不限制君王,无论中外,除个别王朝的统治者能以国用不足、下民困苦而减乘舆服御、后宫用度外,大多是挥霍无度。所以,这些前现代国家都不是我们所说的"预算国家"。也就说,有预算的国家不一定就是预算国家(王绍光,2007)。

建立预算国家经历了一个漫长的历史过程。税收国家为预算国家的建立奠定了基础,只有转化为税收国家后,才可能变为预算国家。然而,税收国家只是预算国家产生的必要条件,不是充分条件。只有拥有现代预算制度的国家,才能称为"预算国家"(王绍光,2007)。现代预算制度萌芽于税收国家形成的后期,即17世纪后期的英国。1688年光荣革命后,为了适应国会议员们越来越强烈的加强监督政府资金的要求,英国国会不仅进一步巩固了原有的收入同意权,而且获得了对政府开支的否决权以及对已开支的支出款项的审计权,国会进而任命了各种委员会来审查它授权的资金在使用过程中是否做到了"明智、诚实和经济"。这些措施极大地加强了国会的预算监督权,也提高了它的预算监督能力(Premchand,1999;North & Weingast,1989)。这也使得财政问责进入了一个崭新的阶段。在17世纪以前,国家也有财政问责的问题。但它主要是和领地国家君主的私产管理联系在一起的,问责的重点是,财政官员是否保证君主的财产安全、保值和增值。然而,17世纪后期的这一系列旨在加强议会监督的改革颠倒了财政问责的链条,使得财政问责在"向谁负责"这个问题上发生了根本性的改变:"从对国王的个人负责转变为对人民的代表负责"(Premchand,1999:152)。18世纪末期,为了实现资金收支管理的经济与效率,英国进一步对政府的财政管理进行集中和规范。例如,要求建立一个将所有支出合并在一起的支出预算,要求各个政府部门提前计划一年的支出,要求所有部门都按照统一的格式记录支出,等等(Webber & Wildavsky,1986:326)。18世纪后期,法国也开始在政府内部将收支权力集中到当时建立起来的财政部,由它在政府内部进行集中的管理,其集中型的国库管理模式对现代预算制度产生了很大影响(Premchand,1999)。

不过,直到19世纪,现代预算制度才最后成型,并发展成为现代国家治理的基本制度。西方国家建立现代预算制度的时间各异。尽管英国在18世纪的后25年就已开始编制预算,但是,直到1866年,它才在支出方面建立起全面的国库控制,也是在这一时期,它才建立以内阁承担整体预算责任的行政预算体制,从而建立起真正的预算体制(Cleveland, 1915; Webber & Wildavsky, 1986: 327)。1814年,法国开始编制年度预算,这被视为现代预算的第一次实践(Caiden, 1989)。从1817到1827年间,法国颁布了一系列旨在对税收和支出进行集中管理的法令。但其后的预算改革经常被政治动荡打断。1830年,比利时模仿法国模式建立了现代预算制度,但不是很成功,它的预算体系很长时间都没有整合在一起,例如议会经常要在一年过程中不停地审批预算。1848年后,荷兰建立了有利于议会控制支出的集中型财政体制。其他的欧洲国家也在19世纪后期和20世纪初建立起现代预算制度:意大利(1860年)、瑞典(1876年)、挪威(1905年)、丹麦(1915年)。美国的现代预算制度建立比较晚,直到20世纪20年代它才建立起现代预算制度(Webber & Wildavsky, 1986: 327)。

那么,什么是现代预算?根据著名预算专家克里夫兰(Cleveland, 1915)对现代预算的讨论,现代预算可以定义如下(王绍光,2007):

> 现代预算必须是经法定程序批准的、政府机关在一定时期的财政收支计划。它不仅仅是财政数据的记录、汇集、估算和汇报,而是一个计划。这个计划必须由行政首脑准备与提交;它必须是全面的、有清晰分类的、统一的、准确的、严密的、有时效的、有约束力的;它必须经代议机构批准与授权后方可实施,并公之于众。

这一定义有三个关键点:(1)现代预算是由应该负责并且可以负责的行政首脑提交的财政收支计划,这是它区别于其他计划之处;(2)

这个计划必须由代议机构审查批准,在代议机构批准政府的财政收支计划之前,政府不得收一分钱,花一分钱;(3)这个计划必须包括全面而且详细的政府计划的活动的各种信息,以有助于负责审批的代议机构作出同意或不同意的决定(Cleveland,1915)。总之,遵循现代预算原则建立起来的"预算国家",必须具备两个显著的标志。第一是财政上的集中统一,也就是说,在财政收支管理方面实行权力集中,将所有的政府收支统到一本账里,而不能有两本账、三本账、四本账,并建立统一的程序与规则对所有的收支进行管理。这样才能确保预算是全面的、统一的、准确的、严密的、有时效的。第二是预算监督,也就是说代议机构能监督政府的财政收支,确保预算是依财政年度制定的、公开透明的、清楚的、事先批准的、事后有约束力的。这两者是互相支持、缺一不可的(王绍光,2007)。

随着现代预算制度的建立,这些国家开始以一种"前所未有的方式"从公民那里汲取财政收入,并将之用于公共的目的或"集体目标"。这些现代民主国家终于发展出一种"被广泛视为有效率的、有生产率的,而且比以前更加公正的"财政制度(Webber & Wildavsky, 1986:300-301)。现代预算制度的建立,使得国家汲取和支出财政资源的方式发生了根本性的转变。因此,预算专家凯顿(Caiden, 1989)将中世纪后期一直到19世纪以前的财政史称为"前预算时代",而将现代预算制度成型的19世纪视为"预算时代"的开始。然而,财政制度的转型也是国家治理制度的转型。随着现代预算制度的确立,这些建立起现代预算制度的"预算国家"也进入了现代国家,开始以一种全新的方式更理性、更负责地治理国家。总的说来,19世纪成型的现代预算制度有两个重要的目标:一是理性,二是负责。在财政领域实现这两个目标,在很大程度上引导了国家治理制度朝着这一方向迈进。

首先,财政管理理性化带来了整个政府管理及国家治理的理性化。财政活动理性化的主要目标是建立秩序、规范行为、实现经济(减少浪费),它深受当时发生的工业革命的理性化和追求效率的影响。因此,在这一时期,各国的预算改革都致力于在政府财政管理领域进行集权,解决资金管理分散化的问题,并设计相应的程序和规则来规范政府及其各个机构的收支行为,建立像财政部这样的控制机构来监督政府各个机构的收支。在当时,财政管理领域是政府内部最早实现这种理性化的,财政管理理性化标志着"政府理性"这一现代理念开始付诸实施,并为以后政府管理逐步理性化以及政府承担更多的职能创造了条件(Webber & Wildavsky, 1986: 323 – 326)。而且,现代预算制度使得这些预算国家开始建立起一个内在一致的预算体系,不仅将整个财政收支有机地联系在一起,而且将政府内部各个部分及其行动有机地联结起来,这使得国家治理开始以一个"内在一致的、互相联系的、统一的国家"的形式展开(Khan, 1997: 139)。

其次,在财政领域落实财政责任,为建立责任政府奠定了坚实的基础。19 世纪是民主化浪潮席卷欧洲的时期。在这一时期,征税权从国王转移到议会手中。在这种背景下,各国议会纷纷开始建立各种预算监督机制,加强议会对政府收支的监督,这使得财政问责进入一个全新的阶段。一方面,法国式的以财政部为核心的集中型预算管理被置于议会各个委员会的监督之下;另一方面,在独立的审计机构的协助之下,议会开始比较有效地监督政府及其各个机构的收支行为是否与预算保持一致,是否遵守各种规章制度,是否做到经济、节约(Premchand, 1999; Webber & Wildavsky, 1986: 299 – 230, 329 – 331)。这就在选举问责这一"纵向问责"机制之上增加了一套更具有实质性内容的"横向问责"机制(Schedler, 1999),从而确保国家活动对人民负责。

二、从税收国家到预算国家:法国、英国和美国的经验[①]

预算国家有两个标志:集中统一和预算监督。从这两个标志出发,从逻辑上讲,存在三种向预算国家转型的可能途径。一是先有集中统一,后有预算监督;二是集中统一和预算监督交替推进;三是先有预算

[①] 本节除非另注,全部引自王绍光(2007)。

监督，后有集中统一。历史上，法国、英国、美国正好分别走上了这三条路。这实际上也可以看成是建立现代预算制度以及预算国家的三条道路。因为，无论如何对20世纪的预算体系进行分类，英国模式、法国模式、美国模式都是三种最重要的模式。英国模式主要是在英国形成随后又被各个曾经是英属殖民地的国家借鉴的预算模式。尽管美国也曾经是英属殖民地，但是，由于其相对独特的国家建设历程，所以，它成为一个例外，并发展成一个独立的模式。法国模式是在法国形成，并影响了原法属殖民地国家的预算制度。当然，自20世纪50年代以来，由于各国互相借鉴其他国家的预算改革，各国之间的预算制度的差别已不如此前那么明显（Premchand，1983：132－134）。不过，由于本文主要讨论现代预算制度形成的早期，因此将这三个国家的建设道路视为三条建立预算国家的基本道路是成立的。同时，从国家建设的角度看，这也是三条建设现代国家的道路。

（一）法国道路

法国从税收国家到预算国家的转型模式就是先实现集中统一，后实现预算监督。虽然早在15世纪初，法国就规定税收必须经过等级议会批准，但在当时的等级议会制度下，这项权力形同虚设。不经国王的召集，它就不能开会；1614年后，它便没有开会。在1789年以前的175年间，一切税收都是国王说了算。1789年，路易十六之所以召集等级议会，是为了解决法国面临的严重财政危机，结果却导致了革命。不过，在大革命以前，法国就已经开始采取一系列措施，把财政集中统一起来。每年伊始，中央政府各部都要向国王呈交一份资金需求表；每个月，各部委必须呈交一份资金分配表，说明哪项税收用于哪项支出；而且，这些都需经国王签署后才有效。同时，每年各行省也得向国王呈交收支平衡表（先列支出，后确定资金来自哪项税源），经国王签署后，各省必须严格按计划开支。正因为如此，一位国务卿于1770年对路易十五说，"大臣们并不对其所在部门的开支负责，即使他们愿意负责，因为所有的支出最终都需得到殿下您的首肯。因此，当有人批评某部门的支出时，人们知道被批评的对象不是该部的大臣，而是殿下您"。尽管如此，当时的财政统一程度还不是很高。1788年3月，也就是法国大革命前一年，旧政权通过了它的第一个，也是最后一个所谓的"预算"。它之所以推出这个预算，其理由是，"长久以来，我们的财政一直被分灶吃饭困扰。我们的税收相当分散，不同的收入用于不同目的的支出。所有的税收最好还是由财政部统起来比较好"。实际上，这份预算只停留在文字上。更何况，一年以后，革命就爆发了。

1789年6月，刚刚召集的国民会议就颁布一项法令，宣告以后表决课税（不包括开支）的权限应当专属于全国代表。但原则归原则，当时的国民会议根本不知道如何行使自己的权利，也没有建立相应的预算制度。进入19世纪，受理性哲学家的影响，拿破仑试图对所有财政开支（包括军事与非军事开支）进行控制。1807年，拿破仑还创立了国家审计署（The Cour des Comptes），目的是更有效地掌握有关各类开支的信息，从而对财政开支进行有效的监督控制。从这以后，中央政府已经基本上获取了对财政资源的掌控。但拿破仑不把议会监督放在眼里，引起议会的强烈反感。拿破仑被迫流亡后，复辟的波旁王朝进一步强化财政的集中统一的力度。1814年，法国开始编制年度预算，并宣布每年将根据政府部门的需要对它们进行拨款。在1817—1827年间，法国通过了一系列财政法令，希冀建立起对财政收入与支出的集中管理。这些法令决定了预算文件的形式，规定了会计年度和结账的时间，统一了会计机关的工作，决定了账目的形式和报告书的性质；每年各部长要把报告提交到国家审计署接受审查。尽管实行了财政的集中统一，法国王室仍经常滥用权力。1824年登基的查理十世对王权的滥用最终导致了1830年革命。在法律上，七月王朝和复辟王朝没有太大变化。但在实践上，七月王朝的国王和以前的国王却有很大区别，新国王路易·菲利浦正式承认君主立宪政体。1831年，国民议会开始决定财政拨款的细节。至此，法国向预算国家的转型大致完成。

（二）英国道路

英国的模式是另外一个模式，即财政的集中统一与预算监督交替推进。早在1215年，英国就有《大宪章》，它规定，"在国土内，非经众议会，不得征课任何兵役免除税或补助金"。换句话说，就是必须通过议会的批准，国王才能征税。1344年，议会又要求国王依照议会所决定的用途才能用钱。所以，理论上，这时预算监督的原则已经确定。但实际情况是，直到17世纪的光荣革命以前，议会基本上是个摆设，对国王的收和支都没有太大的控制能力。

1688年光荣革命后，议会获得了控制政府开支的法定权力。但下议院主要关注开支总量，对经费具体是怎样用掉的倒不大追究（只有对军队和停靠在码头军舰的支出是例外，目的是防止国王用武力推翻议会体制）。实际上，即使议会想管得细一点，也做不到，因为当时英国的财政太分散，各个部门都卷入收费，各个部门都有自己的会计方式，非常地混乱，没有预算，没有审计，没有决算。所以，议会根本不知道一年总共收了多少税，也不知道政府那些款项是怎么花出去的。可见，尽管议会有监督权，但如果没有财政上的集中统一的话，预算监督也无从下手。

光荣革命前夕，1667—1668年间，在乔治·唐宁爵士的影响下，英国就已经开始试图把所有的税收统在财政部手里。但其后，英国又花了将近两个世纪，才逐渐完成了财政上的集中统一。比如说1780年，英国议会成立一个委员会，其目的是推进简单、明了的财政管理体制，以限制或削减各类多余的、不必要的开支。为此，它提出了14份报告，建议建立单一账户来取代分散的部门小金库。1783年提交的第11份报告建立起了公务人员工资等级制度。虽然在开始时，工资还是靠部门收费建立起来的小金库支付，但其后越来越大比重的开支来自议会拨付的资金，并接受下议院的监查。议会控制的"杂项资金"就这样快速增长，逐步超过了其他资金。

1787年，议会又通过了《统一账户法》（The Consolidated Fund Act），要求废除分散的部门账户，建立一个统一账户体系——所有的财政收入必须缴入该账户、所有的财政支出必须从这个账户流出，并且，无论收支都必须准确进行会计记录。这就向制定全面预算的方向迈进了一大步。在此基础上，1802年，议会要求政府每年提供全面的财政报告。不过在这个时候，还只是要求而已，实际上没有做到。又过了近半个世纪后，在1847年、1848年间，英国议会曾对预算机制进行过一次检讨，它发现无论是在财政集中统一方面，还是在预算监督方面，问题都依然非常多，如各部委之间、甚至各部委内部会计方法还未统一；各部的财务报告十分笼统；财政部依然无法有效控制权势巨大的外交部、内务部、战争部的收支；各部门还有小金库，使用小金库的钱往往绕过了议会；不少大笔开支未经说明；一次性拨款相当普遍；虽然大部分资金需要议会拨款，但还没有一份文件能反映所有的政府收支；议会对拨款和拨款的实际使用未作比较；簿记未按财政年度保存；财政盈余简单地滚入下一财政年度等。总之，议会在很大程度上依然无法进行有效监督，其最重要的原因是财政集中统一的水平有待提高。

直到格莱斯顿（William E. Gladstone）上台，这一局面才得到根本改变。格莱斯顿于1852年第一次担任财政大臣，其后又连任了几次财政大臣，并四次出任首相。格莱斯顿与其他改革者对当时法国集中型的国库管理体制推崇有加，希望用一个系统性的制度安排来取代过去那种修修补补式的改革。1854年，议会通过格莱斯顿的《公共税收与统一账户法》。此后政府每年都必须定期向下议院报告财政总收入与总支出。1861年，格莱斯顿设立了国库收支审核委员会，由下议院在每一次会期的开始任命，负责审查政府的财政工作，并向下议院报告审查的结果。1866年，《财政审计法》又建立了独立的政府收支审计部门，不受政府首脑和各部委的管辖，专对下议院负责，其主要职务是审查政府的账目，并向国库收支审核委员会报告。在格莱斯顿的领导下，财政集中统一与预算监督双管齐下，英国才得以在19世纪70年代左右完成了向预算国家的转型。

（三）美国道路

与法国、英国及其他欧洲国家相比，美国向预算国家的转型要慢得多。早在美国建国前，殖民地议会就开始对英国皇室任命的总督进行财政监督，要求大部分税源需定期经议会重新授权，拨款需确定具体的支出目的和金额，详细规定拨款可以用于何处、不能用于何处、可以用多少，余款则必须返还国库。当英国试图用《印花法》（1765年），茶叶税（1773年）等措施为殖民官员提供一些独立财源时，便很快引发了美国革命（1775—1783年）。建国后，议会监督不仅延续下来，而且得到了加强。但是，政府的财政管理极度分散，整个预算体制非常碎片化，政府各个部门通常直接向议会的各个委员会以及议员申请拨款。所以，在20世纪以前，美国从上到下都没有一个内在一致的预算体制（Khan，1997：1）。由于缺乏集中统一，不仅政府的财政管理问题很多，议会的预算监督也很难有效。直到20世纪初，外国访客还嘲笑说，美国虽然技术上很先进，但却没有预算制度。美国预算改革的推动者之一克利夫兰（Frederick A. Cleveland，1912）曾以这样的标题发表了一篇文章："没有预算，我们是怎么过来的"。直到进步时代（19世纪90年代—20世纪20年代）后期，美国才开始启动预算改革，建立现代预算制度。总的说来，美国建立现代预算制度的过程有两个特点，一是从地方到中央，二是先实行预算监督后实行集中统一。

美国在19世纪末20世纪初的政府间财政关系与现在的情况非常不一样。今天，政府的财政收入和支出，大部分集中在联邦政府，其次是州政府，最后才是地方政府。而在那个时期，绝大部分财政收支都发生在地方政府一级。例如1902年，美国地方政府占三级政府财政总收入的52%，占三级政府财政总支出的59%。而现在，这两个比重分别下降到22%和25%。那么，当时在地方一级，是谁控制钱袋子呢？是市议会和其中形形色色的独立委员会，它们在拨款方面享有巨大的权力。这些批钱机构之间的关系非常复杂，重叠又模糊。政府各个部门都得独自向市议会及其委员会争取资金，独自掌控开支。市议会说起来是监督政府，但它们自身的行为却不受限制。这样一级政府不可能形成一份详尽而统一的预算。

由于预算体制太分散，造成了一系列的问题，其中一个问题就是腐败猖獗。19世纪末，美国的地方政府被普遍认为是极度腐败的。当时市政府的雇员发工资都是现金支付，也没有账。城市维修工程没有开支记录，政府机构发了钱，不知道发给了谁；得到钱的人，不知道是不是为市政府干了活;而干了活的人有可能没有收到钱。市政府也没有公共财产记录,公有资产的流失因而屡见不鲜。当时贪污受贿最严重的领域包括土地批租,公共服务(如清洁、垃圾处理的发包),公共工程(如街道、交通体系、下水道等基础设施建设的发包),政府采购(如市立医院、济贫院的采购),规管(如警察对赌博、娼妓网开一面)。另一个后果是滥用公款。由于没有统一的现代预算,账目非常乱,根本无法搞清楚钱从哪里来,到哪里去。比如说1911年费城的"预算"里边,有25000美金用于"邮费、冰块、档案、餐饮、维修、广告、贷款、招待本市和来访官员,以及其他"。换句话说,随便官员用在哪里都可以。到了年终,拆东墙补西墙的现象十分普遍。例如,纽约市1908年1.4亿总拨款中包括800万用于偿还"特殊税收债券"。其实,根本没有什么"特殊债券",这笔钱是用来填1907年的超支窟窿的。年终突击花钱也很常见,如在纽约市1895年的财政报表中,我们发现那些年薪为5000美元(平均每月417美元)的雇员在12月拿的工资竟达1583美元(相当于年薪18500美元)。比起其他城市来,纽约的情况并不是最坏的,拿它举例只不过是因为其历史记录较为完整而已。

  在联邦政府一级,情况同样混乱。宪法把一切财政收支的决定权都赋予众议院。1794年,众议院依照英国下院的方式,任命一个专门的筹款委员会,该委员会在1802年成为国会里的一个常设机构。从1802年到1865年,财政收、支权都集中在众议院筹款委员会手中。1861年,美国内战开打后,林肯总统命令财政部支付未经国会拨款的战争开支,并要求国会事后补办拨款。政府各部委也开始随意超支,或随意支配项目余款。在战争状况下,国会没有办法,只得合作,并对以前不允许的事睁只眼闭只眼,如总额拨款、超拨款开支、拨款转移等。内战结束后,为了防止自己的权力继续受侵蚀,众议院于1865年将以前既管收入也管支出的筹款委员会一分为二,让它只负责收入(现译为"岁入委员会"),并另起炉灶成立了负责支出的拨款委员会。由此,开支与收入被分开考虑。其后,除拨款委员会外,其他国会委员会也涉足拨款事务,如河流、港口、农业、陆军、海军、外交、印第安人事务方面的拨款都不再归拨款委员会管辖，而落入其他委员会的权力范围。到1885年，众议院已有8个委员会负责拨款；其后增加到10个；到1912年，有14个委员会负责拨款；参议院也有十多个委员会负责拨款事务。最后，超过一半的拨款摆脱了拨款委员会的控制。至此，国会内统一财政计划的最后痕迹也完全消失了，形成了"国会小组委员会治国"的格局。议员们为了扩充自己的影响，其关注点往往是如何用拨款取悦自己的潜在支持者。如此，财政拨款就完全分散了。与立法部门一样，行政部门也变成了诸侯政治。几乎每个政府部门都需要单独的拨款法案；这些法案都掌握在国会里不同小组委员会手里，并在不同的时间通过。如卫生方面的问题需要与4个国会委员会讨论拨款，战争部要与7个委员会打交道，运输部门要与7个委员会打交道，其拨款由8个法案授权。更糟糕的是，不同政府部门使用不同的会计方法。就连财政部的18个局和办公室，其会计方式也各不相同。

联邦财政体制的混乱同样带来腐败的后果。例如，滥用公款就让人触目惊心。据一个参议员估计，1909年财政年度有5000万拨款是被浪费的，而当年的整个财政支出只有6.6亿。这也就是说，将近8%的财政拨款实际上是被浪费掉了。无怪乎从1895年到1913年，其中有一半的时间，美国的财政是处于赤字状态的。更严重的是，在财政收支权力支离破碎的情况下，无论是在地方一级，还是在联邦一级，都没有一个人或机构了解政府一共收了多少税、花了多少钱，没有一个人或机构能确定政府的目标优先次序，没有一个人或机构能对人民全面负责。

面对这样的局面，出现两种人，一种被称为"耙粪者"（Muckrakers），这是一批以揭露社会黑暗面为己任的新闻记者、作家和批评家。他们的文章大量集中出现在1902年到1906年期间，对制造改革舆论、唤醒民众和动员群众、推动美国的社会改革起了一定作用。但民众对耙粪者的支持在1912年左右逐渐消失了。另外一批人，叫做改革者。与耙粪者不同，改革者不仅批评现状，还能拿出替代方案；他们不是不要政府，而是希望通过制度建设让政府变得公开、透明、有效。

改革者认为国会没有控制政府开支的积极性，议员们的兴趣在于把钱花在自己的支持者身上；只有行政首脑才会考虑本辖区的整体利益。因此，当时美国最急需的是建立以行政首脑为核心的行政预算体制。所谓行政首脑，在市一级就是市长，州就是州长，全国就是总统。改革者希望把预算权力在一定程度上集中到这些人手里去。他们推动的行政预算体制有如下特征：（1）统一：预算涵盖政府的所有活动领域；（2）全面：包括特定财政年度里的所有收入和支出；（3）分类细化：按资金使用功能将它们分成标准的几大类，使之既有利于监控，又保持一定的灵活性，便于执行；（4）行政首脑主导：预算由行政首脑准备和提交，也由行政首脑负责。行政预算体制在政府内部建立起一种集中统一的预算体制，将预算权力集中到政府首脑手中，使得政府各个部门对政府首脑负责。对于建立一个责任政府来说，这一步是基础性的。因为，权力太分散，监督无从谈起；集中起来再监督才是有效的监督。

美国的预算改革是从地方开始的。1905 年，一批改革者在纽约建立了纽约市政研究所，并将该所的首要任务确立为建立现代预算。1907 年，该所发表了一个报告《制定一份市政预算》，并提议在纽约市的卫生工作领域进行试点。在该所的敦促下，纽约市在 1908 年推出了美国历史上第一份现代预算。这份预算还很粗糙，只有市政府的四个主要部门拿出了分类开支计划。尽管粗糙，效果却立竿见影，当年纽约市薪金拨款减少了 31.4706 万美元；第二年，这方面的节省增加到 108.1748 万美元；1910 年，推行薪金分级制，并纳入预算，这方面的节省增至 200 万美元。以后几年，纽约市的预算也日臻完善。到 1913 年，预算文件已从 1908 年的 122 页增加到 836 页。

纽约市的经验很快引起了美国其他城市的兴趣，它们纷纷索要"市政研究所"编制的《市政会计手册》，并派人到"市政研究所"举办的培训班学习。到 20 年代中期，大部分美国城市都引入了现代预算体制。不久，"预算"这个词就像"民主"和"社会正义"一样变成美国的日常用语，任何政治参与者都能朗朗上口。到 1919 年，全国已有 44 个州通过了预算法；到 1929 年，除阿拉斯加外，所有的州都有了自己的预算法。

联邦政府动作稍微慢一点,因为联邦的权力还是集中在国会那里。要打破强国会、弱总统的态势才能进行预算改革。这个过程是在老罗斯福总统(1901—1909年)带领下起步的,他开始打破强国会、弱总统的格局,把总统职权推进到他认为宪法没有明确禁止的领域,有力地发挥了行政部门的主导功能。老罗斯福的继任者进一步将联邦财政治理权从国会手中转移至行政部门,使总统的权威变得更为重要。与此同时,相对于地方各级政府,联邦政府的权力逐步扩大。历史学家卡恩(Khan,1997)将这个权力转移的过程称之为"内部的国家建设",它为预算改革奠定了制度基础。

塔夫特总统(1909—1913年)上任不久,于1910年任命了一个经济效率委员会,其中包括一些著名的财政改革家,由领导并参与了纽约市预算改革的克利夫兰担任主席。1912年,该委员会提了一个报告,题目就叫"国家预算的必要性",建议由总统编制统一、全面的政府预算。1912年6月27日,塔夫特总统将报告提交国会,并制定了《1914会计年度的预算》。但国会对此反应冷淡,没有理会。国会为什么反对?因为如果由总统主导编制统一的政府预算,国会很多小组委员会的权力就被剥夺了。但是,预算改革的民意支持越来越强。因为人民看到了地方预算改革的成果,例如,当时美国各地都举办"预算展览会",用直观的方式向民众宣传预算改革的成果。这迫使本来反对预算改革的国会议员们纷纷转而支持预算改革。到"一战"期间,几个大党都在纲领中增加了支持预算改革的内容。"一战"结束后,人们普遍希望改革国家的预算,因此,国会就不能再搁置这个问题了。1920年6月,国会通过了一项法案,设立预算制度。但是威尔逊总统(1913—1921年)否决了它,原因是其中一个条款限制了总统的权力。次年,国会再次通过这项法案,几乎完全没有变化,但这一次却被哈丁总统(1921—1923年)批准了。这便是1921年6月10日通过的、划时代的《会计与预算法》。该法律要求总统每年向国会提出预算,并创立了一个预算局,作为编制预算的机关,局长由总统任命。作为平衡,同时成立了一个审计署,对国会负责。这个法律实施后不久,国会两院都把处理拨款的几个委员会合并成一个。《会计与预算法》的通过标志着美国完成了从税收国家到预算国家的转变。

综上所述，税收固然重要，预算也很重要。预算改革的目的是把一个看不见的政府变为一个透明的政府。如果政府收支没有一本账，如果政府收支不受监督，它就是一个看不见的政府。一个看不见的政府，不可能是一个负责任的政府；一个不负责任的政府，不可能是一个民主的政府。要建立一个民主的政府，首先要让它看得见；要让它看得见，它就得有一个统一的、受监督的预算。

三、中国的预算改革

1978年经济改革以前，中国是一个"自产国家"，国家的财政收入主要来自于国家自有的财产形成的收入，国家以国有企业为核心，自己创造财政收入。1978年的经济体制改革，不仅从根本上改变了中国的经济体制，也使得中国从自产国家开始向税收国家转型（马骏，2005a：33—43）。在向税收国家转型的过程中，中国也在不断地对财政制度进行改革，调整财政职能，以适应经济体制改革和政府职能转变的需要。然而，由于财政改革的重点一直集中在财政收入方面，在传统的以计划为核心的预算管理体制瓦解之后，并未能及时建立一个现代预算制度来规范性地管理整个政府的财政收支。在这一时期，财政改革的重点是如何收钱，来不及考虑如何把钱管好用好。1999年，中国启动了预算改革，包括部门预算、国库集中收付体制改革、政府采购等，迈出了建立现代预算制度的第一步，开始走向预算国家。

（一）预算改革前中国的财政：演进中的税收国家与"前预算时代"

从20世纪70年代末启动经济体制改革以来，中国逐步从自产国家向税收国家转型。从1956年到70年代末，中国的财政改革一直在不断简化税制，税收在国家财政收入中的比重越来越小。然而，经济体制改革以来，国家开始重构税收体制。经过80年代的两次利改税，到80年代末，中国已建立起现代税收体制的雏形（马骏，2005a：33—43）。在财政国家转型的过程中，财政改革的首要任务是重构财政收入的生产体系。这就是为什么中国财政改革的重点早期一直集中在财政收入领域。重建财政收入体系的过程是非常艰难而复杂的。尽管80年代末已经初步建立起一个现代税收体系，但是，直到90年代初期，中国政府的财政收入汲取能力仍然很低，而且，与以前相比出现了下降（见图1）。中国政府的预算内财政收入（以正税为主），在1995年左右达到最低点，只占GDP的10%左右。所以，在那个时候税收是非常大的问题。政府没有钱，不要说给老百姓服务，连政府的基本运作都难以保证，军费难以保证，警察的工资也难以保证，这样的国家是很难稳定的（王绍光，2007）。这就在90年代初引发了关于"两个比重"（即财政收入占GDP的比重、中央财政收入占财政总收入的比重）是否偏低的讨论以及相关的国家能力讨论（参见王绍光、胡鞍纲，1993）。在这种背景下，1994年，国家启动了新一轮的财政体制改革。这一改革包括建立分税制以及引入增值税。前者重新调整了中央和地方的财政收入分配，后者进一步完善了税收体制。1994年改革以后，国家的财政收入汲取能力开始稳步上升（见图1）。

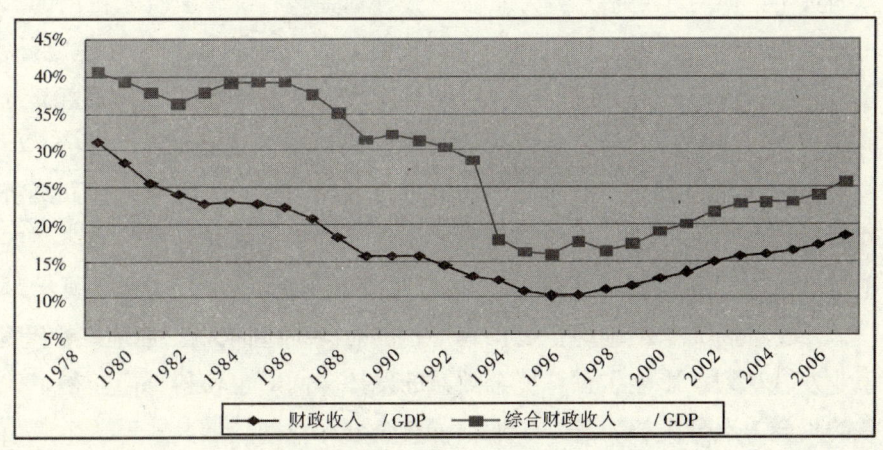

图1　财政收入占GDP比重

注：综合财政总收入包括预算内收入、预算外收入和社保基金收入。
资料来源：国家统计局，2007。

在收入问题大致解决之后，就需要考虑支出问题，考虑怎么把钱花好，花得负责和有效率。1994年，国家颁布了《预算法》。这表明，国家已经开始考虑这个问题。但是，一直到1999年，预算改革才开始启动和全面推开。在预算改革之前的这一段时期，由于缺乏一个现代预算制度将整个收支都规范性地管理起来，中国基本上处于"前预算时代"（马骏，2005b），既缺乏集中统一，又缺乏预算监督。具体地说，前预算时代的中国财政存在三方面的问题（中国发展研究基金会，2008：17—18）。

第一，预算资金分配权极其分散，预算编制模式简单，没有部门预算，导致政府内部缺乏集中控制。除了财政部门之外，还有其他的部门拥有资金分配权，财政部门根本无法将整个收支集中起来进行规范性的管理。此外，随着预算外财政的膨胀，各个支出部门也拥有了可以自主支配的预算外资金甚至各种非法的"小金库"。在资金分配权分散的同时，我国的政府预算编制继续采用原来的功能预算模式，没有部门预算。这一方面使得财政部门无法编制出一个包含所有财政收支、反映政府及其部门全部活动的政府预算。每年的政府预算实际上只包括财政预算内资金，而对于包括预算外资金、各种基金、各项事业收入在内的大量政府性资金，基本上仍由单位自行安排，游离于财政预算管理之外，无法用预算的形式对其进行规范。而且，政府预算的编制也只涵盖部分的预算内容。另一方面，传统的功能预算编制模式比较简单、粗糙，即将支出按其在经济建设中所起的功能进行分类、汇总，将收入按其经济性质进行分类、汇总，这使得预算编制不能将资金细化到部门和具体的项目。由于预算编制没有细化，财政部门就不能及时将预算批复给部门，使得部门无法准确地把握预算下达的时间，进而无法统筹安排年度事业发展计划，影响了预算资金效益的发挥，同时也使得部门获得了大量的资金二次分配权，进一步加剧了资金分配权的分散。

第二，财政管理体制极度分散，导致在预算执行中缺乏监督控制。我国长期实行分散的财政管理体制，各部门都在商业银行开设大量的账户，自行管理预算内外收支。这就导致账户及现金余额分散，缺乏财政单一账户体系。同时，各个部门自行采购商品或服务，并直接通过自己在商业银行的账户向商品和服务的供给者支付资金。更严重的是，对财政活动的监管和会计控制也非常分散。我国的政府会计体系包括相互分割的三套体系：行政单位会计、事业单位会计和代表政府整体的总预算会计，分别对发生在不同领域的财政交易进行记录和处理。在这种模式下，没有任何一个会计体系能够对发生在整个支出周期的财政交易进行完整的记录和监管，财政预算内资金一旦以拨款的形式离开财政部门，财政部门就无法进行监督与控制。至于预算外、制度外的资金，更完全由各个部门坐收坐支。这就使得预算执行过程完全没有集中控制，不仅降低了财政资金的运作效率，而且助长了各种违规行为。

第三，预算收支管理分散、预算编制粗放，政府根本无法向人大提交一个完整全面的、一致的而且细化的政府预算，政府是一个看不见的政府，这就使得人大难以有效地履行预算监督的职能。政府预算只涵盖财政预算内资金，纳入人大预算监督的也只是这一部分资金。而这一部分资金的编制是非常粗略的，报送人大审批的预算草案是按功能汇总的，其预算口径不直接对应于预算部门，且一个科目涉及多个部门，不仅外行看不明白，内行也看不透，人大根本无法从预算草案中看出经费预算与部门工作间的对应关系。最后，没有部门预算，预算只编制到类一级，因此，在预算年度之初，资金并没有落实到具体的部门和项目，而是由财政部门根据人代会批准的总预算，参照上一个预算年度的预决算数以及本年度的变化情况等因素逐步下达到各个部门，这就使得人代会批准的预算意义不大，导致预算执行过程中追加、变更频繁，进而使得人大难以跟踪和监督预算的执行情况。

（二）1999年以来的预算改革：**走向预算国家**

1999年，中国启动了一场意义深远的预算改革，包括部门预算改革、国库集中收付体制改革、政府采购改革等。这一改革的目标是建立现代预算制度。一方面，它开始在政府内部将整个政府收支集中统一起来进行规范性的管理，另一方面，随着财政集中统一的推进，政府提交人大审查、批准的政府预算开始越来越全面、完整和详细，这为人大加强预算监督创造了条件。总之,这一改革标志着中国开始迈向预算国家。

1. 集中统一

预算改革,尤其是部门预算和国库体制改革,极大地推动了财政收支的集中统一。前者将原来分散的财政资金分配权集中到财政部门,并由财政部门制定统一的程序和规则来进行规范。后者将分散的账户和资金集中起来,并在资金的使用过程中由财政部门进行监督与控制。这些都使得财政收支的分配和使用不再像原来那样是完全没有监督和控制的。在新的预算制度下,各个部门都必须遵守既定的程序和规则申请并经审查和批准之后才能获得资金,也必须遵守既定的程序与规则才能使用资金,开展活动。

部门预算改革的基本思路是政府预算以部门为基础进行编制,"一个部门一本预算"。它要求各部门按照法律或者部门的法定职责,将部门预算与部门的工作目标紧密地结合起来,统一安排使用财政性资金。部门预算改革主要包括两大基本内容(中国发展研究基金会,2008:19—20)。

首先,采取综合预算的方法编制部门预算,要求部门将所有的收支都统一纳入部门预算,这就改变了以前政府预算只反映预算内收支,大量预算外资金只报账甚至不报账的粗放管理方式。2002年,根据国务院《关于深化收支两条线,进一步加强财政管理的意见》,财政部门加大了将预算外资金纳入预算管理的力度,将公安部等5个部门的行政性收费全部纳入预算管理,对国家质检总局等28个部门实行"收支两条线"管理。随后几年,每年都逐步将预算外资金纳入预算管理或实行收支脱钩。到2007年上半年,国务院批准的收费项目90%以上已纳入预算管理,政府性基金则全部纳入预算管理。这些资金都全额上交国库或财政专户,支出则纳入部门预算编制范围。

其次,完善、规范预算编制方法;细化部门预算,建立规范、科学的预算分配模式。部门预算将支出分为基本支出和项目支出两大类,分别采用不同的模式进行管理。对基本支出,建立和完善定额管理体系,不断细化定额项目、完善定额测定方法。同时，为提高基本支出预算编制的准确性，推进实物费用定额试点，探索定员定额与实物资产占用相结合的定额标准体系。对项目支出预算，采取项目库方式进行管理，将项目按重要程度和轻重缓急排序，使项目经费的安排与部门的事业发展和年度工作重点紧密结合。同时，推动项目支出滚动管理。为了提高预算管理的科学性、规范性和透明性，在编制2007年预算时开始全面采用新的政府收支分类体系。这是新中国成立以来财政收支分类统计体系最为重大的一次改革，新的政府收支分类体系将有助于更为全面、准确和清晰地反映政府收支活动，编制出一个能够全面、准确地反映政府活动的政府预算。

国库体制改革的目标是建立以国库单一账户为基础、资金缴拨以国库集中收付为主要形式的现代国库管理制度。为了建立国库单一账户，在改革的过程中，各级各地都开展了清查账户的工作。例如，2001年全国范围清查账户时，在93.5786万个预算账户中，共取消或合并了14.0725万个账户。在此基础上，建立了国库单一账户体系，所有的财政资金必须缴纳进该账户，所有的支出资金都必须从该账户流出，而且不到实际支付发生之时，所有的资金都保留在该账户中。此外，在国库单一账户的基础上又实施了财政直接支付体系，即由财政部门直接将资金拨付到为各个部门提供商品和服务的供给者，这就使得部门只能看见数目（用款数）但是看不见钱，更碰不到钱（Ma & Ni, 2008）。从2001年中央财政启动国库集中收付体制改革开始，截至2006年4月，中央国库集中支付改革扩大到全部中央部门，纳入改革的基层预算单位也从2001年的136个扩大到3643个，并首次将中央补助地方的专项资金纳入国库集中支付（楼继伟，2006：178）。国库集中收付体制改革在地方层面也进展顺利。至2005年底，36个省、自治区、直辖市和计划单列市全面实施了这一改革，并推进到200多个地市和500多个县。这一改革建立了一个相对集中的财政管理体制来取代原来过度分散的财政管理体制，有利于财政部门在预算执行过程中对资金的流动进行动态监控，建立起实时监控、综合核查、整改反馈、跟踪问效的运作机制，既能确保资金的安全性,又能提高预算执行的运作效率。同时,政府采购改革建立起一个集中的政府采购体系来取代原来分散的部门采购体系。1998 年,全国的政府采购规模为 31 亿元,2002 年突破 1000 亿元,2005 年超过 2500 亿元,其中地方 2100 亿元。公开招标和财政直接支付等方式也开始在政府采购领域使用,并逐步扩大范围(财政部预算司,2006:171)。

2. 预算监督

财政领域的集中统一是预算监督的基础。为了加强人大预算监督,1999 年 6 月,在审议审计署代表国务院在第九届全国人民代表大会常务委员会第十次会议上所作的《关于 1998 年中央预算执行情况和其他财政收支的审计报告》时,全国人大要求中央政府改进政府预算编制,编制部门预算。这实质上是要求政府实现财政上的集中统一,从而编制并提交一个完整、全面而且详细的政府预算,以便人大进行审查。同年 7 月 24 日,财政部向国务院报送了《关于落实全国人大常委会意见改进和规范预算管理工作的指示》。经国务院批准,财政部在广泛征求部门意见的基础上,提出了《关于改进 2000 年中央部门预算编制的意见》,开始着手实施部门预算改革。随后,1999 年 12 月 25 日,全国人大常委会通过《关于加强中央预算审查监督的决定》,强调应改进和完善中央预算编制工作,并明确要求财政部"要细化报送全国人大审查批准的预算草案内容,增加透明度",此外,"报送内容应增加对中央各部门支出、中央补助各地方的支出和重点项目的支出等"。目前,各级人大基本上都制定了加强人大预算监督的条例或决定,为加强人大预算监督提供法律依据。总而言之,部门预算改革的推进和逐步完善,为人大加强预算监督创造了条件。一方面,部门预算改革使得提交审查的政府预算不仅包括反映财政收支总貌的总额数据,而且开始包括反映各个部门的全部收支活动的部门预算,编制得越来越全面、细化和准确。另一方面,部门预算改革后,编制政府预算包括部门预算的时间大大地提前,报送人大审查(初审)的时间也大大地提前(中国发展研究基金会,2008:21)。

部门预算改革以来,各级政府报送人大审查的部门预算的数量一直在稳步上升。2000年,国务院向全国人大报送了教育部、农业部、科技部、劳动和社会保障部四个部门预算试点单位的部门预算;2001年,增加到26个部门的部门预算,2003年增加到29个,2004年增加到34个,2005年增加到35个,2006年增加到40个,基本覆盖国务院所有职能部门。此外,报送全国人大审议的部门预算也不断细化,中央财政用于教育、科技、医疗、社保等涉及人民群众根本利益的重大支出总量和结构情况均报送全国人大审议,对不能列入部门预算的项目的安排情况,财政部在向国务院报告的同时也转送全国人大备案(财政部预算司,2007:18)。在地方层面,人大预算监督也稳步地得到加强。目前,全国已有2408个省级部门预算报送同级人大审查,超过了编制部门预算的半数。其中,河北、广东、辽宁、黑龙江、江苏、安徽、福建、宁夏、新疆、深圳、厦门、宁波等11个地区已将本级所有部门预算报送同级人大审查。而且,报送同级人大审查的预算正在不断细化(财政部预算司,2006:171)。除少数几个省外,大部分省(自治区、直辖市和计划单列市)已经开始向同级人大报送包括基本支出与项目支出明细项目情况在内的综合预算。最后,在报送人大审查的预算中,30多个省已经把超收安排情况、中央财政性转移支付情况、中央专款情况和预算调整情况列入报送内容(财政部预算司,2007:180)。

　　部门预算改革以来,各级人大的预算监督都开始加强,基本上都确立了以部门预算为基础的预算监督模式。同时,为了提高人大对部门预算的审查水平,基本上都建立了包括初审和大会审两大阶段的预算审查程序,并主要依赖初审来加强人大的预算监督。所谓初审就是在政府预算正式提交每年一次的人代会审批前一个月,先提交人大常委会进行初步审查,人大常委会在审查中就相关的收支问题向政府反映人大的修改意见。为加强人大常委会的预算初审能力,各级人大常委会都在财经委员会下建立了专门的预算监督机构(有的还同时建立一个专门的预算工委)协助人大常委会财经委及常委会对预算进行审查。预算改革以来,在人大预算初审领域已经涌现出了各种各样的创新。例如,福建省、厦门市、深圳市人大常委会通过重点监督来加强人大预算审查的深度和力度；河北省人大尝试在预算初审中引入公民听证。大会审就是政府预算草案提交每年一次的人代会审查，经全体人大代表表决后通过政府预算。在这一阶段，一些地方人大的人大代表开始积极地开展预算审查。例如，在广东省，2003年以来，随着政府提交的部门预算越来越详细，人大代表的预算审查行为开始出现了前所未有的变化，例如开始质问一些不合理的支出，开始要求政府修改预算、调整支出结构，等等。武汉市和深圳市等在人代会审查期间发展出"单项表决"模式，主要适用于重点支出的审查与批准。在2003年人代会期间，武汉市人大代表运用这一模式否决了政府某部门的基建支出（中国发展研究基金会，2008：第3章）。

3. 走向预算国家

1999年开始的预算改革标志着中国财政开始进入"预算时代"（马骏，2005b），向预算国家转型。如果现代预算制度最终成为国家治理的基本制度，国家治理最核心的部分将随之发生根本性的变化，整个国家治理将会变得更加高效而且负责。通过实行集中统一，预算改革将资金汲取、分配和监督的权力集中到财政部门，各级财政部门随之建立起各种控制程序和规则来规范财政资金的汲取和使用，并在资金的使用过程中对财政交易进行实时监控。这相当于给资金的汲取、分配和使用加上的"第一道保险"。进一步地，预算监督的加强又给资金的汲取、分配和使用加上了"第二道保险"（中国发展研究基金会，2008：22）。这些制度建设都有助于促进国家财政活动的规范化，提高资金的使用效率，并使政府更加负责。

全面评估预算改革的成效需要一项专门的研究，不过，许多证据都表明，尽管预算改革才推行了八年，已经初见成效。随着现代预算体系逐步制度化，预算的约束性和权威性正在逐步确立，政府各个部门的行为正在趋于规范（马骏，2007）。最近的一项研究（Ma & Ni, 2008）也表明，预算改革使得中国的腐败治理开始进入一个通过制度建设来减少腐败动机与机会的新阶段。例如，预算改革以来，预算内资金在使用过程中出现违规的比例开始大幅度下降（图 2）。尽管这项统计只涉及地方的预算内资金，而且是审计出来的违规资金，但是，这一结果仍然是非常令人鼓舞的。因为，一方面预算改革才推行了八年，另一方面，在这一时期，各级审计的力度都在加强。这意味着，如果继续推进预算改革，将更多的资金纳入预算体制进行规范，资金的使用将会越来越规范。同时，资金使用开始呈现出节约与经济。例如，从 2001 年到 2004 年，全国平均每年的采购资金节约率都在 10%—11% 之间（财政部，2001—2004）。

（三）建立预算国家面临的挑战

尽管预算改革已经开始见效，在建立预算国家的道路上，中国还面临很多挑战。因为，无论是在财政上的集中统一还是在预算监督方面，中国都还有很长的路要走（王绍光，2007）。

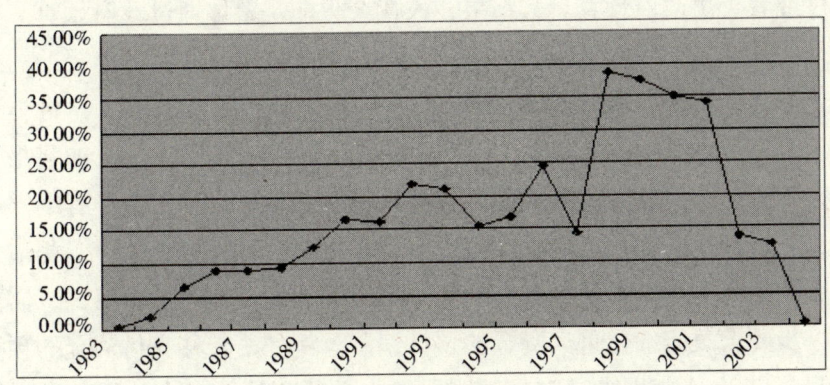

图 2　审计发现的地方预算内资金违规比例

资料来源：Ma & Ni, 2008。

首先，在集中统一上，中国的预算改革仍然面临一些解决难度很大的问题。部门预算改革的集中统一主要是针对各个部门的预算外收支，而没有触及其他拥有资金分配权部门的权力，除了财政部门之外，计划部门和科技部门等强势部门仍然拥有巨大的资金分配权。如何建立核心预算机构是中国预算改革面临的一大挑战。至于各个部门拥有的预算外收入，虽然实行综合预算以后，这些资金纳入预算管理或者收支两条线的力度正在逐步加大，但是，这些资金的绝大部分仍主要是由负责征收的部门继续使用的，财政部门实际上很难对这些资金进行统筹使用，现在只不过是将这些资金集中到财政部门控制的国库账户中，部门需要"编制"预算来使用这些资金（马骏、牛美丽，2007）。

其次，尽管预算监督得到了加强，但是，从根本上看，在现阶段，它仍不是预算改革的重点（马骏、侯一麟，2004）。与政府内部财政集中统一取得的进展相比，预算监督方面的进展仍显落后。在一定程度上，中国建立预算国家的道路与法国非常相似。进一步加强预算监督需要解决一些难度比较大的问题，涉及权力结构的调整和政治体制改革。第一，需要修改《预算法》，明确赋予人大代表预算修正权。在没有预算修正权的情况下，人代会审查预算实际上只有两个极端的选择：整体通过或者否决政府预算。其结果，人代会只能是整体通过政府预算。这就是为什么目前各级各地人大主要依赖初审来加强人大预算监督的一个主要原因。此外，需要修改《预算法》中对预算调整的定义，将更多的预算调整纳入预算监督（马骏，2007）。第二，需要进一步加强报送人大审批的政府预算的全面性，目前，仍有数量巨大的资金没有纳入预算，例如，在各地，大量的土地租金、中央转移支付的资金、变相借债形成的资金等，都未纳入政府预算，游离于人大监督之外。第三，需要进一步要求政府细化重大资金的预算编制。例如，转移支付资金的预算编制。自2004年以来，中央对地方税收返还和补助支出的规模已过万亿元，占中央财政总支出的一半以上。中国转移支付的一个特点是专项转移支付比重很高，而一般性转移支付比重较小。然而，专项转移支付的分配预算编制很粗，往往是将资金整块地"批发"给相应的部委，再由后者在预算执行中"二次分配"，这给人大预算审查监督带来很大的困难。最近几年，全国人大一直要求政府细化转移支付预算，提高年初列入地方政府预算的到位率，但一直进展不大（中国发展研究基金会，2008：81—82）。最后，预算改革以来，政府提交人大审查的预算越来越详细，信息也越来越多，此时，如何加强人大自身的预算审查能力就成为一个迫切需要解决的问题。人大在这方面存在的问题是：一方面，人代会会期短、议程多，而且，人大代表非专职，另一方面，人大内部专门负责预算审查的人员编制非常有限，在绝大部分地方，财经委下设的预算监督机构一般只有五人左右。在这种状况下，就不可能仔细而且深入地审查政府预算。在一些地方，现在已经出现人大主动要求政府简化预算的苗头。而要解决这个问题，在短期内似乎面临很大的难度。前者涉及人民代表制度的改革，例如，实现人大代表专职化。后者需要增加人大内部的人员与编制，而能力的增加必然带来权力结构的变化。

四、总　结

　　没有纯粹技术性的预算改革，预算改革都具有政治含义（Wildavsky，1961）。预算改革将重新塑造国家的治理制度和政治文化，改变国家筹集、分配和使用资金的方式实质上就是在改变国家治理制度（Khan，1997：2）。换言之，正如卡恩（Khan，1997：2）所说的："公共预算不仅仅是配置政府资源的技术工具。它们也是塑造公共生活、国家制度以及两者之间关系的文化建构"。

　　在现代国家建设的历史上，各国几乎都以预算改革作为突破口，建立预算国家，实现国家治理转型。在建立预算国家的过程中，财政上的集中统一和预算监督是两大关键。尽管在建立预算国家的过程中，国家可以先关注其中的一个方面，再推进另一方面的制度建设，但是，要成功地实现国家治理转型，必须意识到，两者同等重要，缺一不可。目前，以1999年的预算改革为契机，中国已经开始向预算国家转型，并已初见成效。但是，无论是在集中统一还是预算监督方面，仍有许多需要进一步完善的地方。进一步加大集中统一方面的改革非常重要，因为，它是国家治理理性化的基础，也是加强预算监督的前提条件。但是，当集中统一方面的改革推进到一定程度时，进一步推动预算改革和国家治理转型在很大程度上就有赖于加强预算监督方面的制度建设。集中统一和预算监督就像预算国家的"两条腿",迈出了一条腿之后,必须再迈出第二条腿才能前行。总之,既然集中统一与预算监督同样重要,在建立预算国家的过程中,中国的预算改革应该选择两者交替推进或齐头并进的改革路径(王绍光,2007)。

此外,正如法国、英国和美国建立预算国家的历史经验告诉我们的,建设预算国家是一个漫长的历史过程。目前,中国的预算改革才进行了八年。尽管作为预算制度建设的后发国家,中国可以借鉴其他预算制度比较成熟的国家的经验,但是,建立现代预算制度仍然是需要比较长的时间的。因为,现代预算制度需要时间才能逐步制度化,才能镶嵌进现有的国家治理结构中,并逐步地改变决策者和管理者的决策与行为方式。而且,制度建设过程是一个学习过程,制度变迁的速度和方向都取决于组织和个人的学习能力,而学习是需要时间的。因此,在现阶段,存在各种各样的问题是不足为奇的。例如,2003年以来,每年的审计报告都会发现很多问题。面对这些问题,我们需要做的事情是:检讨制度方面的缺失,加强制度建设。若能不断如此,中国就可以最终成功地建立预算国家,实现国家治理转型。

参考文献

1. 财政部:《政府采购统计分析》,见中国政府采购网:http://www.ccgp.gov.cn/tjzl/index.htm。
2. 财政部预算司:《中央部门预算编制指南(2008年)》,中国财政经济出版社2007年版。
3. 财政部预算司:《中央部门预算编制指南(2007年)》,中国财政经济出版社2006年版。
4. 国家统计局:《中国统计年鉴(2006)》,中国统计出版社2007年版。
5. 楼继伟:《2007年中央部门预算编制工作会议讲话》,见财政部预算司:《中央部门预算编制指南(2007年)》,中国财政经济出版社2007年版。
6. 马骏(2005a):《中国公共预算改革:理性化与民主化》,中央编译出版社2005年版。
7. 马骏(2005b):《中国公共预算改革的目标选择:近期目标与远期目标》,载《中央财经大学学报》，2005 年第 10 期。

8. 马骏：《中国预算改革的政治学：成就与困惑》，载《中山大学学报》，2007 年第 3 期。

9. 马骏、侯一麟：《中国省级预算中的非正式制度》，载《经济研究》，2004 年第 10 期。

10. 马骏、牛美丽：《重构预算权力结构》，载《中国发展观察》，2007 年第 2 期。

11. 王绍光、胡鞍钢：《中国国家能力报告》，辽宁人民出版社 1993 年版。

12. 王绍光：《从税收国家到预算国家》，见马骏、侯一麟、林尚立：《国家治理与公共预算》，中国财政经济出版社 2007 年版。

13. 中国发展研究基金会：《公共预算读本》，中国发展出版社 2008 年版。

14. Bates, R. H. & Lien, D. D., "A Note on Taxation, Development, and Representative Government", *Politics & Society*, 1985, 14: 53–70.

15. Caiden, N., "A New Perspective on Budgetary Reform", *Australia Journal of Public Administration*, 1989, 1: 51–58.

16. Campbell, J., "An Institutional Analysis of Fiscal Reform in Postcommunist Europe", in Campbell, J. & Pedersen, O. K. (eds.), *Legacies of Change*, New York: Aldine De Gruyter, 1996: 45–84.

17. Cleveland, F. A., "Evolution of the Budget Idea in the United States", in Hyde A. (ed.), *Government Budgeting: Theory, Process, Politics*, Pacific Grove: Brooks/Cole Publishing Company, 1992 [1915]: 7–17.

18. Funnell, W. & Cooper, K., *Public Sector Accounting and Accountability in Australia*, Sydney University of New South Wales Press Ltd, 1998.

19. Glynn, J., *Public Sector Financial Control and Accountability*, Oxford: Basil Blackwell, 1987.

20. Khan, J., *Budgeting Democracy: State Building and Citizenship in America 1890–1928*, New York: Cornell University Press, 1992.

21. Ma, J. & Ni, X., "Toward a Clean Government: Does the Budget Reform Provide a Hope?" *Crime, Law & Social Change*, 2008, 48 (2): 119–138.

22. Migdal, J. S., *Strong Societies and Weak States*, New Jersey: Princeton University Press, 1988.

23. Musgrave, R. A., "Theories of Fiscal Crises: An Essay in Fiscal Sociology", in Aaron, H. J. & Boskin, M. J. (eds.), *The Economics of Taxation*, Washington, D. C.: The

Brookings Institution, 1980: 361 – 390.
24. North, D. & Weingast, B. , "Constitutions and Credible Commitments: The Evolution of Public Choice in 17th Century England", *Journal of Economic History*, 1989, 49 (4): 803 – 832.
25. Premchand, A. , *Government Budgeting and Expenditure Control*, Washington, D. C. : IMF, 1983.
26. Premchand, A. , "Public Financial Accountability", in Schiavo-Campo, S. (ed.), *Governance, Corruption and Public Financial Management*, Manila: Asian Development Bank, 1999: 145 – 192.
27. Schedler, A. , "Conceptualizing Accountability", in Schedler, A. , Diamond, L. & Platterner, M. (eds.), *The Self-Restraining State: Power and Accountability in New Democracies*, Boulder: Lynne Rienner, 1999: 13 – 28.
28. Schick, A. : *Capacity to Budget*, Washington, D. C. : The Urban Institute Press, 1990.
39. Schumpeter, J. A. , "The Crisis of Tax State", *International Economy Papers*, 1918, 4: 5 – 38.
31. Skocpol, T. , "Bringing the State Back In: Strategies of Analysis in Current Research", in Evans, P. B. , Rueschemeyer, D. & Skocpol, T. (eds.), *Bring the State Back In*, New York: Cambridge University Press, 1985: 3 – 37.
32. Tarschys, D. , "Tribute, Tariffs, Taxes and Trade: The Changing Sources of Government Revenue", *British Journal of Political Science*, 1988, 35: 1 – 20.
33. Webber, C. & Wildavsky, A. , *A History of Taxation and Expenditure in the Western World*, New York: Simon & Schuster, 1986.
34. Wildavsky, A. , "The Political Implications of Budgetary Reform", *Public Administration Review*, 1961, 21: 183 – 190.
35. Wildavsky, A. , "If You can't Budget, How can You Govern?" in Anderson, A. & Bark, D. L. (eds.), *Thinking about America: The United States in the 1990s*, Stanford: Hoover Institution Press, 1988 : 265 – 275.

1978 年后现代预算在中国的成长

刘守刚[①]

【摘要】本文从财政转型的视角出发,通过对 1978 年后中国预算制度变革过程的回顾,将这一过程概括为从政府管理工具到管理政府工具,并探寻这一变迁过程的动因,解释其中蕴含的财政转型乃至国家转型的意义。

【关键词】预算 财政转型 国家转型

财政是国家运用权力从社会汲取资源的手段,也是国家管理社会的重要手段。国家制度的变化,决定了国家权力运行方式的改变,进而对财政制度产生决定性的影响。预算是财政的一个管理工具,预算方式的变化不仅反映技术的变化,更体现着观念的变化和财政类型的转换,其背后反映的是社会的变迁和政治体制的变化。

本文试图从 1978 年后中国预算变革入手,探讨它作为政府管理工具所反映的理性化的成长,以及作为管理政府工具所体现的民主化的进展,并解释其中所蕴含的财政转型乃至国家转型的意义。

---

① 刘守刚,上海财经大学公共经济与管理学院财政系教授,主要研究方向包括财政学、政治学、宪法学。

一、财政转型与预算现代化

从国家转型的角度看,从传统国家转向现代国家的过程,伴随着从传统财政向现代财政的转折过程。在财政社会学看来,西欧历史上的传统财政是以君主个人财产为基础的家财型财政(家产制财政),而现代财政则是以税收为基础的税务型财政(公共财政),两种类型的财政具体表现如下表所示(Schumpeter,1918)。从家财型财政向税收型财政的转变,反映了国家的转型和社会的变迁,见表1。

表1 两种财政类型

	家财型财政	税务型财政
收入	君主自有土地收入	向流动性商品(资产)、国内贸易和劳动收入征税
支出	主要用于君主家族及其仆人消费	主要用于提供公共服务、保障社会
管理	等同于君主家务管理	表现为公众(以议会为代表)用公共预算的手段来管理政府

资料来源:作者整理。

与西欧历史背景不同,中国的传统财政是一种帝国财政。与西欧封建王国的家财型财政所体现出来的强烈私权特征相比,帝国财政最为突出的是公共性特征强。帝国的统治权力,就其本质而言,是一家一姓所有的"私的"权力,但帝国制度在权力运行方面,却带有相当程度的公共特征。以清代为例,帝国财政可从外朝财政与内廷财政两个方面加以概括,见图1。

1978年后现代预算在中国的成长

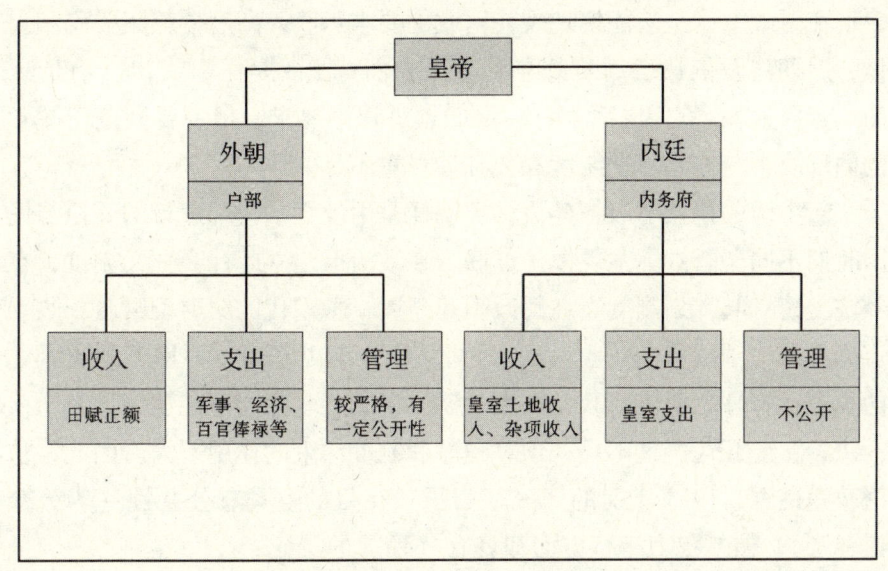

图 1　帝制中国财政制度

资料来源：作者整理。

从晚清开始，伴随着中国的国家转型，财政也开始慢慢从传统财政转向现代财政，在收入来源、支出去向和管理过程方面，都增强了公共性的特征：收入来自于普遍性的税收，支出中社会经济支出增加，管理方面开始变得更公开和透明。晚清财政在制度上的转变，最明显的表现是 1908 年的《钦定宪法大纲》第十三条："皇室经费，应由君上制定常额，自国库提支，议院不得置议"，以及 1911 年的《十九信条》第十五条："皇室经费之制定及增减，概依国会议决"。前者标志着皇室财政正式并入国家财政，只不过财政权仍属于皇帝；后者标志着皇室经费不但并入国家财政，而且由代表国民的国会来决定。因此，至少在文字上，此时的财政已具有了公共财政的特征。

民国时期，先是军队（北洋政府），然后是政党（国民党政府），在某种程度上代替了皇室（产生国家最高领导人）的职能，并承担起组织政府的责任。但是国民党政府，未能在中国成功地构建现代国家，表现在财政上就是未能实现现代财政的要求：收入高度依赖于关税和公债，后期甚至依赖于通货膨胀；支出方面，主要是军事支出（有历史的偶然因素）；管理方面虽有一定的预算程序要求，但主要受制于政党的内部决策与控制，透明度和公开性严重不足。

新中国的建立与政权建设，也同样是由政党来组织进行的。但与民国时期不同，新中国主要模仿苏联，在政治上建立起社会主义制度，在经济上建立起计划制度，在财政上建立起一种现代的家财型财政：收入上高度依赖于国有企业收入（家财收入），支出方面主要用于国有企业的投资，管理方面也由政党高度控制，受制于政党内部甚至领导人个人的决策，公开性严重不足，预算程序和制度约束的作用不大。因此，从财政角度看，1978年前的国家权力虽然在目的上具有公共性（为公众谋福利），但在权力运行方面却具有"私"的特征。

1978年后，随着财政制度的改革，从财政领域看，国家经历着深刻的转型，国家权力的运行越来越具有公共性的特征。1993年前所实行的（上下级政府间的）财政包干制度和（政府、企业间的）承包制度，无非是用一种契约的形式，使权力的运行具有规范性的特征，从而运用一种"私"的原则（契约）来塑造某种程度的公共权力。1994年分税制、工商税制改革，特别是1998年后预算制度的变革，终于使财政领域的权力具有了公开性和严格的制度约束，也使财政权力运行越来越多地受到公意的影响（通过社会舆论和人大制度等）。

因此，从晚清以来直至今天，中国财政所发生的曲折转型过程，在权力性质上看是从带有部分公共权力特征的私权力，转变为运行过程具有私权特征的公共权力，再到运用私原则塑造权力运行的某种公共性，直到兴起比较完整和彻底的公共权力。

预算是基本的财政工具，预算制度是基本的财政制度，预算方式随着财政转型的发生，也不断发生深刻的变化。虽然在预算过程中运用的基本技术手段，可以通过简单的学习和模仿获得，但要让预算真正发挥应有的功能，需要财政转型乃至国家转型的背景支持。

从技术上说，预算就是政府收支的安排计划，因此无论是封建国家的家财型财政还是帝国财政，抑或现代财政，都存在基本的预算过程与制度。从这个意义上说，可以将预算概括为政府管理的工具，即政府依此来安排自己的活动，发挥着如下的功能：管理和调控政府各部门、各下级政府的活动，干预经济与社会的运行，等等。但在现代国家，预算还发挥另一个基本的功能：管理（或者监督）政府，即人民（以议会为渠道）用以要求和约束政府活动的内容、方式与范围，要求其服务社会、保障社会。从一定意义上说，作为政府管理的工具而言，预算要求的是理性，即预算必须符合效率、规范的要求，达到内部的协调和统一，这体现在预算的编制过程和方法的科学，各种预算制度的完善有效；作为管理政府的工具，预算要求的是民主，即预算由民众参与决定，充分反映民众要求，这主要体现在代议机构在预算决策方面的作用（议会辩论制度、议会听证制度、议会质询制度）。

预算活动既是经济的决策、管理的活动，更是政治的过程、权力的结果。现代预算，是存在于现代国家中的一种财政制度，它既符合政府管理工具所要求的理性化特征，又符合管理政府的要求即民主的要求。预算现代化的标志，首先是作为政府管理工具的发展，即满足政府理性化管理的目的，其次是要符合管理政府的目的，即符合民主的要求。从一定意义上说，预算的理性化一定程度上先于预算的民主化。

二、中国现代预算的形成

预算制度从清末开始引入中国，民国期间预算制度在理性和民主性方面都有所发展。但由于战争等原因，理性与民主的预算未能得到真正地确立。新中国建立后，在家财型财政下，预算只是计划的附庸，其地位和作用都不显著。1978年后，随着财政制度的类型转向，预算的地位和作用也在不断上升，特别是1998年以后，一种理性化的预算在中国逐渐诞生，其民主性特征也在不断加强。换言之，在政府管理工具的基础上，管理政府的特征逐渐增强。

1949年后中国预算制度的发展大致有三个阶段，1980年前预算要么从属于计划、要么处于非正常状态，1980年前后预算制度开始恢复正常，1998年后中国才有比较理性化的预算成型。

（一）附属于计划的预算（1949—1978年）

1949年12月，时任财政部长的薄一波向中央人民政府委员会作《关于一九五零年全国财政收支概算草案编成的报告》，该报告标志着新中国预算制度的诞生。当然，它还不是真正理性化和民主化的预算，在形式上只是概算，内容上只是计划配置资源的种种规定，提交对象仍是行政机构（而非立法机构）。1950年后的预算，在形式上和内容上摆脱了粗陋状态，特别是1954年人大制度建立后，预算也具备了行政机构向立法机构负责的特征。

但在1978年前家财型财政制度中，预算只不过是计划的傀儡，附属于计划。实际上，计划委员会才是中国真正意义上的"预算决策机构"。预算跟着计划走，编制简单粗放，没有法律性、权威性和严肃性。预算必须依据国民经济计划安排，来测算自己所在计划年度内可能取得的收入（国有企业收入上缴），然后按计划安排来测算应当安排的年度支出数额（主要投向于经济建设），无论收入大于还是小于国民经济计划所需的年度建设资金，都表明国民经济计划所安排的经济建设规模不恰当，于是需要不断地调整计划，再进行预算的测算，如此反复直至两者协调。这一过程也被称为"计划框预算，预算框计划"（张馨，2004：110）。由于计划是跨部门的，因此，预算不是以部门为基础编制的，而是按支出功能进行编制。

1978年前，尽管预算活动作为政府管理活动的一部分确实存在，但由于国家政治生活的不正常，预算活动也难以正常。如1966至1977年期间，由于人大活动的中断，没有正式编制的国家预算和国家决算，1961、1962和1978年也没有正式编制的国家预算（但有国家决算）。当然，作为管理政府工具的民主化预算活动，这一时期几乎不存在。整个预算过程由行政权力主导，预算内容主要是对国有企业利税收入的匡算和对投资于国有企业的进一步安排。在性质上，公共事务与企业事务不分。从上下级政府关系看，中央政府统一编制国家预算，地方政府负责执行统一的预算计划,本级政府的预算只是执行统一国家预算的细则。

(二)恢复与发展中的预算制度(1979—1997年)

1978年后,随着财政的类型转向,预算制度也在不断正常化过程中探索创新。1979年是标志性的年份,从该年起行政部门正式恢复预算编制,并履行向全国人大提交国家预算报告经审议批准后予以执行的法定程序,从而在内容和程序上恢复了预算的本来面目。1980年起,随着"分灶吃饭"财政体制改革的进行,中央和地方各自以收定支、自求平衡,为此开始编制各级政府自己的预算,再由各地方预算层层汇总编成整个国家预算。各地方政府对自己的预算主动权越来越大,中央政府此时只起汇总各地预算为国家预算的作用,不具有决定和修改地方政府预算指标的权力与能力。这样,原先实行的中央统一编制国家预算、各地方负责执行的做法终被放弃,从此实现了一级政权一级预算的原则,这也是现代预算的基本要求。

为了适应财政转型过程中的现状,反映当时财政中既包括国有资产(基本建设)的投入与收益,又包括经常性的财政收支(税收与公共服务)两个方面的内容,并起到相互制约、互不侵蚀的作用,1988年起我国政府尝试着编制复式预算。1988年,财政部向国务院报送复式预算的初步方案,1989年全国人大常委会正式提出实行复式预算制度的意见,1991年底财政部再次向国务院报送修订后的复式预算方案。同年,国务院颁布《国家预算管理条例》,并从1992年起按复式方式编制国家预算,部分省市也从1992年起编制复式预算。不过,这一改革并未达到预定意图,到目前我国预算实质上已经停止实行复式预算的编制。

1994年是预算制度正常化的又一个标志性年份。该年3月,八届人大二次会议通过《预算法》,并从1995年开始执行。在《预算法》通过和执行前后,全国人大及其常委会通过了许多财税法律条文,为政府的财税活动提供法律依据,对政府预算的编制、审核、批准、执行、调整和监督等环节和程序,作了详细的规定。以法律来约束政府收支,使政府按照已确立的预算行事,是预算的基本要求。

分税制与《预算法》执行后,分级预算的制度正式确立:各级政府提出预算草案、预算执行情况报告,由同级人大审批,各级人大常委会只审批同级政府决算报告;中央政府向全国人大提交的,只是中央和地方预算草案和执行情况的报告,不再是统一的国家预算的报告;全国人大尽管也审查中央和地方预算及执行情况,但批准的只是中央政府预算,不审议和批准地方预算及执行情况。

预算表中的内容也进一步得到规范的处理。在《预算法》通过前,政府发行公债所获得的收入被直接列入财政收入(相应的公债还本付息额直接列入财政支出),若再有赤字则由中央政府向银行透支或借款。这一做法极不规范,不但在统计上缩小了政府的赤字规模,而且使政府行为得不到预算的硬约束。1994年后,公债收支额不再直接列入预算收支中,预算赤字全部由公债来平衡,政府不得直接向银行透支或借款。但此次公债方面的改革留下了一个小尾巴,即把公债利息也剔除出财政支出(公债利息支出应属经常性支出),这样就缩小了财政赤字规模。直到2000年,预算才对此作出改变,将公债利息支出列入预算支出中。预算制度中以发行公债来弥补赤字、公债利息支出列入预算支出这些新办法的实施,在制度上与国际惯例和规范的预算靠拢,方式上也更加市场化。

(三) 政府预算的理性化与民主化(1998年后)

1998年前,中国财政的改革重点在收入制度方面,着力于税收制度的建设与政府间分税办法的制定,以支出为主要内容的预算制度不是财政制度改革的重点,变革步伐因此并不大。随着税收制度的逐渐完善,特别是1998年后新一届中央政府提出公共财政的建设目标后,财政改革的重点从过去的收入为主转向以支出为主,支出重点以支持经济建设为主转向提供公共服务为主。这时,支出制度的改革越来越重要,预算制度变革就成为财政制度改革的重点内容。这是预算理性化与民主化的开始,在很大程度上也是政治制度改革的一部分。

1998年首先的变化是预算科目文件名称改为政府预算(《1998年

政府预算收支科目》),这是财政部门正式开始使用政府预算的概念。国家预算与政府预算在概念上是有区别的,从使用"国家预算"转向"政府预算",至少包含着两方面的含义:(1)政府指的是行政部门,使用政府预算可以表明该预算是由行政部门编制的,需要立法部门的批准,这就符合预算是对行政部门的约束之本义;(2)政府又是分级的,使用政府预算就可以清晰显示出一级政府一级预算的原则。政府预算所蕴含的以上两方面含义,是使用国家预算这一概念无法表达的。事实上,国家预算一词表示出来的意思是,由国家(包括行政、立法等各部门)统一安排财政收支基本计划,并且由中央政府安排和约束地方政府财政活动,上级政府安排和约束下级政府的财政活动。

1999年以来的预算改革,动作幅度颇大,改革从编制部门预算开始。部门预算是相对于原先的功能预算(支出按功能编制)而言的,指的是由政府各部门编制、经政府部门审核后由人大审议通过的,能反映所有部门所有收支的预算。中国部门预算改革,是从河北省首先开始的。河北省财政部门在省领导的支持下,借鉴公共财政理论和国际通行惯例,在考虑实际财政困境与资金分配现状的情况下,于1999年开始进行部门预算改革的探索。在河北省部门预算编制经验的基础上,在全国人大常委会对中央预算编制工作在内容细化和透明度方面的要求下,中央政府于2000年起在中央本级预算试行。安徽、浙江、海南等省和个别地区,也在中央部门预算改革前后进行了相应的改革和探索。随后,部门预算在中央本级和全国各地方政府普遍铺开。

一个理性化的预算制度,不仅仅需要部门预算,还需要一系列配套制度的改革,从而构成完整的预算管理体系。这样,预算才能成为政府进行管理的良好工具,并为民众管理政府奠定制度的基础。随着部门预算改革取得初步成效,中央政府于2001年正式启动国库管理制度改革,并在全国逐步推开。到2005年,中央一级国库单一账户制度已在政府所有部门全面推开,地方的国库管理制度改革也在积极推动中。政府采购则在2000年就已在全国铺开,其中最为重要的一步是2002年通过的《政府采购法》,以法律的形式确立了政府采购制度。收支两条线改革最为重要的一步是从2001年开始的,该年国务院转发财政部《关于深化收支两条线改革进一步加强财政管理的意见》,要求各地区、各部门深化收支两条线改革。2002年,34个中央部门已进行了深化"收支两条线"管理改革。与此同时,各地方政府也积极推行该项改革。2004年收支两条线在管理范围、清理整顿收费项目、将政府非税收入纳入管理范围等方面,都取得了进展。

预算从功能预算转向部门预算,加上国库集中收付、政府采购、收支两条线管理、政府收支分类等配套制度的改革,使中国的预算呈现出越来越理性化的特征。虽然现实中运行的预算制度仍有种种非理性的缺陷,但是作为政府规范而有效的管理工具,这样一种理性化的预算已基本成型。在理性化预算的基础上,公众和立法部门对预算制度和预算活动的要求和批评,也成为20世纪90年代以后特别是新世纪以来预算方面引人注目的变化和关键性的特征。预算民主化在中国的进展,反映在两个领域,其变化值得更多的关注:一是人大对预算监督工作越来越重视,人大代表在此发挥的作用也越来越突出;二是参与式预算在基层政府的试验和探索,使更多的民众能够参与到预算的监督甚至决定中。但总体而言,中国预算的民主化还有待进一步深入。

此外,理论界和实务部门在现有预算之外,还提出并探索着建立社会保障预算、国有资本金预算(或国有资产经营预算)、公共事业预算等多方面内容,从而力图构建一个完整的预算体系。

三、预算变迁的推动力量

1978年后推动中国预算变迁乃至财政转型的力量,来自于中央政府与地方政府之间、国家与社会之间、理论界和实务界之间的三重互动,而激励和约束这三重互动的要素分别是利益、知识和理性。

(一) 三重互动关系

1. 中央政府与地方政府之间的互动

在疆域面积超过300万平方公里的大国中,中国是唯一的单一制国家。在帝制中国，为了维持国家的统一与稳定，一直实行"强干弱枝"政策，抑制地方的权力。自晚清开始的国家转型过程中，地方政府成为制度创新和经济发展的重要主体，地方权力也随之增长。地方权力的增长和中央权力的弱化，形成民国期间的军阀割据和地方割据，这是民国政治失败的重要原因之一。

1949年后，鉴于民国政治的教训，权力高度集中的政党按照集权原则构建了新中国的国家制度，以消灭经济和社会主体、弱化地方政府权力的手段，构建了一个高度集权的政治经济综合体：所有的人都属于某个生产或非生产单位，几乎所有的单位都设有起着决策中心或控制中心作用的党组织，并受到某一政府部门的控制，下级政府受控于上级政府，中央政府控制于政党，并集权于政党领袖，由此形成了一个政党领袖通过政党组织控制的单位制国家。政党组织控制的单位，几乎是唯一可以合法传达信息的途径。这样的单位，对中央政府而言主要是地方政府和企业。当然，地方政府和企业在经济发展中的重要性在这一时期并非没有被认识到，中央与地方、政府与企业之间的关系也一再调整。但这些调整始终是一种政策的调整，未建立起制度化的渠道来保障地方政府与企业的权力和利益。

因此，1978年后中央与地方之间关系的处理，就成为国家建设的重要内容。就财政领域而言，首先是通过某种契约形式（中央和地方的财政包干合同）来相对固化中央与地方之间的关系，保证地方政府在制度创新和经济发展过程中的剩余索取权。财政包干制使得地方政府成为制度创新和经济发展的主体力量，并由此诞生了一批以经济发展为目标的地方"政治企业家"。契约形式的种种弊端，引发中央政府以分税制来代替财政包干，从而以更加理性的制度形式，来处理中央和地方政府之间的关系。

1978年后一系列制度变革的发生，都是在中央和地方之间互动中形成的，如农业承包制、财政包干制、企业承包制、增值税制、分税制、部门预算制等等。从预算制度变革来看，中央与地方的互动，一般有两种形式：

(1) 地方政府创造出某种有效的制度，中央政府加以肯定和推广（如政府采购改革、部门预算改革等）；(2) 中央创造出某种新的制度，先在某个地方进行试点，取得经验后再向全国推广（如政府收支分类改革）。当然，一般来说，新制度不太可能对所有人有利，因此中央与地方间新财政制度的出台，往往充满了复杂的讨价还价过程，如分税制的出台及其调整。讨价还价的过程和对地方利益的尊重表明，中国政治权力的运行规则出现了很大的变化，1978 年前那种中央高度集权的体制一去不复返了。

2. 国家和社会之间的互动

1949 年后运用政权力量改造社会的结果，实质上消灭了社会，所有的人都成为国家的雇员，所有的组织都附属于国家，在中国已不存在一个独立自主的社会。这时也就几乎不存在国家和社会的互动关系。

1978 年后社会的成长，是从以下三个方面逐渐开始的：第一，在农村，实行家庭联产承包责任制，国家将农业经济决策权和农产品买卖权逐步交还给农民家庭或个人，从而使占人口近 80% 的农民解放出来，成为自由的经济和社会力量。第二，在城市，允许个体从事工商业经营甚至创办私营企业，允许外资企业进入中国，资本逐渐成为自主自由的力量。第三，国有企业改革，追求利润成为国有企业的合法目标，相对自主地处置资产和从事生产经营决策，松动了原来的政治经济格局，为非国有经济主体打开了活动的空间，从而使市场活动逐渐独立于政府。这样，个体化、自主化和商品化的经济生活，使蛰伏已久的社会力量和个人积极性充分释放出来。

社会逐渐形成和自主后，对国家的政策和权力的运行提出了要求。社会力量在价格改革、税制改革中屡次发出声音，尤其是近年来通过公共舆论影响政府在医疗、卫生等社会保障领域的制度和政策。在预算制度变革和每年的预算安排上，人大代表、媒体、专家学者都在发表赞成或反对意见。政府领导人从未像现在这样重视社会的反应，他们对人大代表在预算草案、预算执行情况和决算报告等方面的质疑，再也不敢随便应付和糊弄了。

因此，1978年前后国家在制定和执行政策方面，能够比较自如轻松。近些年，国家的政策形成与执行，不得不考虑地方政府和社会的反应，不得不多方听取意见，再也不能像过去那样轻松地形成政策并强制性地加以贯彻。这样，不但政策的正确度和民主性提高，更重要的是国家权力在行使时开始受到了社会的限制，这是宪政方面的进步。

3. 理论界和实务部门的互动

1978年后中国改革的进程，被称为"摸着石头过河"，意味着改革没有总体设计和严格的理论指导，而是从实践中总结经验，从经验中探索理论。当然，这并不意味着该时期不存在理论。就财政而言，80年代初流行的财政学理论，仍是苏联财政学基本理论与中国实践相混合的产物。这一时期，理论界最重要的工作，是从马列经典著作中寻找概念和理论，为现实中国的种种改革行为和即将进行的改革，提供辩护词。同时，对西方财政学理论和西方财政实践的介绍和引进，也越来越频繁，并在课堂教学和理论研究中逐渐代替了原有的财政学体系。新的理论和概念，既能更好地解释中国现实的财政实践，又能为下一步财政改革和发展提供预测和建议。

20世纪90年代最为重要的理论成果就是"公共财政理论"的发展。这一理论，既是对中国80年代财政在收入、支出和管理活动方面所呈现出的公共性特征的概括，又为1998年后财政在税收、支出和预算等方面的改革活动提供建议，引导财政的进一步转型。财政在理论和实践方面的互动，还表现在一批财政领域工作的实践者对财政工作经验升华而形成理论，以及一些掌握财政理论的人投入到财政实践中去，这样财政实践工作和财政理论工作得到了更多的交流和发展。

从预算方面看，无论部门预算，还是国库改革、政府采购改革等，政府实务部门与理论界的交流相当频繁。国外预算理论和实践，中国预算的问题与对策，经过理论界的细化和探讨后，不断引入到实务部门；而实务部门在实践中遇到的难点与问题，也不断激发理论界的研究兴趣，拓展理论研究的范围与深度。

(二) 三种要素

中央与地方、国家与社会、理论界和实务部门三重关系的互动，推动了财政制度的变革和财政的转型。而引发这三重互动关系的，是利益、知识和理性三种行动要素。其中，利益是引发行动的最核心要素，知识是行动的约束条件，而理性则是行动的形式化要求。

作为行动要素的利益，说的是因追逐经济利益而引发行动，这是行动的最为关键的要素或"灵魂"。现代社会首先是一个经济的社会，现代社会中的人首先是经济人，经济增长、就业增加、个人收入提高，成为社会和个人的目标。1949年后中国社会改造的结果是消灭了社会，也就消灭了追逐经济利益的合法性，经济利益成为受批判和诅咒的对象，最终丧失的是受经济利益驱使的个人努力。没有个人的努力，没有个人来延续生产，承担创新的风险，经济发展就缺乏活力甚至停滞。1978年前后，中国人开始认识到过去僵硬意识形态的荒谬之处，开始承认个人对经济利益的追逐，具有相当大的合理性，是社会发展的基础。思想解放运动所肯定的用实际功效作为衡量制度和政策的标准（以经济建设为中心），从生产力发展的角度来评价政治制度的好坏，是中国后来从经济功效角度来进行制度改革、以经济发展来促进社会与政治变革的前提。因此，1978年后中国制度变革和社会发展的最大成就，莫过于解放了"利益"这个"驱动器"。以经济利益来衡量政治行动和制度建设，意味着中国很难再回到过去的道路，也为预算变革乃至财政转型奠定了灵魂。在中央与地方、国家与社会、理论界和实务部门的互动过程中，利益（经济发展或个人利益的最大化）成为互动关系中的中心话题和努力目标。

作为行动要素的知识，指的是经验和理论对行动的指导，这是行动的约束条件。1978年后中国的预算改革，虽然是由中国自身逻辑决定的，但其运行的轨迹深受中央与地方领导人、企业领导、学术界的知识水平制约。知识水平的提高，推动了预算制度的变革和国家的发展。在一个方面，这体现为大量的改革试验，如部门预算、国库改革等等，都是在知识准备不足的情况下，先由部分地区或者部分行业进行试点，在总结经验教训的基础上,再决定是否推广或者干脆放弃。在另一个方面,这体现为大量国外财政经验、财政制度和财政理论的引进,这种引进又与中国的实际制度和实践需要相结合。知识的多少,决定了地方政府与中央政府在财政改革方面的次序和形式,决定了国家与社会互动的形式与规模,也决定了理论界和实务部门交流的频率和效用程度。

作为行动要素的理性,就是追求制度的内在一致性,解决制度运行中的不完善和不合理之处,这是行动的形式要求。人总有在形式上求全求善的追求,这种追求形成人对制度理性的强烈要求。许多制度的变革,至少一开始并不具有完全的知识,也不能从理论高度把握全貌,而纯粹是为了解决实际中的一点或一些问题,而去追求某些制度细节的合理化,最后带来整个制度的转变。部门预算改革,其最大的动力不是承担预算监督职能的人大,出于民主化而提出的要求,而是来自于行政部门为了统一预算内外财源、合理安排各项支出并保证必要的支出、加强政府对各部门的管理控制的强烈要求,这就是一种理性化的要求。

小 结

本文从中国国家转型的历史背景出发,简要回顾了财政转型过程中预算制度变革过程。在这一过程中,财政逐渐从传统财政、家财型财政转型为现代财政,即从"自家院落内的收收支支演变成覆盖全体社会成员的收收支支"(中国社会科学院财政与贸易经济研究所,2004:82)。与此同时,预算制度不断理性化,预算的民主性也得到提高。

现代预算在中国的成长,是在中央政府与地方政府之间、国家与社会之间、理论界和实务界之间的三重互动关系中产生的。激励和约束这三重互动关系的要素,分别是利益、知识和理性。

参考文献

1. 马骏:《中国公共预算改革:理性化与民主化》,中央编译出版社2005年版。
2. 王加林:《发达国家预算管理与我国预算管理改革的实践》,中国财政经济出版社

2006年版。
3. 张馨：《财政公共化改革》，中国财政经济出版社2004年版。
4. 中国社会科学院财政与贸易经济研究所：《科学发展观：引领中国财政政策新思路》，中国财政经济出版社2004年版。
5. Joseph Schumpeter, "The Crisis of the Tax State", in Richard Swedberg (ed.), *The Economics and Sociology of Capitalism*, Princeton University Press, 1991 [1918].

难以走向共和
——中国近代预算制度的变迁与启示

李炜光[①]

【摘要】 引入西方国家的政府预算制度是近代中国政治发展的非常重要的一步。近代中国预算制度最大的进步是预算案必须由国会通过,从而打破了专制皇权对政府预算、税收的绝对垄断和随意支配。从近代中国的历史来看,共和精神应该贯穿政府预算制度。然而,由于我国人大的法定预算权力无法完整落实,所谓的公共财政体制的构建还有很长一段路要走。

【关键词】 近代预算制度 共和 预算改革 人大

一、敢抢皇上的"钱袋子"的资政院

近代中国实质上的进步是从引进西方国家的预算制度开始的。先是一批曾经到过西方的中国人和在华传教士在他们的著作中介绍西方国家的财政预算知识,主张仿效西方建立中国的财政预算制度。1893年,

---

① 李炜光,天津财经大学财政学科首席教授,主要研究方向包括财政经济史、财政学、财政政策、技术经济。

郑观应在其名著《盛世危言》中主张建立中国的"度支清账"制度，说的就是政府预算。曾任驻日本公使馆参赞和驻美国旧金山领使馆总领事的黄遵宪，在《日本国志》中介绍了西方的预算制度："泰西理财之法，预计一岁之入，某物课税若干，某事课税若干，一一普告于众，名曰预算。及其支用已毕，又计一岁之出，某项费若干，某款费若干，亦一一普告于众，名曰决算，其征敛有制，其出纳有程，其支销各有实数，于预计之数无所增，于实用之数不能滥，取之于民，布之于民；既公且明，上下平信。"有着驻日本公使馆参赞长达五年背景的黄遵宪，按照日语的习惯将英文"budget"一词译为"预算"，是这个汉语单词第一次面世（邹进文，2005）。

康有为在戊戌变法期间所作的《日本变政考》中，也主张仿效西方，实行预算公开。他说："西泰国计，年年公布，有预算决算之表广……今吾户部出入，百官无得而知焉……是益以愚我百官而已。与民共者生爱力，不与民共者生散力。"光绪帝采纳变法人士意见，诏令改革财政，编制预算决算，此诏因变法失败未及施行（邹进文，2005）。

宣统二年（1910年）清政府试办之宣统三年预算案发表后，梁启超发表《度支部奏定试办预算大概情形折及册式书后》一文，对清政府颁布的预算草案的收支进行猛烈抨击："预算非他，实一国行政之悌鹄也。无论何种政务，行之必需政费。而立宪国之所以有预算者，则除预算表岁入项下遵依法律所收诸税则外，行政官不得滥有所征索；赊预算表岁出项下所列诸款目外，行政官不得滥有所支销，此立宪国之通义也。故无论采量入为出主义，抑采量出为入主义，要之其第一著必期于收支适合。而编制预算案之所以其难其慎，非大政治家莫可胜任者，则正以此调和收支之手段，非通筹全局确立计划不能为功。而全国人欲观政府施政方针者，皆于预算案焉觇之。"（赵丰田，1939；邹进文，2005）

20世纪初，流行欧美的宪政文化和预算思想开始为中国社会的知识分子、士大夫阶层、政治革新派以及工商业者们所接受，并在社会上产生了极大的震撼力。人们开始认识到争取私人财产权、督促政府切实实施预算制度的重要性。两次鸦片战争和洋务运动之后,中国闭关锁国的格局已被打破,国内统一的大市场开始形成,客观上要求冲破封建生产关系的束缚,建立一个适应市场经济发展的经济结构和上层建筑结构,构建保护私人财产权的法律体系。而清末的专制政体仍然是钳制工商业发展的最大障碍,民族资本和市场交易饱受清政府的搜括和破坏,私人财产权得不到法律的承认和保护,苛重的捐税窒息着企业的生机,关卡层层勒索的厘金制度更让商人畏如猛虎,如张謇所说:清政府"但有征商之政,而少护商之法","过捐卡而不思叛其上者非人情,见人之酷于捐卡,而非人之欲叛其上者非人理,商之视官,政猛于虎",商人们对此有着切肤之痛,使他们深切地感到参政与限政的必要性,认识到自己"有参与政治的权利,更有监督政府的义务"(侯宜杰,1993),而参政、限政与监督政府的根本途径就是建立和实施宪政体制,用宪法和法律节制政府的权利,要求统治者对工商业的发展和私人财产权采取保护性的财政预算政策。

也正是由这个时候开始,人民正式登上了中国近代政治的舞台。在著名的"国会请愿"运动中,商人们扮演了极为重要的角色。人们认识到:"中国无国会,而致不能有完备的法律,不能制定正确的商业政策,税收不合理,进出口税利洋商不利华商,说明商人的命脉完全系于国会";"国会不开,则财政不能监督,财政不能监督,则吾民朝以还,政府夕以借。吾民一面还,政府一面借,又谁得而知之?谁得而阻之?徒然使吾民于租税捐派之外,多一代官还债之义务,吾民虽愚,又谁愿以有限之脂膏,填无底之债窟乎?"(侯宜杰,1993)

1908年,西太后和光绪皇帝先后崩殂,其时革命风潮大涨,其势已不可遏,摄政王载沣不得不诏令办理立宪事宜,成立各省咨议局,将九年立宪改为六年。在各省设立的之咨议局,商人们不仅开始拥有一定的发言权,而且以该局为权利基础进一步凝聚社会力量,限制政府的专横权力。预算与税收权争夺成为当时最重要的权力之争,因为这两项权力与商人的关系最为密切。

"资政院"是中国议会的雏形,是清政府自己建立起来的,但权力一旦被制约，也给不可一世的皇权专制政府造成了不小的麻烦。在清政府的资政院中，以商人为核心力量的立宪派经过不懈努力，几乎将这一御用机构改造成为代表民意的国会。资政院开院之初，湖南议员罗杰发言："现在国民之断指、割臂、剜股者相继，皆表示国民以死请愿之决心。"并说："不速开国会，互选资政院议员不能承诺新租税。"（侯宜杰，1993）

像这样商人敢于跟政府"叫板"的事，在中国历史上是从未出现过的。资政院的议员们据理力争，经过多次详细审核，最后迫使政府屈服，将原预算额 37635 万两核减掉 7790 万两，使岁入总额略有盈余（侯宜杰，1993；刘军宁，1998）。议员们以自己较真的态度和敢于对皇权"说不"的实际行动表明，咨议局、资政院是具有一定独立品格的政治机构。

1911 年 11 月 3 日公布的《重大信条十九条》（简称《十九信条》）规定："本年度之预算，未经国会决议者，不得照前年度预算开支。又预算案内，不得有既定之岁出，预算案外，不得为非常财政之处分。"第十五条规定："皇室经费之制定及增减，由国会议决。"议会的财政预算权已得到法律的承认，称得上是中国历史上具有开创性的法律文件。1911 年的预算案注定写进历史，悠悠几千年的古老国度，如今破天荒，第一次实行了预算管理。

然而，清政府从本质上是不可能真的接受立宪、接受共和的。以慈禧为首的顽固派和满族贵族，决意维护大清朝的君主专制统治，绝不甘心让出丝毫的权力。西太后只要活一天，什么三权分立，什么立宪，什么预算监督，完全没有可能。所以，清王朝的预备立宪是假立宪，政治改革是假改革，经济一时的发展带来的只是贪污腐败更加盛行。当人民明白这一点、放弃所有的希望时，一批立宪革命派便诞生了。

具有专制改良性质的清王朝的"改革开放"之路没有走通，也就给孙中山所领导的推翻清王朝的革命带来了历史的合理性。辛亥革命，共和革命。孙中山十次起义，开始为天下所弃，后来为天下所拥，人民越来越觉得只有用共和革命的方法推翻清王朝，才能够真正走向共和立宪的道路上去。不是孙中山要革命，不是历史没有给清王朝以机会，是清王朝自己没有抓住时机，是它自己断绝了以和平变革方式实现君主立宪制的可能性。当清政府连"体制内"的改革者都不能容忍，把他们统统推向"体制外"时，一场社会革命便难以避免了。

不过，话说回来，清政府在"临死前"毕竟在西方预算制度的示范作用下，对传统预算制度进行了改革。虽然这场改革由于清政府的突然覆灭而中断，但它为其后民国时期预算制度的确立奠定了最初的基础，其在中国财政预算史上的地位还是应该被肯定的。

二、起步于民国初期的中国近代预算制度

辛亥革命后，共和终于上路了，并很快给我们这个古老的民族带来了新的生命活力。

中华民国北京政府时期，亦称北洋军阀统治时期，在人们的印象中，是20世纪中国历史上最黑暗的一页，然而，还有另外一个事实：中国近代许多具有进步意义的历史事件，特别是思想解放运动也发生在这一时期——新文化运动、"五四"运动、马克思主义的传播等等，中国共产党也创立于这个时期。显然，这并不是一个全面禁锢的时代。

中国古代财政管理制度的主要特点是：皇帝拥有财政收支的绝对垄断权，国家财政预算计划不具有恒定的法律效力，地方没有相对独立的财政。这种高度集权的财政体制固然便于全国财政资源的统筹调配，利于维护国家的统一，但另一方面又会导致政治上的过度集权专制，地方公共事业难以发展，以及地方官员于体制外寻求非法财源而滋生的政治腐败。当中央政府权威下降时，地方割据政权就会实行事实上的财政独立，并加剧财政的混乱与不稳定性。近代中国建立的财政预算制度相对古代预算制度最大的进步在于预算案必须由国会通过，且具有非国会不得擅自修改变动的法律效力，从而打破了专制皇权对财政预算、税收的绝对垄断和随意支配的格局。这一点，清末"新政"已然作出努力，但质的变化还是出现在北洋时期。

民国三年（1914年）5月，北洋政府公布约法，规定："国家岁入岁出之决算，每年经审计院审定后，由大总统提出报告书于立法院。"这是我国审计权力列入根本大法之始。同年10月，颁布了我国第一部审计法和审计法施行细则，对审计的范围、各种决算的审计报告书包括的项目，审计方式，审计程序以及其他有关事项均作了明确规定，以后对审计法又进行了修订增补。

近代资本主义国家的财政体制的特征之一是划分国家财政与地方财政，以体现政治上的地方分权。对于晚清已经形成的，以及在清末新政和预备立宪中形成的地方自治财政，北洋政府给予了制度上的确认。清末"新政"出台的《咨议局章程》规定，咨议局的职权有议决本省岁出岁入预算与决算事件、税法与公债事件，这是最早规定地方财政制度的法律。《清理财政章程》要求"各省预算报告册内，应将出款何项应属国家行政经费，何项应为地方行政经费，划分为二"，"国家行政经费系指廉俸、军饷、解京各款以及洋款、协饷等项，地方行政经费系指教育、警察、实业等项"。《试办全国预算章程》则要求各省编制地方岁入与岁出预算案，送交咨议局议决后，咨报度支部及中央主管各部。虽然由于辛亥革命的爆发，清政府未能制定公布计划中的"国家税章程"与"地方税章程"，但其开启的划分国家财政与地方财政的近代化改革则由北洋政府继承下来。

1912年冬，北洋政府财政部即拟定《国家地方政费标准》，划分国家（中央）支出与地方支出项目；1913年11月，制定《划分国家税和地方税草案》，规定"国家因中央及地方行政诸经费所征收之租税为国家税"，"地方自治团体因处理自治事务诸经费所征收之租税为地方税"，并于次年修正公布，划分国家（中央）收入与地方收入项目，从而基本形成了中央与各省两级财政体制。

从实际情况看，北洋政府时期中央政府的财政收入主要为关余、盐余和中央直接控制及各省上解的烟酒专卖、官产变卖收入等，除此之外的田赋、契税、牙税、当税和其他杂捐，则为"省税"。不过，北洋政府在国家税系统内部如何进行中央税与省税的划分方面，还没有作出明晰的规定，它在财政预算"共和"问题上最大的贡献仍然是开启征程，这个巨大的任务最终是由南京国民政府完成的，尽管如此，其历史价值仍然不可低估。

在这个时期，司法独立体制建立起来了。《中华民国临时约法》、《中华民国约法》和《天坛宪法》都明文规定了独立、公开审判的司法原则。这个时期的宪法已从立法角度确定个人权利并提供保障，并包含平等原则和保障权利观等内容。尽管法律上对人民权利的保护并没有在实践中落实，但是，即使是这种法律上的尊重，在以往的历史时期也是从来没有过的。

过去，国家的政治大事历来是由少数上层统治者说了算，民众议政是根本不可能的事，但这个时候发生了一定的变化。《东方杂志》、《民国时报》、《新青年》、《每周评论》等报刊先后创刊，人们利用大众媒体对政府进行合法监督。有人统计过，辛亥革命之后到袁世凯复辟之前，民间所办的报纸就有500多份。袁世凯称帝后，正是500多家报纸在同一天"开天窗"，把袁世凯赶下了台。需知，就在此前不过十几年的时候，中国人民还处于清朝的皇权专制统治之下。试想，如果当时民间不得办报、言论相对宽松自由，这一切怎么可能发生？日后的新文化运动怎么可能兴起？

为什么北洋政府时期，人民能够享有此前做梦都不曾想到的权利和自由，原因在于共和体制的初步建立，形成了权力制衡的政体格局。政府的权力受到议会和司法机构的制约，便不能再为所欲为。我们看到，即使是由封建军阀那样的统治者当政，只要存在哪怕是很不完善的权力制约机制，滥用权力就已经十分不易，民众的声音就能顺当传播，社会就能充满活力。

革命初造成功，共和刚刚建立，共和国呱呱坠地，必然引来形形色色的专制势力的反抗。因为辛亥革命是专制向共和发展的一场革命，它建立了共和国，可是却又主张回到专制制度之下。这个进和退的关系，其实就是共和革命和专制复辟的关系。由一群赳赳武夫组成的最高统治集团根本不懂共和、宪政为何物，能够制约、监督这个政治集团的另一种社会力量还处于稚嫩状态中，缺乏与之抗衡的实力，于是，袁世凯复辟帝制，张勋复辟，其后是长达十年北洋军阀假共和之名义，以行专制之实。孙中山先生将专制复辟的危险性和必须坚定地反对专制复辟的坚定性、持续性，当做一个非常重要的政治主题，告诉人们：只要封建专制主义还存在着，封建专制的思想文化还存在着，封建专制的形形色色势力还存在着，那么专制复辟就不仅是可能的，而且是必然的。

由于国会最终难以发挥对国家财政预算的立法、监督职能，北洋政府和国民政府时期科目有所损益，但其基本底盘仍系奠定于前清，没有根本性的改变。海关关税自19世纪60年代就已经成为清中央政府财政收入的大宗，至19世纪末20世纪初，大部分用于偿还外债和战争赔款，剩余部分民国时期称"关余"，仍为中央政府的大宗收入。关税的"中外协议"制度，形成于鸦片战争之后，入民国后继续沿袭，直至20世纪20年代末才被废除；作为关税管理的税务司制度形成于19世纪50年代，入民国后也继续沿用，一直到1949年才废止。

清代旧制盐税主要为盐课，此外有少量临时征收的"盐斤加价"。太平天国战争后，食盐的产区与销售制度紊乱，盐税乃分为盐课与盐厘。20世纪初，盐税大部分也同关税一起用于偿付战争赔款，剩余部分民国时期称"盐余"，为中央政府的大宗收入。

厘金起源于太平天国战争期间，1853年由清军江北大营军营开征，后来各省行政当局均设立专门机构征收，成为晚清各省的一项重要财政收入。各地厘卡林立，重复征收，严重妨害内外贸易，19世纪末中外即有裁撤厘金、提高关税税率的呼声，但一直未能实行。入民国后，厘金制度继续沿袭，直至1931年。

田赋在清代源于地赋与丁赋，雍正初年摊丁入亩后称"地丁"，入民国后称田赋。清末各地巧立名目征收各种地丁附加，入民国后更是变本加厉；其征收系统与机制，本于明代初年建立的里甲制度，在清代早已混乱不堪，册籍为里长所把持，成为世袭的私产，入民国后这种情况一仍其旧。国民政府时期，有些地方对征收系统有所改革，但实行土地测量、改田赋为土地税的改革，一直未能实行。民国时期的契税、牙税、当税、屠宰税等捐税，也均系沿自清代。此外，民国时期的财政支出，也仍同晚清一样，以政费、军费、债务等为主体，当时的国会是无力加以控制的。"共和"不彻底，这在国家的财政预算和税收制度上最为清晰地表现出来，亦是影响国家政治制度"脱胎换骨"为共和制的最难以逾越的障碍。

这也就构成了历史留给我们的一个最大的遗憾：在中国，民间公共力量对政府及其财政始终没有形成真正的"压力"，"牵制"、"制约"、"平衡"等观念始终未能主导中国人的头脑。控制不住"钱袋子"也就控制不住专制这匹脱缰的野马，执政者仍然可以不受监督，不受限制地盘踞着绝对的、无限的权力，为所欲为。改革失去了底层民众、民间力量的参与和社会监督，也就失去了自己的社会基础和合法性。这才是中国社会最致命的病症。由于没有找到"治病"的方法和途径，于是宪政改革的所有上层资源被切断，民主共和的制度转型刚刚起步便功亏一篑，政治与财政预算的制度变迁便只能走暴力革命这条成本最大的路了。

三、以"共和"的眼光看政府预算

从字面上理解，"共"，天下者，大家人民的天下，国家者，人民的国家，不为某个个人、党派所独有；"和"，既然天下是天下人的天下，那么管理天下的工作，治理国家的事情，那就由大家共同来承担。可见，在汉语语境里，共和就是"和平共治"的意思。共和的英文单词为republic，来源于拉丁语的respublica（公共事务）。意思应该是，政治权力这种公有物，理应由人民共同享用，国家的公共事务应由人民共同治理。共和国作为法治、民主、自由的国家，最有利于实现人的幸福，因为在这样的社会里，是由公民自己而非由别人决定着自己的命运。

在人类文明史上，共和在相当长的一个历史时段内高于、先于民主，比民主更受人们的重视和欢迎。如麦迪逊始终称美国是"代议制共和国",从不说自己是"民主政体"。在他们看来,民主特别是直接民主是多数人的私权,因而可能导致暴政。在中国近代社会的转型过程中,以孙中山为代表的进步人士,关注的也是自己的国家如何"走向共和"的问题。

国内外有许多学者对共和问题作过精辟的阐述,大致可以归纳为如下四条:

（一）公共权力的分享

共和制下,政治权力对全社会平等开放,由所有社会成员共同分享,体现着公民的权利与自由。国家治理是所有公民的共同事业,而非一人、一党、一派之事。人民对与自身利益攸关的公共事务领域有决定性的发言权,体现着公民的权利与自由。共和制下,不得有世袭的、独占的、不可让渡的权力,不得排斥所持意见与统治者不同的少数一方。

（二）公共权力的限制和制衡

共和制对政府和人民的权力都加以严格的限制,它的特点是给所有的人及其自由提供同等的保护,人的自然权利不受非法政治权力的侵犯,任何人不得挟民意以自重。共和的国家不仅要保护公民的权利,防止统治者的压迫,而且要防止一部分社会成员对另一部分社会成员的欺压,法律面前人人平等。共和制下,法律对政府权力的限制格外严格,以保证其正当、合法地使用。

（三）社会的和平、和睦、和谐共处

共和政体与暴政格格不入,排除君主专制和独裁,倡导思想自由、信仰自由、言论自由、结社自由,认为公共事务的参与和纠纷的处理只能也必须采取和平的而非暴力的方式。

（四）政府的服务性、公平性与中立性

共和制作为由国民参与并经其同意的政体,要求权利与权威的结合,并保障公民的合法的自由,致力于实现个人利益与公共利益的统一,而不提倡为后者牺牲前者的利益。在共和的国家,人民的福祉至高无上,任何政府都不能将其自身的意愿和利益强加在人民的头上,而是要尊重个人的自由与独立,为其生存、发展提供最有益的环境。共和制追求社会的公平、公正、正义，目的在于使社会各方的利益都得到体现和保障。

共和加上多数票决制的民主和以限制政治权利为基本特征的宪政，共同构成了现代民主政体。共和、宪政与民主之间存在着差异。民主涉及的是权力的归属，宪政涉及的是对权力的限制，而共和则解决了权力的分享问题，三者缺一不可。在民主共和宪政三位一体的制度下，有关政治的和财政预算的一切活动都是在和平的方式下完成的，民众不再需要谁为自己"做主"，而是通过决定政党和政客命运的方法把自己的命运牢牢掌握在手里。只要一张选票，就可以决定那些政党和领袖们的命运以及他们未来执政的方向。

把共和的文化理念引入财政预算领域，其意义在于，以民主和宪政的方式，对政府的财政权力进行限制和约束，以保护公民的财产权及依附于此的基本人权，并促进政府职能的转型和公共财政体制的建立。以共和精神统领预算贯彻在政府预算的始终，这样的预算才能称之为公共预算。

共和思想体现在预算上，首先，代议制机构是政府预算的组织制度前提，是制约专制的政治组织。经过议会的决议预算从根本上解决的是国家和人民的财产关系问题，这是一国重要的宪法关系。议会的预算权力表现为，一是预算要由议会控制，二是议会的控制是基于共和精神的，目标在于分权制约。议会有权对具体的预算事项进行审查、批准，有权将有关财政活动的普遍规则制定为法律。议会批准后的预算就成为具有法律意义的强制性命令，是政府对于议会的承诺，必须严格履行。

其次，在预算的审批过程中，所有的国民均应享有平等的参与权。人民在民主原则下平等选举代议制机构，以行使制约和监督政府预算的权力；代议制机构在通过预算时，一人一票，以平等形式来行使立法权、财政审查批准权和财政监督权。

第三，预算收入和支出应当体现平等负担和平等给付原则。税收课征应当体现平等课税原则和量能课税原则，费用征收应当体现受益负担原则。预算支出方面，相同的情况应当相同处理，不能因为人为原因导致受体之间的差异过大。

第四，共和精神对现代政府的要求，一是向议会提供的预算报告必须数字准确、细致和完整，必须覆盖其全部的公共收支、反映它的全部财政活动，不允许有预算外的公共收支，不允许有在预算管辖之外的政府财政活动；二是提高财政透明度，建设"阳光政府"。政府的财政资源大部分来自于税收，人民当然有权知道自己缴纳的税款用在了何处，这就是民众对政府在履行职能的过程中产生的信息应该享有的知情权。政府有责任把其在行政管理活动中所产生、所收集的信息对人民公开，及时、全面地向公众提供预算编制过程、政府的财政政策目标、公共部门账目和财政预测等财政资讯。

在我国，始终没解决的一个问题是，人民代表大会究竟是一个什么性质的会议？究竟是代表谁的会议？事实是，他们可以代表官员，因为现职的和退休的官员所占比例在百分之五六十以上；他们可以代表各行各业的模范人物、知名人物、歌唱家、艺术家、体育健将，这些方面无疑它有充分的代表性，但有一个方面他们却没有代表的资格，这就是中国的亿万纳税人。他们并不是纳税人选出来的，也并没有真正代表纳税人的利益。他们是"人民代表"，却不能说是纳税人的代表。

我国的人民代表大会对于税收以及财政事项进行细致入微的审查是从来没有的。50多年来，政府提交给人大的财政报告之简略堪称世界之最。每年3月召开人大时，政府财政预算早已开始执行，这种先斩后奏的审批方式延续了半个世纪，实际上是对国家最高权力的藐视。一些庞大的公共工程、对外援助、预算外财政的具体筹集和支出状况，大多由主管部门甚至个别领导人拍板定案，无需人大审查。建立人代会而人大代表却不对纳税人的税款流向进行认真审查，这可以说从根本上违反了设置这一机构的初衷。

所以，衡量中国政治体制是否成功的一个非常重要的标准，就是看人民代表们是不是开始愿意代表纳税人的利益了，是不是变成"财政议会"或"预算议会"了，我们的国家，是不是成为真正的"预算国家"了。

要强化人民代表大会的地位和职能，人大对政府征税和用税的行为要拥有控制权，而不是一个简单的监督权。控制权概括地说包括决策权、约束权、监督权、检查权、问责权以及任免相关官员的权力。要大力加强对预算的控制监督，要把比较成熟的税收法规、条例等上升为法律，经人大审议批准形成正式税法实施；一切预算外、制度外的财政活动都必须纳入人大的控制范围。政府的财政税收活动要公开、透明，不能再搞"秘密财政"。总之，政府的一切税收、财政活动都应为社会提供公共服务、提高国民的福利水平为依归，在使用其权力时必须做到经济而有效，不能按照利润最大化的准则征集和运用财政资金，不能只是从政府的财政需要出发，单纯凭借政府的垄断地位和权力强制性地向社会提取。政府的权力，包括财政权力，必须得到来自公民和法律的有效监督，否则，就将无可避免地导致公共财富非法流入私人腰包，最终将形成这样一种局面：政府征的税越多，财政支出的效益就越差，对社会财富的浪费也就越大。

四、脱离共和精神的预算体制改革

从1993年开始，一些地方政府开始试验零基预算。1994年，中国颁布了第一部《预算法》，近年来又在搞"部门预算"、"国库集中收付"、"政府采购"、"绩效预算"等，取得了一些成绩，但其缺陷也是显而易见的：

第一，这些措施都属于技术操作层面的试验，改革的重点主要是在政府内部加强行政控制，而不是人民代议机构对政府预算的外部政治控制。

第二，缺乏对利益相关主体的互动影响的考量，缺乏社会公众的关注、参与和监督，政府与民间在预算过程中的合作伙伴关系几乎被完全忽略，因而难以实现构建利益相关主体共同治理的目标。

第三，在财政预算问题上，政府仍然是自己说了算，人大在预算制定、审议期间的作用微乎其微。由于政府的公共管理缺乏制约和透明度，政府预算部门资金结构性配给的自由裁量权不仅没有被压缩，反而在继续增强。由于各级政府有追求"超收目标"的强大动力而又得不到有效制约，预决算执行的偏离度越来越大。如2006年，当年的政府预算报告中，全国财政收入和财政支出分别为35423.38亿元和38373.38亿元，而在同年的政府决算报告中，这两个数字分别被改写为39373.2亿元和41535.73亿元。预决算偏离度分别高达11.15%和8.42%。所谓"预算"，在这里基本上形同虚设。

第四，《预算法》修订迟缓，某些法律环节未摆脱旧体制、旧模式的影响，法制不健全，缺乏配套立法，许多改革计划找不到相应的法律依据，预算管理仍然带有较强烈的计划经济色彩，等等。

现代公共预算体制的特点是议会对预算的外部政治控制，可改革开放30多年来，我们仍然没有建立起西方国家在19世纪就已经形成的现代公共预算体制。由于人大不能从外部对政府预算进行监督，政府也没有改进资源配置效率的压力，中国的预算制度改革就这么被拖下来了。结果是显而易见的，中国预算出现了非常严重的财政机会主义行为，包括财政腐败、违规、低效率、浪费与缺乏透明度，大量预算外政府收支、制度外政府收支游离于政府预算之外。这就可以理解，为什么审计风暴年年"刮"，违法乱纪行为照旧的局面。由于缺乏外部控制，政府内部财经纪律已经严重弱化，非正式制度盛行，财政机会主义行为不胜枚举。

显然，如果不能在中国的预算领域重新确立有效的约束机制，那么，无论采取任何预算模式都不可能成功，不可能改进资源的配置效率、不可能有效地控制支出、不可能改进财政管理效率、不可能杜绝浪费与腐败，政府的预算活动就不可能真正地体现出它的公共责任。从上述表现看，我国的预算体制改革的成效不够理想，甚至可以说至今还没有走在"正道"上。

如今，《预算法》修订早已经列入全国人大常委会的正式工作日程，修改后的《预算法》需要在价值理念和法律精神上有所创新，并在此基础上重新对预算进行制度设计，并通过完善预算的实体和程序规范，加强对预算的法律监督和责任控制。而它的进步、完善，基本途径就是引入共和的精神和机制。

中国近代史的经验教训早就告诉我们，构建公共财政体制是一项系统工程，涉及国家的经济、政治、军事、文化、社会等各个方面，所谓牵一发而动全身，但其中最关键最核心的问题是政府预算的外部的政治与法律控制，实现人民对国家财政资源的所有权和主导权。

因而，我国必须要实现立法监督机构与政府的分立与制衡，预算的编制和审批、执行与监督职能要分开完成；要确立财政预算共同治理的观念和原则，预算总额由人民代表大会即国家的立法监督机构确定，除非得到这个机构的认可，不得变更和突破；要在人大内部设立预决算审议专家咨询机构，协助人大预算工委和人大代表审查政府预算和预算执行结果。专家的遴选应避开那些具有"官方背景"的人，要建立完善的预算监督体系，预算执行中的玩忽职守者要允许媒体曝光，严重的要受到法律制裁，等等。

我国财政学界，一直有个上不了"台面"的说法，预算问题离政治"太近"，多说不如少说，少说不如不说，于是，关于预算体制改革的研究也就一直处于停滞的状态。笔者感觉关于公共财政、现代税制、公共预算等领域的研究，似乎是财政学领域之外的法学界、政治学界的学者们更活跃，更有成果，这可能是长期以来"国家分配论"的影响仍在财政学、税收学界发生作用的结果。这不仅是我国财政学者的失职，也使我国预算改革得不到来自财政学界理论研究成果的支持。我国财政学界应对此承担责任，并改变现状。

参考文献

1. 侯宜杰：《二十世纪初的中国政治改革风潮：清末立宪运动史》，人民出版社1993年版。
2. 刘军宁：《中国商人的宪政情怀》，见《共和·民主·宪政》，上海三联书店1998年版。
3. 赵丰田：《晚清五十年经济思想史》，哈佛燕京学社1939年版。
4. 邹进文：《清末财政思想的近代转型：以预算和财政分权思想为中心》，载《中南财经政法大学学报》，2005年第4期。

第二部分
公共预算的法制化建设

预算法律责任探析*

朱大旗　何遐祥①

【摘要】 本文从预算行为的可归责性和预算责任的法定性两个维度分析了预算法律责任的理论依据，提出了预算法律责任的构成要件，并着重对预算违法行为的内涵和种类进行了探讨。在此基础上，论述了行政责任、刑事责任、宪政责任、经济责任以及《预算法》中可能涉及的其他责任形式。最后，对预算法律责任的实现机制进行了研究，其中对预算监督机制的完善提出了明确的建议，对预算法律责任追究主体的确定进行了较系统的分析，并对将司法程序引入《预算法》的可能性进行了研究。

【关键词】 预算法律责任　违法行为　责任形式　实现机制

当前，我国正面临研拟修订《中华人民共和国预算法》（下称《预算法》）的任务。《预算法》的修订，关乎方方面面的内容。从法律规

---

* 本文是国家社会科学基金项目《预算法的修改与完善研究》（项目批准号：07BFX041）的阶段性成果。

① 朱大旗，中国人民大学法学院教授、博士生导师，主要研究领域包括经济法、财税法、金融法。何遐祥，中国人民大学法学院博士研究生。

范逻辑结构的完整性出发，其必然涉及预算法律责任的完善问题①；从我国当前预算实践来看，审计署近些年来的审计报告披露出的较为普遍而严重的预算违法现象，更凸显了完善预算法律责任制度之重要与紧迫。而学界目前对这一问题重视不够，研究尚不深入、全面，对于预算法律责任的理论依据、归责要件、责任形式和实现机制等内容缺乏系统阐述，这不能不说是预算法理论研究的一大缺憾。感此，笔者不惮浅陋，拟围绕这些内容进行专门探讨，以期为立法建言，并求教于方家。

一、预算法律责任的理论依据

（一）预算行为具有可归责性

法律责任是与法律义务相关的概念。一个人在法律上要对一定行为负责，或者为此承担法律责任，意思就是，做相反行为时，他应受制裁（凯尔森，1996：73）。相应地，预算法律责任是指预算法主体违反预算法规定的义务时所应受到的制裁，或其应承受的不利法律后果。对预算违法行为追究责任，首先需要解决预算行为可归责性的问题，这是设置和实现预算法律责任的理论前提。应该说，在现代法治语境下，对政府的预算决策行为进行问责，并没有任何观念上的障碍，在很多西方国家的预算实践中也已不成其为问题。② 但在我国，政府预算行为的可问责性却并非一个当然的命题，即使我国现行《预算法》中用专章规定

---

① 理论上认为，法律规范应当由行为模式和相应的法律后果两个要素构成。行为模式和后果模式可以体现在同一个法律规范、法的条文或同一个法当中，也可以体现在不同的规范、条文或法中。当前中国的不少法律规范在逻辑结构上不完整，特别是不少法律规范只有行为模式而没有后果模式。参见周旺生，2006：500—501。在我国立法的传统当中，一般将后果模式集中规定于"法律责任"一章，但并不绝对，如《宪法》即无"法律责任"一章。现行《预算法》从逻辑结构上看，包含了法律责任（后果模式）规定，但规定得较为单薄、空泛；在对《预算法》其他各章尤其是法的规范性内容（其中的行为模式）进行修订时，为了维护法律规范逻辑结构的完整性，对有关法律责任的内容进行修订将是一个无法回避的问题。

② 如在西方国家，预算案在议会未获通过被视为议会对政府不信任的表现，其很可能导致政府的倒台；预算编制、执行当中的问题也往往成为政府及其官员被问责以致引咎辞职的重要事由。

了预算法律责任,其在实践中也更多地沦为备而不用的条款。一个突出的表现是,我国审计署每年在审计报告中披露出的预算违法行为数量不可谓不庞大,所涉及的问题不可谓不严重,但即使在这些问题被发现、披露之后,也鲜见有违法主体受到追究。这种对预算违法行为的容忍甚至漠视状况的存在,固然有我国预算法律制度不完善的原因,但从更深层次来看,则在于政府预算行为可问责的观念没能在我国得到明确确立和广泛认同。

预算行为具有可归责性,首先是由预算法主体的可归责性决定的。在理论上,归责是指为不法行为的能力,不负责任意指没有能力成为某种事物可以归责的主体(凯尔森,1996:102—103),因此,探讨预算行为可归责性必然离不开对责任主体归责能力的分析,其主要涉及政府作为国家权力行使者是否具有归责能力的问题。而在现代法治社会中,有权力就有监督、有权力就有责任的观念,早已为人们所普遍接受,政府作为行使国家权力的主体,应该对其违法行为承担责任,相应地,政府作为预算法主体,是具有归责能力的。其次,预算行为可问责,也是由预算行为的性质决定的。国家预算是国家实施宏观调控的一种方式,预算行为属于宏观调控行为的范畴。而学者们认为,基于法律的双向运行模式、公共选择理论、宏观调控相对方的权利、社会公共利益的不确定性、宏观调控行为的性质等理论基础,宏观调控行为是可以被问责的(杨秋凤,2007:13—14),预算行为也不例外。再次,预算行为的可归责性、可受惩罚性,还是由预算的特征决定的。预算的特征之一在于,在国家预算中预算编制(实即分配财政资金)、预算执行(实即使用和运营财政资金)的决策者和财政资金的来源者(亦即所有者)是分离的,而从法律的意义来讲,支配他人的财产就意味着责任,这种责任是一种法定的公益信托和自益信托相混合的责任。如果国家预算主体辜负了人民的信赖,其行为过分地偏离人民信托利益的要求,人民当然有权以选票、以法律责任的形式对其进行制裁(朱大旗,2005:77)。

(二) 预算责任具有法定性

预算责任具有法定性，这是《预算法》等有关法律当中规定预算法律责任的直接依据。概而言之，预算责任的法定既是法律责任归结原则的要求，也是现代财政法基本原则的要求。一方面，责任法定原则是我国法律规定的一项基本归责原则，法律责任作为一种否定性法律后果应当由法律规范预先规定，以使其包括在法律规范的逻辑结构之中。当违反法律规范的行为发生后，应当按照事先规定的性质、范围、程度、期限和方式追究违法者的责任。而且责任法定原则作为一项排除性、否定性原则，在一般情况下，它要排除和否定责任擅断、有害追溯和非法责罚（张文显，2001：137—138）。责任法定是法律责任归结的一般原则和要求，其普遍地适用于民事、刑事、行政、经济等各方面的责任形式，预算法律责任也不例外。根据这一原则的要求，各类预算主体违反法定的义务时所应该承担的责任，应该由《预算法》等有关法律作出明确规定。

另一方面，预算责任法定也是现代财政法原则的基本要求。现代财政强调法律主导，其将财政法定信奉为财政法的一项基本原则。这一原则从近代资产阶级革命时开始确立，最初主要体现为税收法定，其后则广泛适用于预算、征收、国债、转移支付等各个财政领域。这一原则的内容包括财政权力（利）法定、财政义务法定、财政程序法定和财政责任法定几个方面，其中责任的法定可谓是财政主体合法履行财政权力（利），切实履行财政义务的外在保障机制（熊伟，2004：102—104）。预算法作为财政法的核心法域，理应在法律的创制和实现中贯彻落实财政法定原则的要求。尤其是我国现阶段的预算本质上属于行政主导性、政策主导性的预算，迫切需要对其进行法治化改造。这其中，科学完备的预算法律责任体系的构建和便捷有效的责任实现机制的完善，是实现预算法治的非常重要的环节，这也为我们进行预算责任立法、实现预算责任法定提出了紧迫的任务。

二、预算法律责任的构成要件

(一) 预算法律责任构成要件

法律责任的构成要件,是指构成法律责任的各种必须具备的条件或必须符合的标准,是要求行为人承担法律责任时进行分析判断的标准。根据违法行为的一般特点,法律责任的构成要件通常应包括主体、过错、违法行为、损害结果和因果关系几个方面(张文显,2007:195—196)。但在各个具体的法律部门当中,法律责任的构成要件并不完全相同,不同类型的法律责任往往并不要求这些条件均告齐备,在责任要件的表述方式上也有所区别。就预算法律责任而言,其构成要件也有其特殊性,不能简单照搬法理上的要件框架。

一般而言,构成预算法律责任须具备以下条件:(1)主体。即承担预算法律责任的主体,预算法上的主体皆可能成为承担责任的主体。具体而言,各预算单位,国库及经理国库的银行,各级政府,政府财政部门、审计部门、监察部门和其他部门,乃至人大及其常委会都可能成为承担预算法律责任的主体。具体行使预算管理职权的国家机关组成人员和法定的其他人员,也须对其违法行为承担责任。(2)过错。一般情况下,行为人承担预算法律责任需具有过错,且多数情况下主要体现为行为的故意。但在有些情况下,各类预算法主体的过失行为也可能导致其承担责任。尤其是各种行使预算管理职权的主体,由于其权力(职权)和责任的一体性,一旦其怠于行使职权并造成损害结果,就应当追究其渎职的责任。此外,在预算法上还可能存在绝对责任,即没有过错也须承担责任。比如在理想的法治环境下,预算案被否决可能导致政府被问责,否决情况的出现很可能是在政府没有什么过错的情况下发生的,其可能是因为政府执政能力的欠缺或不被信任。(3)违法行为。违法行为的存在是预算法律责任产生的必备条件之一,只有主体的行为违反预算法的规定,没有履行其应当做什么或者不得做什么的义务时,才可能产生相应的法律责任。(4)损害结果和因果关系。构成预算法律责任，还需要主体的违法行为产生了损害结果，并且这种损害结果和违法行为须具有内在的因果关系。

以上是预算法律责任的构成要件。从理论上讲，只要符合这些构成要件即应承担相应的法律责任。但是，基于预算责任法定原则的要求，对预算法主体追究法律责任，不仅要看理论上的构成，更要看法律的明确规定。在此，笔者赞同"只能根据《预算法》的明确规定追究违法主体的预算法律责任，不能仅依预算法律责任的构成要件追究其法律责任"的观点（张守文，2007：97）。而且笔者认为，在立法考量预算法律责任的构成要件时，鉴于预算主体和责任主体的一致性，过错要件复杂难辨，损害结果和因果关系也较难认定，相比之下，预算违法行为则比较容易进行归类和列举（类型化），从而较容易提供有关预算法律责任追究的客观判断依据和标准。因此，在《预算法》的修改中不宜采用全面规定责任构成要件的做法，而应当在概括性地申明预算法主体应对其违法行为承担责任之后，较为明确地列举预算违法行为的种类。这样，不仅符合责任法定原则的要求，而且实践操作上也比较简单易行。

（二）预算违法行为

鉴于预算违法行为在责任认定、责任体系建构中的特殊重要性，有必要对其作进一步的专门探讨。一般而言，预算违法行为是指预算法主体实施的、违反预算法律规定的义务且可能导致其承担相应法律责任的作为或不作为。但客观而论，各国法律规定的预算违法行为并没有固定的内涵和外延，预算违法行为是历史的、具体的、变化的，因时势不同而异其规定。在我国，预算违法行为的内涵随着经济发展、法治水平的提高也在不断变化。新中国成立之初，我国预算法的主要价值取向在于财政收入的保障，因此预算违法行为的一个重要方面就是指不能完成预算收入或者超过预算进行支出的行为。如东北人民政府于1950年所发布的《东北区财政收支预算决算暂行条例》第31条即明确规定，未经请准未完成收入计划，或未经请准而超过支付预算的应受行政纪律处罚；在第32条所列举的财政违纪行为中，也多为压低收入、隐匿资财、夸大开支、减少收入、增加开支等可能造成预算收入减少或支出增加、影响保障财政收入职能发挥的行为（政务院财经政策委员会，1951：282）。① 此后很长一段时间内，财政法的主要职能也在于保障财政收入，违法行为的界定也多与能否确保财政收入相关。而随着经济的发展和财政收入的巨额增收，随着市场经济体制改革的推进和民主政治建设的发展，我国预算法的价值理念也在不断发生变化。中央集权、上级主宰的政府间关系逐步朝着法治和民主的方向发展，计划、摊派和调拨的手段被逐渐淘汰，预算法的价值功能也从过分强调保障财政收入向保障财政收入与实现财政公平和效率、规范和限制政府权力并重转变。相应地，预算违法行为的内涵也发生了变化，其应更多地从规范预算职权行使、强调预算程序合法、切实保护人民的合法权利与应有的福利等方面进行考量，这种趋势应该为我国的预算立法在确定预算法律责任规定时所重视。

前已述及，基于预算责任法定原则的要求，在预算法的立法中有必要对预算违法行为进行明确的、类型化的列举。这一做法虽然并非国际上的通例②，但其较为符合我国成文法的特点和现行立法逻辑结构的惯例，也比较符合我国现阶段预算法治暨执法、司法的水平。我国现行《预算法》中对于预算法律责任的规定仅有三条，所列举的预算违法行为仅包括擅自变更预算（使预算总支出超过总收入）、擅自动用或以其他方式支配国库款、隐瞒预算收入或者将不应在预算支出的款项列为预算支出三类。这种高度概括的法律责任规定有其产生的特定环境背景，是无从苛责的，但在现今社会其衍生的弊病在于：一是较为片面地强调保障财政收入、保障国家财政权力不可侵犯的功用，但却与现今中国要求更多地关注民生、关注社会公平的实现存在较大的差距；二是相对于

---

① 建国之初，全国划分为东北、西北、华北、华东、中南和西南六个行政大区；当时规范的权力机关立法几乎尚未起步，中央政府立法能力也有局限，规范国家及社会运行秩序的很多都是各大区颁行的法令。其他各区也有类似规定，不作枚举。1951 年 7 月，政务院发布了《预算决算暂行条例》，但对违法（纪）行为及法律责任则基本没有涉及，实践中预算法也多强调保障财政收入、严格控制支出职能的发挥。

② 综观各国立法，除《俄罗斯联邦预算法典》外，鲜有在预算立法中非常详尽地列举预算违法行为种类、预算法律责任形式的立法例。

实践中复杂多样的预算违法现象显得太过单薄，难以有效发挥其遏制贪腐浪费、推进预算法治化（规范化、程序化）的强制保障作用。相比之下，国务院 2005 年 11 月发布的《财政违法行为处罚处分条例》（下称《条例》）的规定更为科学和完备。《条例》中第 3 条至第 6 条专门规定了各类财政违法行为及其处罚，分别列举了违反财政收入管理规定，违反财政收入上缴规定，违反国家有关上解、下拨财政资金规定，违反规定使用、骗取财政资金等财政违法行为。概而言之，这 4 条实际上明确列举了 4 类 23 种（含兜底条款）财政违法行为，其中很多实际上都是预算违法行为或者与预算行为高度相关。《条例》更在第 7 条直接规定了违反预算管理规定的几种预算违法行为。此外，《条例》在第 21 条规定了不配合财政调查、检查的行为；在第 28 条规定了有关国家机关及其工作人员滥用职权、玩忽职守、徇私舞弊的行为。应该说，《条例》的出台从一定程度上弥补了《预算法》规定的不足，但是由于其法律位阶低下，其发挥作用的空间受到较大的限制。

笔者认为，在我国修改《预算法》时，可以将《条例》中关于预算违法行为的规定进行筛选并进一步完善其分类，以便在《预算法》中较为明确、系统、完备地列举预算违法行为。具体而言，我国《预算法》可以依据预算违法行为的性质将其划分为以下几类[①]：（1）违反预算法程序的行为，如违反批准程序、备案程序、格式要求等行为。（2）违反收入规定的行为，如编制预算案时隐瞒、少列收入，非法截留预算收入，擅自设立和变更收入项目等行为。（3）违反支出规定的行为，如多列支出或者虚列支出，不拨付或不足额、不及时拨付预算资

[①] 对于《预算法》中预算违法行为的分类、列举方法，实际上存在不同的思路。如《俄罗斯联邦预算法典》第 283 条对各种预算违法行为进行的是不加分类的详细列举；全国人大常委会预算工委《预算法》（修订草案）（征求意见稿）第 10 章中，采用的是根据不同违法主体列举违法行为种类的做法，其 99—104 条即分别规定的是各类违法主体（包括各级政府、各级政府财政部门、各级国库和经理国库业务的银行、各部门和各单位、预算收入征收部门）的违法行为。笔者以为，不加分类进行列举的做法显得粗糙、缺乏条理；而按照违法主体与违法行为性质进行列举的做法各有长处，前者更有利于责任承担主体和追究主体的确定，后者则可以更加精细化地对各种违法行为设定相应的责任。笔者更倾向于根据违法行为性质进行分类列举的方式，至于追究主体的确定，则可以通过设立专门条款的立法方式进行解决。对此，后文将详加论述。

金等行为。(4) 违反预算管理要求的行为,如违反预算级次,非法动用或挪用预算预备费和周转金等行为。(5) 其他行为,即设置兜底条款。

上述违法行为种类的划分并不是绝对的,如违反程序的行为实际上存在于各个方面的预算行为之中,只是鉴于对违反程序的行为需要设定专门的责任形式如撤销等,才将其单独列出。另外,要强调的是,限于篇幅,本文在上述各类预算违法行为的分类中,并未全面、详尽地列举各个具体违法行为,而只是为典型之示例。笔者以为,在立法中对于各类违法行为可采取概括加列举加兜底条款的做法①,以期使立法尽可能简要、明确而周全。

三、预算法律责任的形式

(一) 行政责任和刑事责任

预算法律责任的形式,是指实施预算违法行为所应承担法律责任的具体形态。预算行为作为一种典型的经济法行为,其专业性和综合性决定了需要对其进行各种法律调整手段有机结合的综合调整,包括民事的、行政的、刑事的、程序的、褒奖的、社会性的等等各种手段皆可为我所用(潘静成、刘文华,2005:70)。而我国现行《预算法》对于预算法律责任的形式只规定了行政责任一种,是不完备的。就理论和实践的现实来看,至少将刑事责任纳入预算法律责任体系是没有任何障碍的。至于《预算法》是否可以再纳入其他责任形式,纳入的条件是否成熟,下面再作探讨。

就行政责任而言,其一般包括行政处分和行政处罚两类。但就预算法而言,由于预算法主要规范的是国家系统内部的关系,故而其行政责任不包括对外的行政处罚,而主要是对内的行政处分。而且一般来看,

---

① 具体设计上,可以借鉴《条例》对于各类违法行为的列举方法,即在有关条款中首先对各条款规范的违法行为的一般种类、属性进行概括性规定,在下设各项中再明确对属于该类违法行为的各种情形进行详细列举,其中最后一项为兜底条款。

行政处分应该是整部预算法中最主要、最广泛适用的责任形式，其几乎可以适用于全部的预算违法行为。就刑事责任而言，《条例》在第20条和第28条中分别规定，一般单位和个人、财政部门、审计机关、监察机关的工作人员实施预算违法行为，构成犯罪的，应当依法追究刑事责任。仅从内容来看，这种规定并没有任何问题，较之《预算法》中对刑事责任的忽视反而有进步之处；但是，根据法律保留原则和《中华人民共和国立法法》（下称《立法法》）第8条、第9条的规定，对于犯罪和刑罚只能由法律进行规定。如此，《条例》规定刑事责任显然直接违反了法律保留原则的要求和《立法法》的规定，因而是不适宜的，需要通过《预算法》对其进行补正。在《预算法》中，可以在"法律责任"一章的最后一条中规定，违反本法规定，构成犯罪的，依法追究刑事责任。就所涉及的犯罪来看，主要是侵吞、挪用预算资金的贪污犯罪，渎职犯罪，此外，还可能涉及税务犯罪和票据犯罪等。

（二）宪政责任

预算是一个有效的宪政改革工具，从财政宪法的视角来看，财政控权为权力制约之本，财政权力监督制度是权力制约宪政体制的核心和关键（周刚志，2005：158）。因此，许多国家都非常注重从宪政的高度对预算行为进行监督和控制，不当的预算行为甚至可能导致政府或其领导人被弹劾、被要求道歉甚至引咎辞职，而这些正是宪政责任的典型表现。在我国，《中华人民共和国宪法》（下称《宪法》）、《中华人民共和国选举法》等宪法规范中鲜有关于宪政责任的规定，质询、罢免等有关规定也比较笼统，欠缺对相关事由的规定，其适用也非常有限；对于道歉、弹劾、引咎辞职等责任形式更是缺乏规定。在这样的立法背景下，要对预算违法行为追究宪政责任，显然缺乏规范依据；预算法毕竟并非宪法规范，不可能在其中规定宪政责任。如此，则我国当前几无对预算违法行为追究宪政责任的法律空间。但是，随着民主法治观念的普及和我国宪政的发展，随着财政立宪主义的盛行，我国未来宪政责任立法与实践之发展，也是必然趋势①，将宪政责任纳入预算法律责任体系的范畴之内，并非遥不可及之事。

（三）经济责任

预算法是否适宜引入经济责任，是一个值得讨论的问题。预算法上的经济责任，是指预算法主体实施预算违法行为并造成相应的经济损害后果时，应为赔偿或补偿的责任。我国《预算法》及《条例》当中皆未规定经济责任，但有学者建议，我国《预算法》的修订中应当引入经济赔偿的责任形式（徐孟洲，2004：25）；在国外立法实践中，苏联财政法中有赔偿损失的物质利益责任的规定（李建英，1985：94），俄罗斯也延续了这一做法，在《俄罗斯联邦预算法典》238、239 条中规定了拨款单位在拨款不足和拨款延误情况下承担经济赔偿的责任（预算法修订起草小组：140）。② 此外，经济责任中还可能有罚息、支付违约金等形式。笔者认为，由于很多预算违法行为本身带有谋求非法经济利益的动机，对这些违法行为课以经济赔偿等责任形式，既可以有效地防止违法行为的发生，也可以对不法行为造成的损害结果进行有效补救，其事先防范和事后补救的效果都非常明显。因此，在修订《预算法》时，可以考虑将经济责任这一责任形式纳入预算法律责任体系当中。

（四）其他责任形式

除前述传统的行政、刑事、宪政与经济责任外，对于预算违法行为的制裁与补救还可采取其他一些责任形式。如现行《预算法》第 12 条至第 15 条规定了各级人大对人大常委会、各级人大及人大常委会对同级政府、各级政府对其组成部门及下级政府不适当的预算、决算决定、命令和决议有权改变或撤销。那么，在这些决定、命令或决议被改变或撤销时，作出原决定、命令或决议的机构实际上就是在承担法律责任。因为对他们而言，改变或撤销的决定，实际上是对他们作出决定、命令

---

① 党的十七大报告即明确提出，我国要健全质询、问责、引咎辞职、罢免等制度。
② 下文对于本法典内容之引用，来源与此处相同。

或决议的行为进行了否定性评价，或者说让他们承受了不利的法律后果，这在本质上和法律责任的承担是一致的。换言之，决定、命令或决议被改变或撤销，也是承担预算法律责任的一种形式。当然，这种责任形式未必要全部规定在《预算法》的"法律责任"一章当中，但在其他条款确立有关机关改变、撤销的权限之后，本章有必要对改变、撤销的具体事由亦即违法行为作出规定。

此外，《预算法》修订中可能还需要对责任形式进行创新。如针对不按用途支出和使用预算资金、骗取预算资金、不足额上缴或拨付预算资金等违法行为，即可采取核减或停止划拨预算资金、返还预算资金①、补足预算资金等责任形式。

四、预算法律责任的实现机制

（一）预算监督机制

预算法律责任的追究与落实，首先需要一套行之有效的对于预算违法行为的监督机制。根据我国《宪法》、《预算法》等法律、法规的规定，预算监督的形式主要应该有以下方面：

一是权力机关的监督，即各级人大及其常委会对于本级政府的监督。人大对政府的财政监督被视为是预算监督最有效的手段（朱孔武，2006：257—259）。关于权力机关的监督，当前我们首先应该强化人大的预算审查职能，这是财政立宪的制度基石。尤其是，由于人大预算审查职能的弱化，我国预算案在人大似乎理所当然地应予通过，以至于立法上根本没有考虑预算案被否决的可能及解决之策。在《预算法》的修订中，我们对此应当有所改进。

二是行政监督，即各级政府对本级政府部门和下级政府的监督，以及政府及其部门对各预算单位的监督。

---

① 国务院1991年10月发布的《国家预算管理条例》第71条至第73条即有对特定违法行为要求清还违法所得外、追回被侵占的国家资金的规定，但该规定比较模糊、笼统，《预算法》修订中应对其以规范的法律责任形式加以确认和完善。

三是专门政府部门监督，即政府财政部门、审计部门和监察部门依法进行的专门监督，在实质上也属于行政监督的范畴。这些政府内设部门的专门监督，因其人员的职业化、手段的专门化、现代化，而能起到其他一般性监督难以达到的效果，应当成为我国进行预算监督的最主要和最常用的手段。

四是司法监督，即司法机关对于预算的监督，主要通过关于预算之特别诉讼的形式进行。我国当前对于预算违法行为不能进行司法审查，是否应当引进以及如何引进司法监督、法院能否成为预算法律责任追究主体，留待下文专门讨论。

五是社会监督，即我国公民、社会组织及新闻媒体对预算的监督。我国现行《预算法》对此未作规定，是不符合现代公共财政预算民主原则的要求的，在其未来修订中，理应对此进行补正。另外，对预算行为进行社会监督，需要立基于预算公开之上，为避免使社会监督流于形式，《预算法》的修订应对预算公开的内容、程序和形式作出比较明确的规定。

（二）预算法律责任的追究主体

预算法律责任的追究主体问题，亦即在预算法主体实施预算违法行为时，哪些机关有权力（或有义务）对其追究责任的问题。我国《预算法》中对于追究主体的确定主要是第74条、第75条规定的政府机关及其财政部门，这是很不完备、很不科学的，《财政违法行为处罚处分条例》及其他行政法规、政府规章亦无权对此进行补正。因为这个问题涉及国家权力架构与运行，属于宪法、国家机关组织法层面的问题，只能在宪法规范确定基本权力运行框架后再由法律进行规定。就责任追究主体的具体确定而言，笔者认为可以作如下设计：对于各预算单位的预算违法行为，可由政府及有关部门（主要是财政部门、审计部门、监察部门和主管部门等）进行追究；对于国库及经理国库的银行，由政府及有关部门进行追究；对于政府各部门，由财政部门、审计部门、监察部门根据《预算法》及《中华人民共和国审计法》等有关法律进行追究或建议本级政府予以追究；对于包括政府财政部门、审计部门和监察部门等专门监督部门在内的各级政府部门，由同级政府进行追究；各级政府违反预算审查批准程序等侵犯权力机关职权的预算违法行为，由同级人大及其常委会进行追究，其他预算违法行为由上级政府进行追究，中央政府由全国人大及其常委会进行追究；人大常委会由同级人大或上级人大及其常委会进行追究，全国人大常委会由全国人大追究。对于人员责任的追究，由人大及其常委会、各级政府等相应的人员任命机关进行。

（三）预算法律责任的司法追究

理论上认为，预算的效力是内生的，并无一般意义上的强制力保障，一般也不具备可诉性，人民作为具体的个体往往无法直接以预算为诉讼标的诉争于法院，其无法适用依民事诉讼法或行政诉讼法提起的诉讼救济制度（王强，2006：31、106）。有些国家甚至明文规定有关国家预算之争议不得付诸诉讼，如2003年《印度财政责任和预算管理法案》第10条、第11条即规定，对中央政府或中央政府的任何官员根据本预算法案或相应的法规诚实地做出或打算做出的任何事情，不得采取控告、检举或其他法律上的诉讼行为；对中央政府根据本法案采取的任何行动或作出的任何决定的合法性，民事法院无权质疑。但预算行为之不可诉并非完全绝对和普遍的定律，因为在广为人们所接受的"预算法律说"的理论中，预算具有等同于法律的效力，而法律之合宪性是应当受到司法审查的。如此，则由宪法法院乃至审计法院等对预算案进行司法审查，并无理论上的障碍。不仅预算的宪法诉讼是可能的，关于预算的民事诉讼也有例可循。如《俄罗斯联邦预算法典》第238条即规定，对于预算在特殊条件下可以适用诉讼救济。其将拨款视为授权后的履约行为，而没有履约或者没有及时履约可以作为违约事实成为向法院起诉并要求及时履约的依据。另外，为保障预算资金依法、合理、有效的使用，笔者也曾提出对绕开预算过程进行重大投资决策造成巨大损失的、负有领导责任的责任人，可以通过公益诉讼追究其责任（朱大旗，2005a：92）。当然，在当前我国宪法法院缺失、公益诉讼尚不普遍的实践条件下，本次《预算法》的修订中或难以将司法程序引入其中，但作长远观，我们则应对此深入研究。

参考文献

1. 国务院财经政策委员会编：《中央财经政策法令汇编》，新华书店1951年版。
2. 凯尔森：《法与国家的一般理论》，沈宗灵译，中国大百科全书出版社1996年版。
3. 李建英：《苏联财政法》，中国财政经济出版社1985年版。
4. 潘静成、刘文华：《经济法》，中国人民大学出版社2005年版。
5. 王强：《预算效力研究》，中国人民大学博士学位论文，2006年6月。
6. 熊伟：《财政法基本原则论纲》，载《中国法学》，2004年第4期。
7. 徐孟洲：《论公共财政框架下的〈预算法〉修订问题》，载《法学家》，2004年第5期。
8. 杨秋凤：《论宏观调控的法律责任》，载《鄂州大学学报》，2007年第4期。
9. 预算法修订起草小组编：《部分国家预算法律法规选编》。
10. 张守文：《财税法学》，中国人民大学出版社2007年版。
11. 张文显：《法理学》，法律出版社2007年版。
12. 张文显：《法哲学范畴研究》，中国政法大学出版社2001年版。
13. 周刚志：《论公共财政与宪政国家》，北京大学出版社2005年版。
14. 周旺生：《立法学教程》，北京大学出版社2006年版。
15. 朱大旗：《论修订预算法的若干具体问题》，载《安徽大学法律评论》，2005a年第1期。
16. 朱大旗：《从国家预算的特质论我国〈预算法〉的修订目的和原则》，载《中国法学》，2005b年第1期。
17. 朱孔武：《财政立宪主义研究》，法律出版社2006年版。

中国预算的法律性分析

邓淑莲[①]

【摘要】 预算改革是政府改革的突破口，而预算改革的核心内容应该是预算的法律性改革。本文首先分析了政府预算的法律性内涵，然后对如何加强中国政府预算的法律性提出了具体的建议。

【关键词】 政府预算　法律性　预算权力

一、引言

走过30年改革历程的中国目前已进入全面改革的攻坚时期。政府改革已成为解决改革瓶颈的关键。经济、文化等方面的改革没有政府改革的配合不可能取得真正的成功，这已成为整个社会的共识。政府改革艰难而复杂，从何处下手能够取得事半功倍的效果是改革者苦苦寻求的思路。本文认为，政府改革应从预算改革切入。政府改革的目的是建立良好的政府，实行良好治理。以公共利益为目标，按照公众意愿行事是良好政府的唯一标准。根据委托代理理论和社会契约理论，良好政府的

---

① 邓淑莲，上海财经大学公共经济与管理学院副教授，主要研究领域是财政理论与政策。

建立和维持不仅需要政府的自我约束，更为重要的是建立起有效的公众监督和约束政府的机制。政府的权力只有受到制衡，良好政府建立、良好治理的实现才有可能。而政府预算是迄今所发现的监督和约束政府最有效的工具。预算不仅担负着为政府活动提供资金的职责，是政府的生命线，而且反映了政府全部的财政活动。公众通过预算不仅可以了解政府做了什么，将要做什么，以及做得如何，而且可以通过控制预算资金的供给，迫使政府按照公众意愿行事，减少政府违背委托人利益的机会主义。预算改革与一些激进的政治改革相比，不仅可以达到同样的效果，而且更容易为社会所接受，符合稳步推进的中国改革思路，因而预算改革是政府改革的有力抓手。

我国政府的预算改革自20世纪90年代就已拉开序幕，但改革至今成效不大，预算并没有成为控制和约束政府的良好手段。各种违反预算的情况屡见不鲜，这就促使人们思考和寻找政府预算改革的突破口。对此，业界有不同看法。有人认为从部门预算改革入手，有人认为从绩效预算入手，说法不一。本文认为，部门预算改革、收支分类改革、政府采购制度改革、国库统一收付制度改革、绩效预算改革等都是必要的，但如果忽视了预算的法律性改革，政府的预算改革和政府改革不可能成功。因为预算的法律性是政府预算的灵魂，是公共预算的本质要求。没有法律性的预算，即使建立了这样或那样的制度，也无法有效地监督和约束政府，政府也不可能成为良好政府，良好的治理也无从实现。鉴于此，本文拟对中国预算的法律性进行分析，并对中国预算的法律性建设提出建议。

二、政府预算的法律性内涵

政府预算的法律性是指政府预算必须经由立法机构批准，一经批准的预算即成为法律，政府部门必须执行。预算作为法律用来约束和强制政府的财政活动，使之符合公共利益要求。法律性是政府预算的本质特征，是政府预算的灵魂。

政府预算的法律性包括两方面含义。一是政府预算必须经由立法部门批准，立法部门具有预算决策权。二是政府部门严格按照立法批准的预算执行。预算过程中需要改变预算时，应取得立法部门的同意。政府只有预算执行权，没有预算决策权。

政府预算的法律性源自对私权力的保护和对公权力的监督和约束。无论对政府的起源有多少种解释，这些解释都表明或隐含这样一个观点：政府应该是为保障个人的自然权利（包括自由、平等和财产权），解决人民在自然状态下的不便而成立的组织。政府除了人民的利益外，没有自己特殊的利益。人民让渡自己一部分私权力的目的是换取政府对个人自然权利的保护。

公民个人的自然权利既是对其他权利主体的一项权利，也是对公权力主体的一项权利，对公民自然权利的侵害既可能来自其他权利主体，也可能来自公权力主体。人民创立了政府，在得到公共服务的同时，也赋予了政府公共权力。公众与政府之间形成了委托代理关系。与个人权力不同，公共权力具有强制性，没有任何个人权力能与之匹敌。为避免公共权力对私权利的侵犯，现代国家在制度设计上规定，个人在让渡自己权力的时候，并不将权力全部让渡给政府，而是只让渡其中的一部分，即执行和管理权。而决策权、控制权和监督权仍然掌握在公众手中。宪政由此产生。宪政是依据宪法来治理国家的民主政治，是建立在社会契约基础之上的现代政体。宪政把理念与价值观隐藏在规则和程序当中，为民主提供了法律和制度的实现手段（李炜光，2002）。宪政的本质在于约束政府行为，避免公权力对私权利的损害。宪政是迄今为止人类社会所发现的最好政体。

政府预算的法律性是宪政内容的组成部分。公共预算发展的历史正是宪政形成和发展的过程。预算是政府的生命线，担负着为政府活动提供资金的任务，体现了公众与政府之间的委托代理关系。制约和监督政府的核心，即宪政的核心，是控制政府预算。政府预算是公众行使对政府控制和监督约束权最有效的工具，是公众对政府控制权和监督权的根本体现。政府预算中使用的资金是公共资金，政府不是资金的所有者，资金的所有者是纳税人。在政府预算中，资金的决策者——公众或其代表，与资金的使用者——政府——是相互分离的。政府作为代理人，作为预算执行过程中的信息优势者，有违背委托人意愿，谋求自身利益的动机和机会。为预防政府产生损害委托人利益的机会主义，委托人在委托自己资金使用权的同时，首先要对政府使用公共资金制定规则。而这种规则只有赋予其法律性才能保证其强制实行。法律是迄今为止用以调控人与自然，人与社会，人与人之间关系最有效的方式，与道德、习惯、禁忌以及其他约束人们行为的方式相比，它具有以国家力量强制推行的性质。以法律形式规定政府使用公共资金的规则和内容是宪政的基本要求，是公民基本权利最有效的保证方式。

此外，政府预算涉及众多预算参与者。预算参与者之间复杂竞争的关系也要求必须以法律形式加以规范和调整。政府预算是公共预算，体现的是公众利益。公众利益并非一个统一的整体利益，而是体现为多个利益并存，且对预算资源形成竞争局面。一般而言，预算参与者包括立法机构、政府首脑、预算管理机构（财政部或预算管理办公室）、政府各部门、利益集团、公众个人和法院等。不同参与者具有不同的利益和预算偏好，如，政府各部门偏好部门预算最大化，政府首脑和立法者则谋求政治连任，利益集团谋求本集团利益等。他们在预算过程中的权利也不同。立法者具有预算决策权和控制权，政府部门具有预算执行权，利益集团和公众则可以通过各种途径对预算施加影响。怀抱不同目的、手握不同权力的众多预算参与者在预算过程中构成复杂的资源要求关系，而资源的有限性又使得这些要求相互竞争，矛盾冲突。为协调如此复杂和棘手的关系，人们需要事先制定出协调关系的规则，并强制人们执行。这些调整人们之间对公共资源要求的规则就是政府预算。

三、中国预算的法律性分析

中国政府预算是否具有法律性？这是近年来不断引起学界思考的一个问题。如果说没有法律性，每年各级政府预算都提交各级人大批准是不可否认的事实。如果说中国政府预算具有法律性,则预算过程中预算由政府部门随意变动,预算边编制边执行的情况又令人费解。那么,到底该如何评价中国预算的法律性呢?本文认为,中国政府预算的法律性充其量只具其形,而无其实。理由如下:

(一) 立法审批预算只具有形式上的意义,各级人大对预算并无实质上的决策审批权

1. 立法机构对预算没有修正权和否决权

预算修正权即改变政府预算草案的权力,预算否决权即整体否定政府预算的权力。这两项权力是现代议会最重要的权力(林慕华,2008)。立法机构是否拥有预算的最终决定权,能否成为公众钱袋的真正守护者的关键在于是否被赋予了预算修正权和否决权。虽然我国《宪法》和《预算法》规定了人大具有审查和批准国家预算和预算执行情况的权力,但规定非常笼统,没有具体说明人大预算审批权的具体内容,更没有说明人大是否可以修改或否决政府预算草案,从而使人大对政府预算的修正权和否决权没有法律上的保证。事实上,新中国成立以来,无论是中央预算,还是地方预算,罕有被人大修改或否决的现实。

2. 政府提交立法机构的预算不完整,且过于粗糙,人大代表没有足够的信息判断政府的预算是否符合公众利益

首先,目前我国各级人大代表行使预算审批权的信息来源只有政府提供的预算报告,没有其他信息来源。这使得人大审批权的行使完全受制于政府提供的信息。且不说政府提供的信息是否可靠,是否足以让人大代表作出正确的预算决策,单就信息的政府垄断而言,人大代表也难以作出正确的决策。因为在委托代理关系中,任何代理人都有利用信息优势谋取自身利益的动机。信息由政府垄断提供,政府提供什么样的信息,人大都无从判断其对与错,在这种情况下,公众又怎么能指望人大为他们拿主意、定决策呢?其次,政府提供的预算草案不完整。我国各级政府提交人大的预算草案都只包括了政府收支的一部分,而不是全

部。预算之外的收支没有包含在政府提交人大的预算草案之中。① 这意味着有相当一部分公共资金的筹集和使用从形式到实质都是游离于人大和公众监督之外的。这部分资金的收支既然没有通过人大审批，自然不受法律约束。最后，即使是政府向人大提交的只占政府全部收支一部分的收支预算草案也过于简单、笼统，只提供了预算收支的几个大类数字，没有详细的资料。而且预算草案通篇只以文字描述，没有一目了然的预算收支总表、收支明细表、收支分级表、各部门基本数字表等，对每项支出的理由也没有详细的预算说明书。部门预算也只提供了部门预算收支的类、款级科目信息。从预算审批的角度看，只有这些信息是无法判断一个部门的预算是否合适，一个项目是否应该批准；无法判断资源进行何种配置才符合效率、效果和经济性原则。

3. 政府预算审批方式和程序使得人大代表无力审批整个政府预算

政府预算是政府的收支计划，体现了政府提供公共服务的成本。人大具有预算审批能力的前提是人大代表必须了解以下信息：公众在未来财政年度对公共物品的需求是多少？提供每一种公共物品的必需成本是多少？提供每一种公共物品有多少备选方案？哪种方案是最有效的？公众对各种公共物品需求的重要性排序是怎样的？这些信息的获得需要有足够的专业知识，有充足的时间，有有效地获取信息、证实信息的渠道，如召开听证会、调研等。要在一定时间里对政府预算所涉及的全部内容都达到如此专业了解的程度是任何个人都难以做到的事情。因此，像我国让全体代表集体审查和批准政府全部预算的做法，而且是在几个小时（地方）或一天（中央）的时间内完成预算审批，超越了人大代表自身的能力（没有什么人能够做到），其结果自然是政府预算自己编制，自己批准，自己执行。要使人大代表真正能够行使预算审批权，必须分派与其自身能力相匹配的预算审批任务。

---

① 对预算之外的资金规模至今没有确切的数字资料予以说明。郑春荣（1998）认为预算之外的资金包括预算外资金和制度外资金，二者各占预算内资金的 50%；高培勇（1999）认为，预算外收入加制度外收入占 GDP 的比重为 11%—12%。随着对预算外资金管理的加强，相信目前预算之外的资金规模较之前规模要小一些。

4. 立法机构审批预算的时间不足以保证立法机构预算审批权的实施

我国预算年度与日历年度同步，自公历1月1日起到12月31日止，而全国人民代表大会召开会议的时间一般在每年3月上旬，地方人代会开会时间更晚些，待预算获得正式批准后，预算年度已过去三四个月的时间了，有的地方已经过去半年了。政府部门在预算没有经立法审批通过就已经开始执行预算长达几个月之久，从而使得我国政府预算执行每年总有几个月处于无法律可依的状态。虽然《预算法》对此作出规定，即在此期间，各级政府可先按上一年同一时期的预算数额支出，待预算获得批准后，再按批准的预算执行，但由于这项制度缺乏相关条例的具体指导和约束，实际约束力并不大，这就出现了预算约束的"真空"期，造成预算先执行、后编制、再审批的局面，影响了预算的严肃性和权威性。

不仅如此，每年政府报送人大代表审查预算的时间很短。全国人代会会期只有15天左右，其中预算审查时间最多一天，地方人大对预算的审查时间则只有几个小时。在如此局促的时间内审查政治性、经济性、技术性都很强的政府预算，不走形式是不可能的。

既然立法机构没有事实上的预算审批权，那么预算决策权究竟由谁掌握？中国目前各级预算的决策权事实上牢牢掌握在各级政府手中。

我国的《预算法》强调的是代表政府的国家权力。《预算法》第1条规定，"为了强化预算的分配和监督职能，健全国家对预算的管理，加强国家宏观调控，保障经济和社会的健康发展，根据宪法，制定本法。"这一规定从整体上体现了国家或者说是政府管理本位思想，确立了政府预算权的中心地位，而这与《预算法》作为约束政府财政权力的法律精神是相违背的。

（二）经由立法通过的预算得不到严格执行，政府执行预算的随意性大

预算一经批准，即具有法律效力，政府必须严格执行。但现实的情况是，违反预算法律和不按预算规定行事的事情时有发生。突出表现在

以下方面：

1. 人大通过的预算得不到政府部门的严格执行

我国《预算法》第9条规定："经本级人民代表大会批准的预算，非经法定程序，不得改变"。但在预算执行中，预算执行单位自作主张改变预算的做法十分普遍。如，预算收入执行部门违反预算和其他法律规定，根据每年由行政部门自行编制的税收计划筹集税收收入，当某年的税收计划已完成，即使纳税人依法应该纳税，行政部门也会擅自减征、免征或缓征应征的预算收入。而当税收计划难以完成时，违反预算而筹集收入的情况就会出现（如各种收费）；截留、占用或者挪用预算收入的情况普遍存在；政府财政部门不及时、不足额地拨付预算资金，预算资金使用单位不按预算规定的数额和用途使用资金，甚至将预算内资金转化为预算外资金，或者以预算内资金设置"小金库"，等等。

2. 预算调整不按程序办事，随意调整预算的现象严重，预算与决算严重脱节

《预算法》第54条规定，预算的调整必须提请本级人大常委会审查和批准。未经批准，不得调整。但实践中经常发生与此相悖的事情。预算编制的各种文件、纪要、领导讲话等都规定和要求相应的预算资金支出，并且要从优安排。预算执行中，各方面追加调整的要求和"递条子"、"打招呼"的现象经常发生，并且绕开人大的批准环节。只要领导批了条子，开了口子，不管是否经过人大常委会的批准，都可以在预算中随意加以调整。由此导致预算实际执行结果与立法批准的预算严重背离。2000—2007年间，我国连续出现预算巨额超收情况，最少的年份预算收入规模也是年初由人大审批的1.75倍，最高的年份则达到年初预算的3倍（马蔡琛，2007）。预算边编制、边执行的情况已成为惯例。决算是预算执行的实际结果，进行决算的目的是检查预算的执行是否严格按照立法通过的预算及法定程序进行。但目前我国预算、决算编制的科目体系不同，预算、决算严重脱节（马海涛，2008），这使得人们无从检验立法通过的预算是否在实践中得到了严格执行，这种做法本身就是预算缺乏法律性的表现。

四、加强中国预算法律性的建议

缺乏法律性的中国预算已难以担当起约束和监督政府的工具，而不受约束和监督的政府是建立良治社会的障碍。加强政府预算的法律性应是中国预算改革的优先目标，是中国从税收国家过渡到现代预算国家的根本保证。本文认为，政府预算法律性的建立应从以下方面进行。

（一）赋予人大真正的预算审批权，使人大成为名副其实的最高权力机关

1. 在《预算法》中明确人大预算审批决策权的内容

虽然我国现行《预算法》在第12、39、40条等多处规定人大具有审查、批准政府预算的权力，但审查批准的权力具体包括哪些内容没有具体界定，致使实践中，各级人大预算审查批准权仅限于人大会期间代表听取或阅读预算报告、进行无实质意义的标点符号修改而后举手表决通过等形式化内容。实践中，无论是哪一级人大，几乎都没有对政府预算草案的修正权、否决权、调整权和监督权。因此，建议在《预算法》中明确并具体化各级人大对政府预算草案的审批决策权。人大的审批决策权不仅应该包括预算审查权、批准权，而且更应该包括修正权、否决权和调整权。审查权是指人大按照宪法、预算有关法律和宏观经济发展预测审查政府预算是否违宪、违法，是否与经济发展各项预测指标一致，预算排序是否符合经济发展趋势和公众利益要求；批准权是指人大具有使政府预算获得合法性的权力，只有经人大批准的预算，政府才能执行；修正权是指人大对政府预算草案的实质内容，如预算收支数、各部门的预算数进行改动的权力；否决权是指人大具有全部否定政府预算草案的权力；调整权是指在政府执行预算的过程中，如果要改变立法通过的预算，必须报请人大批准；监督权是指政府预算执行过程中或结束后，人大对预算执行实际情况与预算之间是否有差距进行检查并促使政府说明或改正的权力。人大的这些权力是人大作为最高权力机构不可或缺的权力，缺少其中任何一项权力，人大的预算审查决策权都是不完整

的。建议在《预算法》修订时，将人大的上述权力以法律形式明确地规定下来，并将每项权力所包含的内容具体化。如，人大的预算调整权应具体包括：审查批准政府在预算执行过程中因下列情况造成的预算调整：(1) 因特殊情况需要增加支出或减少收入，使原批准的收支平衡的预算总支出超过总收入，或者使原批准的预算中举借债务数额增加的部分变更；(2) 超收部分增加财力安排的支出；(3) 预算收入减少而相应调减预算支出情况；(4) 在不突破预算支出总额的前提下，预算支出科目流用；(5) 在预算收支总额不变的情况下，对部门或地方预算的追加、追减，预算划转。

2. 政府提交人大的预算必须是完全的

完全的预算意味着政府活动所涉及的全部资金都包含其中，不应有预算之外的收支计划。这是公共预算的重要原则之一，也是立法机构代表公众行使审批决策权的前提。如果人大只能审批决策一部分公共资金的活动计划，而另有一部分游离于审查决策之外，则人大的审批决策权是不完整的，人大就无法承担起公众赋予的"钱袋守护者"的职责。为此，建议政府改革目前资金管理分散、混乱的状况，所有资金应统一由财政部代表政府管理，将预算外、制度外资金纳入预算管理。由财政部门代表政府部门提交人大审批的预算应包括政府所有的收支活动。不仅如此，政府提交人大的预算草案既要有一级政府作为一个整体的预算，还要有所属全部部门的预算。

3. 以法律形式赋予人大足够的审批预算时间

政府预算涉及的问题是政治和公共管理中的核心问题，它要求回答一个社会需要一个什么样的政府和多大政府的问题，它不仅涉及预测经济发展趋势、估计收支数等技术性问题，而且涉及社会各阶层在预算资金的筹集和资源分配中的负担和利益问题。正因如此，人们才设计这样一种制度，即由自己或自己的代表决定公共资金的收支计划。人大代表真正行使审批决策权的重要条件之一是足够的审查时间。目前法律只赋予人大代表一天或几小时的预算审批，这些时间显然不足以令人大代表行使这份重要而神圣的权力，所以建议人大代表审批政府预算的时间至

少为 6 个月。由于目前法律规定的预算年度与人大审批预算的时间不能一致,所以制定如下两套政府预算时间表以供参考:

表 1　方案一:预算年度不变,人大开会时间变动(每年 12 月初开始)情况下的政府预算时间表

月份 预算阶段	1月	2月	3月	4月	5月	6月	7月	8月	9月	10月	11月	12月
下达预算指南	√											
部门编制预算并提交	√	√										
财政部门审核并与部门协商			√	√								
政府部门根据协商意见修改并报财政部门					√							
财政部门形成统一政府预算并上报人大						√						
人大审批							√	√	√	√	√	人代会于12月初举行

(续表)

月份 预算阶段	1月	2月	3月	4月	5月	6月	7月	8月	9月	10月	11月	12月
预算执行	√											
预算审计	√											

表2　方案二：人大开会时间不变，预算年度变化（4月1日—来年3月31日）情况下政府预算时间表

月份 预算阶段	1月	2月	3月	4月	5月	6月	7月	8月	9月	10月	11月	12月
下达预算指南			3月31日预算年度结束	4月1日预算年度开始								
部门编制预算并提交				√	√							
财政部门审核并与部门协商						√	√					

(续表)

月份 预算阶段	1月	2月	3月	4月	5月	6月	7月	8月	9月	10月	11月	12月
政府部门根据协商意见修改并报财政部门								√				
财政部门形成统一政府预算并上报人大									√			
人大审批	√	√	√							√	√	√
预算执行				√								
预算审计				√								

（二）赋予人大审批预算的能力

人大具有审批政府预算的能力是预算法制化的另一前提。如果人大没有审批政府预算的能力，即使给予人大明确的预算审批决策权，完整的政府预算和充足的审批时间，人大也不能履行自己的职责。中国目前各级人大都不具备审批政府预算的能力。这不仅是因为大部分人大代表不具备政府预算方面的知识（马蔡琛，2004），更为重要的是，现行制度的不完善制约了人大审批政府预算能力的建立。为此，建议从以下方面建立人大审批政府预算的能力。

1. 对人大代表普及政府预算知识

人大代表审批决策政府预算的能力首先取决于代表们能够看懂政府预算。政府预算兼政治性、经济性和技术性于一身，目前大多数人大代表没有政府预算方面的专业知识。为此建议对人大代表进行政府预算知识培训。事实上，我国早有学者提出此项建议。《人大代表政府预算知识200题》（高培勇，2006）以通俗易懂的形式将政府预算的概念、内容、过程以及预算管理制度等娓娓道来，为人大代表了解政府预算提供了必要的资料。除此之外，建议将人大代表预算知识的普及制度化，每个代表都要参加政府预算培训班。美国在19世纪末，现代预算制度建立之前，由于人们预算知识贫乏，包括国会议员和政府官员在内的预算决策者和执行者对政府预算内容和管理知之甚少，致使政府的预算管理和财务管理混乱，官商勾结、腐败盛行，纳税人的钱被肆意挥霍的现象严重。为此，美国开始了以预算改革为核心的进步主义时代。1906年成立的纽约城市研究所的一个重要功能是让人们了解政府预算管理和财务管理知识。其在1911年开办了一所公共行政训练学校，课程设置两年。第一年主要是课堂学习，第二年主要是现场实习。学习和实习的科目包括预算、会计、城市政治和法律。它的许多毕业生都成为公共预算和政府会计改革的主要力量（张光，2008）。因此，培训对知识的掌握和普及而言，作用不可忽视。在我国各种制度尚未建立而有待建立之时，对立法者进行培训，普及预算知识，有利于人大代表审批预算能力的提高和我国良好预算制度的建设。

2. 在人大内部建立若干预算初审小组

针对目前人大代表无力审批和决策所有预算项目的现实，建议政府提交人大的预算草案按职能划分成若干拨款方案，而在人大内部成立若干预算初审小组，小组数量与政府拨款方案数量一致。每个初审小组只负责一个拨款方案的审批和授权，初审小组的成员用5—6个月的时间调查、搜集、了解和分析项目的必要性和可行性（包括走访公众、召开听证会等）。初审小组有权以任何法律规定的方式对政府预算草案进行论证，而这种权力应在《预算法》或其他相关法律中予以明确规定。

初审小组只需要掌握与本小组负责的预算项目有关的专业知识和信息以及一般政府预算知识就可以作出决策，而不需要掌握所有项目的信息，这不仅简化了人大代表工作的复杂度，而且也使预算审批权的行使有了可能。初审小组对每一拨款方案进行审查、论证、修改之后，将修正后的预算方案提交人大财经委员会。

财经委员会将所有经初审小组审批后的拨款方案汇集起来后，根据对各种经济参数和财政收支数的预测和评估，确定财政年度的收支总数，考虑社会经济发展总体规划和财政年度的政策重点，对各拨款方案进行综合考虑和权衡，提出意见，报请人民代表大会全体会议表决。一经人代会通过的预算则成为法律，具有法律效力。

3. 将预算工作委员会的职能界定为人大提供政府预算信息

针对目前预算信息为政府部门垄断、人大无决策信息的情况，建议在《预算法》或其他相关法律中明确规定预算工作委员会是为人大决策提供信息的机构。规定预算工作委员会有权直接获取来自政府各个部门和单位的信息、数据、估算和其他统计资料。所有政府部门应尽可能向委员会提供所要求的资料。委员会在征得政府部门领导同意的情况下，有权有偿或无偿使用政府部门的服务、设施和人员。政府部门有义务配合委员会的信息获取工作。将预工委的职能定义为信息获取，目的在于为人大决策提供可靠的信息来源，与政府财政部形成信息竞争，保证预算信息可靠准确。美国在1921通过《预算和会计法案》后，预算权力明显向总统倾斜，导致政府预算不透明，国会难以掌握真实的预算信息，无法进行预算决策的情况出现。事实上，当时的美国政府部门，虚报预算的风气盛行，虚报的数额甚至高出需要预算的一倍。为此，国会成立预算办公室，专门从事预算信息的收集和分析，基本杜绝了政府垄断信息造成信息失真的情况。预算工作委员会的信息是初审小组和财经委员会决策的依据。

（三）建立独立于政府、直属人大的审计机构

政府预算审计的目的是检查政府部门是否按照立法批准的预算严格执行。这一环节的重要性不言而喻。如果只有预算，而没有预算执行后的审计,即使预算经过人大批准成为法律,预算作为管理政府的工具也很难起到约束政府的机会主义行为、保障公共利益的作用。预算审计是人大行使监督权的重要内容。为此,成立隶属于人大的审计机构是人大行使预算监督权的题中之意。目前在我国,审计机构隶属于政府部门。虽然近年来,预算审计成绩卓著,但从理论上讲,由政府部门来审计自己,就如同自己身兼裁判员和运动员两职一样,其真实可靠性难以令人放心。政府作为代理人,代委托人行事,是否按委托人的意愿筹集和使用资金、效果如何应由委托人来检查和评判,而不是由代理人来自我检查和评价。

(四)建立公开透明的预算制度和预算过程

预算公开透明是指将筹集和使用预算资金的决策过程、执行过程和执行结果向全社会公开。预算公开透明与预算法律性紧密相连,是实现预算法律性的重要方式。当一个国家有关预算的法律规定、预算文件和预算过程都向社会公开后,预算各个参与者的行为就处于社会知情和监督之下。一切不按法律行事的行为都会暴露无遗,从而形成一种遵纪守法的压力和束缚。预算公开透明本身具有强大的威慑力,因而成为现代公共预算的重要特征。预算透明本身并没有理论和技术障碍,关键的问题是权力主体的意愿和决心。事实上,预算的公开透明不仅能够加强预算的法律性,而且有利于委托人与代理人之间的沟通和理解,是政府免于集怨恨于一身、缓和各种矛盾、减轻政府压力和实现良好治理的唯一途径。

结 论

目前我国预算严重缺乏法律性。法律性缺失造成预算不能成为立法机构代表公众控制政府机会主义、守护公众钱袋子的有效工具。政府预算失去了作为其本质和灵魂的法律性,公权力的泛滥和私权利被侵害就不可避免。预算法律性的获得需要从两方面入手:一是根据宪政原则,建设良好的预算法律体系,明确预算参与者的权力,特别要明确立法机构的预算控制权、决策权和监督权,对政府所有使用公共资金的活动给以法律上的明确约定,使其活动有法可依。二是建立公开透明的预算制度和预算过程,使立法机关和公众可以依据法律判断政府的行为是否合法。预算法律性的建设任重而道远,但我们已经到了不得不做的时候了。

参考文献

1. 高培勇:《费改税:经济学界如是说》,经济科学出版社1999年版。
2. 高培勇等:《人大代表政府预算知识200题》,中国民主法制出版社2006年版。
3. 李炜光:《公共财政的宪政思维——公共财政精神诠释》,载《战略与管理》,2002年第3期。
4. 林慕华、马骏:《中国"钱袋子"权力的突破:预算修正权》,"构建中国公共预算法律框架全国学术讨论会"论文,2008年4月。
5. 马蔡琛:《政府预算》,东北财经大学出版社2007年版。
6. 马海涛:《落实人大预算权力,推进公共预算法制化建设》,"构建中国公共预算法律框架全国学术讨论会"论文,2008年4月。
7. 王世涛等:《预算的法律控制》,载《财贸经济》,2005年第6期。
8. 张光:《美国进步主义时代的政府会计改革》,载《公共管理研究》,2008年第6卷。
9. 郑春荣:《"九五"后三年中国财政支出问题预测及其控制》,上海财经大学硕士生学位论文,1998年6月。

公共预算的契约性

潘善斌 谭 光[①]

【摘要】 特定的预算制度形成特定的权力义务结构。在现代社会，人民通过让渡税金给政府以换取后者提供公共服务，二者之间形成委托契约关系。为防止政府在执行预算过程中产生的低效与腐败，人民委托代议机关参与预算的编制与执行，在此多方利益博弈的过程中，形成多方预算契约关系。建立民主、有效、完整的公共预算体系，依赖于契约的具体内容及其具体实施，而《预算法》的作用就是指导如何制定契约以及契约如何实施。只有充分认识到公共预算的契约特性，并在此理念的指导下揭示现行《预算法》之不足，才能对我国预算体制改革的方向有清楚的认识，并在此基础上指导公共预算立法实践。

【关键词】 公共预算 契约 立法

一、引文

私法意义上的契约指的是两个以上的当事人之间成立或变动权利义

---

① 潘善斌，贵州民族学院法学院教授，主要从事经济法、民族经济法律制度研究。谭光，贵州民族学院法学院研究生。

务的双方或多方的法律行为。自现代公共预算产生以来，一直体现了一种鲜明的契约特性，人们通过把税金让渡给政府，从政府那里获得公共产品和公共服务。为防止政府在编制与执行预算过程中产生的低效与腐败，人民委托代议机关参与预算的编制与执行，在此利益博弈的过程中，形成多方预算合同关系。怀尔德夫斯基认为，预算就是下级组织之间借以在相互抵触的问题上讨价还价，追加经费，相互刺激，已达到各自目的的一种手段，总之，预算是妥协、策略和交易的结果（斯蒂尔曼，1988：230）。建立民主、有效、完整的公共预算体系，依赖于契约的具体内容及其具体实施，而《预算法》的作用就是指导如何制定契约以及契约如何实施。只有充分认识到公共预算的契约特性，并在此理念的指导下看到现行《预算法》的缺陷和不足，才能对我国公共预算的基本目的和预算体制改革的方向有清楚的认识，从而在此基础上指导我国的公共预算立法实践，不断完善我国公共预算法律框架。

二、理论分析

公共预算作为一种通过一定的程序来实现公共资源合理配置的政治制度，必然需要代议机关、行政机关与人民的参与。正是这种参与性使得公共预算体现了鲜明的契约特征，而这种契约特征自有其思想、道德、社会与政治基础。

（一）公共预算契约性的思想基础——个人主义、自由主义的理性哲学

自然法理论认为，每个人都会理性地决定自己的事务，反对父爱主义、家长主义的立法。在现代社会，公共资源从总量上来说是稀缺的，公共预算就是通过一定的法律程序来确保公共资源的合理配置。由于资源的重要性和稀缺性特征，权力被广泛地应用，而资源越是稀缺，权力就会发挥出越大的作用。要避免这种腐败，就必须通过立约制定法律，以权利来抵制权力，以权力来制约权力。在此过程中，预算才会实现从"国家预算"向"公共预算"的转型。

现代公共预算的发源地英国与公共预算制度的产生地美国都以崇尚理性主义而闻名。美国从立约建国始，天才的"国父们"在其宪法中构建了一个令现代美国人自豪的美国式民主，这种民主是以个人主义和不信任为基础，以三权分立和行政、立法、司法互相制衡为机制，以实现大多数人的利益与价值取向为目的同时又不损及少数人的利益与价值为目的。在这种思想的指导下，美国的公共预算是动态理性的，即在动态的变革与演化中寻求并保持理性（牛美丽，2003）。其预算改革也呈现出一种预算理性主义的特征，即预算权力从集中到分散化，从立法部门向行政部门转移，然后再形成一种均衡态势，最后到现代更多的普通公民、民间机构、社会团体通过各种方式参与分享预算权力，从而形成预算权力的多中心态势。简单说来，就是在订立预算合同的过程中鼓励参与、提倡理性，以实现公共政策的公共选择。

（二）公共预算契约性的道德基础——公平正义的社会伦理

在现代社会里，由于每个人的能力有大小，如果任其自由放任发展，就会造成严重的社会不公，这就需要公共预算发挥二次分配的功能。罗尔斯认为，我们在"原初状态"下订立社会契约时，就应该照顾最少受惠者的利益。在设计公共预算政策时，就应该为缩小社会差别作出最大努力，通过征收个人所得税、遗产税，构建社会安全保障网和最低生活保障线，投资公共教育和公共卫生，使每个人都有发展的机会。

虽然预算具有多张面孔（Donald Axelrod，1988：7），但在最基本面上，它涉及对金钱或资源的配置问题。如果预算资金被用于一个项目，那么另一个项目就得不到或只能得到较少的资金。这意味着预算分配需要有一个价值判断的问题，一个显失公平的预算将会受到合法性的质疑。

（三）公共预算契约性的经济基础——市场经济体制

市场经济体制的基础就是契约平等原则。人们通过把税金让渡给政府，从而从政府那里获得市场不能充分提供的公共安全、公共医疗与社会保障等公共产品和公共服务。公共预算作为处理人与人关系的再分配范畴，自然具有某种内在的交易倾向（马蔡琛，2006：156—159）。公共预算是对市场失灵的一种矫正，但是也要求行政机关在编制与执行公共预算的过程中，不能高高在上，漠视人民的需要，以官僚利益最大化而不是以人民利益最大化作为公共预算的目的。要求代议机关在预算活动中，热心了解人民的需求，满足人民的要求。

因此，公共预算产生于市场经济，是为市场体制服务的。同时公共预算的制定和执行也需要遵守市场经济的规则——缴纳税金的一方与提供公共产品的一方必须遵循权利义务平等的原则，"无代表不征税"，赋予人民的利益表达权，控制政府征税规模。通过控制政府征税来控制政府支出，进而控制整个政府的行为，以保护人民的利益，这就是市场经济下社会契约价值的核心之所在。

（四）公共预算契约性的制度基础——代议制民主政体

社会契约论将国家和政府产生的基础归结为人民自愿缔结的社会契约，将履行社会契约和保护人民的自由看做是国家的天职，国家否认契约就构成违约行为，人民有权起而反抗。国家在履行社会契约的过程中，发挥着公共管理的职能，分配公共权力，配置公共资源。而公共预算作为公共管理的核心，其重要性是不言而喻的。从这方面说，公共预算在本质上是政治性的，是社会契约的重要表现形式。

由于现代政治的纷繁复杂，人民不太可能直接制订公共政策，因此代议机关就成为公共利益的表达者和公共政策的制订者。从另一方面来说，预算资金是政府运行的血液，公共预算一般可以等同于公共政策制定。代议机关和行政机关在公共预算的编制与执行过程中，形成稳定的双边结构。在这种双边关系中，由于代议机关与行政机关所掌握的关于公共预算的信息不对称，对预算分配的目的和偏好各不相同，这就必然会导致公共预算的参与者相互间的商谈、讨论、争斗和妥协，这就形成了另一种契约——预算合同。从这个意义上来说，代议制民主政体是现代公共预算产生的制度基础。

三、公共预算契约性的表现

(一) 以权利—权力为价值核心

爱伦·鲁宾认为,预算过程分配着决策权力(鲁宾,2001:97)。现代公共预算制度的产生,源于人民对于自身基本尊严和权利的重视;源于对政府滥用权力的恐惧。基于委托—代理关系,人民将税金让渡给政府,政府则向人民提供公共服务。但由于政府垄断行政权力,拥有普通公民无可比拟的信息资源与权力资源,如果在此交易的过程中不设置一套精巧的制度,就会显失公平的交易,损害人民利益。因此,设计现代公共预算政策,就必须以权利控制权力,以权力制约权力,使人民最大限度地享受公共服务。

具体说来,人民对于预算合同的权利表现在以下两个方面:首先,人民的需要决定预算合同的最终内容。尽管在公共预算的编制和执行过程中,无数的利益相关方——不管是直接利害人还是间接利害关系人均参与其中,通过各种方式在相互抵触的问题上讨价还价,追加经费,相互影响又相互让步,借以达到自己利益最大化。但是从根本上说来,公共预算的最终标的却是由人民所决定的。换一种方式说,就是人民决定了政府所提供的公共产品和公共服务的最终种类和最终数量。

其次,人民有权利变更或解除预算合同。在代议民主体制下,人民通过民意代表行使预算权。相对于掌握行政资源,拥有丰富信息资源的行政部门,代议机关处于相对的劣势。为防止行政机关滥用职权,就必须赋予代议机关相应的救济权力——预算修正权和预算否决权。我国人民代表大会拥有预算审批权和预算调整权,但由于相关配套法规的不健全,这种权力得不到有效的体现,这也应是《预算法》改进的一个重要方面。

(二) 以自由意思表示为价值基础

在预算合同的订立、履行过程中,每一个利益相关方都有自己追求的目标,提供有关信息,寻找对自己有利的证据并施加压力,最终,各个利益相关方的利益达到新的平衡。在这个过程中,每一个利益相关方所发出的要约与承诺都是自由的,他们的意思表示都是以自由意志为基础的。

如瓦尔达沃夫斯基(Wildavsky)所言,公共预算涉及每个预算参与者之间的讨论、协商、议价和妥协,甚至于他们之间的争斗,但是每个预算参与者对于预算目的和分配有截然不同的观点。由于他们之间各自所掌握的相关信息不对称,或者如哈耶克所认为的那样由于社会的分工和知识的分立所导致的一种相对无知状态,这就需要相关参与者作出真实的意思表示。唯有这样,公共预算才可能照顾到大多数利益相关方的利益,并顺利地获得人民的认可和实施。

在利益多元、权力中心多元化的现代社会,公共预算参与者结成一个彼此密不可分的网状结构,这就更加需要在公共预算的制订中,形成一种公共愿望的诉求与满足机制,公众利益的表达与平衡机制。特别是在社会、经济、技术迅速发展的前提下,对政府的传统管理方式提出了前所未有的挑战;另一方面,公众的价值观念越来越多元化,公众的需求越来越多样化,制订公共预算就需要更多的公众参与,以提高公众的满意度。没有公众的参与,没有公众自由地表达他们的利益诉求,实行新绩效预算是很难实现的(马骏、罗万平,2006:25—31)。我国现在实行的部门预算改革,是以零基预算为基础的,在编制的过程中,需要海量的信息,而这些信息都需要公众的真实意思表示为价值基础。

(三)以公平正义为价值追求

契约双方在立约的过程中,讲求公平正义。显失公平的契约是没有执行价值的,是可撤销的。公共预算的编制和执行,同样以公平正义为其最高的价值追求。特别是在政府越来越重视公共管理功能的现代社会,公共财政发挥越来越大的收入二次分配的功能。建立和谐社会,已经成为各个政府追求的重要目标。改革开放 30 年来,我国的经济得到了前所未有的发展,但"马太效应"的凸显,已引起人们的广泛关注,成为建设和谐社会的瓶颈所在。不言而喻,公共预算具有强大的二次分配功能,它不仅能缓和社会矛盾,医治社会问题,而且能为社会的和谐发展奠定一个更好的基础。

公共预算在一般情况下，可以等同于公共政策的制定。它在最基本的层面上，涉及金钱与各种资源的分配。在一个资源短缺的社会，如果可得的资金被用于一个项目，那么另一个项目就得不到资金，或者是仅能得到不多的资金。这里就涉及预算的根本问题："基于何种标准或理由，决定将 x 美元分配给行动 a 而不是行动 b？"（Key，1940）换句话说，永远都不会有足够的钱用于每一个项目，每个预算决策都导致有人将为此受到损失。从法律上来说，这里就存在一个价值的辨证推理的过程，需要我们进行价值判断。

（四）以法律约束力为价值表现

契约一经制订，对于立约双方而言，就具有了法律上的约束力。任何一方非经对方同意，不得擅自进行修改或不执行。在美国，政府预算一经议会批准，就成为法律，任何对预算的背离都是一种违法行为。在我国，政府预算一经各级人民代表大会审批通过，就具有法律上的效力，各级政府未经依法批准擅自变更预算，负有直接责任的主管人员和其他直接责任人员将被追究行政责任。

在现实中，我国预算的执行和调整欠规范，预算的执行很随意。近几年，每年的预算收入实际数与预算数存在很大的差别；在乡镇一级，大多数人大很少进行预算调整审批；其他级别上，预算调整也不同程度地存在走过场的情况。长此下去，我国公共预算的公信力和确定力就会受到挑战，我国公共政策的制定和执行也会遭遇合法性的危机。

四、我国现有"行政独白"型预算体制之不足

预算体制可分为立法机关主导型，行政机关主导型，以及立法、行政机关制衡型和多元预算型这几种。现在看来，无论是行政机关主导型还是立法机关主导型都有其缺点。即在这两种预算体制下，预算参与者各方并不是完全处于平等的地位，在此基础上产生的预算契约并不见得十分公平。

我国到目前为止，还处于行政机关主导型预算体制下。从对行政主导型预算体制的形成最为直接和影响最为重大的计划项目预算改革来看，它采用的是预算理性主义的模式，整个决策过程强调自上而下，要求整个预算决策围绕少数精英确定的目标进行。不言而喻，这个过程充分地照顾精英集团而不是人民大众的偏好，这一理念本身便有违社会公平正义，与建立和谐社会和公平合理的新型预算体制趋势相悖。具体说来，我国现有"行政独白"型预算体制存在以下不足之处：

(一) 预算不完整

遵循现代预算原则建立起来的"预算国家"，必须在财政收支管理方面实行权力集中，将所有的政府收支统到一本账里（王绍光、马骏，2008）。一个完整的公共预算，应该把所有的收入——不管是预算内的税收收入，还是预算外的行政性收费收入和基金收入——完整、及时地打入预算账户，作为预算分配的基础和来源。其次，政府所有的财政资金都在预算中列支，防止大量的财政资金在体外循环，给某些部门带来自我寻利和权力寻租的机会，滋生腐败。但我国《预算法》执行过程中所面临的最大问题就在于预算体系的不完整。

在我国现行《预算法》规定中，预算收入不包括预算外资金。预算体系的不完整造成了行政权力的膨胀和人大监督权的"缺位"。同时在预算执行过程中，预算外资金的泛滥已经到了很严重的地步，很多事业单位都有收费权力和职能，财政部门在预算分配的过程中，把机关事业单位划分为全额拨款单位、差额拨款单位和自收自支单位。有关机关事业单位在提供公共产品和公共服务的过程中都要"有偿服务"，严重地侵害了公众的利益。

(二) 预算不透明

社会公共事务的执行有赖于信息的充分交流和公众的充分参与，没有信息的充分交流和社会公众的充分参与，任何人都不可能成功地对复杂社会中所展开的重大活动作出全面且刻意的安排。我国目前政府预算缺乏透明性，致使政府预算行为欠规范。这种行为不仅直接地损害了人民的知情权，也是滋生腐败的温床。

王绍光（2001：126）认为，预算不透明的政府是"看不见的政府"（invisible government），而看不见的政府必然是"不负责任的政府"（irresponsible government），"不负责任的政府"不可能是民主的政府。预算改革的目的就是要把"看不见的政府"变为"看得见的政府"。只有"看得见"才有可能进行监督，人民不会同其行为不可预知、不诚实守信的人订立契约。从这个意义上说，预算不透明即是损害预算合同利益相关方利益的不守信行为，因此，打造"阳光预算"即是打造"诚信政府"的需要。

（三）预算不民主

正如人的认知能力和分析能力是有限的，他们所能掌握的预算信息也极其有限。因此无法针对各种预算目标列出所有可能的备选方案，并在此基础上满足所有利益相关方的偏好，故完全由行政主导的理性预算既不可行，亦不可取。同理，每一个民议代表（人大代表）都有其利益偏好，不可能完全代表人民的利益。每一个个人都是相互独立、不能替代的，一个人既不能完全代表别人的利益，也不能被别人所代表，因此立法机关主导型预算体制也有其自身无法克服的缺陷。

目前，我国的公共预算制定过程社会公众的参与度不高，这不利于预算制定和调整的民主化。究其原因是社会公众参与是人大参与预算的基础，人大是人民意见的代议机关，人大代表是人民行使权力的委托人。社会公众积极参与预算的制定，能有效地激活人大代表的积极性，从而真正实现人大对政府预算编制权的制衡。

（四）没有约束力

在私法的意义上，契约成立并生效以后，对立约双方就有了法律上的约束力。任何一方出现违约行为都将受到法律上的制裁。同理，在一个预算通过人民代表大会审批以后，也就有了法律上的约束力，政府对预算的调整与修改必须要得到人民的同意。

在我国，"政府预算"对"政府"约束力不大，人民的预算权力救济、人大的预算监督，没有很强的可操作性。政府挤占、挪用预算资金等现象比较普遍。如公共预算权力政府化，政府预算权力个人化，腐败由此而产生。因此，我国的预算体制与预算法改革势在必行。

五、"契约视野"下预算法的作用

（一）提高预算支出效益

社会的法律运行、资源配置的进化过程就是以交易成本最低为原则，不断地重新配置权利、调整权利结构和变革实施程序的过程。财政预算资金作为一种稀缺的资源，使得政府在分配预算的时候不得不面临艰难的选择，应怎样降低开支，如何配置有限的资源以实现支出效益的最优化，都是目前预算体制改革的重点研究方向。

笔者认为目前可以尝试通过以下途径来提高我国公共预算的支出效益：一是进一步完善财政的转移支付制度。二是完善社会保障机制。近几年来，我国农村的社会救助采取了"一卡通"的发放方式，取得了不错的效果。三是完善部门预算。四是改革政府采购制度。五是完善国库集中支付制度和机关事业单位会计集中核算制度。

（二）增强公共预算的民主性

增强预算民主性可从以下方面着手。首先是要让社会公众真正参与公共财政预算。浙江省温岭市新河镇把"民主恳谈"的形式引入到政府公共预算的编制过程中，使公众的意见和政府的公共预算编制结合起来，进而使人民代表大会制度和政府的法律执行结合起来，这是一个伟大的创举。现在最重要的是把这种公众参与的"民主恳谈"方式常态化和法律化，要在新的《预算法》中加入新的条款，充分赋予社会公众参与政府公共预算的权力，充分提供社会公众参与公共预算的有利条件，使公共预算"民主恳谈"这种形式以法律条文的方式固定下来。同时不断拓宽、增加社会公众参与公共财政预算的渠道、方式、广度与深度。

其次，加大人大参与预算的能力。第一，应当赋予代表提出预算修正案的权力。第二，应当使人大代表有审议预算的能力。针对人大代表看不懂政府预算，不了解国家的预算政策，行使人大代表审批权流于形式的现状，应当进一步加大懂政策、懂法律的专家代表进入人大的比例，特别是要充实人大财经委员会，保证人大代表有审议公共预算的能力。最后，应当使人大代表有审议预算的条件。如目前的人大代表审议公共预算的时间有限，政府的预算还是机密文件，人大代表还只有在人大开会期间才有机会接触到政府预算，没有时间充分研究政府预算，当然也就提不出有价值的提案，应当赋予人大代表有充分行使职权的条件，让其能提前拿到预算草案进行研究。

（三）加大预算的透明度

加大预算的透明度，是抑制腐败、打造"阳光预算"的需要，也是尊重人民预算的知情权、打造"新绩效预算"的需要。公共预算的公开，不仅仅是公共预算内容或者公共预算结果的公开，而应该是公共预算编制、执行及事后评价整个过程的公开。公共预算的过程公开是实行预算改革的关键，是实现良好政府预算管理的关键，没有预算的公开透明就没有真正的"公共预算"。笔者建议《预算法》的修改应当考虑公共预算的公开透明，应当在公共预算中增加公共预算的公开条款。

公共预算的公开应当考虑到如下一些内容：首先是公共预算中间环节、时间安排跨度的完善。美国联邦预算的编制至少在联邦预算年度的18个月前开始准备，之所以要安排这么长的时间进行公共预算的编制，其根本目的是有利于社会公众和联邦议员的充分参与。与之对照，我国预算编制时间并不充分，在这个有限的时间里，预算部门都在紧张地进行预算编制工作，根本没有时间和社会公众进行良好的沟通，更不用说有时间举行"预算听证"了。

其次是公共预算过程的公开。公共预算的审批过程，也是一个各种利益的冲突、交锋和妥协的过程。在此过程中，预算编制部门、人大代表及社会公众都各有其利益偏好。而社会公众则相对来说处于一种信息短缺状态，处于一种弱势地位，公共预算的最终目的就是提供更好的公共产品和公共服务，换言之，就是要满足社会公众的偏好，而这就需要预算审批过程的公开。同时，公共预算的执行过程和预算审计的公开也是非常重要的。社会公众作为委托人需要随时了解公共预算的执行情况，这样才能有效行使其知情权和参与权；而政府作为受托的一方，如果按期向社会公众公布公共预算的执行情况，就会更有效率、更加廉洁、更注重预算执行的效果。在某种程度上，预算公开、财政民主和行政效率是联系在一起的。近几年，审计署将每年的预算审计结果公开，掀起了一股审计风暴，有力地推动了公共预算的完善。

最后，公共预算的内容、形式的完善。预算编制说明和决算说明应当明了细致，预算科目的设置应当科学合理，既有利于预算管理，又有利于公众的参与。社会公众和人大代表行使公共预算的参与权有一个形式上的障碍，那就是预算形式的不合理，具体表现为预算编报说明和决算说明的简单和形式主义，预算科目设置的不合理和粗线条。长期以来有关部门编写预算编报说明是例行公事，欠缺可理解性和可读性，致使人大代表在行使预算审批权的时候，很难从其中得到有价值的信息；很难将预算科目和具体的项目联系起来，当然更难有效地执行预算审批权了。对于社会公众来说，即使是参与公共预算的"民主恳谈"，也难有所作为。这样的预算是内行看不清，外行看不懂，公共预算内容形式的改革与完善势在必行。

（四）打造完整的公共预算

公共预算的契约特性决定了预算的体系应是完整的。大量的财政资金在体外循环，给某些部门带来自我寻利和权力寻租的机会，滋生了腐败。我国《预算法》执行过程中所面临的最大问题就在于预算体系的不完整。

首先是没有将"预算外资金"与"制度外资金"纳入预算。把预算外收入转为预算内收入的益处在于，一是使预算体系完整规范，符合现代预算管理的要求。一个现代的公共预算，应当是体系完整、合理规范的，这样才能保障社会公众所能获得的公共产品是完整无缺的而不是残缺不全的。二是有利于人大行使监督权，大量的预算外资金在体外循环，使人大的监督权行使力度不够。三是尊重了社会公众的利益，行政性收费转为预算内管理，能有效地降低纳税人的负担，加速社会的运转。四是提高了政府运行的效率，能为社会提供更多更好的社会产品。

政府的收费由预算外转移到预算内以后，预算资金的管理会更加规范化，有关的机关事业单位也会把更多的精力转到提供公共产品和公共服务上来。五是预算外资金转为预算内有利于实现"收支两条线管理"，能有效地扼制腐败，降低社会成本。

其次，政府债券收入从表面上看不属于纳税人的上缴资金，但是，从长期来看，这些债务也需纳税人负担。西方的财政立宪主义者认为，必须在宪法层次采取措施，制定专门的宪法修正案，实施平衡预算。"全美纳税人联盟"自1975年起，就积极推动"平衡联邦预算"修宪运动，呼吁在联邦宪法中明文规定：除非有战争或经济不景气等特殊状况，联邦财政收支须保持平衡，不得有赤字预算（普拉丹，2004：5—11）。

最后，预算支出的内容应当包括预算内支出，还应当包括预算外支出；预算支出不应将经济建设支出放在第一位，并且应将社会保障支出和转移支付支出单列出来。预算外支出进入预算不仅能使人大的监督职能落到实处，而且能有效地制止财政开支杂乱无序的状态。

（五）打造公平正义的预算

在初次分配过程中，"效率优先，兼顾公平"能有效地促进社会生产力的发展。"公共财政必须负担起社会收入、财富和社会福利再分配的职责，发挥社会公平分配的作用，这是从不同于效率作用的角度得出的。"（叶振鹏、张馨，1999：88）基于矫正正义的要求，公共预算必须承担起公平有效地分配公共产品的要求，承担起为社会公众提供诸如教育、科技、就业、社会保障、基本生活、环境保护等"社会最低受惠值"的公共产品的要求。

公共预算的分配公平应当体现在如下几方面：首先体现为预算分配的人际公平。罗尔斯认为：在一种资源中等匮乏的条件下，社会的和经济的资源应当这样安排：在与正义的储存原则一致的情况下，适合于最小受惠者的最大利益（罗尔斯，1988：83）。预算分配要尽量地照顾社会弱势群体。其次体现为预算分配的地域公平。未来的公共预算应当向农村地区、中西部地区倾斜，只有这些地区发展了，经济社会才能实现可持续地发展。第三体现为预算分配的权责公平。在我国目前的预算体制下，各部门、上下级的权责是不平衡的，自1994年我国实行财政分税制改革以来，预算收入的大头都由中央财政取得，而地方政府都是公共产品和公共服务的直接提供者，地方财力的不足，严重地影响了公共产品和公共服务的提供，尽管近几年中央财政通过转移支付制度缓解了这种现象，但并非根本之计。重新划分中央财政和地方财政预算分配权，应当引起关注。

公共预算的分配公平可从以下几个方面进行：首先是通过建立"广覆盖，保基本，多层次，可持续"的社会基本保险体系为公众打造一条生活的安全线。其次是在教育、科技、环境及公共工程等方面加强投入，特别是要确保教育公平，为人民提供公平发展的机会。第三是征收超额累进个人所得税和遗产税，限制富裕阶层收入和财富的进一步膨胀。第四是征收奢侈品消费税以限制富人的不当行为，促使其将资金投往社会慈善事业。第五是通过社会救济性支出，维持弱势群体的基本生活需求。第六是通过税收政策限制自然垄断企业的产品价格上涨行为，间接为社会公众提供福利。

（六）增强预算的约束力

法治意味着良好的法律得到良好的执行。在计划经济时代，人们把违反预算的行为称为是违反财经纪律的行为，应受到行政处分。但在市场经济条件下，公共预算一经批准，即具有法律效力，违反预算的行为，即是违反法律的行为，应当承担法律责任。

《预算法》规定我国预算的监督有三种形式：即人大监督、上级政府监督和审计监督。但长期以来，审计监督无所作为；上级政府的监督存在先天缺陷。我国目前首先应加强人大对公共预算的监督。值得欣喜的是，一些地方人大已经开始了这方面的工作，如广东省已颁布了《广东省预算审批监督条例》，财政预算监督已成为各级人大关注的重点。其次应加强公共预算的社会监督。公共财政资金"取之于民，用之于民"，社会公众作为公共预算资金的来源和最终受益者，理应在其中拥有更大的发言权。随着我国市场经济的进一步发展和财政民主制度的完善，社会公众的公益诉讼制度和公众的质询制度也应加以改革和完善，以使得对公共预算实现有效的监督，适应现代公共预算制度的法治化和民主化趋势。

参考文献

1. 爱伦·鲁宾：《公共预算中的政治：收入与支出，借贷与平衡》，马骏、叶娟丽等译，中国人民大学出版社 2001 年版。
2. 里查德·J. 斯蒂尔曼：《公共行政学》（下册），李方、潘世强译，中国社会科学出版社 1988 年版。
3. 罗尔斯：《正义论》，何怀宏、何包钢、廖申白译，中国社会科学出版社 1988 年版。
4. 马蔡琛：《初论公共预算过程的交易特征》，载《河北学刊》，2006 年第 6 期。
5. 马骏、罗万平：《公民参与预算：美国地方政府的经验及其借鉴》，载《华中师范大学学报》（人文社会科学版），2001 年第 4 期。
6. 牛美丽：《美国公共预算改革：在实践中追求预算理性》，载《武汉大学学报》（社会科学版），2003 年第 6 期。
7. 普拉丹：《公共支出分析的基本方法》，蒋洪、魏陆、赵海莉译，中国财政经济出版社 2004 年版。
8. 王绍光：《安邦之道——国家转型的目标与途径》，生活·读书·新知三联书店 2007 年版。
9. 王绍光、马骏：《走向"预算国家"——财政转型与国家建设》，载《公共行政评论》，2008 年第 1 期。
10. 叶振鹏、张馨：《公共财政论》，经济科学出版社 1999 年版。
11. Donald Axelrod, *Budgeting for Modern Government*, New York U.S.A: St. Martin's Press, Inc., 1988.
12. Key, V. O., Jr, "The Lack of A Budgetary Theory", *American Political Science Review*, 1940, 34: 1137-1339.

我国公共预算法治化与人大预算审查监督制度建设

张 明[①]

【摘要】 公共预算是政府预算的主要内容,公共预算管理亦是政府预算制度及管理的主要内容,公共预算法治化就是政府预算法治化,也就是近代宪政体制的核心和根基。目前,国际上公共预算法治化主要集中在权力制衡和政务公开两方面。权力制衡主要是传统宪政型国家、君主立宪型国家和现代宪政立法型国家等公共预算的法治化模式。公共预算公开化、透明化,主要是国际非政府组织关注的问题。我国公共预算法治化的根本制度是人大预算审查监督,人大预算审查监督制度及建设是我国公共预算法治化的主要内容。近年来,随着我国公共财政体制的建立完善,人大预算审查监督在促进公共预算法治化方面发挥了积极作用。但与发展要求相比,也存在预算审查监督的法律体系不健全、内容不完整、程序粗略、方法简单、组织弱化、观念滞后等不足。推进我国公共预算法治化的措施,主要包括建立健全公共预算审查监督法律体系、充实完善审查监督内容、拓展细化审查监督程序、丰富发展审查监督方法、健全审查监督组织体系等。

【关键词】 公共预算 法治化 人大审查监督

[①] 张明,西南财经大学财税学院教授,主要研究方向是财政、税收、预算技术与控制。

严格地讲,公共预算是复式预算中的经常预算,主要由政府的税收收入和一般政务活动的经常性支出构成。由于经常性收支不仅占政府预算绝大部分,而且是政府预算制度及管理的主要内容。因而,公共预算法治化就是政府预算法治化,就是近代宪政体制的核心和根基。

1992年我国实施以经常性预算和建设性预算为内容的复式预算制度,首次明确了公共预算及其管理制度。1997年我国设立"基金预算收支科目",原预算收支科目改为"一般预算收支科目",复式预算结构变为一般预算和基金预算,后又增加"债务收支科目"形成债务预算。尽管我国现行政府预算划分为一般预算、基金预算和债务预算三块,但本质上都是为满足社会公共需求和作为政府履行职能的资金保障,我国的政府预算基本上也就是公共预算,我国公共预算法治化主要就是政府预算的法治化。

公共预算法治化的基本内涵主要有以下几方面:第一,在近代宪政体制中,公共预算是政府公共管理和公共服务的财力保障,与所有行政活动一样必须由立法机构审查批准,并在立法机构监督下予以执行。第二,公共预算法治化是确保税款安排使用向纳税人负责,并为纳税人监督和约束政府的公共管理、公共服务及财政活动提供一种有效机制。第三,公共预算法治化通过对政府行政、社会活动资金的法治化管理,能促进政务法治化、公开化,是行政规范化的重要内容。

一、公共预算法治化的国际发展概况

目前,国外公共预算法治化主要集中在权力制衡和政务公开两方面。从权力制衡角度看,公共预算法治化主要包括传统宪政型、君主立宪型和现代宪政立法型等国家的公共预算法制化模式。传统宪政型主要包括英国、爱尔兰、加拿大、澳大利亚、新西兰等英联邦国家,这些国家依靠深厚的权力制衡文化基础和制度传统,公共预算法治化程度相对较高,权力制衡相对到位,政务及公共预算信息相对公开。君主立宪型主要包括北欧的挪威、瑞典、芬兰,以及比利时、荷兰、丹麦等"低地"国家，这些国家虽然崇尚行政权君授，但也要求行政对议会负责，为立法审批、监督公共预算奠定了相应的法治化基础。现代宪政立法型主要包括法、德、西、意、日、韩及美国等大陆国家，这些国家采用"一切按事先立法执行"的管理模式和相应的行为范式，确保了公共预算法治化的实施。

"二战"后，上述各国不同的公共预算管理制度变革发展表明，一国公共预算制度改革常常是一国法律制度改革的目的，即法律制度改革常常因公共预算管理要求而起，或是常常主要针对公共预算管理方面出现的问题。另一方面，针对公共预算管理的法律改革的主要目的，一是从程序上提供清晰明确的预算编制、审批、执行、报告和审计的程序与步骤，二是从实体上明确界定政府各部门在公共预算管理中的职责地位与作用。尽管如此，上述各国公共预算法治化仍较普遍地面临着法律时效，财政原则，中期预算框架，预算拨款的有效期、结构和基本特征，年度账户或年内账户，国会预算委员会、外部审计机关、预算执行者的基本职责等问题（Lienert, I. and Jung, M. K., 2005：76-82）。

公共预算法治化的另一理论与实践领域，是国际非政府组织如 IMF、IBP（International Budget Project）等关注的公共预算公开化与透明化问题。IBP 研究认为，公共预算的透明性是 20 世纪 90 年代中期后的一个重要的国际发展趋势，具体表现为日益增加的对反腐、公共职责履行及界定、政府分权、公共部门发展等问题的关注与兴趣。另一方面，各类国际非政府组织和公民社会倡导者，都对从内容和程序上进一步明确界定政府预算的透明度和清晰性表现出极大兴趣。公共预算信息的准确、全面与及时，作为世界各国政务公开运动的一部分已备受公民关注。目前 IBP 已将公民了解参与公共预算的程度作为评价其公开性的指标之一。

2004 年公民社会研究者调查表明，为探索改善政府预算的全面性、公识度和建立固定明确的预算程序，36 个发展中国家和经济转型国家正准备改进公共预算管理制度。IMF 研究认为，自 1998 年亚洲金融风暴及系列债务危机后，宏观经济稳定和财政透明是集中昭示现代良政的关键性标志。而 IBP 最新研究调查认为，OECD 国家公共预算公开、透明的最佳个案，是将大众传媒及舆论作为公共预算文件的有机组成部分并纳入预算程序（Gomez, P., Friedman, J., Shapiro, I., 2005: 35-43）。

二、我国发展视角下的人大预算审查监督的不足

我国法律规定，政府编制和执行预算，人大及其常委会审查批准预决算和监督预算执行，人大对预算进行审查监督是宪法和法律赋予的重要职责。人大预算审查监督是我国公共预算法治化的根本制度，人大预算审查监督制度及建设是我国公共预算法治化的主要内容。

近年来，随着我国公共财政体制的建立完善，人大预算审查监督在目标、原则和基本方法等方面取得了较系统的共识，理论上有一定深化。实践上，各级人大坚持依法审查监督，不断拓展预算审查监督范围与方法，提高实效，对构建公共财政体制和促进公共预算法治化发挥了积极作用。但与成熟的市场经济国家的公共预算法治化相比，与我国建立服务型政府、公开政务、关注民生等发展要求相比，我国人大的预算审查监督还存在以下不足。

(一) 预算审查监督法律体系不健全

1. 《宪法》缺乏公共预算制度程序和实体内容

一国《宪法》对法律及涉及预算法制的立法、执法和监督作出规定，是公共预算法治化的基本原则和标志。如德国基本法就规定各级财政职权、税权的划分和一些财政原则。而我国《宪法》只在"公民基本义务"中规定"中华人民共和国公民有依照法律纳税的义务"，在"国家机构"中规定了行政机关预算编制、执行权，立法机关的审批权、监督权。

2. 《宪法》、《地方组织法》、《预算法》的预算调整界定不一致

《宪法》表述为"审查和批准预算调整方案"，《预算法》对预算调整作出专门规定，但并未涉及预算变更，《地方组织法》规定县级以上各级人大常委会决定本行政区域内的国民经济和社会发展计划、预算

的部分变更。

3. 部分法律法规过于原则笼统，缺乏可操作性

如《宪法》、《地方组织法》对地方人大及其常委会审查监督预算范围、主要内容、实施程序和操作办法，以及相应的机构设置、人员配备等缺乏明确规定。

4. 《预算法》及实施条例操作性不强

一是现行《预算法》界定的财政资金主要是预算内资金，大量预算外资金（约占财政资金1/3强）不在其内，阻碍了公共预算法治化。二是《预算法》规定各级人大审批政府预算，但对审批内容缺乏具体明确规定，人大按现行政府收支分类的总数批准，只能形成一种原则上的"授权预算"，政府各部门在执行中拥有完全的自主权，预算约束无刚性。三是现行《预算法》对预算管理权配置欠科学。《预算法》规定财政既负责预算编制又负责预算执行，与党的十七大提出的"建立健全决策权、执行权、监督权相互制约、相互协调的权力结果和运行机制"不尽相符。四是《预算法》对人大是否有预算草案修正权，预算调整界定，预算草案主要内容，初审程序、初审方式和审议结果处理，部门预算审查，财经委的审查报告和部门决算审签的法律效力，预算外资金监管等尚无明确规定；对违反预算所应承担的法律责任也未明确规定。

（二）预算审查监督内容不完整

1. 预算草案较粗略、预算报告欠规范

目前，政府报送本级人大的预算草案，按功能和大类编制，过于简单、笼统，常常"只报大账，不报具体和细节"，多报"类"级科目预算，不报"项"级科目预算，建设性支出只有总数而无具体项目；人大及其常委会无法进行细节审查和提出有针对性的意见，"外行看不懂，内行说不清"。政府向人代会作的预算报告比较简单，没有对预算草案的依据和安排内容作出说明，大量报告财政工作，有的内容甚至和政府工作报告重复。

2. 提交人大审批的部门预算不完整

一是提交人大审批的部门预算欠完整，部分单位提交审批的预算仅

占部门支出的50%左右,二是人大是否应批准部门预算,目前还有不同看法,实际工作中各地做法不同,一些地方授权人大常委会审批部门预算,一些地方授权主任会议审批部门预算,而大多数地方还未将部门预算提交人大审批。

3. 预算调整规定不明确,调整审批缺位

从《预算法》规定看,预算调整的前提是预算执行中因特殊情况需要增收或减支,但"特殊情况"的法律界定不清楚,容易造成预算法治约束失效。更何况只有调整后不平衡才需报人大常委会审批,如果追加追减、调整收支后预算是平衡的,那报批程序都没有。

4. 预算执行监督欠全面

人大常委会的预算执行监督主要通过听取审议政府预算执行报告进行,各级人大主要关注本级预算执行监督,忽视本辖区总预算执行监督。

(三) 预算审查监督程序较粗略

1. 初审法律地位缺失,规定不明确

初审是人大常委会审查预决算的有效程序,很大程度上弥补了财经委初审和大会审查批准会期短、时间紧的不足,有利于提高预算审查监督质量。但现有法律法规尚未规范初审,一是初审内容不明确,法律规定初审对象只涉及本级预算草案主要内容,未考虑本级预算与总预算的关系,对本级预算初审与人代会总预算审查不一致;二是初审主体不明确,相关法律法规对"有关专门委员会或工作委员会"是否专指财经委或预工委,其他专门委员会或工作委员会是否可参与或吸收其他力量参与初审,预算编制和初审是否可委托或责成审计部门审计等尚未作出明确规定;三是初审法律效力、初审结果送出方式、送达对象不明确。初审内容和审查意见处理还处于人大和财政部门相互协商层面,未进入法律程序和具备法律效力。

2. 审查监督程序不严密

一是预算编制和审查时间短。目前,政府预算编制时间仅1—2月,部门预算编制时间稍长。提交人大初审时间一般在人代会召开前1个月,从目前各级人大配备人员看,该时间内难以做到实质性审查所有预算,有的甚至就没有初审环节。人代会召开时,通常用半天时间审议预算,这对规模庞大、内容繁杂的预算草案来说,基本不可能实现保质保量的审议,预算审批难免流于形式。二是决算审批程序不严密。按法律规定,由本级人大常委会审批本级政府决算草案。但实际上决算草案需上级财政批复后,才报本级人大常委会审批,人大审查提出的意见往往只能被政府部门在今后工作中予以"注意"。

3. 审查监督程序不完整

一是缺乏公众意见反映程序。公共预算必须体现民意,但现行法律法规欠缺相关法律程序和具体工作安排。二是缺少预决算草案否决的补救程序。目前一些地方对出现否决预决算的处理各不相同,但普遍存在补救程序缺失,预决算被否决后人大处于被动地位的问题。三是缺少向公众公开的程序。公开是公共管理中的有效监督方式,但现行法律缺乏预算"公布"程序的规定,目前见诸媒体的各级人大批准的"预算",只是人大表态式"决议"和较为笼统的预算报告。尽管《监督法》对预算执行和决算的公开内容作了一些规定,但系统性地向社会公开公共预决算的程序尚未建立。四是缺少决议、审查报告、审议意见等执行情况的反馈程序及相关规定。

(四) 预算审查监督方法较单一

1. 审查监督方法体系有待科学、完整、统一

现行法律法规对人大预算审查监督"做什么"规定较多,"怎么做"考虑较少。实际中常常出现不同地方对同一事项采取的方法千差万别的现象,甚至出现人大监督"错位"、"越位",如超收收入监督就出现了实行诸如报告制、审批制和备案制的不同情况。

2. 方法欠缺整合

尽管随着公共财政体制的建立完善,人大在预算审查监督方面进行了大量的积极探索研究,尝试运用一些新的方式方法,但总体看,可供选择的方法仍不多。尤其对预留资金、专项资金和超收收入等重点项目的监督乏力,使资金使用效益不高,存在损失浪费、腐败等现象。

3. 审计监督作用难以有效发挥

我国的行政型审计体制使人大不能直接行使审计监督权，对预算监督缺乏实质性介入的途径和手段。人大依靠政府审计机关来强化预算监督，公共预算法治化效果难免打折。

（五）预算审查监督组织机构专业水平有待提高

我国预算审查监督一直由人大财经委协助人大及其常委会进行。由于预算审查监督的政策性、法律性、技术性非常强，工作量大，人大财经委职责范围较宽，以致预算审查监督基本处于程序性作业水准，一定程度上影响了预算审查监督质量。1998年全国人大常委会设立预算工作委员会，协助财经委承担人大及其常委会的预决算审查、预算调整审查和预算执行监督。目前全国有12个省成立预工委，河南省18个省辖市有15个成立预工委。同时，各级人大还为预算审查监督专门机构充实人员，邀请有关专家作专题讲座，人员定期进行学习、培训、研修、岗位培养和工作锻炼等。但由于种种原因，我国现行人大组织机构和人员思想仍存在以下问题。

1. 人大预算审查监督机构、权责和任务欠缺统一

一是各地设立预算审查监督专门机构参差不齐，有的设立，有的未设立。二是有的在常委会下设预工委，有的在人大下设专门委员会，如深圳市就设立计划预算委员会。有的在财经委下设预算审查监督处（科）室，有的设立与财经委"两块牌子，一套人马"的预算审查监督机构，不配备人员，有的设预算审查监督专门机构，但权责与财经委不分。

2. 缺少专职人员或人员队伍素质与行使职权能力不符

预算审查监督需要具备较高的政治素质，精通专业知识。目前，全国人大常委会预工委共有20多来人，省级一般只有几个人。省以下的预算审查监督大多数由财经委承担。市、县人大财经（工）委一般只有几个人，不具备提前介入和初审能力。虽然人大代表和常委会人员来自社会各阶层，其中不乏精通财政专业者，但总体上对公共预算特点、项目之间关系、内容结构等专业知识的深入了解并不多，很难全面深入

地审查预算和提出切中要害的意见和建议。

3. 预算信息不对称

目前人大主要通过调查研究、听取政府及有关部门汇报和定期、不定期报送预算资料等方式收集预算信息，掌握信息量有限。尽管《预算法》规定政府相关部门向人大报送有关材料，但实际工作中却经常出现部门以种种理由拒绝或者互相推诿。人大信息渠道不畅通，而政府部门直接掌握各种资源，熟悉运作过程，人大反而成为支持政府部门决定合法化的辅助机关。

4. 部分地方人大认识不到位，存在不敢监督、不愿监督的问题

一是认为预算是"党委定盘子、政府编方案、人大走程序"，人大监督"作为不多"，往往不敢理直气壮地监督。二是担心人大监督过头或出现偏差，监督畏首畏尾，明哲保身，但求无过。

三、完善我国人大预算审查监督制度的建议

（一）建立健全我国公共预算审查监督法律体系

1. 充实完善《宪法》和《地方组织法》有关预算的内容

如充实完善《宪法》和《地方组织法》有关公共预算制度的基本立法条款，增加财政权划分、公民参与预算等程序规则和务实内容，同时确保《宪法》、《地方组织法》和《预算法》的一致性。

2. 修订完善《预算法》

一是明确提交审查的公共预算项目和人大批准的具体内容，如部门预算和项目预算审批，将综合审批改为分项审批，重大财税政策包括上下级之间财权事权划分、收入分享范围和比例调整、税收政策调整、转移支付确定等，都应报请人大或人大常委会审查批准。二是明确人大的预算草案修正权，根据《宪法》和《地方组织法》中人大具有预算草案修正权的规定，明确人代会期间大会主席团、各专门委员会、代表联名均可提出预算草案修正案，促进有关方面高度重视并实事求是地编制预算。三是改革预算编制制度，按照《中共中央关于完善社会主义市

场经济体制若干问题的决定》提出的"改革预算编制制度，完善预算编制、执行的制衡机制"的要求，可明确规定设立相对独立的预算编制机构，实现预算编制与执行分离，各司其职、相互制衡。四是完善预算法律责任制度。应在《预算法》中明确规定预算违法及其应承担的行政责任、民事责任和刑事责任。

3. 制定政府收支管理专门法律

如制定《非税收入法》，确保国有资产收益、土地收益等非税收入法治管理。制定《转移支付法》、《国库法》等，使公共预算分项管理有法可依。

（二）充实完善公共预算审查监督内容

1. 统一预算内外收支

公共预算反映和规定政府预算年度活动范围、方向和重点，人大和公众监督的是全部政府收支，而不只是其中一部分，应通过立法把所有政府收支都纳入预算管理，且每项公共开支都应满足社会共同需要，按支出轻重缓急加以区别。

2. 规范公共预算报告内容及形式

政府向人大提交公共预算至少有两个层次，一是在预算报告中对预算草案予以详细说明，预算报告应秉承"求真务实、关注民生"的精神，主要说明预算草案特别是一些重大预算安排的原因与目的，而不只是总结上年财政工作成绩和如何做好下年财政工作。二是各种专项资金及转移支付的相关资料，凡是财政拨款、预算外资金、政府性基金和其他财政资金实施的政府投资项目，都应提交人大财经委员会和人大常委会预工委审查，对资金达到一定额度的重大投资项目，要提交人代会审议。

3. 进一步明确人大审批预算的范围

一是重新界定预算调整概念，明确并细化预算调整范围和具体内容，预算执行中凡是出现与人代会批准的预算不一致的情况都属于预算调整，都应当报人大常委会审查批准。二是按宪法和法律赋予人大及其常委会的预算决策权，人大审批应包含以下内容：预算管理体制变更、转移支付确定、预算超收收入使用、预留资金安排、国有资产处置、政府投资重大项目等。

(三) 拓展、细分公共预算审查监督程序

1. 确立预算预审法律地位，完善初步审查程序

一是在法律法规中，明确财经委员会初步审查之前，由预算工作委员会或有关工作机构预审公共预算草案的规定，以及审查的具体内容、程序和审查意见的效力、处理程序等。二是通过立法明确初步审查的内容、初审结果效力及送达程序等，以及吸收其他力量参与初审，委托或责成审计部门审计等。

2. 调整预算审查监督程序

一是增加预算编制和审查时间，保证预算的科学性和准确性，提高可行性，减少预算调整。为此可按标准周期编制滚动预算，延长人大审查批准预算的时间，如在现条件下要求预算编制在预算年开始前完成并提交人大审查，人大可利用新预算年开始至人代会召开前这段时间（约两个半月），组织并邀请相关专业人员或专家学者分组分项审查预算草案，提出问题、议案或质询，为人代会讨论审议作出准备。二是进一步明确上级财政部门和本级人大常委会在财政决算上的审批权限和程序，建立决算调整机制。三是规定各级人代会每年召开时间自下而上顺延，从根本上解决代编预算问题。

3. 增加部分审查监督程序

一是保证公共预算能更好地体现民意，可将审查监督关口前移到政府编制预算前，人大就预算编制提出意见。人大提出的建议和意见主要在人代会、常委会决议、审查报告、审议意见等基础上形成，并要求政府在预算草案和预算报告中作出回应。二是在审查过程中收集公众意见。如由人大代表收集所在选区的公众意见，对收集到的意见可在审议预算时提出，也可采取提出建议、批评、意见或议案形式反映；也可由人大有关机构收集公众意见，如通过座谈会、论证会、听证会和报刊、网络等参与渠道，形成与公众的沟通、交流和反馈机制。三是明确预决算被否决后的补救程序。如由人大有关机构根据代表审议时所提意见向

政府转达，财政部门根据意见对被否决的预决算草案重新编制或进行修改，人大有关机构审查重新编制或修改后的草案并提出意见后，由人大常委会主任会议提请常委会会议表决通过。四是建立预决算审批后的公布程序。明确公布的主体、内容、时间、方式、范围等，以及公布后意见反馈处理的程序。五是建立完善审议意见的反馈制度。建立健全政府部门对人大审议预决算和预算执行情况所提意见的处理的及时反馈制度，反馈内容应包括：对审议意见的基本态度，目前尚不宜采纳的意见及原因，可放到下年度预算或更长时期考虑的意见及原因等。

（四）改进或增加公共预算审查监督方法

1. 改进现有审查监督方法

一是避免监督方法错位、越位。人大监督预算是从宏观保证政府行政不偏离方向，保证财政资金使用合法有效，人大行使监督权不能侵犯或代替行政机关职权。二是改书面报告为口头报告。向大会作公开报告虽然是一种形式，但这种形式代表着严肃、庄重与神圣，代表着议题的重要性和人大的权威。预算报告不但要有详细的书面报告，还应在代表大会全体会议上作口头报告，以加强人大审查预算的力度，确保代表和人民对公共预算的知情权和决定权。

2. 不断拓展审查监督的有效方法，建立科学、完整、统一的方法体系

一是加强经济运行分析，建立人大对财政收入的预测模型，审查财政收入预算的真实性和科学性。二是采取有效方式，突出对重点资金的监督。如突出预留资金监督，督促财政部门严格编制预算，逐步提高年初预算到位率，按照"先有预算、后有支出"原则，除预备费外，逐步取消其他各种形式和无法律依据的预留资金。突出专项资金监督，规范专项资金分配，完善转移支付制度，提高一般性转移支付比重，对确需保留的专项资金，明确使用范围和条件。督促政府及有关部门将专项资金安排的详细情况报送人大常委会。突出超收收入监督，严格实行超收收入使用审批制度，超收收入使用前，财政部门应编制超收收入动用案，报人大常委会审查批准。三是通过立法确立行之有效的监督方法，

如广泛采用听证、"在线"监督、公众监督等方法，以及公共预算审查监督借鉴财政监督、审计监督的方法。

3. 充分发挥审计监督作用

审计是加强预算监督的有效工具，人大要大力支持和督促审计机关，依法加强对预算执行情况和决算的审计。将人大预算审查监督和行政审计监督结合起来，充分发挥审计职能作用。督促政府审计机关进一步加大审计监督力度，扩大审计覆盖面，提高审计质量。支持审计机关开展专项审计、专项审计调查及绩效审计，并要求将审计结果提请人大常委会审议。推进部门决算审签工作。进一步提高审计的透明度，力争使所有审计和专项审计调查项目的结果都对社会公告。各级人大要加强对审计查出问题整改情况的动态监督和跟踪督促。从世界各国审计机构发展的共同特点和趋势来看，各个国家审计机构的名称、职权不一，产生和组成的方法也有区别，但共同点是协助权力机关审查监督预算。人大应借鉴成熟市场经济国家的经验，积极推动审计管理体制改革，在我国建立立法型国家审计模式，组建隶属于人大的审计委员会，行使公共预算执行审计职权。

4. 切实利用人代会建立有效的公共预算审查监督平台

我国的人大监督根本上是党"一元化"领导下的内部制衡监督，具体分为常委会日常监督和代表大会例行的审议监督。人大常委会的日常监督实质上是这种内部制衡机制下的政府准外部监督，在目前条件下这种准外部监督的公开性、代表性是有一定限度的。而人代会例行的审议监督因参与者较多、来源范围广、会议公开度较高等，具有较好的代表性、公开性和外部监督性。利用人代会制度强化人大预算审查监督是一种有效方法。如日常监督中发现或遇到的重大问题、普遍问题或疑难问题等，可由常委会整理成议案提交大会审议。

（五）健全完善公共预算审查监督组织体系

1. 不断提高人大代表和常委会组成人员的履职水平

如加强人大代表和常委会人员培训，编写、发放预算审查监督基础知识学习材料，定期举办培训班、讲座，聘请相关专家举办政治、经济、法律等的理论实践讲座。考虑设立预算审查监督顾问委员会，聘请相关专家担任顾问委员，协助人大及其常委会履行预算审查监督职责。

2. 充分发挥预算审查监督机构作用

根据人代会和常委会会期，以及公共预算专业性强的特点，各级人大应健全预算审查监督机构，设立专门预算委员会或专业预算辅助机构，充实有专业特长人员，以确保工作进度与质量。在人大内部，要明确代表大会、常委会、主任会议、财经委、预算审查监督机构的工作职责、范围、内容和程序，理顺相关机构关系。

3. 提高掌握预算资源和处理预算信息的能力

一是通过完善机制，规范预算管理程序，合理配置预算资源，逐步解决人大与政府之间预算资源和预算信息不对称的问题，推动预算决策由行政主导型向行政立法相互约束制衡型转变。二是完善人大与政府部门之间的预算信息沟通制度，建立经常性磋商机制，增强人大在制定公共政策、分配公共资金、推进政府改革中的决策作用。三是利用计算机处理信息的能力，将计算机技术运用于预算审查监督，实现人大与财政、审计、税务的信息联网，提高人大及时掌握预算信息的能力；开发人大预算审查监督软件，开展计算机审查，提高预算审查监督效率。

4. 加强人大预算审查监督理论研究，不断完善审查监督机制

创造条件和机会，鼓励业务人员加强相关理论研究，促进人大审查监督预算的制度化、程序化和规范化。

参考文献

1. Lienert, I. and Jung, M. K., "PART II Comparisons of OECD Country Legal Frameworks for Budget Systems", *OECD Journal on Budgeting*, Special Issue, 2005, Volume 4, No. 3: 59–124.
2. Gomez, P., Friedman, J. and Shapiro, I., "Opening Budgets to Public Understanding and Debate: Results from 36 Countries", *OECD Journal on Budgeting*, 2005, Volume 5, No. 1: 7–36.

基于程序视角的中国公共预算法制化进程*

王晓洁　马蔡琛①

【摘要】 预算程序是中国公共预算法治化进程中的重要核心命题。本文以中国预算程序管理过程存在的典型问题为研究对象,并在借鉴国际经验的基础上,结合中国的实际,提出了相应的对策建议,以期为尽快实现中国公共预算的法制化构建一个理论平台。

【关键词】 预算程序　预算先期执行　预算超收　预算调整

一、中国预算法律体系的属性特征

(一) 程序法与实体法的比较分析

1. 程序法的功能属性

程序法是规定以保证权利和职权得以实现或行使,义务和责任得以履行的有关程序为主要内容的法律,如行政诉讼法、行政程序法、民事诉讼法、刑事诉讼法、立法程序法等。

---

* 本文系国家哲学社会科学基金项目"改革和完善财政预算管理制度研究"的阶段性成果。
① 王晓洁,河北经贸大学财政税务学院副教授,主要研究领域为财政理论与实践、公共预算、社会、保障、国有资产管理。马蔡琛,南开大学经济学院副教授,主要研究领域为公共预算、公共财政管理、公共选择理论与新制度经济学。

程序法的主要功能在于及时、恰当地为实现权利和行使职权提供必要的规则、方式和秩序。为了描述程序的重要性和公正性，美国当代著名学者罗尔斯在《正义论》一书中形象地将公正程序喻为"切蛋糕"的规则。蛋糕是权利和利益的象征，一个人负责分配蛋糕，如果程序性规则允许他在为别人分配蛋糕时也可以不加限制地为自己留一块儿，则他将有可能尽量少地分给别人，而尽可能多地留给自己；如果程序性规则规定只有在把蛋糕均等地分配给其他人以后，切蛋糕者本人才能最后领取到自己的那一份蛋糕，那么他就会尽最大努力来均分蛋糕。可见，程序性规则对于实现实体性权利是至关重要的。

2. 实体法的功能属性

实体法是规定和确认权利和义务以及职权和责任为主要内容的法律，如宪法、行政法、民法、商法、刑法等。

实体法对程序法起到约束和引导作用。首先，从程序的启动上看，无论是行政程序、立法程序还是司法程序，都起源于实体权利和义务。其次，程序在运行中受实体法引导，而不能是为了程序而程序。最后，实体正义的实现程度是衡量程序运行状况的标准（史淑女、李五星，2005）。

3. 二者的关系

早期的法理学中，并没有实体法与程序法的概念区分。但实践中，程序却被法庭广泛用于解决纠纷。18世纪以后，随着程序法概念的产生，才形成了实体法与程序法的类型划分。据《牛津法律大辞典》解释，程序法是英国功利主义法学家边沁（1748—1832年）创造的类概念，用来表示不同于实体法的法律原则和规则的体系。

一般而言，程序的正义决定了实体的正当与合理性。实体法与程序法的划分是为了认识、分析和研究法律现象而进行的法理概括，在认识上和实践中，这种划分都并非是绝对的，不能机械地、形而上学地理解两者的划分关系。实际情况是，实体法中往往有某些程序性规定，而程序法中往往也规定有关国家机关和程序参与人的职权、权利和责任、义务。

(二) 中国预算法的属性分析

新中国预算法的演进历程可以大体分为四个阶段：1949 年《共同纲领》第 40 条规定：建立国家预算决算制度，划分中央地方的财政范围；1951 年政务院颁布《预算决算暂行条例》，对国家预、决算的编制、审查、核定，预算执行等作了明确规定；1991 年国务院发布《国家预算管理条例》；1994 年 3 月 22 日第八届全国人民代表大会第二次会议通过《中华人民共和国预算法》，自 1995 年 1 月 1 日实施。随后国务院又颁布了《中华人民共和国预算法实施条例》。

从中国预算法演进历程及其内容来看，中国预算法总体上是一部程序法，具有程序法的运行特征。预算程序，是一种确定应当提供什么样的政府服务和如何为这些政府服务筹集资金的机制（约翰·L. 米克赛尔，2005：20）。可以说预算过程本身就是一种决策过程，著名的决策学、管理学家赫伯特·A. 西蒙将决策过程分为四个主要的阶段："即找出制定决策的理由；找出可能的行动方案；在诸行动方案中进行抉择；对已进行的抉择进行评价。"（孙秀君，2000：322）根据这四个阶段的划分，世界各国的预算程序分为预算编制、预算审议和批准、预算执行、决算等四个阶段。在这四个阶段，法律分别确定了参与主体的程序权利和义务。中国的《预算法》也不例外，从《预算法》的第四章预算编制开始对整个预算程序进行了法定性的规定，以预算编制阶段为例，《预算法》第 25 条规定："中央预算和地方各级政府预算，应当参考上一年预算执行情况和本年度收支预测进行编制。"这些都属于程序性的规定。

但是，我们也应该看到，由于我国当前缺乏财政基本法，《预算法》在我国财政法律体系中居于基本法的地位，所以《预算法》中也有一些实体性的规定。例如，《预算法》第三章关于预算收支范围的规定，明确规定了预算收入和预算支出的范围等，这些则应属于实体法的内容。

二、国际经验及其启示

(一) 预算程序规定的总体考察

由于各国宪法、政治安排的不同,关于预算程序是否纳入法律范畴可以分为两类情况:第一类国家预算程序纳入宪法;第二类国家预算程序不纳入宪法 (Lienert, I. and Jung, M. K., 2004)。

第一类国家主要包括欧洲大陆国家、美国和亚洲的经合组织国家。在这些国家中,宪法约束作为根本性约束,是政府预算管理诸规定中最为重要的约束因素,一般对预算体制或者通过宪法直接加以约束,或者通过与宪法立法精神相一致的法律法规加以间接约束。其中某些国家的宪法法院体制,确保了预算法律要和宪法精神保持一致。这些国家宪法规则中对有关预算程序大体作了原则性规定:明确规定了财政的运行程序,即要求财政必须在国会的直接监督下,以预算报告、审查、批准、监督过程来完成程序性的条款。如德国的《联邦宪法》中,第110条有关于预算批准前支出的规定,第112条和113条关于预算调整的原则性规定,第114条关于预算报批的规定(刘剑文,2004:29)。

第二类包括威斯敏斯特和斯堪的纳维亚国家[①],这些国家预算体制不受宪法的约束。在其中一些国家根本就没有成文的宪法,使得预算体制可以不受高级次法律的约束。在这类国家中,关于预算体制的正式法律并非是必需的,而是可以选择的。比如,丹麦和挪威可以由行政部门或国会委员会来制定有关预算的规章。这些规章不像法律那样正式,用语也比较自由。这些规章的效力和成文法是类似的,但不像法律那样刻板,例如可以不用修改法律就可以对预算体制作出改革。在这些国家中,习惯和传统更加重要,也没有宪法法院来监督预算法要和宪法保持一致。再比如新西兰、加拿大、英国,这些国家就没有一部单独的宪

---

① 威斯敏斯特主要指加拿大自治领、澳大利亚联邦、新西兰自治领、南非联盟、爱尔兰自由邦和纽芬兰这些国家;斯堪的纳维亚在地理上主要指斯堪的纳维亚半岛,主要指北欧国家,包含挪威、瑞典、丹麦、芬兰、冰岛等。

法，关于预算体制都有几部法律，这是多年来逐渐演变来的。从20世纪80年代开始，新西兰加强了其关于预算程序的法律框架，其中包括制定了一部新的法律，明确了对政府向国会报告的责任，同时还明确了其他预算主要参与者的责任[1]。

（二）各国预算程序中的典型问题探析

各国宪法中对于预算一般程序大都进行了原则性规定，但对于预算过程中可能发生的典型（特殊）情况述及较少，结合中国预算程序运行过程中出现的并引起广泛关注的问题，我们试图通过考察市场经济国家的处理方法，以期有所借鉴。

归结起来，大致有以下几种情况：预算先期执行问题、预算超收问题、预算调整问题、法定支出问题。

1. 预算先期执行问题

所谓"预算先期执行"，通常是指预算草案尚未得到立法机构的正式批准，但在财政年度上已经开始执行，这就引发了预算的先期执行问题。在某些市场经济国家，如果预算年度开始前预算还未得到批准，一般是由议会通过一个临时预算来维持政府的正常运转。例如，在许多经合组织国家，如果新财政年度的预算未能按时通过，法律规定了临时预算（provisional budget）加以解决。在宪法[2]或普通法（如日本）中通常有这方面的明确规定。

在某些国家规定，行政部门可以根据前一年度的预算授权继续维持政府的运行。例如，西班牙宪法就规定，前一年度的预算将会自动延期，直到通过新预算。法国宪法允许政府制定法令来保持政府的运行。法国《预算基本法》进一步解释说，由于公共服务是不可或缺的，最少也要按照前一年度的水平予以提供。德国宪法有更加详细的规定：要维持国家机构（statutory institutions）的正常运转，继续实行现行法律规定，履行联邦职责，继续推行前一年度预算批准的项目和转移支付。

---

[1] 这些责任包括政府核心部门的行政首长要使其部门的运行结果和政府预算的目标保持一致。
[2] 如丹麦、芬兰、法国、德国、韩国、西班牙、瑞典等。

当现有收入不足时，行政部门可以在限额之内借款。韩国宪法也规定了临时预算的范围，主要是维持法定机构的运转，执行法律规定的支出，继续以前预算批准的项目。

在有些国家，法律可能允许按照政府的提案制定过渡预算。例如，芬兰宪法就允许将政府的预算提案作为过渡。在其他一些国家（如丹麦、瑞典、日本），宪法或其他法律也允许设置过渡预算法草案（interim draft budget laws），但对于其法律地位并没有准确界定。例如，在瑞典，法律规定"议会可以批准提前的拨款"。根据这一规定，瑞典议会将决策权转授给了议会预算委员会。在日本，《公共财政法案》的规定也比较模糊：内阁可以向国会递交一定时期的过渡预算，但法律并没有明确其根据的是前一财政年度的预算还是新财政年度的预算。

总之，在这些国家中，"决不能让政府关门"是立法的基本思想，可是在美国，却没有这样的规定。如果国会未能在财政年度开始的时候通过拨款法案，国会就会通过"持续决议"（continuing resolutions）。该决议会根据前一年度或总统预算提案的情况，来规定政府需要履行的职责。如果国会未能通过这样的决议，那么联邦政府就要被迫关门了。这种情况并不经常发生，只有在行政部门和立法机关分别由不同的政党组成的时候才可能发生[①]。

2. 预算超收问题

对于预算超收问题，国外的经验一般是通过设立稳定调节基金来实现财政的长期平衡和可持续发展。目前大致可分为三种类型：一类是新加坡、爱沙尼亚、南非、美国的阿拉斯加等国家和地区设立的一般预算储备基金，主要来源是政府预算年度盈余的积累以及非正常因素形成的超收收入，目的是用于平衡在经济萧条时的政府预算。另一类是俄罗斯、伊朗、委内瑞拉、哥伦比亚、科威特、尼日利亚、挪威、智利等国

---

① 从1995年11月中旬至1996年初，由于美国白宫与国会在如何削减预算赤字问题上僵持不下，美国联邦政府部分机构两度关门歇业，第二次持续了22天，可谓史无前例。这场预算危机从一个侧面暴露出美国政党政治失控的问题，也揭示了现代政府预算作为利益集团之间交易工具的本质特征。详见金灿荣，1996。

家设立的稳定型基金，目的是保持政府预算的长期稳定。第三类是科威特、阿曼、基里巴斯、巴布亚—新几内亚以及美国和加拿大的有关州（省）等设立的储蓄型后代基金，目的是保障子孙后代在将来资源枯竭以后能够"有饭吃"。

经过归纳和总结，上述国家和地区在基金的管理和运作方面大体有这样几个特点：第一，基金的设立由法律予以规范。如，俄罗斯于2003年12月23日正式颁布第184号联邦法律（该法律以第13.1章的形式补充进《俄罗斯预算法典》），规定自2004年起设立联邦预算稳定基金，其收支计划及其使用方向和使用额度均由每个财政年度的联邦预算法确定。第二，基金有确定的收入来源。一是来源于主要资源性产品销售价格超过基准价格形成的超额收入。如，阿曼规定，当石油价格在每桶15—17美元之间时，每桶两美元的收入注入"国家储备基金"。二是来源于主打产品销售收入的一定比例。如，尼日利亚规定，按每升5.3那拉（当地货币单位）从该国石油销售收入中提取"特别石油信托基金"。三是部分地来源于政府预算盈余。如，挪威将因油价上涨而形成的"额外"石油收入及预算盈余计提进入国家石油基金，最高时从预算中拿出的资金达到当年GDP的6%。第三，基金支出有明确的规则。有些国家允许基金在某些条件下向财政提供补贴用于弥补财政赤字（如挪威、阿曼等），也有些国家要求投资于基础设施（如科威特、阿曼、尼日利亚等）。总体来看，这些规则保证基金不会成为政府随意支配的小金库，以实现稳定长期财政状况的目的。第四，议会的审批和监督作用比较突出。如，美国阿拉斯加州的宪法预算储备基金的规模和基金支出每年由州议会确定，俄罗斯联邦政府要向议会报送有关稳定基金收入进款、基金使用和投资情况的季度和年度报告（乌日图，2008）。

3. 预算调整的法定程序

所谓预算调整，是指对原经立法机构审批过的预算进行调整，包括：总额调整，如追加拨款、超收等；动用储备金；项目之间重新配置财政资金（我国又称经费流用）等。很多国家为了防止预算赤字和维护预算法案的严肃性和有效性，追加支出一般都是通过动用储备金和在项目之间重新配置财政资金来解决，而不是要求国会追加拨款。

在预算执行阶段动用储备金和在项目之间重新配置财政资金是否需要立法机构审批，各国情况也不一样（但各国对于通过国会追加拨款而实现的追加支出则都需要立法机构审批）：

首先，关于项目之间资金重新分配的审批情况。一般有两种：其一，在原经立法机构审批的级次上重新配置财政资金必须经立法机构审批，其他层次则授权财政部门或支出部门。比如加拿大，在没有得到国会同意的情况下，支出部门不能在不同拨款项目之间改变资金的用途，但可以在同一拨款项目内部重新分配资金，即便如此，各部门也不能随意改变特定的项目支出之间的资金配置。在美国，不同预算账户之间调拨资金必须得到国会的同意，在同一账户内调拨资金只需得到国会相关委员会的同意。而在比利时，资金在不同项目之间的转移只需经财政部门同意即可。其二，无论在哪个层次上重新配置财政资金都无需立法机构审批。比如澳大利亚，其日常支出计划只需得到财政部门的授权，支出部门可以自行在项目之间转移资金，而无需经立法机构或财政部门审批。

其次，动用储备金是否需要立法机构审批。储备金的设置通常有两种模式：一是由中央政府设立总储备金，二是由各部门设立储备金。如加拿大就是出于简化和集中支出管理的角度设置总储备金的，而一般部门储备金则由财政部门或支出部门自行决策。对于总储备金的动用是否需要立法机构审批各国也不一样，有些需要立法机构审批，如意大利国会批准的储备金高达全年总支出的 8%—10%，用于应付新增项目或现有项目的成本超支（经济合作与发展组织，2001：62—66）；英国国会每年通过两个或两个以上的追加拨款，从储备金或其他项目的减支中解决这些追加支出。而有些国家只需财政部门审批即可，如澳大利亚某部门出现未料到的紧急情况需要追加预算时，由该部门的部长向财政部长提出申请，财政部长根据程序决定是否追加以及追加的金额。

4. 法定支出问题

法定支出是指以法律、法规的形式将支出项目及所占份额、增长比例固定下来的支出。法定支出在中国是个比较典型的问题，借鉴发达国家的预算管理经验,我们可以发现:一类国家并不存在类似于中国的法定支出问题。一般情况下,国外政府的公共资金分配权,统一在总统预算办公室或各级财政部门,支出拨款一般都需受到各级国会(议会)的监督,与各职能部门发展有关的法律法规通常无权要求其预算资金占多大的份额或者每年增长多少比例,所需的事业发展资金只能依据上年度执行情况、财政收支、经济增长和通货膨胀等因素测算确定。

还有一些国家,虽然有类似法定支出的先例,但其内涵意义与我国的预算操作过程却有着本质的不同。如在大多数的工业化国家,最大的法定支出就是社会保障、债务清偿和司法系统开支,有的国家称之为刚性预算或者赋权型预算①,着重为符合要求的个人、公司或者政府部门的特定项目提供发展资金。比如美国的赋权项目规定,养老金、失业救济金或基本的医疗保障被认为是公民的一种权利,因此在预算决策中居于优先地位。上世纪末,美国联邦财政刚性开支大约占整个预算支出的67%,其中社会安全保障占23%,政府债券利息占15%,医疗照顾计划占12%,医疗补助占6%,其他占11%(罗春梅,2005),这个比例是根据法律规定的计算因素和计算公式而得出的,每年都根据实际情况加以调整。除此之外的其他项目,一律采用科学的预算编制方法,在议会的监督下按优先次序安排财源,并且能够以其认为最有效益的生产方法和投入组合提供教育、科技、医疗保健和环保等公共服务,并不存在关于其每年增长比例的特殊法律条文。

三、中国预算法的程序性问题

(一)中国预算法的先期执行问题

我国预算年度实行历年制,《预算法》第 10 条规定:"预算年度自公历 1 月 1 日起,至 12 月 31 日止"。然而,中央与地方预算草案则要

---

① 主要是指用于保障公民权利的预算支出。

等到每年3月份及以后的各级人民代表大会审批后才能作为法律文件生效①，造成预算年度与预算审批、执行的时间无法衔接，出现了预算年度开始时间至预算审批、批复时间之间的空白阶段。由于我国全国人大会在每年3月份召开，导致在预算开始的3—5个月，政府所执行的是未经法定程序审批的预算。

对于这种预算先期执行的现象，《预算法》第44条规定："预算年度开始后，各级政府预算草案在本级人民代表大会批准前，本级政府可以先按照上一年同期的预算支出数额安排支出；预算经本级人民代表大会批准后，按照批准的预算执行。"这一规定使得预算先期执行具有合法性，但在事实上可能缺乏合理性，主要表现有三：一是肯定了上年同期支出的合理性，但上年同期支出未必合理。二是未充分考虑到当年经济形势的变化，通常情况下新一年度的预算是按照"基数加增长"的编制办法来核定的，一般会高于上年同期预算支出。如果按照上年同期预算数支出，多支出部分必然要追加预算，这就涉及预算调整问题，其存在的后果我们在下一个问题中会提到。三是使预算约束流于形式（唐丽华，2002），主要是弱化了预算的法律约束力，容易在制度上使上年同期不合理支出合法化，给本年度预算平衡留下隐患。四是有学者从违宪的角度认为《预算法》第44条的规定和我国《宪法》②的规定不符，有背法理和宪法精神，不能作为预算先期执行合法性的依据（张献勇，2005）。

（二）中国预算调整的自由裁量权问题

在预算执行过程中，受社会经济环境和预算管理因素的影响，立法机构审批通过的年度预算，通常会发生某种变化，导致了政府预算执行中的调整问题。为适应形势变化，适当作些局部调整是各国政府的通常之举，然而这一本应作为应对特殊情况的特殊举措，在我国却成为了各级政府的惯常手段之一，预算调整的随意性突出。

---

① 目前，我国多数地方人大会议的召开，已经提前到春节前，甚至1月初，地方预算层面上的先期执行问题，已有所缓解。

② 根据我国宪法规定：全国人大有权审查和批准政府预算，即政府执行的预算必须是本年度业经全国人大批准的预算。

追溯其根源，我国现行《预算法》对预算调整的范畴界定不清，界定范围较窄应属主要原因。《预算法》第53条规定：预算调整是指经人民代表大会批准通过的预算，在执行中因特殊情况需要增加支出或者减少收入，使原批准的收支平衡的预算的总支出超过总收入，或者使原批准的预算中举借债务的数额增加的部分变更。从语义上理解，只有当原来平衡的预算出现了不平衡或原来举借债务的规模被突破，才叫预算调整，需报人大批准。这就意味着：一是超收部分增加财力安排的支出可以不通过人大审批；二是预算收入减少而相应调减预算支出不需通过人大审批；三是在不突破预算支出总额的前提下，预算支出科目流用不属预算调整；四是在预算收支总额不变的情况下，对部门或地方预算的追加、追减不属预算调整；五是预算划转不属于预算调整。

可见，《预算法》所规定的预算调整范围较窄，造成预算执行中预算变更与调整的自由裁量空间较大，预算调整的审批程序流于形式，人大对预算调整监督职能弱化。

（三）中国预算超收问题

当前理论界和实践部门对于预算超收问题的讨论主要集中在以下几个方面：

1. 大量预算超收成为常态

近几年来，我国财政收入超预算增长，即当年的财政收入超过财政预算收入的情况，已经成为一种常态。从1994年实行分税制以来，每年都存在预算超收收入，特别是近两年，超收收入屡创新高，2007年更是达到了7000亿元，占财政收入的13%。

2. 预算超收收入的处理办法及其后果

按照法律规定，我国对超收资金的使用和分配实行的是"通报制"和"报告制"[①]，地方政府超预算收入的使用大抵也都采用"报告制"。

---

① 1999年12月25日第九届全国人民代表大会常务委员会第十三次会议通过《全国人大常委会关于加强中央预算审查监督的决定》，规定：中央预算超收收入可以用于弥补中央财政赤字和其他必要支出。如果在中央预算执行过程中，需要动用超收收入追加支出，应编制超收收入使用方案，由国务院财政部门及时向财政经济委员会和预算工作委员会通报情况。国务院应向全国人民代表大会作预计超收收入安排使用情况的报告。

这容易造成超收资金分配和使用中存在相当的行政自由裁量空间,超收容易直接转化为超支。从我国前几年超收收入的使用情况看,每年上千亿元的超收资金基本上全部用于追加支出,缺少人大的预算审批和监督机制,也在客观上形成了对预算执行中追加支出的预期,强化了部门依赖年底超收解决问题的意识,扭曲了预算的功能。

针对以前在年度中间安排预算超收的做法,2006年,中央政府从超收收入2573亿元中安排500亿元设立了"中央预算稳定调节基金";2007年3月,中央预算稳定调节基金正式建立并运行。

3. 预算超收资金的使用方向

我国规定预算超收资金主要用于弥补财政赤字,补充社会保障,以及用于社会公共服务的一些支出。

(四) 我国法定支出泛化问题

为了确保财政对各项重点事业的保障力度,"八五"以来,国家先后对科技、农业、教育等一些关系国计民生和体现国家根本利益的项目,在有关法律、法规中把财政投入的比例、增长幅度规定下来,称之为法定支出。

首先,法定支出规定是对财政预算管理职能的侵蚀。财政部门作为国家公共资金的分配主体,通过预算解决公共资源的效率配置。而法定支出实质上肢解了政府预算资金的分配权限,采用倒逼机制对财政部门施加压力。况且,即使确实需要这方面规定,也只能由财政性法律法规来实现。这应该是一条最基本的法理。作为一条最基本的条文性规定,《预算法》及其条例也体现了这一精神。但是,实践中得不到相应的体现,而这些法定支出还经常规定其增长要高于财政经常性收入的增长幅度。过多的财政支出项目以法律法规的形式硬性规定增长要求,不但加剧了财政困难,而且降低了财政预算的统筹协调能力,使财政支出结构固化,造成财政支出的刚性越来越强,突出不了真正要保障的重点,限制甚至削弱了财政的宏观管理职能。

其次,法定支出造成了地方政府经济和政治上的双重压力。在我国预算管理体制不完善的情况下,法定支出更多的是制约着地方财政,越是基层地区,越是欠发达地区,法定支出比重就越大。对于这些刚性支出要求,地方政府处于两难境地。如果执行《预算法》,坚持收支平衡,则其他很多法律、政策规定的支出要求不能到位;执行其他法律、政策,收支平衡又不能保证,《预算法》的要求不能落实,不但人大通不过,而且政府必须承担违法责任,客观上造成"有法无法依"的尴尬局面(罗春梅,2005)。

四、对策建议

(一)预算先期执行问题的法治化

对于如何解决预算的先期执行问题,当前理论和实践方面讨论的焦点主要集中在要不要调整预算年度,是否需要设置临时预算两方面。

有学者从调整预算年度的角度出发,提出我国应该由历年制预算年度改为跨年制的预算年度①,以便和我国人大开会批准预算的时间有效对接,使全年预算执行有法可依。也有学者认为采用跨年制的预算年度只是对国外跨年制预算年度的一种借鉴,而非创新。若在修改《预算法》时,采用跨年制预算年度,则须相应调整纳税年度、企业(公司)会计年度、统计年度,修改相关法律、法规。另外,采用跨年制预算年度,仍然可能出现先期执行现象,如预算草案被人大驳回需要重新修订或作重大调整难以在预算年度开始时批准等。

对于设置临时预算问题,我国《预算法》(修订)(征求意见稿)草案第56条第3款规定,"地方各级政府是否编制临时预算,由本级人民代表大会常务委员会根据实际情况决定"。但该款规定没有明确如果地方各级人大常委会决定不编制临时预算,但预算年度已经开始,其本级预算也未能于此前经同级人大审查批准时,应该如何处理。就此问题,应该可以继续沿用现行《预算法》第44条的相关规定。从法律规

---

① 对于跨年制预算年度的起始时间则观点不一,一种认为是每年的4月1日至次年的3月31日;一种认为应为每年的5月1日至次年4月30日。在这里我们不再过多讨论。

范的周延性考虑，建议该款调整为"地方各级政府是否编制临时预算，由本级人民代表大会常务委员会根据实际情况决定。在不编制临时预算的情况下，预算年度开始后，地方各级政府预算草案在本级人民代表大会批准前，可以先按照上一年同期的预算支出数额安排支出。"

同时，如果临时预算的内容只包括人员经费和公用经费，则编制没有太大的意义，因为这些都是必须保证的，审议与否，没有太大的区别。如果临时预算包含项目支出的话，就会存在项目通过临时预算已开工，但是正式预算被否决的风险。这就又成为了一个立法上的难题。

对于预算先期执行问题，我们认为，具体解决措施也许不是讨论的重点，因为要想从根本上解决预算先期执行问题几乎是不可能的。这从预算管理经验较发达的西方国家的实践经验中也可看出，大多数国家都为这个问题所困扰[1]。但他们在解决这个问题上大都坚持了一个基本原则——法治化，即程序上的合规性。不管设置临时预算（或过渡预算）与否，但必须有立法机构的授权，如芬兰、法国、韩国等都在宪法中规定了在新预算通过之前政府机构正常运转的措施。尽管我国和其他国家的宪政背景不同，但这是我们在修订预算时值得借鉴的宝贵经验。

（二）两环节治理预算超收

针对预算编制不科学，以及预算超收配置方法不合理等问题，我们认为可以从两环节治理预算超收。

一是事前防控，提高预算编制的科学性。无论是理论界还是实践部门都承认，目前的预算制定得偏保守，是导致预算大幅超收的根本原因。这从一定程度上反映了我国预算编制缺乏科学性，为了从根本上防止预算大幅度超收，就要求财政部门采用科学的预算编制方法，应当建立财政部门与经济规划部门和收入征管部门的协商和沟通机制，认真研究经济政策调整变化、投资、价格、汇率等变动因素与财政收入总量和

---

[1] 美国在1948—2002财政年度间，在新预算年度开始的第一天之前，将全部13个拨款全部签署成法律的，只有1989、1995和1997财政年度——其中唯有1997财政年度，将6个拨款法案合并成了一个综合的拨款议案，并在1996年9月30日才被通过，恰好是在新的预算年度即将开始的前一天！其余年份，大都是通过"持续协议"（continuing resolution）加以解决的。

结构之间的关系，建立和完善有关部门之间的数据信息共享平台，研究探索建立符合我国实际的收入预测模型框架和体系，切实增强预测的科学性和准确性，把各种影响预算收支的因素尽量全面考虑。同时提高相关人员的素质和能力，提高预测水平，以避免财政收支的大起大落，做到防患于未然。另外，还需要改变各级政府官员"超收政绩观"的激励问题，从而彻底在机制层面上寻求化解超收问题的可能路径。

二是事后监督，加强对预算超收资金的管理。一方面，要改进中央财政超收收入使用办法，加强对预算超收资金的监管，使其与正常预算资金监管的程序和严格程度大致相当。从 2008 年起，年度执行中如有超收，除按法律、法规和财政体制规定增加有关支出，以及用于削减财政赤字、解决历史债务、特殊的一次性支出等必要支出外，原则上不再追加具体支出，都列入中央预算稳定调节基金，转到以后年度经过预算安排使用，以更好地保障重点支出需要，规范预算管理，增强预算约束力（谢旭人，2008）。另一方面，加紧完善"中央预算稳定调节基金"的管理办法。虽然在 2007 年 3 月，"中央预算稳定调节基金"正式运行，但迄今为止尚未出台管理办法。今后的重点是要借鉴国外在建立基金过程中的经验，抓紧建立并切实加强对该项基金的规范管理和使用约束。

（三）明确预算调整范畴，严格预算调整的法定程序

1. 明确界定预算调整范畴

由于现有《预算法》对预算调整的规定过于粗陋，造成很多理解上的歧义。我们建议修订《预算法》时，应重新界定预算调整的概念，对预算调整的定义作更严格的限制，将超收安排的支出、短收削减的支出、收支总额不变的情况下的追加追减支出全部纳入预算调整范围。科目流用（或经费流用）①、预算划转，也应纳入预算调整范围。在西方，科目流用解释为项目之间重新配置资金，一般需要经过立法机构的

---

① 科目流用（transfer of funds），是指在保证完成各项建设事业计划，又不超过原定预算支出总额的情况下，由于预算科目之间调入、调出和改变资金用途而形成的预算资金的再分配。

审批。

2. 加强人大对预算调整的审批权,严格预算调整的审批程序

国外对于预算调整审批权的规定大致有两类模式,一类是预算调整权集中在议会,政府如果需要追加预算或临时拨款,需要提出预算调整方案,经过议会审查批准;一类是除议会拥有审批权外,政府部门也有部分预算调整权限(马蔡琛,2007a:204)。应该说在现有的预算调整框架下,我国的预算调整属于第一类模式。考虑到我们对预算调整范畴的重新界定,建议对我国预算调整的审批权采用第二类模式,即对于追加预算或追减预算,应由人大常委会审查批准。但对于科目流用、预算划转等不影响预算总规模的预算变更,可以由政府部门或财政部门审查批准。这样既体现了法治的刚性,又体现了政府预算管理的灵活性。

(四) 尝试建立赋权型预算取代法定支出

我国法定支出水平一般是按照国际惯例或某一行业的发展要求制定的,但实践中我们发现很多法定支出项目没有达到预定要求,甚至出现负增长,即使当初在预算编制时为法定支出留有一定的余地,但执行的结果却没达到预定目标,这有害于《预算法》的严肃性与权威性。所以我们建议取消这些法定支出比例,而将这类有关规定统一归口于《预算法》。这样有利于强化政府预算的法治性,改变多头参与政府预算分配的情况,集预算分配权于财政一身。

同时,为了仍然保证这些部门实际支出的需要,结合我国的实际情况,借鉴国际经验,应对于社会保障、医疗卫生、教育等关乎人权的预算支出项目赋权,建立赋权型预算,由政府制定一套科学的标准和程序。然后,根据这些标准计算出赋权型预算项目在总预算中所占的比例,每年根据实际情况加以调整。在我国人大会的监督下,按照优先次序安排财源,这样既能保证医疗卫生、科学教育、社会保障这些公共服务的优先支出地位,又能体现预算的法治性、权威性和科学性。

参考文献

1. 孙秀君:《决策法学》,人民法院出版社2000年版。

2. 财政部预算司：《预算管理国际经验透视》，中国财政经济出版社 2003 年版。
3. 金灿荣：《美预算危机何时了》，载《人民日报》，1996 年 1 月 12 日。
4. 经济合作与发展组织：《比较预算》，财政部财政科学研究所译，人民出版社 2001 年版。
5. 刘剑文主编：《财政税收法》，法律出版社 2004 年版。
6. 罗春梅：《法定支出在中国：现状、成因及对策》，载《华东经济管理》，2005 年 2 月。
7. 马蔡琛：《关于标准周期预算的理论思考》，载《中国财政》，1999 年第 10 期。
8. 马蔡琛（2002a）：《中国预算管理制度变迁的经济学分析》，载《税务与经济》，2002 年第 2 期。
9. 马蔡琛（2002b）：《如何解读政府预算报告》，中国财政经济出版社 2002 年版。
10. 马蔡琛：《政府预算管理研究——一种利益相关方视角的考察》，中国人民大学博士学位论文，2003 年 6 月。
11. 马蔡琛（2004a）：《政府预算管理理论研究及其新进展》，载《社会科学》，2004 年第 5 期。
12. 马蔡琛（2004b）：《政府预算管理中"寻租"活动分析》，载《财贸经济》，2004 年第 11 期。
13. 马蔡琛（2004c）：《中国政府预算管理的环境特点及其改革取向》，载《现代财经——天津财经学院学报》，2004 年第 9 期。
14. 马蔡琛（2004d）：《政府治理视野中的阳光财政建设——广东的经验及其启示》，载《广东社会科学》，2004 年第 5 期。
15. 马蔡琛：《从"单兵推进"到"共同治理"：中国公共预算改革的路线图》，载《中国审计》，2005 年第 23 期。
16. 马蔡琛（2006a）：《论阳光财政视野中的公共预算绩效管理》，载《现代财经》，2006 年第 3 期。
17. 马蔡琛（2006b）：《国家预算、政府预算和公共预算的比较分析》，载《中国财政》，2006 年第 2 期。
18. 马蔡琛（2006c）：《初论公共预算的交易特征》，载《河北学刊》，2006 年第 5 期。
19. 马蔡琛、童晓晴：《公共支出绩效管理的国际比较与借鉴》，载《广东社会科学》，2006 年第 2 期。
20. 马蔡琛（2007a）：《政府预算》，东北财经大学出版社 2007 年版。
21. 马蔡琛（2007b）：《中国公共预算研究的财政学视角考察》，载《现代财经》，2007

年第 7 期。
22. 马蔡琛（2007c）：《中国公共预算管理改革的制度演化与路径选择》，载《中央财经大学学报》，2007 年第 7 期。
23. 马蔡琛（2007d）：《从阳光财政看屡审不改》，载《中国审计》，2007 年第 13 期。
24. 唐丽华：《关于适当修改预算法的几点建议》，载《哈尔滨金融高等专科学校学报》，2002 年第 3 期。
25. 乌日图：《关于财政预算稳定调节基金问题的几点思考》，见中国人大网，2008 年 3 月 10 日。
26. 约翰·L. 米克塞尔：《公共财政管理——分析与应用》，白彦锋、马蔡琛译，高培勇、马蔡琛校，中国人民大学出版社 2005 年版。
27. 张献勇：《预算年度调整：强化全国人大预算审批权的一个可行性思路》，载《人大研究》，2005 年第 10 期。
28. Lienert, I. and Jung, M. K., "The Legal Framework for Budget Systems", *OECD Journal on Budgeting*, Special issue, 2004, Volume 4.
29. Axelrod, D., *Budgeting for Modern Government*, St. Martin's Press, Inc., 1988.
30. Bailey, M. T. and Richard T. Mayer, *Public Management in an Interconnected World*, Greenwood Press, 1992.
31. Bernstein, R. A. and Dye, J. A, *An Introduction to Political Science Methods* (3rd ed.), Englewood, NJ: Prentice, 1992.
32. Executive of the President, Office of Management and Budget, *Analytical Perspectives: Budget of the United States Government Fiscal Year 2003*, Washington, D. C.: Office of Management and Budget, 2002.
33. Mark Crain, W. and Brain O'Roark, J., "The Impact of Performance-Based Budgeting on State Fiscal Performance", *Economics of Governance*, 2004 (5): 167 – 186.
34. Miller, G. J., "Productivity and the Budget Process", in M. Holzer (ed.), *Public Productivity Handbook*, New York: Dekker, 1992: 91 – 109.
35. Tarschys, D., "Rational Decremental Budgeting: Elements of an Expenditure Policy for the 1980's", *Policy Sciences*, 1982, Vol. 14: 49 – 58.
36. Thomas D. Lynch, *Federal Budget and Management Reform*, Quorum Books, 1991.
37. Wildavsky, A, "Political Implications of Budget Reform: A Retrospective", *Public Administration Review*, 1992, 52 (November/December): 594 – 599.

公共预算研究系列
Public Budgeting Research Series

第三部分
《预算法》修改

法治—治理—政府约束与《预算法》修订

王雍君[①]

【摘要】 在政治民主社会里,预算是议会和公民控制与监督政府的主要工具。《预算法》的本质,其实就是对政府的预算行为进行约束,以确保政府活动和公共支出管理符合法治的精神和良好治理的理念。在《预算法》存在严重缺陷以致无法有效约束政府的情况下,公共机构和官员很容易受到诱惑,向不安全的领域扩张,这不仅导致浪费和腐败,而且严重削弱法治,并与良好治理的理念背道而驰。为了解决这些问题,本文确认了用以指导《预算法》修订的"法治—治理—政府约束"三角范式,阐明了《预算法》修订的中心任务和最大挑战,即以法律的语言将法治的精神和良好治理的理念充分融入其中,以确保在预算领域建立和强化政府约束;在此基础上,本文提出和澄清了《预算法》修订的一系列关键命题,包括恰当界定、严格限制行政部门和官员在预算过程中的自由裁量权,建立完善的控制与报告机制,强化财政透明度,促进公民参与(包括引入预算听证制度),以及改进预算过程与结果的可预见性。

【关键词】 预算法 法治 治理 政府约束

[①] 王雍君,中央财经大学教授,博士生导师,北京财经研究基地首席专家,主要研究领域为公共财政管理、政府预算和公司财务管理。

引 言

随着中国经济的迅速崛起和经济社会的深刻转型,预算已经取代计划经济时代的指令性计划、所有权控制和政府管制,成为各级政府最重要的施政工具。在中央政府提出构建和谐社会和强调科学发展观的大背景下,预算已经并将继续处于解决经济社会转型过程中日益涌现的诸多复杂矛盾的最前线。政治民主化和法治建设进程,也把人们的注意力逐步引向了预算领域。鉴于政府预算与公共管理、政治民主和法治之间密不可分的内在联系,预算改革不仅是这些领域改革不可分割的关键组成部分,而且可以为这些领域的改革提供强大的驱动力量。

然而,要使预算真正成为政府施政的利器,成为政治民主化进程、法治建设和良好治理的催化剂,我们还有很长的一段路要走。当前亟须迈出的第一大步就是对现行《预算法》进行修订,以形成一部既具中国特色、又能将法治与良好治理的普世价值融入其中的新预算法,这一努力反过来将促进法治和良好治理,进而对中国社会的各个方面产生广泛、深远且正面的影响,并对实现国家整体的重大改革目标提供极大帮助,这些目标包括更好地向公民和企业提供公共服务、减少腐败、提高政府活动的效率、鼓励创新精神,以及加强政府合法性和可信度。

2008年是中国实施改革开放的第30个年头。与以往任何时候相比,今天我们能够以更高的起点和更宽广的视野,审视在公共财政和其他领域的改革及其经验教训,对全球范围的公共财政和预算改革也有了更多的了解和思考。近年来中国的预算规模急剧崛起、现行《预算法》修订一波三折、预算改革严重滞后,这些使我们确信,在政府预算领域,当前我们正处于推动预算变革的紧要关头。对现行《预算法》进行修订以产生一部既具中国特色、又具有国际水准的新预算法,无疑是现阶段推动预算改革的焦点和关键,其意义和作用远不只限于公共财政方面。在建设法治国家、促进良好治理和推动政府改革方面,预算的作用都是关键性的,而这种作用是建立在一部"好预算法"的基础上的。

1995年实施的现行《预算法》是中华人民共和国成立以来的第一部预算法,它在"把预算推上法治轨道"的漫漫征途上迈出了一大步。然而,这部至今历时十余年未经修订的法律,已无法适用于中国社会快速变化的环境,并大大落后于与当时迥异的客观现实。从根本上讲,现行《预算法》的主要弱点并不在于许多条款的陈旧过时,也不在于"说的一套、做的另一套"(执行乏力),而是囿于当时的认知水平,法治的精神、良好治理的理念和约束政府的指导思想未能深深地浸润其中。

相反,这部存在明显缺陷的法律赋予了行政部门和官员在预算方面过多且未经界定的自由裁量权。多年来,公共机构和官员之所以普遍沉溺于豪华办公帝国、政绩工程的建造和浪费性的支出行为,预算领域中的腐败和违规现象愈演愈烈,《预算法》的这一缺陷实难辞其咎。而预算过程中公共受托责任、透明度、参与和可预见性的模糊不清和脆弱不堪,则与良好治理理念在《预算法》中的缺失和不充分密切相关。如果以更尖锐的形式提出问题,可以认为,预算管理的支出方面常见的三种腐败之所以盛行,在很大程度上可以追溯到现行《预算法》在法治—治理范式方面的严重不足。这三种腐败是:(1)基于个人目的而挪用或滥用公款;(2)公共官员利用拨款的权力谋取私利;(3)政府官员改变支出的政策、法律,或者是按照个人或特定团体的利益解释法律,这种改变和解释不是因为合理的需要,而是某些人的特定需要(普雷姆詹德,1995:185—186)。

《预算法》的修订并非一件孤立的事情,而是中国迈向法治国家和促进良好治理进程中一个意义重大的步骤。追溯既往,放眼未来,中国太需要一部好的预算法了。预算法的"好",并不主要体现在其法律条款如何精致优雅,而在于它充分融入了法治的精神和良好法治的理念,以此约束政府行为、保障公民对预算和公开支出相关的知情权、发言权和监督权,以及确保公民和立法机关对预算决策和执行过程的最终控制。本文的主旨就在于确认并阐明用以指导《预算法》修订的"法治—治理—政府约束"的三角范式,并在此范式下提出中国预算法修订的核心命题和相应的实施机制。毫无疑问，再好的预算法也不能解决所有问题，法治本身也不是万能的，但笔者坚信，只有在法治基础上发挥作用的国家，才可能是一个真正强有力的国家，因为强有力的国家必须拥有强大的市场经济、强大的公民社会和强大的政治民主，而这一切都需要在法治基础上发挥作用。可以合理推论，鉴于预算在政府治理、法治建设和良好治理中的核心作用，将责任、透明、参与、预见这些良好的治理因素组合起来，使其充分融入修订后的预算中，可以促进政府的可信度，从而对内带来法治，对外带来声誉，进而对社会稳定和经济繁荣产生广泛而正面的影响。

一、法治、政府约束与《预算法》修订

在现代政治民主与法治社会里，预算是议会（立法机关）用来控制和约束政府的最基本和最重要的工具。立法机关（代表公民）正是通过预算"管住政府的钱袋子"，将政府的公共开支和行为边界约束在法治的轨道上，使其不至于过分偏离最广泛的公共利益。从这一意义上讲，在宪法之下，很少还有哪一部法律就其重要性而言堪与《预算法》相提并论。预算的重要性不只是表现为公共部门需要依赖预算配置资源以达成施政任务和目标，而是主要表现为预算提供了现代社会对政府进行约束和控制的一套有效且成熟的工具、方法与技术。因此，与其他法律相比，《预算法》似乎更加密切地与宪法和宪政（constitutionalism）相连，而宪政的本质就是"限政"，也就是限制政府和保障公民权利。①

历史和现实表明，缺乏预算控制和约束的政府是不安全（危险）的政府，而不安全的政府对公共利益和公民权利具有潜在的或现实的侵害性。从公共财政角度讲，缺乏约束和不安全的政府对公民构成的侵害主要体现在两个方面：征税和预算——任何国家的政府正是从这两个方

---

① 宪政不等于宪法。与宪法的关系是：宪政是为以宪法为中心治理国家的一整套法治理念与制度安排。

面与其人民建立起基本的财政联系：政府向人民征税以获取资源，以及基于民意（公共利益）通过预算安排使用这些资源。正因为与公民权利和公共利益如此密切，税收和预算是政府能够对公民权利和公共利益构成大范围和持续侵害的两大财政工具。

在漫长的奴隶和封建社会里，统治者经常通过苛捐杂税加害人民，加剧或引发社会动荡。在中国历史上，封建王朝的晚期时常出现的税负过重和捉摸不定，往往成为点燃农民起义的导火索；封建王朝早期大多采取的减免税赋，则时常被作为恢复民生、促进社会和谐的利器。可以说，现代预算制度诞生以前的封建时代提供的是一面"税收镜子"，从中可照映出一旦缺乏约束的统治者掌握如此重大的一项权力——课税权，会对民生和社会秩序具有现实的或潜在的毁灭性。这面镜子也可以反射出：在一个受约束的统治者那里，课税权也可以用来造福民众和公共利益，进而促进社会和谐与经济繁荣。因此不难想象，在英国和其他老牌的资本主义国家中，资产阶级向封建专制王朝夺取政权的第一步，就是将课税权从封建君主手中"收归"议会，作为议会对政府施加约束的武器。

就侵害（或造福）公民权利与公共利益的潜能而言，预算权丝毫也不亚于课税权。因此不难理解，在英国和其他西方国家资产阶级革命的早期，议会在剥夺了封建专制政权的课税权后，为何要一并将预算大权收归囊中。这就是现代预算制度的起源，其主要标志就是立法机关要求政府按年度申报预算，立法机关对政府预算进行严格审查，规定政府部门必须获得立法机关授权才可获得开支公款的权利，预算执行过程亦需处于立法机关的严格监控之下，并要求对预算执行与执行结果进行评估和审计。

然而，在包括中国在内的许多经济转轨国家和发展中国家里，立法机关实际掌控的课税权和预算权常常是相当有限的和名义上的，这不一定都是坏事，但事情总得有个"度"。现在的问题是行政部门和官员拥有的事实上的、未经适当界定的自由裁量权过多过宽，并且由于欠缺有效监督和透明的环境而被严重滥用。因此，立法机关拥有立法权、可以制定和修改法律的事实，这并不意味着法治（rule by law）的建立和实施，而欠缺法治的代价是巨大和持久的——在预算领域尤其如此。以此而言，修订《预算法》的首要意义，就在于将在预算过程中建立和强化真正的法治。

《预算法》是一部法律，但法律不等于法治。法治的实质是限制政府权力和保障公民权利（杜波，2004）。法治的核心概念是：社会应由一系列法律来组成，这些法律适用于遵循规则的人，而与制定规则的人无关。遵守规则虽然不是遵从法治的全部，但它却是一个重要目标。依法治国，就是让规则而不是让拥有权力的特定个人发挥决定性作用（卡思，2007）。中国的问题就在于有许多法律，但却未必有法治。法治代表社会成员普遍认可的一系列强制性规则及其实施机制，当它延伸到预算领域时，即表现为一整套由法律加以界定的正式预算程序和规则，公共资源在这套程序和规则的支配下年复一年地进行运作。作为典型的公共事务，预算涉及最广泛的公共利益，因而需要而且必须在法律的框架下加以运作。

"最广泛的公共利益"起源于如下事实：任何国家的政府，都与其人民从两个方面建立起财政联系，首先是政府向其人民征集资源（形成公共收入），其次，政府使用这些资源（形成公共支出），预算（而且只有预算）将这两个基本方面的联系起来，从而构成联结政府与人民的财政纽带。与私人家庭不同的是：对于公共部门而言，收入决策与支出决策通常是分离，也就是说，从公共开支中享受好处的人，通常并非对这些好处直接承担相应费用（税收）的人。由于这种固有的分离性特征，直接参与预算过程并且拥有支配公共资源权力的人，就很容易受到巨大的诱惑，将公共资源配置于使他们自己，或他们愿意为之"帮忙"的特定利益团体享受好处的地方，同时将负担转嫁给普通纳税人（公民）身上。从根本上讲，将法治理念融入预算运作过程，就是为了尽可能避免预算演化出"拿人民钱财，为少数人消灾"的糟糕结果，这样的预算制度与剥削概念毫无二致。①

　　法治的首要目的是约束政府，但约束政府并非法治的唯一目的；另一个同等重要（如果不是更重要的话）的目的是保障公民权利。约束政府和保障公民权利是密切相关的，政府缺乏约束和公民权利缺乏保障是同一个问题的两个方面。没有对政府权力的约束就不可能有对公民权利的切实保障。公民权利可以从很多方面界定，就公共财政而言，最重要的公民权利是与预算相关的权利，即通过预算保障公民对公共支出的知情权、发言权和监督权，以及最终意义上控制公共支出决策的权利。不幸的是，这些极其重要的财政权利长期以来没有得到普遍的认知和强势的宣示。我们经常强调公民必须履行依法纳税的义务，但却经常忘记同等（甚至更加）重要的是政府必须承担起"花好人民的钱"的责任。

　　在民主和法治社会里，政府必须就其得自人民的财政资源，按照人民的意愿使用，并产生人民期望的结果。作为良好治理的基石，受托责任（accountability）可以被理解为公共实体（政治家和官员）对公民负责的一种方式，包括政治受托责任和管理受托责任，前者指政治家直接对公众负责（比如通过公民投票表决），后者指公共官员一直对向上延伸至政治首脑的上级负责（IFAC，2001）。一般而言，只有将法治的精神与良好治理的理念充分融入《预算法》中，才能确保这种受托责任存在并得到履行。

　　在现代社会中，考虑到预算的规模如此之大，有如此多的人（几乎每个社会成员）对预算作出贡献，缺乏法治精神的预算运作的代价是巨大的——最直接的代价就是大量稀缺的公共资源被引向只对少数人有益、对公共利益和政策目标意义无多的领域，而且这种现象是系统的而不是局部的、必然的而不是偶然的、持久的而不是一时的。② 如果我

---

　　① 剥削的本质就是不劳而获。当少数人借助预算从多数人那里"不劳而获"时，他们便成为一群合法地凌驾于民众之上的剥削阶层。任何旨在迈向法治国家的努力，都必须对此保持高度警觉。
　　② 据估计，中国每年花在公务用车上的开支在2500亿元以上，公款消费、官员出国、政绩工程、损失浪费和腐败的数额也十分惊人。另一方面，社会安全网、教育和其他极为重要的基本公共服务却严重不足。

们把政府的本质理解为促进一般的公共利益，那么，预算系统是公共部门唯一有能力（也较为方便）对公共利益造成全面、持久和系统损害的领域，而且只是少数人能够从这些行为中榨取诱人的横财和不当的利益。

　　大量事实表明，中国现行的《预算法》无力阻止这种现象的发生。既然《预算法》尚且不能发挥法治（约束政府）的作用，我们又能指望哪一部法律去发挥类似的作用呢？诚然，法治不是万能的。人们经常把发展中国家中长期未能得到妥善解决的重大社会、经济和政治问题与缺乏法治联系在一起，但即使在那些法治相对健全和完善的发达国家中，仍然可以发现许多问题同样难以得到解决，其中也包括公共资源分配中的低效率问题。因此可以认为，法治基础上的预算程序和规则并不是确保预算过程的受托责任和效率的充分条件。为什么会如此？除了其他原因外，一个重要的原因是许多法律落后于现实世界的变化，因为法律并不是总能随着环境和形势的变化而作相应的调整，这种调整通常是滞后的。中国目前的情形正是如此。对现行《预算法》进行修订，就是为了让新的《预算法》能够与时俱进，将我们这个时代中备受珍视（而且是普世价值）的法治精神融入其中。基于法治的精神，《预算法》修订的首要命题就是明确界定和严格限制预算过程中自由裁量权的范围和内容，并确保行政部门与官员对自由裁量权的行使处于透明和受监督的环境下。

二、自由裁量权的界定、限制与行使

　　将法治精神融入其中，要求通过《预算法》的修订，对行政部门和官员拥有的与预算相关的自由裁量权作出明确的界定和限制。法律与法治的一个主要不同之处就在于：法律未必能够约束政府权力，但法治却可以做到这一点。建立法治旨在防止权力因失去制约和监督而腐败，要求政府的权力只能根据法律行使；任何政府机构和官员超越法律所规定的权限就是违法。预算决策虽然充满政治色彩，但我们需要强调法治对于政治的优先地位。循此思路,《预算法》修订的首要命题,就是恰当界定和约束公共机构和官员在预算运作中的自由裁量权,并确保对自由裁量权的行使处在一个高度透明的环境下。

需要指出的是,建立法治并不意味着消除(eliminate)自由裁量;相反,法治要求一定范围和程度的自由裁量权相匹配。这是因为,消除所有自由裁量权无疑将会产生一系列非常复杂的规则,以此对权力的运作细节作出事无巨细的规定,但使用过于复杂繁琐的规则,反过来会导致比使用相对简单规则产生更低预见性的结果。鉴于法治的根本就在于法律实施的可预见性(predictability)①,消除自由裁量即便可行,也不符合法治的精神。另一方面,拥有过多的自由裁量权必将削弱法治,从而也与法治的精神相冲突。因此,建立法治需要适当的自由裁量权。弗里德里希·哈耶克非常精辟地表述了这一问题:不管是任何人,只要他享有过量的自由裁量权,都必将会导致人治而非法治;但是,法治的目标,不是去消除自由裁量权,而是去寻找最佳的自由裁量权水平,使其受到限制并且具有可预见性(卡思,2007)。

由此出发,我们需要做的不是在《预算法》中消除、而是恰当界定行政部门和官员对于预算运作的自由裁量权,并确保自由裁量权的行使方式有利于促进而不是损害法治。除了可预见性的考虑外,预算过程需要一定自由裁量的另一个原因在于预算本身所固有的不确定性。预算过程在很大程度上受预测的驱动。而即便是最好的预测模型,也无法作出准确预测,更无法"算计"到几乎无法预料的意外因素,例如突如其来的经济衰退、自然灾害、恐怖袭击、战争和其他对预算有重要影响的事变。意识到预算过程需要自由裁量权是重要的,但更重要的是在法治的精神下,究竟可以赋予政府官员多大的自由裁量权,不幸的是对此尚无定论。这是学界的难题,也是《预算法》修订的难题。不过有一点很清楚,那就是法治必须允许政府官员享有一定的自由裁量权。

---

① 预见性概念指法律和政策的实施结果具有可预见的特性,而不是任意的和不可预测的。在西方国家中,预见性标准已经成为学者和法官判别法律制度是否井然有序的标准。

可资借鉴的是，现代西方民主国家的治理模式在限制政府的自由裁量权方面做得相当成功。中国的情况与这些国家并不相同：由于法治不健全和其他原因，中国的公共机构和官员在税收、预算和其他领域拥有的各种正式或非正式的自由裁量权，其程度和范围甚至达到了令人震惊的地步：所拥有的自由裁量权使其实际控制的资源远大于它们理论上应有的权力（王绍光，1997）。滥用自由裁量权不可避免地导致一系列严重后果。税务管理中过多的自由裁量权诱使官员与纳税人之间的广泛共谋（collusion），最终导致收入大量流失并严重削弱法治。因此，收入管理的核心任务之一就是防范这种腐败行为，更一般地讲，收入管理应以最大限度地减少纳税人和税务官员的共谋机会的方式进行（IMF，1998）。

与滥用课权税相比，中国当前在预算领域中的自由裁量问题更加突出。作为现实，立法机关（代表民意）对预算过程的实际控制要么严重不足，要么完全流于形式。结果，公共部门与官员的浪费性支出行为和腐败呈愈演愈烈之势，预算资金的分配无法准确反映政府的战略重点和政策优先性，而法治遭削弱、政府可信度和治理能力下降方面的无形损失则无法估量。因此不难理解，作为推进法治和促进良好治理的重大步骤，通过"管住政府钱袋子"来约束政府的自由裁量权，其焦点已经从课税权转移到了预算（尤其是公共支出）方面。《预算法》修订需要遵循的最高原则和指导思想，就是将"约束政府"深入和全面地融入《预算法》中。

三、联结预算与治理

可以预料，逃避约束和保持对预算运作的自由裁量权带来的潜在或现实的利益是如此诱人，将"约束政府"的理念充分融入新《预算法》的努力不可能一帆风顺。

通过《预算法》修订建立起对政府的自我约束更是如此。由于法治可能不健全——即便健全的法治也不可能覆盖预算运作的许多细节，也由于公民和立法机构的监督不足,这种约束在很大程度上是政府借助预算法进行的自我约束,因而实施起来尤其不易。正因为约束政府和限制自由裁量权如此重要、但实施起来如此艰难,寻找一种有效的方法以约束和激励政府尊重法治——或者等价地讲,加大公共机构和官员违反法治的代价和成本,就显得极其重要,在公共部门和预算领域中引入治理范式,其出发点和价值应于此。正因为政府拥有随时改变其行为动机的能力和约束政府的重要性,创立如下的规则和机制尤其重要:这样的规则和机制可以确保假如政府违背(至少是反复无常地违背)自己的承诺(例如尊重法治和约束自由裁量权),那么必须承受一个相应的成本(麦哲逊,2001)。

由此可知,良好治理原本就是建立和强化法治的题中之意,尽管法治与治理是两个不同的概念。法治意味着对规则和程序的严格遵从,从而为促进良好公共治理(public governance)奠定基础。另一方面,良好治理亦可大大促进和强化法治。公共治理概念表明公共部门运作权力达成任务和目标的方式和方法与法治概念一样,治理概念也对政府施加了至关紧要的约束。政府对权力的运作不仅要被约束在法治的轨道上,还要一并被约束在良好治理所要求的行为边界上。将良好治理的理念融入《预算法》修订,如同将法治的精神融入《预算法》修订一样重要。一般地讲,公共治理主体(政府整体和机构)需要建立适当的结构安排,来确保公共资金和资源根据授权和法定要求,正确地得到保护并被经济、有效和富有效率地使用。

在这方面,预算的作用是关键性的。从治理的角度看,我们可以把政府改革理解为治理变革,而《预算法》修订是其关键性的组成部分。一般地讲,在过去20年中,全球范围的政府改革涉及六个主题:低成本政府、优质政府、专业化政府、电子政府、较少管制政府、廉洁和透明的政府,这些议题彼此并非孤立,而是相互联系、相互促进的(伊莱恩·卡马克,2005)。由于每个议题都与治理相连,可以认为预算本身的变化反映了治理上的大多数变化(Irene Rubin,2006)。这种逻辑联系表明,将法治和治理范式一并融入《预算法》修订不仅是必需的,而且是可行的。普遍认为，受托责任、透明度、预见性和参与构成良好治理的四大支柱。《预算法》的修订，需要一并融入良好治理的每一个要素。这些要素彼此相互关联，并且每个要素都对法治起着促进和强化作用。

1. 联结受托责任

受托责任是政府合法性的来源，也是良好治理的基石。受托责任就是公共实体及其内部的个人，对其决策和行为承担责任的过程，包括公共资金的受托与执行的所有方面，并使其接受适宜的外部审查。就公共财政而言，因为立法机构提供财政授权，所以它有责任和权力，使政府及其实体对财政事务的管理、受托财政资源的使用以及最终结果负责。受托责任表明对被受托的责任进行负责的义务，它假定至少存在两方当事人：一方（立法机关）分配与指派责任；另一方（行政部门）接受责任，并就其履行情况进行报告。因此，立法机构在公共治理框架中扮演着重要角色，它需要通过预算对行政部门使用公共资金情况进行控制（IFAC，2001）。

受托责任可进一步分解为政治责任和管理责任。预算过程主要通过公共支出安排来贯彻和执行政策，这些政策影响公民生活和福利，因此需要有人承担相应的责任，包括政治责任和管理责任。具体地讲，对于实现政府制定的政策而言，政府各部部长对立法机关负有政治受托责任（这是政府部门需要向立法机关呈交预算报告的理论基础），而政府部门所属机构及其领导则负有运营（operation）责任，即就其财务事项和服务交付承担责任。通过预算法对受托责任作出清晰界定，有助于促进政府对人民负起真正的责任，并激励政府推行造福于多数人的预算和公共支出政策。更一般地讲，这样的规则和程序对于促进其他治理要素，以及促进预算过程的法治精神，都具有重要意义（安妮·博格，2000）。

2. 强化透明度与公开性

财政透明度是良好治理的关键因素。修订《预算法》的另一项中心任务就是为财政透明度提供更有力的法律保障。财政透明度概念强调对政府预算和预算外活动进行全面的、可靠的和及时的报告，确保向公众和资本市场提供关于政府结构和融资方面的全面信息，使其能够对财政政策的健全性（soundness）作出可靠评估。缺乏透明度可被描述为某些人故意（deliberately）限制人们获取信息，或者提供虚假（misrepresent）信息，或者不能确保所提供的信息充分相关或质量不高。透明度涉及公民知情权，只有涉及国家安全、市场稳定、隐私等少数例外（Tara Vishwanath and Daniel Kaufmann，1999）。

透明度要求公开性。透明度和公开性是良好治理的基本成分。如同公司管理者掌握了比其他利益相关者（典型的是股东和债权人）多得多的有用信息一样，政府也比其利益相关者掌握着多得多的公共信息，包括公共财政方面的信息，这些利益相关者通常会明确地或隐含地要求政府公开这些信息。① 与私人部门不同，公共部门需要通过法律赋权并保障公民的发言权，也就是容许和鼓励公民通过对公共政策进行全面深入的辩论来实现有效治理，而且在民主政体下，了解政府在做什么以及为什么这样做，乃是公民的一项基本知情权。约瑟夫·斯蒂格利茨（Joseph E. Stiglitz，1999）曾有力地论证道：由公众付费而由公共官员收集的信息应由公众拥有，正如其他实物资产归属于公众一样；因此，一个公共官员基于私利而侵占公共信息，与偷盗其他公共财产没有什么两样，两者都是对公众的公然冒犯。

3. 促进公民的预算参与

公民参与预算和公共治理之所以重要，是因为公共事务是复杂的，而知识和信息则是分散性的，因而每个人在自己所处的环境下所作出的判断，会大大优于任何政治家或立法者能够为他作出的判断（F. A. 哈耶克，2000）。在现代社会里，政府面临日益复杂的公共问题，只凭自己的能力已经无力应对。另一方面，公民能力得到不断提高，权利意识增强，可以通过各种途径掌握大量信息，而政府却不可能掌握全部的信

---

① 公共部门的利益相关者包括一个长长的清单：立法机关、公众、政府证券投资者、贷款人、经济与财政分析人员、审计机构等，他们都是政府财政信息和其他公共信息的需求者。

息。由于公众中汇集了各行各业的专家学者和精英，蕴藏着无穷无尽的解决公共问题的潜力，他们对公共事物的治理具有独特的优势，可以弥补政府治理能力的不足。在现代政府面临各种复杂矛盾的背景下，公民参与也有助于化解对政府日益增长的不满。

作为典型的公开事务，预算是公民参与公共事务的最佳平台。鼓励公民参与预算并为其创造条件，可以带来多方面的利益。很重要的一点是，预算过程中的公民参与有助于创造公民控制政府的意识。它也可在治理中创建一种公民教育的意识：什么东西应该花钱以及应该花多少钱，如何确定其优先性，怎样评估需求，如何评估各竞争性用途间的优先性。它有助于教育人民怎样解决冲突。在这个过程中，它也有助于创建这样一种意识，普通公民同样拥有参与预算和其他公共事务的权利，而权利意识的加强有助于加强公民对政府的忠诚度。公民参与预算还有助于减少腐败，因为几乎所有的腐败行为都发生在黑暗中。公民参与对于弱势群体尤其重要，他们典型地被排斥在预算过程之外，这反过来进一步损害了他们的利益，这是因为，如果你在国家的统治中被剥夺了平等的发言机会，那么，与那些有发言机会的人相比，非常有可能你的利益无法受到同样的重视（罗伯特·达尔，1999）。

4. 确保预算结果的可预见性

"预算"这一术语本身就表明需要预见性（predictability）。与财务系统（financial system）的历史导向不同，预算是未来导向的——预算的目的就在于帮助公共组织对未来作出筹划。通过预算，公众得以了解政府和支出机构未来将往何处走，目标在哪里，将要花费多少资源，这些资源将如何分配，以及资源使用可能产生的结果将是怎样的。从预算角度看，确保预见性要求公务人员在预算资源的取得和使用上必须值得信赖，必须在整个预算过程中充分展现出所遵循的基本价值观：公正无私、诚信、客观、受托责任和公开性。

可预见性作为良好治理的四大支柱之一，将其融入预算过程，要求预算法充分关注以下问题：预算申请者在预算（特别是在预算）准备过程中，具备正确预见未来的能力，并在正确预见未来的基础上准备和实施预算；与预算文件以及与预算相关的法律法规应该预先可知，其条款的表述与含义应该清晰明确；预算应在预先设定的财政约束（比如政府债务占 GDP 比率等）下进行准备。进一步讲，还要求在年度预算之外引入中期预算框架，以弥补年度预算在可预见性方面的明显不足（短视）。

四、受托责任、预算控制与财政分权

"好的预算法"的基本特征之一是对受托责任的范围、标准以及预算参与者的角色作出恰当而明确的界定，但这些措施对于强化预算过程的公共受托责任是不充分的。发达国家的实践证明，借助于民主选择产生并反过来对人民负责的责任体系，也可是脆弱和无效的（IFAC, 2001）。中国人大在预算过程中有名无实的现状就是有力的例证。

中国公共部门受托责任的缺失和脆弱由来已久。在《解放思想，实事求是，团结一致向前看》这篇重要讲话中，邓小平曾指出："现在，各地的企事业单位中，党和国家的各级机关干部中，一个很大的问题就是无人负责。名曰集体负责，实际上等于无人负责。一项工作布置之后，落实了没有，无人过问，结果好坏，谁也不管，所以急需建立严格的责任制。""我们的党政机构以及各种企业、事业领导机构中，长期缺乏严格的从上而下的行政法规和个人负责制，缺少对于每个机关乃至每个人的职责权限的严格明确的规定，以至事无大小，往往无章可循，绝大多数人往往不能独立负责地处理他所应当处理的问题，只好成天忙于请示报告，批转文件。"（邓小平，1987：251）

受托责任的缺失和脆弱，在政府预算和公共支出领域也十分严重。20 世纪 90 年代中期以来，在经济高速发展带来财政收入猛增的背景下，很多富甲一方的地方政府把很多钱花在对当地居民利益不大的地方，例如漂亮豪华的办公楼，招待上级官员，"人情项目"，或者干脆把钱装进自己的荷包（腐败）。地方居民没有能力和适当的渠道监督地方政府和官员。政府预算的不透明使当地居民不知道地方政府的钱花在什么地方，更不知道这些钱的绩效如何。

正因为即使在理想（直接对民众负责）治理安排下的受托责任也可能是脆弱的，对各种责任建立起强有力的控制和报告机制就显得无比重要。受托责任必须以某种设计得当的控制体系予以保证，包括中央对地方的纵向控制机制，以及同一级别政府内部核心部门对支出机构的横向（外部）控制，以及支出机构自己实施的内部控制。①

基于强化受托责任（更一般地讲是促进良好治理）的目的，控制机制和报告机制需要一并设计与实施，没有主要来自立法机关要求的预算报告（核心是年度报告），受托责任就不会有效。因此，《预算法》的修订亦需充分考虑如何对报告机制作出清晰而具体的规定，包括明确界定需要提交预算报告的实体（entity），以及承担报告责任的层次。②

认识到受托责任需要强有力的控制和报告机制加以保障非常重要。中国宪法明确规定，行政机关、审判机关、检察机关由人大产生，对人大负责。这里的负责强调的是政治责任，但由于缺乏具体制度、程序与承担责任的形式，宪法和地方组织等法律规定的各级人大及其常委会的质询权、特定问题的调查权、罢免权等很少启动。另外，宪法虽然规定有罢免制度，但主要对违法犯罪的官员才实行。近年来许多地方实行的政府官员问责制，也往往不能落到实处。究其直接原因，就在于没有在公共部门和预算系统中建立起强有力的控制机制和报告机制。

《预算法》修订的首要任务，就是要建立有效的控制、报告和其他具体的机制，特别是需要建立完善的审计与控制体系，以确保对纳税人的钱进行政治上的控制，以此改进和强化公共受托责任。受托责任需要通过各方充分了解其责任并借助一个牢固的框架定义它们的角色才能实现，这意味着修订后的《预算法》需要对立法机关、行政部门和其他

---

① 预算控制包括外部控制、内部控制和产出控制三种模式。关于这三种控制模式的详细讨论，参见艾伦，2001。

② 表明政府承担受托责任的报告通常有两个层次。第一层次是单个的部门/实体，第二层次是作为一个整体的政府。前者一般是支出部门和实体主管领导的职责，后者一般是财政部长（和/或内阁）的职责。

预算参与者的角度与权限作出更清晰具体的规定,其中包括大大强化和细化人大的预算决策权和监督权,确保预算决策的执行与实施更多地置于人大的监督之下。这对于可以改进与强化受托责任是重要的,但却是不充分的。预算法还需要明确界定责任的范围和标准,以确保"拿人钱财、替人消灾"形式的外部受托责任,以及公共组织内部下级对上级负责的内部受托责任过程不仅能够确实存在,而且可以借助正式的规则与预算程序去操作。

控制与报告机制虽然对于受托责任至关紧要,但只是在与其他机制一并实施的情况下才会更加有效。财政分权就是这样的机制。财政联邦制理论的早期文献认为,由于地方政府(尤其是基层政府)更贴近当地居民,因而在了解当地居民偏好方面比上级政府处于更好的地位,这种信息优势意味着财政分权化改革有助于提高地方服务效率、为居民提供更多的选择,也助于在不同辖区间形成竞争和推动创新,并可能降低总的行政管理费用,从而最大限度地惠及当地居民。然而事实上,财政分权能否产生这样的效果,在很大程度上取决于地方政府与官员是否对结果承担责任,这种责任反映在预算配置及其相应结果是否具有透明度,以及是否拥有充分的自主权,还有转移支付的设计是否提供适当的、鼓励地方政府提高公平与效率的激励机制(桑贾伊·普拉丹,2000)。

由于地方政府在集权体制下的"日子"通常并不好过,不难理解,多年来与其他许多经济转轨国家的情形一样,中国地方政府对财政分权化改革同样具有日益强烈的愿望。全球范围内的财政分权化实践证明,财政分权对于实现国家整体的重大改革目标极为重要,这些目标包括更好地向公民和企业提供公共服务、减少腐败、提高政府活动的效率、鼓励创新精神(Irene Rubin,2006)。然而近期研究认为,财政联邦制理论的传统文献倡导的分权模式并不适合发展中国家,因为这些国家通常并不满足财政联邦主义所提出的完全的或不完全的假设——尤其是对当地居民承担很强的受托责任,地方预算及其结果充分反映当地居民的偏好,以及拥有高水平独立决策能力和管理能力(Roy W. Bahl and J.

Linn, 1994: 1-19; Remy Prud'homme, 1995: 201-220)。这在很大程度上反映了中国的现实。将受托责任融入预算法的努力,也可为推进真正意义上的财政分权化改革铺平道路。① 目前地方财政支出占总支出的比重之高虽然位居世界前列——高达 70% 以上,但由于地方政府无法独立作出大部分支出决策和收入决策,中国的财政分权程度实际上非常低——或者等价地说,财政集权程度非常高。实践证明,高度集权的体制加上发达(众多的中央部门)的纵向控制机制,无助于强化公共部门受托责任。这是非常值得我们深入反思的地方。

五、加强透明度和参与

基于良好治理的理念,预算应以尽可能反映公民偏好的方式配置资源,这需要充分揭示和了解消费者偏好(民意),以便尽可能优先将预算资源分配于那些纳税人偏好最为强烈的项目和用途上。为使预算反映公民偏好,理想的情形就是让公众在完整的信息下进行"公共选择",并把这些选择转化为政府适当的政策目标,据此配置公共资源。一般地讲,政治民主制度从两个方面推进了公共选择。首先,政治民主赋予公众对公共部门信息的充分的"知情权",据此作出最有利于自己的选择;其次,让公众充分了解信息(知情权)是为了让他们作出正确的选择,而政治民主确保公众对选择具有"决策权"——有权作出最有利于自己的选择,让公众了解信息就是为了让他们作出正确选择。

在政治民主政体下,公众进行公共选择所需要的财政信息,需要一个良好的预算管理系统才可能产生并得到妥善管理。从某种意义上讲,所谓管理其实就是对信息的管理,即对信息的产生、加工、传输、应用和处理进行的管理,预算过程也不例外。在这里,问题的关键不在于信

---

① 财政分权概念有多种含义。此处所谓真正意义上的财政分权系指财政决策权——包括收入决策权和支出决策权——从上级政府转移给下级政府的过程。据此,财政分权程度并不能简单用地方支出占总支出的比重来计量,真正需要计量的是地方政府在多大程度上可以独立制定和实施财政决策。

息的数量,而是信息的内容和形式应是相关的和易于理解的,并且有适当的渠道让公众关注和获取信息。好的预算法可以约束政府以适当的、可以理解的方式向公众披露相关的和充分的信息,来帮助公众作出更好的公共选择。可以合理地推论,良好的治理要求预算过程的公开性,这是政府公开性的一种形式。如果预算信息支离破碎,或者决策是在公众视野之外制定的,这意味着政府在做一些错误的事情,违背公众意愿的事情,甚至腐败。

很清楚,要求通过预算法确保财政透明度和公开性是不现实的,它需要专门的法律加以规范,正如在美国和其他国家所发生的情形那样。① 尽管如此,预算法仍然可以通过很多方式,包括建立适当的程序性和规则性条款以促进透明度和公开性。除了确认适当的报告机制外,预算法还可以通过规定预算听证以及其他鼓励公民参与的方式,来促进透明度和公开性。一般地讲,只有在预算是透明的、能够适当提供有关公共财政的准确和全面的信息时,约束财政机会主义行为的各种制约手段才会是有效的(艾伦·希克,2001)。

为保证预算过程的透明度和公开性,建立预算听证制度是必不可少的。1996 年中国出台的《行政处罚法》,首次引入听证制度。1998 年实施的价格法明确规定:制定关系群众切身利益的公用事业价格、公益性服务价格、自然垄断经营的商品价格等政府指导价、政府定价,应当建立听证会制度,由政府价格主管部门主持,征求消费者、经营者和有关方面的意见,论证其必要性、可行性。2002 年 1 月全国首次铁路价格听证会举行。2004 年的《行政许可法》大大扩展了听证制度的适用范围。此后听证制度作为一个重要决策程序被引入各个领域,包括价格听证、收费听证、信访听证等。然而时至今日,预算领域的听证制度仍未建立起来。考虑到预算中如此典型而重要的公共事务,预算决策及其结果对公共利益的广泛影响,预算听证制度的缺失从治理角度看无疑是

---

① 确保公众有获得信息的途径的基本框架是美国国会于 1966 年通过的信息自由法案,原则上该法案有适当的渠道获得公共领域的任何信息,但这类法律只是部分地取得成功。

个很严重的问题。修订后的《预算法》需要在这个方面有积极作为。

预算听证会作为加强公民参与预算过程的方法,在发达国家和许多发展中国家中应用得相当成功,尤其是在促进地方政府履行财政义务和公共服务义务方面。真正的草根式民主参与的案例之一是巴西的阿协格里(Porto Alegre),她因"参与式预算"项目获得了瓦加斯基金会(Getulio Vargas Foundation)颁发的创新奖。在过去十余年中,数以千计的公民在该项目下参与了制定地方预算公开听证会制度。这个项目对发展中国家的治理产生了深刻的影响,被认为是消除腐败、鼓励民众参与预算和其他公共事务的典范。世界银行的一项研究报告认为,与民主程度较低的国家相比,在民主和透明程度较高的地方实行的项目,更容易取得成功(伊莱恩·卡马克,2005)。

另一项有助于大大提升透明度的措施是将非正式预算转向正式的预算。非正式预算是指大量预算外资金和预算外活动,没有进入正式的预算程序,从而逃避了正式的预算规则(比如预算申请必须接受立法机关审查)的约束。这项措施的意义是多方面的,包括赋予公共官员更有预见地开展工作的权力,从而有利于避免或减少预算年度内重新编制预算的需要。另外,在公共官员知道在预算年度他们将得到多少收入时,可帮助他们更好地确定被提议的支出的优先性,这会导致更高的效率。公共部门存在大量且持久的预算外活动这一事实,本身就有力地表明现行《预算法》存在严重漏洞。

六、衔接预见性的制度安排与实施机制

作为良好治理的基本要素之一,预见性要求法律和政策(包括预算)以统一、连贯和透明的方式实施,以确保结果是可以预期的而非任意的或捉摸不定的。基于此,《预算法》修订需要关注和考虑如何在预算过程中,建立起旨在联结预见性的制度安排和实施机制。主要包括:

（一）财政约束基准

财政约束（fiscal constraint）基准包括了定量和定性基准。在各国实践中，使用定量基准的典型例子包括对政府债务用途的限定：大多限定政府的中期公债资金只可能用于资本投资，不得用于营运性支出（operational expenditure）。我国现行《预算法》规定地方政府预算必须遵循的"年度平衡"约束，也是一个定性基准，它没有对地方预算收入和支出（或增长率）上限作出限制，这意味着地方政府有多少收入就可以在当年安排多少支出。总的来讲，现行《预算法》和其他相关法律法规，对财政约束基准的规定严重不足，大大削弱了预算过程的可预见性。吸收借鉴发达国家的经验，发展适应我国国情的财政约束基准，特别是建立针对政府支出和借款的正式约束，并在相关法律（最好是预算法）中对财政基准作出清晰界定，已经成为势在必行之举。

（二）在严格遵循财政约束基准下准备和执行预算

预算的准备应帮助公众预见到：政府预算的总量将会遵循某些预先设立的财政约束基准，比如赤字比率和不会超过某个设定值（欧盟规定为3%），债务比率也是如此（欧盟规定为60%）。在开放经济背景下，确保市场参与者对政府财政总量决策行为的预见性极为重要，它是让市场参与者确信政府将奉行"基于市场信任的财政政策"的基本标志，而这一政策正是市场稳定的基石。

（三）在预算准备的早期阶段即完成政策运作

预算准备的核心任务就是根据政府政策（以及宏观经济筹划），确定预算总量以及预算资源基于政策优先性的配置。良好的政府施政和预算准备都要求确保公众对预算决策具有充分的预见性，这进一步要求在预算准备的早期阶段即应完成政策层面的运作，包括条理分明地确立政策目标，以及确定政策目标的重点和优先性。

（四）引入中期预算框架

预算从定义上看就是与未来相关的。现代预算理论认为，年度预算将关注的问题放在过于短促的时间内，限制了政府对未来的更为长远的考虑。发达国家的实践证明，如果能与一个中期预算框架（通常是在预算年度后持续大约 3 到 5 年时间的一个计划）相联系，年度预算大多数是成功的。中期预算框架包含对政府追求的目标、政策和优先事项的说明，以及旨在实现战略目标所依托的资源框架（收入预测与支出限额）。

（五）促进预算与结果的联系

加强预算的可预见性还要求在某种程度上实现预算与结果的联系（现代预算的特点），而不只是简单地与投入相联系——传统预算的特点。仅仅要求预算与投入（"资源投入在何处？"）相联系不足以产生起码的可见性，因而不能为预算资源的有效配置提供一个客观基础。现阶段在我国全面实施绩效预算的条件和时机尚未成熟，但在修订后的《预算法》中，要求预算以某种形式与绩效信息相连还是很有必要的。

结论：《预算法》修订的核心命题

从本文前面的讨论中，可以概括《预算法》修订需要面对的一系列核心命题：

第一，为了获得一部好的预算法，《预算法》修订的最高指导思想，就是通过将法治的精神和良好治理的理念融入其中，以法律的语言和力量建立起对政府的约束和自我约束。基于推进法治和良好治理这一崇高目的，政府的自我约束在任何情况下都是绝对必要的。一般而言，政府的自我约束是建立一个适宜的制度结构的关键；在缺少这样的制度能力的时候，对发展中国家而言，通向现代经济增长的道路就会变得非常困难（古斯塔夫·拉尼斯，1992：3）。

第二，基于法治的精神，《预算法》修订的首要命题是恰当界定和严格限制行政部门与公共官员在预算过程中的自由裁量权，并确保对自由裁量权的行使处于一个透明和受到监督的环境下。然而，鉴于建立法治和约束自由裁量权不可避免地遇到极大阻力，引入治理机制以加强法治、提高违反法治精神的代价与成本是必不可少的。将良好治理的四个基本要素——受托责任、透明度、参与和可预见性——结合起来并融入

《预算法》中,可以大大强化法治和限制自由裁量权。

第三,基于良好治理所要求的受托责任和透明度,《预算法》修订的核心命题是建立和强化预算过程的控制与报告机制,特别是需要建立完善的审计与控制体系,以确保对纳税人的钱进行政治上的控制,并清楚地界定预算过程的主要参与者——立法机关、政府核心部门和支出机构——的角色与职责。此外,还需要确保将所有的政府活动与资金纳入"正式预算"框架,以及有效的财政分权化改革。

第四,基于良好治理所要求的参与,《预算法》修订的核心命题是确保预算是一个开放性的而不是封闭的系统,能够吸纳和方便公民与其他利益相关者参与预算事务。引入预算听证制度可以作为朝此方向迈出的一个重要步骤,建立能够促进参与的其他法律措施也是非常必要的。

第五,基于良好治理所要求的预见性,《预算法》修订的核心命题是确保预算过程井然有序,预算的结果是可以事先预期的——而不是任意的和捉摸不定的。建立财政约束,在财政约束下准备预算,确保在预算准备的早期阶段完成政策运作,引入中期预算框架,以及在预算与结果之间建立联系,都有助于加强预算过程的预见性,从而有助于促进良好治理。

参考文献

1. 艾伦·希克:《公共支出管理方法》,经济管理出版社2001年版。
2. 麦哲逊:《更好的公共部门治理:西方国家预算及会计改革的基本理论》,"政府预算与政府会计国际研讨会"论文,2001年4月。
3. 安妮·博格:《质量管理模式:提高政府的责任、效率与信任度》,载《新华文摘》,2000年第12期。
4. 《邓小平文选》第二卷,人民出版社1987年版。
5. 杜波:《论法治的实质精神蕴涵——限制规范国家权力、维护保障人权》,载《北京社会主义学院学报》,2004年第2期。
6. F. A. 哈耶克:《致命的自负》,冯克利等译,中国社会科学出版社2000年版。
7. 古斯塔夫·拉尼斯:《向现代经济增长转变中制度的作用——东亚新兴工业经济的实例》,载《经济社会体制比较》,1992年第6期。

8. 国际会计师联合会（IFAC）：《公共治理：治理主体角度》，IFAC 公共部门委员会研究报告，2001 年。
9. 卡思：《产权制度与法治》，载《经济社会体制比较》，2007 年第 5 期。
10. 罗伯特·达尔：《论民主》，李柏光、林猛译，商务印书馆 1999 年版。
11. 普雷姆詹德：《公共支出管理》，中国金融出版社 1995 年版。
12. 桑贾伊·普拉丹：《公共支出分析》，中国财政经济出版社 2000 年版。
13. 伊莱恩·卡马克：《过去 20 年各国政府改革的经验与教训》，载《经济社会体制比较》，2005 年第 6 期。
14. 王绍光：《中国政府汲取能力下降的体制根源》，载《战略与管理》，1997 年第 4 期。
15. Bahl, Roy W. and Linn, J., "Fiscal Decentralization and Intergovernmental Transfers in Less Developed Countries", *The Journal of Federalism*, 1994, 24, No. 1: 1–20.
16. IMF, *Manual of Fiscal Transparency*, 1998.
17. Remy Prud'homme, "The Dangers of Decentralization", *The World Bank Research Observer*, 1995.
18. Rubin, I., "Budget Reforms and Government Innovation", Conference on *Public Finance Reform and Government Institutional Innovation*, School of Public Finance and Economic and Economics, Beijing, 2006, 5.
19. Stiglitz, J. E., "On Liberty, The Right to Know, and Public Discourse: The Role of Rransparency in Public Life", Oxford Amnesty Lecture, Oxford, U. K. January 27, 1999.
20. Tara Vishwanath and Daniel Kaufmann, *Towards Transparency in Finance and Governance*, The World Bank Draft, 1999.

反思《预算法》：目标、实践与原则

苟燕楠[①]

【摘要】 本文对我国1994年出台的《预算法》及其实践进行了系统的剖析与反思。在转变政府职能与构建公共财政体制的总体背景下，从法的缘起、法的目标、法的内容与实践、法的原则四方面入手，理论结合实际，以政府能力与政治发展为主线，对我国《预算法》及其实施中的利弊得失进行了多视角综合分析，在此基础上，充分借鉴发达国家的实践经验，对下阶段《预算法》改革的方向与原则进行了前瞻性的探讨。

【关键词】 预算法　目标　实践　原则

1994年《预算法》的出台对于现代中国的公共预算改革具有里程碑式的意义，它回应了现实的需要，也反映出认识的限度。鉴往知来，14年后的今天反思《预算法》，对于我国现代公共预算体系的建设，无疑具有重要的理论与现实意义。

[①] 苟燕楠，复旦大学国际关系与公共事务学院，主要研究领域为公共预算、公共财政管理、财政体制、公共政策、创新管理等。

一、《预算法》的缘起

20世纪90年代初是一段孕育变革的时期。首先,党的十四大明确提出了建立社会主义市场经济体制的目标,合理界定了政府与市场边界,理顺了立法与行政关系成为迫切需要解决的问题。其次,分税制财政体制改革刚刚起步,中央与地方之间财权事权关系混乱的局面尚未得到根本扭转。再者,预算外资金泛滥侵蚀了财政管理的基础,并导致腐败横行。位于政治、经济、社会发展的交点,预算必须回应上述问题。1991年的《国家预算管理条例》过渡色彩较浓,就预算论预算,在规范预算行为、加强预算管理、严肃财经纪律方面发挥了一定的作用。1994年的《预算法》肩负的使命则不同,在加强预算管理的同时,尝试回答政府与市场边界、立法与行政关系、宏观平衡与微观管理的协调等根本性问题,因而,这是一个意义深远的开端。

二、《预算法》的目标

预算的基本功能是计划、管理、控制,《预算法》是发挥预算功能的重要制度保障。但受当时政府治理与经济社会发展基本面的影响,《预算法》重在控制功能,兼及管理功能与计划功能,这一特征也部分决定了20世纪90年代末期预算管理制度改革的基本方向。

(一) 保证预算收支的严肃性

软预算约束问题在中国各级政府中普遍存在。"一年预算,预算一年",往往预算尚未下达,追加预算的报告已递交上来。究其原因,一则各部门计划与实际需要脱节,且变动频繁,不确定的计划转化为不确定的预算。二则财政体制中专项转移支付比重较大,预算安排受制于年复一年的政府间博弈,不确定的政府间财政关系转化为不确定的预算。三则我国处于经济社会快速转型过程之中,利益相关方共识的缺失体现为预算中日益凸显的矛盾。不难看出,《预算法》对预算严肃性的诉求绝非旦夕之功。

(二) 规范预算管理的程序与职权

行政传统与潜规则在很大程度上支配着我国各级政府的预算过程，预算的编制、审批、执行、审计各有其"不言自明"的逻辑，既简单又复杂，决定着周而复始的预算过程。显规则缺位的结果是预算责任边界模糊，行政权支配预算建议、决策与执行过程，公共资源的优化配置缺乏必要的制度保障。《预算法》的目的之一就是要将预算的编制、审批、执行、审计等纳入法治化轨道，在预算过程中明确预算责任，规范并限制预算行政权、重申预算立法权。

(三) 促进政府改革与经济发展

预算是促进政府改革与经济发展的有效手段。就推动政府改革而言，预算安排的重点即政府改革的重点，预算的不同使用方式所形成的激励与约束机制，在很大程度上决定着政府治理的基本模式。就预算调节经济发展而言，一是合理安排预算规模与债务余额水平，系统控制财政风险；二是在经济波动时期通过预算政策上的相机抉择，促进宏观经济稳定与微观经济效率。理论上讲，计划、管理、控制功能三位一体于预算过程，但相对于控制功能而言，《预算法》在计划、管理功能上着墨较少。

三、《预算法》的内容与实践

预算是落实政府责任的利器。《预算法》承载着政府治理的基本要求，具体包括以下五个方面：

(一) 预算管理职权的划分

作为一个高度政治化的过程，预算参与主体之间的权力划分至关重要，《预算法》则提供了一个预算过程中相关各方权力格局的基本框架。具体而言，各级人民代表大会的职权有：预算的审批权；对预算、决算的监督权；对预算、决算方面决定的撤销权（针对人大常委会的不当决定）。各级人民代表大会常务委员会的职权有：预算执行的监督权;预算调整方案的审批权;对决算进行审批;对预算、决算方面决定的撤销权。各级政府的职权有:编制并提交本级预算、决算草案;组织并报告本级总预算的执行;决定本级预算预备费的动用;编制本级预算的调整方案;监督本级各部门和下级政府的预算执行;改变或者撤销本级各部门和下级政府关于预算、决算的不适当的决定、命令。上述规定重在厘清程序,明确了各级人大及其常务委员会的预算审查监督权、各级政府的预算编制与执行权,但对这些权力实施的组织与制度保障却涉及较少,对预算内容亦无明确的规定,这无疑会给预算管理权的实施带来较大的困难。1999年以来的预算管理制度改革强调规范预算编制流程,细化部门预算,提高预算透明度,立法部门与行政部门的预算能力也有了较大的提高,但改革的重心在行政预算,立法部门的审查监督权及其实施环境并未得到根本改善,预算过程中基本的立法—行政关系依旧。

(二) 预算管理体制

预算管理体制是政府间关系的重要制度前提。《预算法》第8条规定:"国家实行中央和地方分税制";第21条规定:"中央预算与地方预算有关收入和支出项目的划分、地方向中央上解收入、中央对地方返还或者给予补贴的具体办法,由国务院规定,报全国人民代表大会常务委员会备案。"上述规定对政府间预算管理体制的描述高度形式化。收入如何划分?事权如何界定?转移支付体制如何设计?这些预算管理体制的核心命题未在《预算法》中明确,留下一片未经法律规范的模糊空间。对中央政府而言,这是一个统筹平衡的弹性空间,同时也带来财权事权划分的无限责任与烦恼;对地方政府而言,模糊的边界导致博弈心态,要避免"上级请客,下级掏钱"的局面,同时尽可能"跑部钱进"。对专项转移支付高度依赖的欠发达地区问题更为突出,相机抉择的转移支付体系使预算安排充满不确定性,加之部分专项转移支付要在财政年度开始半年后才能明确,预算编制实际上被肢解为转移支付下达前与转移支付下达后两个时期。

（三）财政赤字

平衡预算是古典预算的核心理念之一，凯恩斯革命后各国既得相机抉择之利，又饱受巨额赤字之苦。《预算法》第 27 条规定："中央政府公共预算不列赤字。""中央预算中必要的建设投资的部分资金，可以通过举借国内和国外债务等方式筹措，但是借债应当有合理的规模和结构。"《预算法》第 28 条规定："地方各级预算按照量入为出、收支平衡的原则编制，不列赤字。"由于"公共预算"与"建设投资支出"之间的界限很难界定，且"合理的规模和结构"既没有《马斯特里赫条约》的具体标准，也没有美国《1990 年预算执行法案》的赤字控制机制，所以，对这个关系重大的财政规则问题，实际上是预算软约束的。近年来，由于财政收入形势较好，我国财政赤字占 GDP 的比重持续下降，2008 年不足 1%。但若没有健全的财政规则实施硬约束，财政风险的控制便没有保障，只能指望政府的自我约束与良好的经济形势。在地方政府层面，《预算法》要求平衡预算，但为加速区域发展，各级地方政府均举借了大量债务，不仅如此，为规避《预算法》的限制与各种形式的审计监督，债务收支往往游离于正常的预算控制之外，管理较为混乱。堵不如疏，从实际出发，管理与控制结合才是真正可行的选择。

（四）全面预算

预算的完整性是公共资源优化配置与问责政府的必要前提。《预算法》第 26 条规定："中央预算和地方各级政府预算按照复式预算编制。"即"各级政府应同时编制政府公共预算、国有资产经营预算、社会保障预算和其他预算。"这意味着覆盖所有政府行为的全面预算管理。这是个基本要求，也是个高标准的要求。如果连自己花多少钱都不清楚，怎么能管好钱呢？但目前预算报告中反映的还仅是一个"犹抱琵琶半遮面"的政府，预算外资金预算、国有资产经营预算和社会保障预算等由主管部门分别实施管理，预算报告中不反映。不完整的预算会扭曲资源的战略性配置，对政府的治理能力造成负面影响。就宏观层面而言，由于不能完整覆盖公共收支，财政政策统筹平衡难度增大；就微观层面而言，预算条块分割，管理规定与方法各异，难以做到综合平衡与优化配置。此外，没有完整的预算还造成政府透明度较低，行政问责与公众监督难以落实。

（五）预备费与超收收入安排

预算是对政府未来收支的预计，经济社会发展形势的变化或突发性事件的冲击，都可能使预期偏离现实需要，为了在预算中兼顾规范性与灵活性，应适当安排调控资金。《预算法》第31条规定："各级政府预算应当按照本级政府预算支出额的1%—3%设置预备费，用于解决当年预算执行中特大自然灾害及其他难以预见的特殊开支。"《预算法》第50条规定："各级政府预算预备费的动用方案，由本级政府财政部门提出，报本级政府决定。"作为已通过预算的有机组成，预备费没有确定的项目安排，仅有大致的使用方向，是行政首脑在预算执行过程中应付紧急情况的蓄水池。虽然《预算法实施条例》明确规定预算实施中一般不允许减收增支，否则应当用增收节支措施来对冲，但从实践来看，增加工资等增支政策往往难以通过开源节流弥补，暂无安排的预备费便成为理所当然的经费来源，这种做法在一定程度上违背了预备费的安排初衷。不仅如此，预算法出台前后中国的财政收入形势较为紧张，所以《预算法》对超收问题未作考虑。而近年来财政连年大幅度超收，各级政府在无法可依的情况下往往顺水推舟，采取事后备案的方式处理，使数千亿财政资金在未经立法部门审批的情况下流出国库，给预算的严肃性和法治性带来较大的负面影响。

四、《预算法》的原则框架：现实与未来

建构主义者可能会迫不及待地投入到对宪法、预算组织法、部门规章津津有味的批判与重构之中。而笔者却认为，面对一个仍处于发展变迁过程中的对象，建构是危险的。我们已经并且想大刀阔斧重构的东西还少吗？结果又如何呢？对学者而言，似乎可以换个视角，转而讨论宪法、预算组织法、部门规章背后的基本原则，进而从某种意义上揭示《预算法》发展的方向与可能性。至于实践中该怎么办，留给经验丰富

的实践者吧。

(一)《预算法》的原则框架

预算控制、管理、计划职能的充分发挥需要《预算法》遵循什么原则？这个问题本身就充满模糊性：原则都有两面性。况且，在矛盾的现实与多样化的理念下，冲突是预算的本质，普遍接受的原则几乎不存在。因此，对《预算法》原则框架的讨论仅提供了一个可能的选择空间，实践中的安排要视其法律传统、行政习惯、经济社会发展水平等因素而定。

对 1921 年美国的《预算与会计法案》、1974 年美国的《国会预算和扣押管理法案》、1985 年美国的《预算平衡和紧急情况赤字控制法案》、1990 年美国的《预算实施法案》、1994 年新西兰的《财政责任法案》、2001 年法国的《预算组织法》、1977 年最高审计机构国际组织的《利马宣言》、2001 年世界银行的《预算透明度良好实践准则》、2002 年的《OECD 国家预算透明度最佳实践》进行的梳理显示，《预算法》一般建立在十个基本原则之上[1]，即：

（1）权威：详细说明预算过程中每一阶段的预算决策授权。立法机构在预算事务中享有最高地位是这一原则的必要组成。

（2）年度基础：预算授权提供给一个 12 个月的时期。对所有业务的效果进行年度评价。

（3）全面：所有的预算收支均包括在预算中。收入没有指定用途，支出未被收入抵消。

（4）统一：所有的收入和支出在同一时间、通常也是同一文件中提交并寻求通过。

（5）详细说明：收入与支出估测要体现一定的详细程度。支出收入体现了对特定目的支出的最高限额。

（6）平衡：预算支出由预算收入与融资平衡。"平衡"有适当的

---

[1] 这十个原则在整理过程中主要参考了 OECD 的报告 "The Legal Framework for Budget Systems: An International Comparison"。

定义。

（7）责任：行政部门要向立法机构提交一份它如何履行职责的说明。在行政部门内部，明确定义预算管理者的责任。一个独立的外部审计组织每年就预算执行至少向立法机构报告一次。

（8）透明：国家各部门职责明确。有关预算的及时财务与非财务信息能够公开得到。预算法中使用的术语定义明确。

（9）稳定：预算与公共债务目标根据定期更新的中期预算框架建立。税率、税基，以及其他收费相对稳定。

（10）绩效：预期的和刚完成的预算项目结果在预算中得到反映。效率、经济与效果原则与"绩效"相关。

这十个原则在规范与引导预算功能的发挥上可分三个层次。其中：权威原则诠释了法治预算的基本要求，明确了预算参与方的基本关系，在预算法框架中居于基础地位。年度基础、全面、统一、详细说明、平衡是预算法的古典原则，侧重预算的编制与决策，强调对预算收支的控制。责任、透明、稳定、绩效原则是预算法的现代原则，面向预算周期全过程，强调对预算收支的管理与问责。预算法的古典原则与现代原则之间并没有明显的界限，从某种意义上讲，古典原则是对预算法的基本要求，现代原则是新公共管理思想兴起与现代政府职能转变后对古典原则的发展，凸显公正透明、结果导向等基本理念。

（二）《预算法》的根本精神——权威原则

预算是现代政府运行的血液，预算权的行使贯穿于政府体系的每个角落。究其根本，不外乎收入权、支出权，以及预算收、支权在行政部门与立法部门之间及各自内部的划分与规范。《预算法》的法治原则亦循此路径展开。

如何以恰当的方式筹措必要的收入？这是个关乎政府合法性的根本问题。收入权的行使是政府权力的来源，收入权的限制是公民权的保障，政府的收入决策划分了政府与市场的边界，界定了政府与社会的范畴。因此，所有的财政收入权都必须以法律为基础。

如何公平有效地安排并使用财政资金？这个问题的解答关乎政府施

政方略的贯彻落实，关乎经济的发展，关乎社会的公平正义，关乎千百万人的切身利益，必须得到法律的保障，防止可能的扭曲与滥用。

如何在立法与行政部门之间及各自内部平衡预算权？这个问题的解答关乎预算决策与实施的公正与效率，具体而言，一是立法部门能够在多大程度上并以何种方式修改行政部门提交的预算？二是行政部门预算实施过程中的弹性空间有多大？这实际上是"政治—行政"关系在预算问题上的翻版，不同时代有不同的解答。在行政主导预算的现实面前，建构"立法—行政"均衡显得格外重要，因为对预算立法权的重申虽然会部分削弱预算管理的弹性与效率，但一个不受限制的行政预算必然会导致资金的滥用与腐败。

（三）《预算法》的现实基础——古典原则

1994年《预算法》建立在预算的古典原则基础之上，核心是控制。即通过建构一个满足"年度基础、全面、统一、详细说明、平衡"（Lienert & Jung，2004）的预算，实现对政府收支与行为的全面控制。

所谓年度基础原则，就是要以年度为周期对预算收支计划进行全面编制、决策、实施与评价。年度基础划定了时间界限，定期全面编制并评价预算。收入是年度性的还是永久性的？支出授权是永久性的还是可选择的？年度结余如何处理？这些问题在法律上必须有明确的规定。

所谓全面原则，就是要全面管理预算收支与预算关系，并将所有可能影响预算收支的因素纳入综合平衡的视野：预算内外收支必须统筹平衡；一般预算收支预算、社会保障预算、国有资本金经营预算、政府债务与担保必须在预算报告中有所反映；政府间财权事权关系清晰界定；各级政府的预算行为及其影响得到全面反映并有明确的责任主体。

所谓统一原则，就是要同步提交收支预算，确保收支平衡的内在一致性，并在中长期计划的框架内安排年度预算收支，实现计划与预算的有效整合。

所谓详细说明原则，就是要求收入和支出根据政府收支分类体系进行详细说明，包括按照部门分类、经济分类、功能分类对收支进行多维定位，区分可控支出与不可控支出，并详细说明拨款的会计基础（现金收付制、权责发生制、修正的权责发生制)等。

所谓平衡原则，就是要实现预算收入与支出的平衡。预算收支的结果平衡是古典预算宏观管理的核心目标，是控制政府规模、避免代际负担的重要手段。凯恩斯主义兴起后，预算的经济平衡代替结果平衡成为预算宏观管理的新逻辑，相机抉择的运用在某些时候促进了经济的稳定与发展，在另一些时候也加剧了经济的波动，造成巨额赤字、政府规模扩大等一系列问题。因此，以布坎南为代表的部分经济学家呼吁通过在立宪层面建立严格的财政规则，限制政府的扩张与随意行为。

古典原则生长的土壤是稳定的经济社会环境、保守传统的政府治理模式，以及广泛的社会认同。在以分税制为标志的财政与政府变革初露端倪的90年代初期，建基于古典预算原则之上的1994年《预算法》较好地适应了形势发展的需要，推动了预算的完善与发展。但是，随着公共财政与政府治理变革的全面推开和经济社会转型速度的加快，1994年《预算法》难以适应形势发展的需要，亟须变革。

(四)《预算法》的发展方向——现代原则

现代政府治理模式的特征集中体现在市场化、参与、弹性化、解制等方面，核心理念是以自由换责任，有效的监管与灵活多样的提供方式并重。与之相适应，现代预算也已从严格的投入控制转向战略性资源配置、产出和结果的管理与衡量。"责任、透明、稳定、绩效"(Lienert & Jung, 2004)等原则为《预算法》形塑了新的发展方向。

责任原则是一个统摄性的原则，在现代原则中居于核心地位。狭义上讲，指行政部门对立法部门所承担的责任，即行政部门根据要求编制预算，按时提交预算，严格执行预算，切实接受审计监督。广义上讲，指贯穿于预算全过程的委托代理关系，即预算周期中行政部门内部的多重委托代理关系，立法部门与行政部门之间的委托代理关系，立法部门内部的多重委托代理关系，立法部门与审计部门之间的委托代理关系，公众与立法部门之间的委托代理关系等。预算责任的实现有赖于多重委托责任的实现，所以，制度的设计与履行至关重要。

透明原则对预算的要求体现在四个方面，一是阐明政府的职责与责任，即政府的结构与职能、政府内部的责任划分，以及政府与经济中其他部门的关系；二是向公众公布预算信息，即在明确规定的时间全面公布预算信息；三是公开预算的编制、执行和报告，即公开使预算过程可理解的预算信息；四是确保预算信息真实有效，即保证信息的质量并对预算信息进行独立检查。

稳定原则要求在一个动态更新的中期预算框架中考虑年度预算与债务目标，力求在充分揭示年度预算所有可能性的基础上实施决策。稳定原则有利于计划与预算的整合，同时也有利于预算风险的规避。

绩效原则可具体化为对预算的三方面具体要求，一是效率，即投入产出率高；二是经济，即资源的战略性优化配置；三是效果，即公众的满意与福利水平的提升。绩效原则关注的焦点从产出转向结果，难点是绩效的度量，它的广泛运用意味着审计、行政、就业等相关领域法律围绕绩效的调整与整合。

对《预算法》而言，权威原则贯彻始终，是法治国家的逻辑起点与根本精神。古典原则之于现代原则，则如分项排列预算之于结果导向的绩效预算，"年度基础、全面、统一、详细说明、平衡"侧重于对预算管理过程的具体规定，而"责任、透明、稳定、绩效"则是对预算管理结果的综合要求。结果导向，更大的管理自由，明确的受托责任，这是《预算法》改革的方向，也是《预算法》对时代精神的回应。

参考文献

1. 全国人大常委会预算工作委员会预决算审查室编：《中国政府预算法律法规文件汇编》，中国财政经济出版社 2005 年版。
2. Lienert, I. and Jung, M. K., "The Legal Framework for Budget Systems: An International Comparison", *OECD Journal on Budgeting*, Special Issue, 2004, Volume 4, No. 3.

我国《预算法》的冲突、问题与完善

孙玉栋①

【摘要】 本文就我国现行《预算法》执行中存在的问题进行了较为系统的分析,指出在预算法的立法阶段存在法与法的冲突、资金管理范围不清以及法律责任规定较为简单的问题;在预算编制阶段存在预算编制规定过于简单、编制时间过短以及代编预算等问题;在预算执行阶段存在着预算执行时间上的空档、执行中各级政府管理范围不清等问题;在责权关系方面存在着关于财政体制的规定过于笼统,预算对税收收入的约束不强的问题;另外,由于近年公共预算管理改革步伐加快,《预算法》中没有包括最新改革的成果。基于存在的问题,本文就《预算法》修订的相关问题提出了有针对性的对策,包括增加临时预算、延长预算编制时间、实行标准周期预算、严格控制预算调整、将财政体制予以细化和固定以及增强预算法的权威性等。

【关键词】《预算法》 预算管理 法律修订

我国政府预算的法律体系经过多年的发展和建设,形成了诸如

---

① 孙玉栋,中国人民大学公共管理学院教授,主要研究公共财政管理的理论与政策、公共预算管理和税收管理、政府财务管理。

《预算法》、《预算法实施条例》、《预算外资金管理实施办法》等立法成果,利用预算法律体系加强财政法治、促进依法行政和依法治国的观念开始深入人心。但是总体来说,由于体制转轨时期利益调整的难度以及制度设计本身的一些问题,尤其是观念上残存的障碍和误区,使得我国预算法在许多方面还存在较多的问题,实际上无力承担法治国家赋予的重任。

一、《预算法》现存问题

(一) 预算立法阶段的冲突问题

由于我国没有财政基本法,很多法律规范都涉及预算问题,使得不同的法律法规之间对同一问题的规定不相一致,给《预算法》的执行造成严重困难。近年来,国家先后颁布实施了《农业法》、《教育法》、《教师法》、《科技法》和《国家赔偿法》等,对农业、教育、科技等投入作了具体的硬性规定,缺乏统筹安排,也忽视了地方的财政承受能力。在地方当年新增财力十分有限的情况下,财政部门往往处于两难的境地。按照上述的法律、法规和政策计算,每年要增加用于农业、教育、科学、卫生、计生、体育、公检法等方面的支出,已超过当年地方财政新增加的财力。在这种情况下,要求财政部门安排的预算既要符合这些法律、法规的规定,又要保证社会事业发展所需资金和行政事业单位职工工资的发放,还要实现《预算法》规定的财政平衡,实在困难。具体有以下的表现:

1. 《预算法》与《宪法》的规定不一致

《宪法》规定,全国人代会审查和批准国家的预算和预算执行情况的报告,在全国人代会闭会期间,全国人大常委会审查和批准国家预算在执行过程中所必须做的部分调整方案。县级以上地方各级人代会审查和批准本行政区域内的预算以及它们的执行情况的报告。上述规定中的国家预算包括中央预算和地方预算,地方本行政区域内的预算包括本级政府预算和下级政府预算。而《预算法》规定,中央预算由全国人代会审查和批准，地方各级政府预算由本级人代会审查和批准。从实际操作来看，《预算法》施行后，人代会审查和批准的都是本级预算。《预算法》的规定解决了上一级人代会审查和批准总预算所存在的问题，但却与《宪法》规定不一致，影响了法律的严肃性。

2. 部分法律中关于财政支出增长的规定在《预算法》中未明确

这里主要涉及三部法律，一是《农业法》第42条规定，国家逐步提高农业投入的总体水平，国家财政每年对农业总投入的增长幅度应当高于国家财政经常性收入的增长幅度；二是《教育法》第55条规定，各级人民政府的教育经费支出，按照事权和财权相统一的原则，在财政预算中单独列项，各级人民政府教育财政拨款的增长应当高于财政经常性收入的增长；三是《科学技术进步法》第45条规定，国家财政用于科学技术的经费的增长幅度，高于国家财政经常性收入的增长幅度。上述规定直接涉及预算安排，但在《预算法》及其实施条例中，什么是财政经常性收入、其增长如何计算等未明确。同时，上述法律对"农业总投入"、"教育财政拨款"、"财政用于科学技术的经费"的具体内容也没有明确，这样经常出现财政部门与主管部门因支出的计算口径、支出增长是否高于财政经常性收入增长而争执，人大代表也无法严格按法律规定审查预算。

3. 《预算法》与《审计法》对本级预算执行情况进行审计监督的规定不一致

《预算法》第72条规定了"各级政府审计部门对本级各部门、各单位和下级政府的预算执行、决算实行审计监督"，但没有规定对本级政府预算执行情况进行审计监督。而《审计法》第十七条规定了审计署对中央预算执行情况进行审计监督、地方各级审计机关对本级政府预算执行情况进行审计监督。同时，《预算法》与《审计法》都没有规定对本级政府决算进行审计。

另外，由于《预算法》规定的预算收支范围仅限于预算内资金，（尽管1996年曾将一部分预算外资金划入预算内，但没有将全部预算外资金作为政府财力来统筹使用），致使大量的预算外资金游离于严格的财政预算管理之外，这种财政资金的双轨制运行，既违背了预算的完整性原则，又削弱了政府的宏观调控能力，同时，也极易导致财经秩序混乱现象的发生。

再有就是法律责任规定较为粗略。《预算法》设定了许多权利性和义务性法律规范，但对不履行义务或者滥用权利的行为如何处理规定较粗，承担法律责任的形式也比较单一，主要集中于对当事人的行政处分上，可操作性不强。

（二）预算编制阶段的问题

从地方到中央，各地对决算的重视程度要远远大于预算，在决算上花费的时间、精力也比较多，各级财政每年都要花费四个月左右的时间才能完成决算的编制。比较而言，对预算的重视程度远远不够。主要因为：

一是预算草案编制规定过于简单。《预算法》仅对预算草案编制作了大体要求，没有明确预算草案编制的主要内容、基本过程和原则。二是预算编制时间过短。《预算法实施条例》规定国务院于每年11月10日前向省级政府下达编制下一年度预算草案的指示，提出编制预算草案的原则和要求。省级政府汇总的本级总预算草案应当于下一年1月10日前报财政部。这样，各基层财政部门编制预算的实际时间只有一两个月。基层财政部门用于编制预算的时间更短，一些地区甚至只用一个星期左右即完成编制工作。这个期限对于细化部门预算、编制零基预算而言，显然是远远不够的。目前，虽然国务院下达编制预算的指示提前到9月初，但仍不能满足客观需要。在当前构建公共财政框架及推行部门预算、政府采购制度、国库集中收付制度的条件下，没有充分的时间对预算项目进行周密的论证，测算预算收支指标时信息资料收集掌握不完备、不准确，势必会影响预算收支安排与实际需要的一致性，从而导致预算后期执行时的频繁调整，出现"一年预算，预算一年"的状况，致使预算法案的权威性和严肃性受到影响。

根据我国《宪法》的规定，中央预算由财政部编制，经国务院审核批准后，报全国人大审查批准。由于国家预算包括中央预算和地方预算，在编制时间有限的情况下，上级财政部门往往被迫层层代编并逐级向上汇总应急，极易造成代编草案与地方财政部门编制的预算草案之间的较大差距，使汇总后的国家预算草案同样缺乏真实性。

在编制阶段中，现行《预算法》规定，县级以上各级人大除了审批本级预算外，还有权审议下级地方总预算。这也是一个问题所在。因为这道程序只会导致极大的制度性资源浪费，很难产生实质的积极效果，因而完全没有必要存在。根据财政分权的原理，中央和地方政府有着各自不同的职能，因此其财政收支范围也各不相同。一级政府一级预算是财政联邦制国家的通例。中央和地方的预算审批权利和预算执行权界限分明，只是由于中央拥有相对丰裕的财力，并且需执行国家宏观经济调控职能，因此才通过转移支付制度在中央和地方之间发生财政资金联系。我国虽然没有明确肯定实行财政联邦制，但是自从1994年推行分税制财政管理体制以来，已经向财政联邦制迈出了很大的一步。如《预算法》第2条规定，国家实行一级政府一级预算；又如该法第12条和第13条规定，各级人大只审批本级政府预算。这些都是与财政分权的理念相吻合的。正是因为《预算法》认识到干涉下级政府预算的消极影响，才将原《预算管理条例》所规定的直接审批下级预算改为行使审议权。美中不足的是，虽然一字之差避免了原先预算重复审批的矛盾和尴尬，但是审议下级预算仍然与旧的"统一领导、分级管理"的财政思路有着千丝万缕的联系。

（三）预算执行阶段的问题

首先，预算执行在时间上存在法律空档。我国现行预算年度实行历年制，但中央与地方预算草案要待每年2、3月份左右举行的各级人代会审批后才发生法律效力，这就造成了我国每年的前几个月的预算执行缺乏法律依据。《预算法》规定："预算年度开始后，各级政府预算草案在本级人民代表大会批准前，本级政府可以先按照上一年同期的预算支出数额安排支出。"这种做法肯定了上年同期支出的合理性，也就固化了上年同期支出的不合理因素，没有考虑到经济形势的变化，同时也使预算约束流于形式，弱化了预算的法律效力，影响了预算编制的完整性、权威性。

其次，地方各级的管理权限划分不清，与实际情况脱节。我国《预算法》没有明确划分地方各级政府的预算管理权限，只是明确了中央与地方的预算管理权限。其一，政府部门垂直管理，税收计划自上而下层层下达。而预算由本级政府决定，由人民代表大会通过，就必然会造成两者收入数额的差异。其二，地方预算上下级之间的收入与支出项目、体制上解、补助、税收返还等具体办法，及上一级预算制定，本级人大无权干涉，否定了下级人大及其常委会的预算管理职权。

再有就是没有确定预算外资金的性质与管理权限。《预算法》只是对预算内资金作了明确的规定，未涉及预算外的资金问题。虽然国务院《关于加强预算外资金管理的通知》已经明确规定，预算外资金由财政部门管理，但是中共中央1996［13］号文件明确乡镇统筹费由经管部门管理，这样一来，乡镇一级由财政管理的预算外资金，无形之中就被分解，致使财政职能被肢解。

（四）《预算法》中责权划分的问题

1. 财政体制过于笼统，各级政府之间权责不清

《预算法》对于财政体制这个关键性问题规定得十分笼统，只是在第8条中规定"国家实行中央和地方分税制"，《预算法实施条例》规定"分税制财政管理体制的具体内容和实施办法，按照国务院的有关规定执行"。近年来，市场经济中的基层政府事权呈现出扩大的趋势，各级政府之间财力的纵向上移和事权的相对下移已经打破了原来的匹配关系，造成财权与事权关系的明显失衡，体制矛盾逐步突出。同时，在事权约束不严的背景下，上级财政集中的财力有相当一部分用于本级发展，向下转移支付的力度不够，各地区横向财力不平衡的问题亟待解决。此外，我国目前税种制定权、税收减免权、税率调整权等税权基本集中于中央，地方政府几乎无税权可谈，无法运用税收杠杆对本地宏观经济进行有效调控。

2. 预算对税收收入的约束不强

按照《预算法》及财政管理体制的规定，经本级人大批准的本级

政府预算为法定预算，但其对实行垂直领导的税务部门的约束力不强，相对于本级政府税收计划，税务机关更加重视上级税务机关下达的税收计划，而实际上本级政府的税收计划一般更符合实际、更具可操作性。此外，《预算法》对于税务部门完不成预算收入任务应承担什么责任也无明确规定。因此，政府"花钱买税"的现象大量存在，税收成本居高不下。

（五）《预算法》没有体现近年来的财政改革成果

近年来，为适应社会主义市场经济需要，公共财政体制框架初步建立，围绕这一框架的部门预算、政府采购、国库集中收付、转移支付等制度先后浮出水面，这些制度的建立既顺应了我国财政改革的要求，也符合同世界公共财政管理体制接轨的需要，应当以法律的形式予以规范，但目前的《预算法》缺乏相关的内容。

二、对《预算法》修订的建议

根据前文的分析，预算法的改革已经箭在弦上，笔者就《预算法》修订的相关问题有以下一些建议。

（一）增加临时预算，并赋予其相应的法律效力

为解决预算执行中的"法律空档"问题，建议增加临时预算，报本级人大常委会审查批准后执行。临时预算主要编制本年度始至人代会召开之前本级政府发生的刚性支出和有连续性的专项支出，同时按照以支定收的原则编制收入计划。待3月份人代会召开时，再对临时预算按照实际情况进行调整，调整后的临时预算同本年度其他月份的预算合为全年预算。这样，赋予临时预算非最终的法律地位，解决了预算执行中的法律空白问题，又兼顾了决算编制和批复的时间，比较符合我国当前的实际情况。另外，应当以法律形式将各级人大开会的顺序和时间固定下来，便于各级政府按时编制预算。

针对层级财政之间决算批复滞后于人代会、根据上级财政批复的上年结余以及上级财政确定的转移支付重新编制的当年预算与人代会批准的预算不尽一致的实际，建议层级财政决算批复以及确定转移支付应该提前，最好在人代会召开之前批复，以确保预算编制一次成功。

（二）延长预算编制时间，实行标准周期预算

针对目前预算编制时间短、预算质量不高的问题，建议延长预算编制时间。只有提前编制预算，才有可能细化预算，提高预算的准确性、科学性和透明度。河北省在预算改革试点中每年3月份开始编制下年预算，积累了许多成功的经验，为预算管理的科学化、法治化奠定了良好的基础。国务院也提出了早编预算的思路，这为中央和各省市早编预算提供了可能。可以借鉴西方国家预算管理的经验，在预算法中明确建立"标准预算周期制度"，明确将每个预算周期定为一定的月数，并从时间上划分为几个标准阶段，从而作好预算编制准备。

同时，要规范预算编制程序。在预算编制时间得以延长的前提下，应当对各级预算的编制程序进行科学设计，从时间上、从审查的环节及主体上、从法律责任的配套上设计严格的流程表，保证预算编制按部就班、高效合法地进行。

再就是可以考虑编制年度滚动预算。年度滚动预算是一种多年期预算，其好处在于，有利于与国民经济和社会发展计划、财政长期计划相结合，有利于健全财政职能，更好地配合国家宏观调控政策，对国民经济进行宏观调控，同时也有利于权力机关从长远的角度对预算进行审查，相对地延长预算的审议时间，提高预算审批的质量和效果。

（三）严格控制预算调整，强化预算法律效力

为了增强预算的法律效力，结合我国的具体情况，应当规范预算调整的实体标准和法定程序，并严格其他预算变动的形式和审批。

首先，应明确预算调整在预算执行中的特殊性。预算调整绝不应该成为预算执行过程中的普遍现象。而目前我国《预算法》对何谓允许预算调整的"特殊情况"未予深究，这给预算调整的申请和审批都增加了很大的不确定性。因此，预算法中应特别强调，预算审批通过以后，除非发生关系国民经济发展和国防安全的特别重要的事由，一般情况下不允许调整。

其次,严格预算调整的审批程序。预算调整方案应当在本级人大常委会全体会议一个月前提交预算委员会进行初步审查,形成初步审查决议,人大常委会全体会议半个月前必须将预算调整方案及预算委员会的初步审查决议发给各位委员。人大常委会审批由全体委员的 2/3 以上的多数投票通过。审批通过的预算调整方案还需由本级政府行政首长签署命令予以公布方为有效。如果国家发生紧急情况,人大常委会"两月一会"的制度的确无法适应需要。因此,应规定紧急情况下批准预算调整的特别程序。如可由主任会议原则批准,下一次常委会按正常程序追认。

再次,取消县级以下政府追加预算的权力。因为县乡两级政府级别较低,不需要应付国家宏观经济调控以及国防安全的特殊情况,如果发生重大自然灾害而无法通过本级预算自求平衡时,可以通过上级政府转移支付的途径解决。

最后,规范预算变更的审批标准和程序。我们将预算调整之外的一切预算内容和项目的变动称之为预算变更,包括预算预备费的动用、预算科目的流用、预算划转等。这些形式虽然不需要权力机关的审批,但在政府机关内部也应该确立明确的标准和程序。如预备费在平衡预算中的启动顺序究竟是在预算调整之前还是之后;预算科目流用时是否对不同级别的科目设置不同的审批程序等。

(四) 将财政体制予以细化和固定

确定财政体制是预算管理的核心,建立并维护公平、合理的财政体制应该是预算法的根本任务。预算法应在合理完善财政体制的基础上,对财政体制予以细化和固定。一是明确划分各级政府的事权。科学界定各级政府的权利和义务,明确规定哪些责任属于中央政府,哪些责任属于地方政府,这样才能使有限的财力在各级政府之间进行合理配置。同时,取消资金匹配制度,应当严格按照"谁定项目,谁投入"的原则设计划分事权,取消层层匹配,避免加大基层财政负担。二是明确划分各级政府财权。主要是明确各税种的归属权并相对固定下来,重点是清晰划分中央与地方之间的税种归属。同时,适当下放税权,应当将除中央税和共享税以外的地方税种的减免权、税率调整权适当下放给省级人民政府，并同时赋予省级政府根据本地特点开征资源税等特别税种或者税目的权力。将分税制财政体制真正上升到法律层次，从而充分调动各级政府的积极性，有的放矢地培植财源，增加本级政府收入。三是体制一经确立，就应该保证其实行的稳定性和连续性，不宜轻易调整，如有调整，也应通过修改预算法而不是一纸部门文件的形式进行。而且，调整体制，或者出台对体制有重大影响的政策，应该不损失或少损失地方利益。

（五）增强预算法的权威性，真正确立其在预算管理中的核心地位

预算是经法定程序审批的政府在一个财政年度内的财政收支计划。经过人民代表大会审批的预算，具有高度的法律效力和强大的约束力，任何部门和个人都不得随意变更。强化预算的权威性，必须做到：一是增强法制观念。各级人大要树立和增强预算、决算审批的权力意识。二是废除法定支出。立法部门必须进一步加强部门法律、法规与《预算法》的衔接与协调工作，特别是在农业、教育、科学、卫生、计生、体育等方面的法律、法规对地方财政支出作出的硬性规定。在财政收支预算安排和执行中，应以预算法为主体法，除法律外，其他任何层次的法规均不能规定预算管理方面的内容，法律中涉及预算管理的内容也应当慎重处理，充分征求各方面意见，不可随意设置，对现行的相关法律、法规也应当进行全面清理，对不符合实际情况的要坚决修订。"法定支出"既不符合分税制财政制的基本精神，也不利于整个预算规划与管理，反而加重了行业不正之风，必须从根本上废除。

（六）应当明确财政部门在组织收入方面的主导地位

应进一步完善财政职能，突出财政部门在组织收入上的主体地位，明确其在组织收入上约束税务机关的职能，提高其协调税务等收入征收机关的能力，赋予财政部门对于税务机关征收行为的监督权、检查权、纠正权和处理权，从而明确财政部门对税务机关的外部监督，建立税收征管的权力制衡机制。同时，应明确税务部门既要对中央政府负责，也要对地方政府负责，要全力完成本级政府下达的税收计划。同时，取消上级部门下达税收计划的做法。

(七) 按照公共财政体制要求,重新划定财政支出范围,扩大调整内容

应将公共财政框架在《预算法》中明确下来,按"公共财政"的理论,按照"有所为、有所不为"的原则重新界定财政资金的供应范围,重新确定财政资金的供应对象,重新核定财政资金的供应标准,调整优化财政支出结构,大力压缩一般性财政支出,集中力量承担起该由国家财政承担的支出。《预算法》实施以后,我国围绕建立公共财政框架,陆续展开了多项财政改革,比如部门预算改革、国库集中收付以及政府采购制度等的出现,要求《预算法》补充相应内容,把各方面的改革成果涵盖在内。

另外,现行的转移支付办法虽然已经比较规范,但没有上升到法律规范的层次,执行中也存在着讨价还价等各种各样的问题。因此,在《预算法》中应增加政府间转移支付制度的法律条款,对转移支付的政策目标、指导思想、享受转移支付的条件等作出原则性规定,赋予政府间转移支付制度的法律地位,提高转移支付的强制性和规范性,相应规范各级地方政府的行为。

再就是科学界定预算收支范围,实行预算内外统一的综合预算制度。修订后的《预算法》应该将预算外资金纳入综合预算框架,建立新型的公共财政,确立"大收入、大支出"的财政分配格局,将预算内、预算外资金有机结合起来,将实行"收支两条线"管理的预算外资金纳入预算法规范范畴,实行预算内外统一的综合财政预算管理体系,将预算内外"双元财政"合并为"单元财政"结构,实行预算内外资金统筹管理。只有这样才能从根本上杜绝小金库、乱支出乱花费等违纪现象的发生。

(八) 细化法律责任,加大执法力度

对财政部门、预算收入征收机关以及其他预算执行单位在预算管理中的各种违法行为,应当进一步细化和明确相应的法律责任,加大对预算违法行为的惩治力度,保障《预算法》的顺利施行。

参考文献

1. 郭志强:《预算法主要问题探讨》,载《民主法制建设》,2004 年第 5 期。
2. 李诚、张永志:《人大预算监督的四类十八个问题研究提纲》,载《中国人大》,1999 年第 1 期。
3. 刘剑文:《财税法学》,高等教育出版社 2004 年版。
4. 刘剑文:《财政税收法》,法律出版社 1997 年版。
5. 张昭立:《财政法制论丛》,经济科学出版社 2000 年版。

构建中的中国公共预算法律框架
——兼论中国《预算法》的修订问题

马蔡琛①

【摘要】当前《预算法》修订的主要困难在于,《预算法》中技术性问题与财政基本法问题的协调,人大与财政部门的利益冲突,《预算法》与部门法的关系等。在《预算法》修订中,需要重新审视1994年《预算法》的缺陷,确保现行《预算法》在完成立法修订前得到有效遵从,同时妥善处理《预算法》修订与预算改革实践的关系。

【关键词】公共预算 预算法 财政基本法

公共预算作为现代公共治理的重要工具,通过法治化的形式,针对预算管理利益相关主体的资金筹集、配置和使用等活动,进行的检查、督促和约束,构成了现代法治国家建设的重要内容。始于20世纪90年代末期的新一轮中国预算改革,促使预算管理从理论到实践层面,都发生了全方位的变革。然而不无遗憾的是,作为预算法治化重要基石的《中华人民共和国预算法》修订工作,仍因种种原因而难以得到实质性

---

① 马蔡琛,南开大学经济学院副教授,主要研究领域为公共预算、公共财政管理、公共选择理论与新制度经济学。

的推进。《预算法》修订的滞后,在相当程度上制约了中国预算改革的进程。因此,本文从《预算法》的法律定位问题出发,分析《预算法》修订所面临的困难和挑战,进而就《预算法》修订中迫切需要解决的问题加以相对系统的考察,具有相当重要的理论价值和现实意义。

一、《预算法》的法律定位问题

在法学实践中,世界各国都非常重视预算立法,其所采用的具体法律形式有以下几种,一是在《宪法》的有关章节中规定政府预算的有关问题;二是制定财政管理的基本法——《财政法》,在其中规定有关的预算管理问题;三是制定专门的《预算法》;四是通过年度预算方式确立预算的法律效力(张弘力,2001:307—308)。

就宪法规定而言,各国宪法关于政府预算管理的条款大体包括预算前期条款、合法性条款、程序性条款(王金秀、陈志勇,2001:32—33)。仅以预算前期条款为例,很多国家的宪法中对预算提交立法机关审批的时间作了具体规定。如《丹麦宪法》第45条规定:下一个财政年度的财政法案须在该财政年度开始前至少四个月提交议会审议。《奥地利联邦宪法》第51条规定:在财政年度届满前的十周内,联邦政府应向国民议会提交该联邦下一财政年度的收支预算。在国民议会开始审议前,预算内容不得公开。而我国宪法中,尽管有关于预算法律监督的原则性界定,但是并没有类似这些国家那样的具体规定。我国采取的是上述第三种方式,即通过制定专门的《预算法》实现预算法治化管理的目标,其标志性事件当属1994年3月颁布的《中华人民共和国预算法》(以下简称"1994年《预算法》")。应该说,1994年《预算法》构成了当前我国《预算法》修订的历史前提和逻辑起点。

如果就实体法和程序法的划分来看,尽管在1994年《预算法》颁布的初期,曾有少数学者认为这是一部典型的实体与程序合一的法律,既包括预算管理职权和预算收支范围等实体方面的规定,又规定了预算编制、审查和批准以及执行等程序方面的内容。然而,通过对我国

《预算法》条文的进一步考察可以发现,虽然有实体方面的规定,但更多的内容与篇幅则是预算管理机构编制和修改预算的程序,行政机关修改和通过预算的程序,立法机关修改和批准立法的程序,以及预算执行与监督过程中的职权与程序等预算管理流程方面的规定。近年来,我国现行《预算法》具有相对较强的程序法特点的观点,逐步得到了更加广泛的认同。

如果我们将《预算法》的修订简单界定为单纯在预算程序法层面上,将近年来推行的部门预算、国库集中收付、政府采购、政府收支分类、收支两条线等预算管理流程改革,通过法律的形式加以规范化和系统化,那么《预算法》修订进程中的困难就会大大减少。但问题并非如此简单,其症结在于,我国现行《预算法》除了规范预算管理诸环节的制度流程之外,还在相当程度上承载着《财政基本法》的使命。

众所周知,很多市场经济国家或者在宪法中直接规定其基本财政制度(如《德国基本法》中有关公共财政的内容),或者通过设定《财政法》或《财政基本法》的形式加以规范(如日本 1947 年制定的《财政法》)[①]。由于我国宪法缺乏对财政制度方面的具体规定,通过《财政基本法》的形式规范相关财政行为就显得尤为必要。早在 2006 年 3 月十届全国人大三次会议上,有部分全国人大代表就提出制定《财政基本法》的议案,全国人大财政经济委员会、财政部对此作出回应:由于目前我国的公共财政体系正处于构建和完善之中,因而制定《财政基本法》的时机尚不成熟(厉征,2006:第 1 版)。

在我国现行有效的财税法律仅有《预算法》、《政府采购法》、《会计法》、《税收征收管理法》、《个人所得税法》、《企业所得税法》,在上述法律中,与财政基本法最为相近的只有《预算法》。因此,在我国短期内难以出台《财政基本法》的情况下,《预算法》在相当程度上代行了《财政基本法》的功能,规定了财政层级、财政管理权限以及政

---

① 所谓财政基本法主要涉及财政法的一些基本制度,包括财政法的原则、财政权力的分配、政府间财政关系、财政收入和支出的形式、重要的财政收支制度、预算制度、监督制度等,都需要在财政基本法中加以规定,以体现其重要性和普适性。

府举债权等基本财政制度。

综上所述，预算法既可以只规定与政府预算有关的内容和要求，也可以表现为涵括所有财政经济活动的财政法。从我国现实来看，后者较好，预算法有必要担负起财政法的基本职责，使所有财政经济活动有法可依。也恰恰是由于预算法在法律定位上所具有的财政基本法特点，决定了预算法的修订工作涉及基本财政关系的重新界定和各相关主体之间利益格局的重要调整，导致1994年《预算法》的修订面临着诸多的困难与挑战。

二、《预算法》修订面临的主要困难

（一）预算法中的技术性问题与财政基本法问题之间的协调

现行《预算法》中既涉及预算流程管理中的技术性问题，又涉及诸多财政基本法层面的问题。概括起来，预算法中的技术性问题主要包括：预算收支范围与政府收支分类改革的关系，预算先期执行、临时预算与按上年拨款的既有规定之间的关系，预算编制与执行机构的分离与制衡问题，复式预算体系的构建问题等。预算法中涉及的财政基本法层面的问题主要包括：设置几个层级的政府财政预算问题，地方政府的举债权限问题，预算法与相关部门法的协调问题等等。

其中，相关技术性问题尽管也同样面临着诸多备选方案之间斟酌取舍的困境，但毕竟其解决是相对容易的。而诸如设置几个层级的政府财政预算，是否允许地方政府拥有一定的举债权限，则因牵掣的相关因素较多，在短期内难以寻求较为妥善的解决方案。因此，当前的《预算法》修订，重点应放在解决预算流程管理中的技术问题上，对于财政基本法层面的问题，如果涉及因素较多，可以暂不纳入修订的范围。待今后时机进一步成熟的时候，或者配合《财政基本法》的出台而进行相应调整，或者在《预算法》再次修订的时候予以考虑。否则，在可以预见的将来，仍旧难以看到《预算法》修订的实质性进展。

(二) 人大与财政部门之间的利益冲突

预算法与其他法律的一个重要区别,就是预算法涉及人大和政府两个执法主体。政府及有关部门负责编制预算、执行预算(也有监督职能),而人大及其有关专门委员会和工作委员会负责预算的审查、批准和监督(专门委员会承担具体工作)。现行《预算法》修订中的一个核心问题就是预算管理的核心权力在人大与财政部门之间的合理配置问题。应该说,始于2004年的上一轮预算法修订工作之所以"停摆",在相当程度上也源于人大与财政部门在争做核心预算部门上存在较大分歧。

理论上,各级人大作为最高权力机关,代表着广大民众的利益,加强人大在预算管理中的权能配置,提升其管理权威,自然有助于推进预算管理的法治化和科学化水平。然而在现实中,由于各级人大全体会议的会期相对较短,会议期间审议的事项涉及社会民生的方方面面,导致人大全体会议对于政府预算草案的审议,难免不够深入且细化。这种预算管理的现实,进一步导致在具体操作层面上,往往将加强各级人大的预算监督权,理解为加强各级人大常委会的预算监督权。但是,受人员编制、专业经验、年龄结构等多方面的局限,在预算管理专业程度上,各级人大常委会及其专门委员会,较之同级财政部门具有较为明显的劣势。加之在相当大的程度上,各级人大常委会也具有相对典型的政府部门的运行色彩,这就使得这种加强人大常委会预算监督权的预算法修订取向,难以获得更加广泛的立法支持。而这种人大和财政部门在争取核心预算部门的权力之争,进一步导致了《预算法》的修订陷入某种僵局。

(三) 预算法与部门法的冲突与协调问题

我国《农业法》、《教育法》等法律规定,本部门的财政投入应达到财政收入的某一比例标准。这种做法没有考虑到预算法的规定和财政的承受能力,影响了预算的整体性、统一性。据调查,上级各项法律、政策、配套等新增支出,在有些地方占到当年可用财力增加额的200%以上。在一些省,每年仅教育、农业、科技三项按法律要求安排的支出增长就要占当年新增财力的一半以上(马蔡琛,2002:174)。尤为严重的是,某些部门法对于法定支出的规定,采取了"一刀切"的方式,要求各级财政均应按照僵化固定的比例保持法定支出的增长。例如，2002 年修订的《中华人民共和国农业法》"农业投入与支持保护"一章中，进一步明确了中央和地方财政对农业总投入的增长幅度要求，将此前规定的"国家财政每年对农业总投入的增长幅度应当高于国家财政经常性收入的增长幅度"，更改为"中央和县级以上地方财政每年对农业总投入的增长幅度应当高于其财政经常性收入的增长幅度"。应该说，这一调整对于保障国家逐步提高农业投入的总体水平是具有积极作用的。但是，该规定在细化各级政府财政支农责任的同时，也存在着某些过于片面之处。对于众多副省级以上城市的中心城区而言，其作为一级独立的县级以上地方财政，用于农业投入的增幅也同样需要高于国家财政经常性收入的增长幅度，但是这些城市已进入城市化的较高级阶段，在其中心城区已然没有相应的农业和农村，这些依法安排的农业支出难免造成某种浪费。

从合理性分析，似乎有必要适当削减相关部门法中有关法定支出的规定，将其支出增长的规定纳入预算法的规范框架，以增强预算管理的弹性。但是在我国社会转型时期，教育、农业、科技等确实属于需要优先发展的重要领域，也有必要通过单行法律的刚性界定保证上述支出的可持续增长。因此，如何处理预算法和相关部门法在法定支出问题上的冲突，也是当前《预算法》修订中面临的较具中国特色的时代命题。

三、《预算法》修订中需要重点关注的几个问题

（一）重新审视 1994 年《预算法》的缺陷

1994 年《预算法》出台之际，我国的经济运行机制和预算管理模式还带有很多计划经济色彩，立法环境还没有完全市场化，《预算法》的某些环节也未能摆脱旧体制、旧模式的影响（张弘力，2001：324）。这是一个广为承认的现实。但是，当前在对 1994《预算法》修订的过程中，存在着一种片面夸大现行《预算法》存在问题的倾向，似乎既然是要修订《预算法》了，现行《预算法》存在的问题就一定是非常

严重的。其实，如果我们客观地加以分析，1994年《预算法》在立法的周延性、立法过程的前期准备，以及相关法条的衔接性等方面，未必就如我们想象的那么"差"。

仅以目前被广为诟病的"预算先期执行"问题为例。受我国各级人代会会期的局限，往往预算年度已经开始，而预算草案尚未完成相应的立法程序，在现实中往往将尚未经人大审议批准的预算草案先期执行，导致了预算严肃性上的重要缺陷。对此，在《预算法》修订过程中，也产生了两种不同的建议：一是将现行以日历年度作为预算年度的方式，改为4月制或者7月制；二是实行临时预算。

就前者而言，由于预算年度的调整，涉及会计年度、纳税年度等一系列相关制度规则的调整（例如，我国《会计法》第11条规定会计年度采用日历年度），因此，预算年度调整具有牵一发而动全身的特点，在我国社会经济转型时期的可行性是值得审慎斟酌的。

就后者而言，临时预算则涉及是仅就基本支出编制临时预算，还是临时预算同时包括基本支出和项目支出。如果临时预算仅仅是就基本支出的人员经费和公用经费进行编制审议，因人员经费是按人员编制的实有情况和相应工资标准计算的，公用经费则按相应的定额测算，仅就这两项加以审议的意义不大，这种临时预算基本上属于"走过场"。如果临时预算还包括项目支出的话，虽然对其进行审议具有较强的实质性意义，但是针对临时预算审议通过的支出项目，人代会的正式预算是否还可以重新加以审议，抑或临时预算通过的支出项目，在正式预算审议中享有优先通过权，这就涉及更加复杂的立法技术问题了。因此，通过临时预算解决预算先期执行问题的可行性，也同样不容乐观。

其实，在1994年《预算法》中对于类似的先期执行问题，已然有明确的规定。《预算法》第44条规定，"预算年度开始后，各级政府预算草案在本级人民代表大会批准前，本级政府可以先按照上一年同期的预算支出数额安排支出；预算经本级人民代表大会批准后，按照批准的预算执行"。应该说，从立法周延性的角度，1994年《预算法》对此是有较为切实的解决方案的，而且这种规定也是大致符合预算管理国际经验的。根据西方学者对美国 1948—2002 财政年度期间的考察，在 50 多年中，美国联邦预算在新预算年度开始前，将全部 13 个拨款法案全部签署成法律的只有 1989、1995 和 1997 年 3 个年度，其他年度均存在着类似于我国的预算先期执行问题。在美国预算管理实践中，所采用的持续决议（continuing resolution）方式，其资金水平可能与前一年持平，也可能略有增长（约翰·L. 米克塞尔，2005：102—103）。这与我国现行《预算法》按照上一年同期的预算支出数额安排支出的规定，也是非常相似的。因此，1994 年《预算法》在预算先期执行中的规定是相对务实且科学的考虑。至于在现实预算管理中，财政管理部门没有遵从《预算法》的相关规定，将新年度尚未完成立法程序的预算草案，先期付诸执行，则属于预算管理中的违法违规行为，而并非是 1994 年《预算法》规定不当的问题。

（二）在《预算法》修订前突显现行预算法的权威性：恶法亦法

法律生效后，非经法定的修订或废止程序，则始终是有效的，所谓"恶法亦法"①。尽管 1994 年《预算法》存在着诸多缺陷，在相当程度上已不适应当代中国公共预算改革的要求，但不管怎样，在 1994《预算法》完成立法修订的必要程序之前，它都是中国预算管理领域的最高法律，其法律的严肃性要求公共预算的各利益相关主体都要无条件遵从。

然而，当我们进一步考察中国预算管理现实的时候，这种借口现行《预算法》存在缺陷，就凭借"改革"的旗号突破《预算法》的相关约束，似乎成为一种趋势。例如，1994《预算法》中明确规定"中央预算和地方各级政府预算按照复式预算编制"，《预算法实施条例》进一步明确"各级政府预算按照复式预算编制，分为政府公共预算、国有资产经营预算、社会保障预算和其他预算"。然而，仅就财政部报送全国人大审议的中央预算而言，自 2000 年以来，就始终没有按照复式

---

① "恶法亦法"理论萌芽于苏格拉底，形成于奥斯丁。如果说良法理论催生了实质法治，那么，恶法亦法理论则催生了近代形式法治。恶法亦法理论在当代中国的价值表现为，它有助于中国在法治初级阶段强化规则意识，有助于解决当代中国法律难于实施的问题。进一步的论述参见王振东，2007。

预算提请审议①。目前我国大部分地方政府预算并没有按复式预算编制（马蔡琛，2007：46）。如果由于复式预算制度在中国的适用性或许存在着某些争议（马蔡琛，2005），即使在《预算法》修订中取消了关于复式预算的相关规定，也难免造成"法律规定欠妥——不遵守法律——导致法律修改"的恶性循环，这也难免在相当程度上影响了修订后的《预算法》的权威性。因此，在《预算法》完成必要的立法修订之前，需要严格突出现行《预算法》的权威性，确保1994年《预算法》得到严格遵从。

（三）妥善处理《预算法》修订与当前预算管理改革实践的关系

在《预算法》修订中，将始于20世纪90年代末期的新一轮公共预算改革中比较成熟的改革经验，通过法律的形式加以固化和规范，也大致体现了当前《预算法》修订中的基本价值取向。部门预算改革、国库集中收付改革、政府采购改革、"收支两条线"改革以及政府收支分类改革等，都需要在修订后的《预算法》中得到某种立法承认和法律规范。但需要注意的是，公共预算改革是一个相对动态的发展过程，而预算法界定的则属相对稳定的范畴，如何处理修订后的《预算法》的稳定性和现实预算改革动态演进之间的关系，则是当前《预算法》修订中需要关注的重要问题。

以政府收支分类改革和预算法规定的预算收支范围为例，预算收支分类体系是编制政府预决算、组织预算执行以及预算单位进行会计明细核算的重要依据，是财政预算管理的重要基础性工作。我国1994年《预算法》第三章对预算收支范围及其组成进行了明确界定，而2006

---

① 非常有趣的是，目前公开公布的我国复式预算编制情况的最新文献，是2000年3月第九届全国人大第三次会议审议通过的《关于1999年中央和地方预算执行情况及2000年中央和地方预算草案的报告》。在该报告中采用经常性预算和建设性预算的划分方式，就2000年中央财政预算按复式预算编制的情况进行了报告。但是经常性预算和建设性预算的划分方法，是1991年国务院颁布的《国家预算管理条例》中规定的预算模式，在1994年颁布的《中华人民共和国预算法》中，并没有采用这种复式预算分类，而是采用了"政府公共预算、国有资产经营预算、社会保障预算和其他预算"的划分方法，并且在现行《预算法》颁布施行时，宣布1991年国务院发布的《国家预算管理条例》同时废止。这也从一个侧面进一步说明，现实操作中对于预算法的遵从存在着较大的问题。

年 2 月颁布的《政府收支分类改革方案》结合公共财政建设的需要，建立了新的收入分类、支出功能分类和支出经济分类的政府收支分类体系。其中，支出功能分类就包括 17 类、170 多款、800 多项。在《预算法》修订中，继续沿用 1994 年《预算法》对于预算收支范围的划分自然是不妥的，但是如果在《预算法》修订中完全采用现行政府收支分类科目中收入和支出的类级科目，则难免制约今后类级预算科目的调整空间。其原因在于，新的政府收支分类科目从 2007 年才开始实行，在最初的运行阶段，也难免会出现某些根据具体情况的调整，这种调整也不排除就有关类级科目调整的可能性。但一旦将有关内容写进了预算法修订草案，今后的调整就比较困难了。因此，如何以更加有原则且概括的方式表述预算收支范围，为后续的政府收支分类的进一步调整预留一定的空间，是《预算法》修订涉及预算收支范围问题时，必须加以审慎考虑的问题。这仅仅是《预算法》修订中如何处理法律稳定性和预算改革动态性之间关系的一个例证。在处理二者关系上，需要总体把握的基本原则是，预算法虽承担着财政法的基本职责，但对许多财政经济活动，仍应着眼于基本的财政经济活动，而非各项具体财政预算活动。对于预算改革进程中出现的各种探索性改革方式，宜本着原则界定的方式加以处理，而不要将有关预算法律规定得过于繁琐。

参考文献

1. 李燕：《政府预算理论与实务》，中国财政经济出版社 2004 年版。
2. 王金秀、陈志勇：《国家预算管理》，中国人民大学出版社 2001 年版。
3. 厉征：《〈财政基本法〉立法还欠"火候"》，载《中国税务报》，2006 年 3 月 10 日。
4. 马蔡琛：《如何解读政府预算报告》，中国财政经济出版社 2002 年版。
5. 张弘力：《公共预算》，中国财政经济出版社 2001 年版。
6. 约翰·L. 米克塞尔：《公共财政管理：分析与应用》（第六版），白彦锋、马蔡琛译，中国人民大学出版社 2005 年版。
7. 马蔡琛：《政府预算》，东北财经大学出版社 2007 年版。
8. 马蔡琛：《我国复式预算管理模式的改革取向》，载《中国财政》，2005 年第 5 期。
9. 王振东：《恶法亦法理论的历史寻踪及其价值》，载《甘肃政法学院学报》，2007 年第 6 期。

预算报告审批与《预算法》改革

叶 青[①]

【摘要】 预算报告是重要的制度安排,是民主政治的重要体现和保障。预算报告制度发生了大的变化,各级人大代表审查力度加大,预算超收管理制度得以完善。法律明确规定,各级人大有权审查各级预算,一是人大行使国家权力的重要体现,二是宪法和法律赋予人大的职权,三是人大及其常委会的职责。地方人大预算审批监督也有明显的进步。《预算法》在规范预算管理和强化预算约束等方面发挥了积极作用,但颁行于市场经济体制确立之初、脱胎于有计划商品经济体制之中的《预算法》,带有计划经济时代的烙印。修订《预算法》的原则有:增加预算的透明度和参与度,体现民主政治的要求;规范预算编制,细化预算科目,增强预算及其执行情况的透明度;在立足国情、比较借鉴的基础上探索"中国模式";体现预算整体刚性与适度弹性(柔性)的有机结合;贯彻和细化预算收支平衡原则;重视预算过程的制度设计。目前我国《预算法》修订的重点是预算编制、预算年度、预算调整、预算监督、法律责任等的完善。

【关键词】 预算报告　公共预算　预算审批　预算法

[①] 叶青,中南财经政法大学财税学院教授,湖北省统计局副局长。

一、预算报告制度的变化

预算报告是重要的制度安排,是民主政治的重要体现和保障。全国人大会上的预算报告反映了政府财政资金的安排情况,反映了中央政府的活动范围和内容,代表的赞成度应该是比较高的。但是,近年来对预算报告的反对票却居高不下。这种局面反映了全国人大代表们对政府的财政分配工作存在诸多的不满意。在确立公共财政体系十年之久的今天,公共预算制度改革和理论研究工作还要进一步加强。

从2006年开始,我国的预算超收管理制度发生了根本性的变化。即超收=增支+基金,每年从超收中拿出500亿建立中央预算稳定调节基金。财政部多次征求人大财经委的意见,最终决定在预算草案中,对这项基金的表述由"冲减收入"改为"列入支出",以便于人大的全面监督。2006年全国财政收入3.93万亿元,比2005年增加了7694.33亿元,增长24.3%,比预算超收3920.24亿元,其中,中央财政本级收入超收2542.47亿元。除了500亿之外,剩下的2000多亿元安排如下:

增加社会保障支出241亿元;

增加石油特别收益金专项支出372亿元,用于对农渔林等行业因油价上涨增支的补助,以及能源开发、节能、环保等方面的重大项目支出;

增加预算内经常性投资100亿元,主要用于支持社会主义新农村建设;

增加专项支出135亿元,用于公路建设、购置储备油和大中型水库移民后期扶持;

增加"三奖一补"资金、对西藏农牧民补助、缉私经费补助、口岸专项转移支付35亿元;

增加出口退税指标613亿元,用于解决剩余出口退税历史陈欠;

减少中央财政赤字200亿元;

预留2007年调整工资及相关支出130亿元。

2007年的中央预算报告中首次使用新的政府收支分类方法。传统的收支分类（如基建费、行政费、事业费等）存在如下问题：一是与市场经济体制下的政府职能转变不相适应；二是不能清晰反映政府职能活动；三是财政管理的科学化和信息化受到制约；四是财政预算管理和监督职能弱化；五是与国民经济核算体系和国际通行做法不适应。

新的政府收支分类是为了反映政府收支活动，依据一定的办法对政府收入和支出划分类别和层次，以功能分类为主，以经济分类为辅。具体有三方面内容：一是按收入来源分类。按照全面、规范、细致地反映政府各项收入的要求，对政府收入进行统一分类，使政府的各项收入来源都能得到清晰的反映。主要有税收收入、社会保险基金收入、非税收入、贷款转贷回收本金收入、债务收入以及转移性收入等。收入分为类、款、项、目四级。二是按支出功能分类。就是按照政府的职能和活动设置支出科目，以清楚地了解政府的各项支出都具体做了些什么事。主要有国防、外交、教育、科技、社会保障和就业、环境保护支出等，分为类、款、项三级。以教育为例：类——教育（所有的教育支出），款——普通教育、职业教育、成人教育等，项——普通教育分学前教育、小学教育等。三是按支出经济分类。主要是反映各项支出的具体经济构成，反映政府的每一笔钱具体是怎么花的，是财政预算管理和财务经济分析的重要工具和手段。主要有工资福利支出、商品和服务支出、对个人和家庭的补助、转移性支出、基本建设支出等。

对于在大会期间对中央预算的审议效果问题，代表们不够重视，认为有全国人大常委会及其预算工作委员会的把关，公共预算不会有什么问题。实际上是有问题的。每年6月审计长在人大常委会上公布的预算执行问题，就有预算安排上的问题，"跑部钱进"就是如此。但是，由于2007年是十届人大的最后一次会议，代表们敢于表达意见。有广东代表明确指出：财政预算报告审议形同虚设，由于预算已执行两个多月，没有特殊原因，不太可能修改预算，因此，代表们看了也白看、审了也白审。确实如此。最后整个预算有11处的修改，金额一分未动。这种情况在省级财政中也普遍存在。这体现了公共预算改革的紧迫性。

要改变这种状况，笔者在预算报告讨论过程中提出以下建议：一是做大预算报告，长度等同于政府工作报告，恢复在大会上宣读，并且要讨论一天半。人代会重要的议程应该是预算报告，多数民主国家都是如此，有的还有激烈的争论。二是修改会期，建议放在每年的12月底开会，通过预算后正式执行。三是修改预算年度，由历年制改为跨年制，即从4月1日到次年3月底。四是成立政府预算编制委员会，加强预算平衡工作。

随着市场经济的发展和民主政治进程的加快，民众对公共预算的期望越来越高，有的代表甚至提出，公共财政要与人的三权——生存权、教育权、发展权——紧密结合。从最近5年的人大历史看，公共预算正越来越多地融入中国老百姓的生活。如农民免税、义务教育免费、廉租房、全民医保等，都是由公共预算来保障的。

二、公共预算的审批

（一）人大审批预算及其意义

在我国，预算审批有以下程序：一是预先审查。大会一个半月前，人大常委会预工委听取通报，提出修改意见。二是初步审查。大会一个月前，财经委听取财政部汇报，预工委提出分析报告，财政部再一次修改。三是大会审查。名义上各代表团有3天左右的时间审议预算，实际上是政府工作报告、计划报告、预算报告合起来审议3天。

代表预算审查的关键是：

（1）结合国家宏观经济、社会发展情况和安排情况进行审议。要比较相关指标，如GDP增长率、物价水平、失业率、进出口总值等。

（2）看预算收支是否平衡。中央政府公共预算不列赤字，看举债及规模，地方平衡的保证等。

（3）看重点支出的安排是否恰当、能否得到保证。法律法规的特殊要求；社会经济生活中急需解决的问题。

（4）对照年初批准的预算审查预算执行情况。各个收支项目的预算安排数、执行数对比，分项收支与汇总数是否一致，超收的支出方向和使用是否合情合理，是否向常委会汇报，预算调整（收支增减）情况。

（5）看当年收支安排增减情况。收入增长与 GDP 增长的关系，收支安排是否符合财政政策，转移支付是否规范、合理。

（6）部门预算制度建立和执行情况。

（7）针对问题提出意见和建议。可在会上或会下对收支安排、财政政策和财政管理提出书面、口头的意见，可以对常委会和部门提出。

国家决算是对年度预算收支执行情况的最终反映，同样存在审批问题。财政部门向本级政府部门批复决算，地方政府将经批准的决算报上一级政府备案。认为有不适当的地方，提请本级人大常委会审议决定撤销；责成本级政府重新编制决算，再提请审批。

人大常委会监督法对此有明确的规定。一是人大行使国家权力的重要体现，人大有立法权、人事任免权、重大事项决定权和监督权等。二是宪法和法律赋予人大的职权，这是人大的专属权力，审批了才具有法律效力。三是人大及其常委会的职责，是对人民负责的一种态度。

在我国，对财政收支行为有财政监督、审计监督、人大监督。新中国第一部宪法就确立了人大审批监督预算制度。1979 年五届全国人大二次会议后，随着县级以上地方各级人大常委会的设立，人大预算审批监督工作有所加强。各级"两会"也在积极推进预算公开（细化），打造阳光财政。笔者建议各级政府不但应向人大代表公开预算，同时还应向社会公开，让老百姓知道自己纳的税是怎么支出的，支出了多少，并得到应有的尊重。2004 年两会上，广东省政府拿出一本厚达 600 多页的细化的预算草案，省政府所有 100 多个部门作出详细的年度预算，哪个部门有多少人、干多少活、拿多少钱，收入怎么来，支出怎么花，全都要求作出预算。基本建设以前只编到类级科目，如"基本建设支出"等大类，而 2003 年编到了款级科目，"基本建设支出"大类下面分冶金工业、有色金属工业基建支出等细化到行业、小到 4.3 万元的项目预算。三个省级部门的四所幼儿园共享受财政拨款 2328.81 万元，代表认为机关幼儿园享受财政拨款不符合公共财政的原则，使用公共财政资源的幼儿园并没有对社会开放，对社会公众来说不公平，建议取消支出。广东省人大财经委与广东省财政厅国库集中支付系统的电脑联网，对政府花钱进行实时监督，把政府的"秘密荷包"变为"玻璃钱柜"；重庆市财政局在全国率先实行预算追加听证会制度等。

（二）预算审批监督的发展

改革开放以来，各级人大加强了预算监督工作。一是预算审批监督的法制建设加强。在1991年以前，安徽、四川、陕西、河北等省都制定了预算监督管理条例。《预算法》的颁布，也强化了预算的法律约束力，保证了预算收支的严肃性，规范了预算管理程序，明确了预算管理职权。二是人大及其常委会预算审批监督的质量有所提高。从预算编制、初审和审批三个环节入手，使审批监督工作由程序性监督向实质性监督转变。即提前介入，及时了解预算编制信息；做好初审工作，提高审批质量；抓人代会期间预算草案的审查工作。如河北省饶阳县人大及其常委会在审议1995年预算时，针对预算安排不能保证工教人员工资，打了赤字的问题，经过两次否决，历时三个多月，第三次审查才予以批准。同时加强了对预算执行情况的监督。三是各级人大常委会对如何搞好预算审批监督工作的理论研究进一步深入。1995年9月，全国人大财经委在安徽合肥市召开全国人大财经工作座谈会，探讨关于加强计划预算监督的问题。1996年11月，全国人大财经委在广东番禺市专题召开贯彻预算法和加强预算审查工作座谈会。四是地方各级人大及其常委会的财经工作机构普遍健全。一些地方人大常委会的财经工委还设了计划预算处。

（三）预算审批监督存在的问题

总体上看，存在的问题如下：一是现行法律规定不完善，人大及其常委会难以有效地行使职权。规定是原则性的，对于审批监督的范围、主要内容、实施程序和操作办法，以及与之相适应的机构设置、人员配备等都没有相配套的专项法律规定。对预算草案的主要内容进行初审，这"主要内容"怎样理解，什么是主要内容，什么不是主要内容，由谁说了算，初审以什么程序和方式进行，初审结果如何处理都无规定。因特殊情况需要增加收入或减少支出，这"特殊情况"的含义是什么，哪些特殊情况需要通过调整预算来解决，哪些需要通过动用"特殊用途"的预备费来解决，都无规定。二是地方人大及其常委会目前的机构设置及其人员配备和议事程序，难以适应提高预算审批监督质量的要求。没有专门的专业性较强的审批预算服务机构——类似于审计队伍，而各级人大代表总体而言，不了解预算的特点、项目之间的关系、内容结构以及专业名词的含义。审议意见如何处理、在预算中如何体现也没有法律规定，最多在简报里登载。三是预算草案提交人大的时间太晚，仅一个月，人大没有足够的时间来审议。初审看到的预算草案，许多内容只列了项目，没有数字。四是预算编制存在缺陷，人大的审查工作难以深入：（1）普遍存在预算先执行后编制的问题，一年将近四个月无法按预算执行。（2）编制普遍较粗，留的余地较大。（3）编制预算时未考虑同时编制预算外资金收支计划。五是预算约束不强，执行不严肃，影响了预算的权威性。预算执行中变更频繁，违法乱批条子、乱开口子的现象严重存在。完不成预算任务，有关部门也不承担任何责任。《预算法》对违反预算的法律责任仅有三条含糊不清的规定，一些违法行为追究无据。

（四）改进预算审批的建议

第一，尽快制定和完善有关的法律和法规。一要抓紧制定人大预算审批监督方面的专项法律、法规，明确人大审批监督预算的范围、内容、程序，对预算审批监督作出严格的操作性强的规定，增强其监督的实效性，如果国家一时还难以制定，地方应先走一步。二要完善预算法，对预算编制的时间、调整、初审以及其他法律的协调要作出更为科学的规定，对预算外资金要通过立法加强管理，体现公共财政之要求。三要进一步强化预算约束，严肃财经法制，对违反预算的行为的责任追究要专门作出严格的法律规定。

第二，规范预算编制，细化预算科目，增强预算及其执行情况的透明度。在编制预算的时间上，在预算编制的科目上要继续完善。预算草案应包括预算收支总表、收支明细表、收支分级表、各部门基本数字表和详细而通俗易懂的预算说明书,部门预算要体现综合预算、细化预算、零基预算、刚性预算的特征。

第三,加强地方人大有关机构,充实工作力量。1998年12月设立了预算工作委员会。地方人大常委会也应抽调一批专业知识强,有长期从事财政、审计、统计分析工作的同志成立预算工作委员会。

第四,依法按时提交预算草案,严格预算初审。

第五,充分发挥人大代表的作用,抓好人代会上对预算重点内容的审查。如预算是否量入为出,收入的增长是否与国内生产总值的增长相适应,支出是否体现了"一要吃饭,二要建设"的方针,是否保证了农业、教育、科技的优先增长等。

第六,充分发挥审计的作用,借助审计手段加强对预算的监督。各个国家审计机构的名称、职权不一,产生和组成的办法也有区别,但共同点是协助议会审批监督预算。应尽早把各级审计机关划入各级人大序列,使各级审计机关协助同级人大对预算的合法性、真实性、效益性进行监督。

三、《预算法》的修改建议

(一)《预算法》存在的问题

1994年3月22日八届全国人大二次会议通过的《预算法》在规范预算管理和强化预算约束等方面发挥了积极作用,但颁行于市场经济体制确立之初、脱胎于有计划商品经济体制之中的《预算法》,不可避免地带有计划经济时代的烙印,随着市场经济的发展和社会、政治环境条件的改变,这一法律存在的缺陷与不足日益显现。

《预算法》主要存在以下问题:一是有些条款的规定已经不能适应客观情况的变化和要求,如对预算的编制、审批、调整、监督等的规定过于简单化。二是有些条款规定得过于笼统、原则,缺乏可操作性。三是有些内容缺乏或者不够完整,特别是缺乏人大对预算审查监督的内容。四是预算编制的时间既短又晚，内容也过于简单粗略。

根据完善社会主义市场经济体制和健全公共财政体制的要求，《预算法》的修订被纳入十届全国人大常委会五年立法规划。《预算法》属于十届人大任内"审议且必须完成"的59件法律案之一。《预算法》修订工作于2004年3月22日正式启动。预算法起草小组开展深入调研，广泛征求修改意见，于2007年10月将该法的修改草案提交审议。全国人大常委会预算工委法案室主任、研究员俞光远认为：由于目前一些关系重大的政治经济体制尚未改革或确定下来，中央和地方事权和财政的划分尚不科学，要对《预算法》进行根本性的大幅度修改的条件不成熟，这次修订《预算法》在范围、内容和程度上，只能是立足于中改或者争取中改为好。重点解决分税制预算制度改革、预算执行与预算批准时间矛盾、部门预算改革、人大审查监督预算、预算超收收入的使用、决算草案编制审批、预算外资金使用、加强预算执行的审计监督等。《预算法》涉及国家、集体、个人三者利益分配、中央与地方利益分配、社会和经济发展的各个方面，也是人大代表关注的热点。

（二）修订《预算法》的原则

一是增加预算的透明度和参与度，体现民主政治的要求。公共财政本质上要求国家预算按公共产品的范围和性质，实行分级预算对地方分权，实行部门预算对各预算部门分权，实行预算过程、结果开放对公共利益负责。新法应在预算范围、预算机制、预算程序方面取得突破，以此提高参与度和透明度，如重大增收和增支措施要告之于众，让民众广泛讨论。二是应在立足国情、比较借鉴的基础上探索"中国模式"。必须从研究中国的特殊国情出发来修订《预算法》，任何他国的经验和制度都只能用来参考和借鉴。三是应体现预算整体刚性与适度弹性（柔性）的有机结合。预算行为的实质是公共政策抉择行为、是公共施政行为。预算过程中的冲突、矛盾、协商、谈判不可避免，国家预算不可能过于细化、过于程序，必须要有一个相对弹性的制度框架（规则、程序等）才能完成。四是应贯彻和细化预算收支平衡原则。收支应保持平衡，这是任何预算都必须遵循的铁律。随着我国体制转轨的完成，我国的预算将逐步转向"以支定收"基础上的平衡。可考虑将《预算法》第三章修改为"预算收支范围与平衡",并以适当条文就预算收支平衡的一些重要规则,如以税收等经常性收入为基础的平衡规则、税式支出(即税收减免措施)的控制规则、国债发行条件、发行程序、发行上限的限制规则、转移支付规则、增收措施的限制规则(如依法收费、依法定程序开征新税、提高税率)等作出集中性规定,使预算收支平衡是在讲规则、守规矩下的平衡。五是应重视预算过程的制度设计。一个完整的国家预算是由预算编制、审批、执行、调整、决算以及贯穿其间的监督管理等既相对独立又交互影响、衔接的程序所构成的动态过程。应对预算过程进行科学合理的制度设计,将权力资源在各级政府之间、行政和立法之间、政府内部各机构之间合理配置,使权力责任明确、具有可归责性。

(三)《预算法》修订的重点

1. 关于预算编制的改革

一是提前一年编制下年度预算,增加政府预算编制及人大审批预算的时间,并配以专门的特定的程序加以保证。改变目前《预算法》忽视预算编制程序和预算编制方法的倾向,肯定部门预算改革中形成的一套成熟定型的做法。首先要对"两上两下"编制程序作出更为详细的规定,特别是预算编制时间。根据我国部门预算改革的趋势以及国际经验,预算编制时间延长为一年较为合理,即编制上年度决算、执行本年度预算、编制下年度预算同时进行。由于全国人大开会时间是每年3月上旬,因此具体编制程序应规定为:每年3月底前国务院向省级政府和中央各部门下达编制下一年度预算草案的指示,提出编制预算草案的原则要求,同时财政部根据上述指示部署编制预算草案的具体事项,规定具体的预算收支科目、报表格式、编报方式,并安排财政收支计划;各部门于每年6月底前完成对本部门所属单位的预算建议数的审核和汇总,并上报本级政府预算,经综合平衡后下达本级各部门的预算控制限额;各部门按本级财政部门下达的预算控制限额编制本部门的预算草案,于10月底前报本级财政部门审核,财政部门于11月底前完成部门预算草案的审核工作，与政府功能预算草案一起上报本级人大常委会有关部门初审，人大有关部门初审后报本级人民代表大会审批。

二是细化预算编制内容，既便于预算执行，又便于监督。预算科目要适应预算改革要求，在科目设置上尽量体现复式预算和部门预算要求，既要包括财政预算内收入，也要包括预算外收入，把预算内资金和预算外资金有机结合起来，保持预算的完整性。我国目前预算内资金的管理比较严格，出现腐败等问题的大多为预算外资金。预算外资金虽经几次压缩，目前仍有大约4000亿—5000亿元的规模，是违法乱纪和滋生腐败的温床。进一步加强预算外资金的管理和监督应该成为修订《预算法》的要义，并建议将该纳入预算的预算外资金尽快纳入预算；对暂时还不能纳入预算的预算外资金，也要编制预算外资金收支计划和决算，并向人大常委会报告预算外资金的收支情况。所有政府预算单位均应按不同原则和要求，按部门自下而上编制预算，并使用统一政府收支科目。可考虑预算大类项目，按部门设置，下设明细大项，大类科目下再按具体支出项目编制款、项、目及明细预算。

三是强化财政部门的监督职能，树立理财权威，有必要对财政部门对其他部门的预算草案的审核作出更为详细的规定。财政部门应本着"量力而行、保证重点、兼顾一般"的原则，对各部门的建议数进行审核。应具体地考核：部门预算编制是否与国民经济和社会发展计划相一致，是否与经济增长速度相匹配，与国家财力相适应；是否与各部门正常运转和开展业务活动需要相适应，是否与部门发展计划、职责、任务相一致；各项预算收入是否按法律法规收取，各项专款是否按法律法规安排，不同科目间是否有挪用的情况，基本支出是否按"定员定额"标准编入预算；预算外收入的预测是否真实可靠，是否有虚增和隐瞒不报的情况，支出预算是否按实际需要编制，有无虚列支出情况；支出是否按"一要吃饭，二要建设"，"保证重点，兼顾一般"，"收支平衡，不列赤字"的原则安排，在保证正常支出的基础上，项目支出是否分清轻重缓急，本着效益优先的原则安排。《预算法》有必要肯定已成功实施并在不断发展完善中的零基预算编制方法。它对细化预算支出、增加预算透明度、提高支出效益发挥了重要作用,是部门预算制度中重要的一环。在预算执行方面,为了加强财政部门的监督职能,《预算法》应从目前正在试行的政府采购和国库集中收付制角度作出明确规定。

2. 关于预算年度的改革

我国现行预算实行的是公历制,即 1 月 1 日至 12 月 31 日,而审批预算的全国人大每年 3 月开会,于是造成了实践中每年 1 月至 3 月没有预算可依的局面,使预算的约束力大打折扣,因此主张实行跨年制的预算年度,或者将人大会期改为每年的 12 月份。有些地方的做法是先编制一个临时预算,1 月至 3 月依临时预算来执行。可考虑建立多年滚动概算制度,我国国民经济和社会发展五年规划已经存在,但未有与之相结合的财政五年概算,有条件的地方可以试点。五年概算的安排,主要是考虑一些长期立法,如《义务教育法》、《科技进步法》、《农业法》和社会保障及相关立法的支出,同时又要考虑一些跨年度发展项目,并在五年概算基础上形成年度预算纲要。

3. 关于预算调整的改革

现行《预算法》对预算调整的界定不科学,有关规定不合理。建议将《预算法》第 53 条修改为:"经批准的本级预算,在执行过程中由于特殊情况的需要而单独改变预算收入、预算支出或同时改变预算收入和预算支出的幅度达到一定百分比以上的部分变更。"这一比例应该规定为 3%。对追加预算的行为应进行严格控制。对政府的超支、滥支、乱支行为,人大应及时提出质询,对无法解释的支出政府必须承担相应的法律责任。

4. 关于预算监督的改革

审计监督是我国法律规定的财政收支的主要监督途径,加强审计监督对于强化预算约束、提高预算资金的使用效率、杜绝预算执行中的腐败行为意义非常重大。对政府权力的约束和制衡成为各国议会以及立法者的首要任务之一,对政府"财权"的限制与规范也成为其理所当然的内容,"看紧政府的荷包"是当代各民主国家议会的一项重要职能,也是防治腐败的一条重要途径。但是,从我国这方面的现状来看,情况是很难令人满意的。在中央,从来没有出现过人大不通过不批准国家预算和预算执行报告的情况;在地方也极少出现此种情况。

目前我国审计监督存在的问题在于审计机关隶属于政府部门,难以保持审计监督的独立性,导致很多问题不能曝光,查处的阻力也比较大,处理起来比较难。应该改变我国现行的审计管理体制,将审计机关从政府身边独立开来,但这需要修改宪法。长远来看,可以考虑将政府审计部门并入人大体系,实现审计对人大负责。这样既弥补人大财政监督缺乏专家、技术人员的窘境;又能使审计部门摆脱政府的干涉和制约,实现独立性和客观性;还能将事前监督、事中监督与事后监督有效地结合起来,真正落实人大的预算审查监督与预算执行监督权力。人大财政监督与政府审计机关财政审计具有密切的相关性。人大通过审查和批准财政预算、决算进行监督;审计机关则是通过对财政预算的执行结果进行审计。前者具有宏观性,属于高层次监督;后者具有实在性,属于比较具体的一种经济监督形式。政府审计机关对预算执行情况的审计监督,是以人大审批的预算及其部分变更为前提和衡量标准的,而审计监督的结果又可作为人大审批决算和第二年预算的依据,能收到相得益彰之效。

5. 关于预算法律责任的确定

为了强化预算管理,不仅需要有完善的、操作性较强的预算管理制度,而且必须有严格的预算法律责任制度。但我国现行《预算法》关于预算法律责任的规定只有三个条款,而且责任轻,因而对违规、违法行为的惩罚力度小。因此,修订《预算法》时必须适当增加一些条款并加大处罚力度,并注意与《刑法》、《会计法》、《审计法》、《国库管理条例》等相关法律的配合与衔接。国家机关工作人员不严格执行预算应承担相应的法律责任,人大代表不认真审批预算也应承担相应的法律责任。

参考文献

1. 李萍、刘尚希:《部门预算理论与实践》,中国财政经济出版社 2003 年版。

2. 蔺翠牌：《中国财政监督的法律问题》，经济科学出版社 1999 版。
3. 刘剑文：《财政税收法》，法律出版社 2003 年版。
4. 吴俊培、许建国、杨灿明：《公共部门经济学》，中国统计出版社 2001 年版。
5. 王雍君：《公共预算管理》，经济科学出版社 2002 年版。
6. 朱大旗：《从国家预算的特质论我国预算法的修订目的和原则》，载《中国法学》，2005 年第 1 期。

政府预算编制环节问题与完善思路探讨

肖 鹏①

【摘要】市场经济是法治经济,公共财政是法治化财政,政府预算是经过立法程序批准的具有法律效力的政府年度收支计划,是人大、社会公众监督约束政府行为的一个有效途径,因此,政府预算法治化程度的高低也反映了公共财政法治化、市场经济法治化程度的高低。预算编制是政府预算的起点,本文以预算的法治化标准为导向,分析了我国现行预算在编制环节存在的编制范围、编制形式、编制方法、编制周期、编制主体等问题,以构建法治社会、加强预算对政府行为的约束机制为导向,提出了在预算编制环节我国预算法的进一步完善思路与对策。

【关键词】 预算编制　改革　预算法　完善

一、引言

市场经济是法治经济,公共财政是与市场经济相适应的一种财政类

---

① 肖鹏,中央财经大学财政学院副教授,主要研究领域为财税理论与政策、研发管理、公共预算与政府会计。

型,是弥补市场失效的一种财政模式,市场失效的范围决定了政府财政活动的领域,同时也明确了政府与市场的活动界限。政府天然具有其他主体不具备的政治权力,如果政府的活动行为不受法律的约束,那么自由的经济交易和独立的企业制度也就失去了保障,因此,市场经济和法治化的公共财政是有着一种天然的内在联系的。

政府预算作为经过法定程序批准的具有法律效力的政府年度财政收支计划,其法治化程度的高低也反映了公共财政法治化、市场经济法治化程度的高低。"一个不受民意和法律约束的政府最终也无法受到民意和法律的保护。"(贺卫方,2003)政府从人民手中取得财政收入,就必须让人民充分了解这些钱的具体花费情况,对人民负责。人民代表机关对政府财政行为的控制,主要体现在审议政府财政预算和监督预算执行上。代议机关审议与通过政府预算,是监督、控制政府的主要途径,是建立与巩固责任制政府、实施宪政的关键。整个政府的财政从征税始,到预算支出、绩效评估,每一步都应该在民意代表机构的决定与掌控之中。

在预算的编制上,要通过逐渐改善预算草案,完善预算报告及列支制度,在政府预决算中列出各项开支的具体情况等,使预算草案真正体现政府开支;在预算内容上,要完善预算收入制度,通过法律将预算外资金纳入预算管理渠道,逐渐减少并最终杜绝政府的预算外收支;在预算的执行上,落实责任制度,对相关部门采取问责手段,实现对预算的严格管理和有效落实,约束政府对资金分配的恣意性。如此,才能尽可能保持财政平衡,防止赤字过高,防止政府财政危机的出现。本文以构建法治化的公共财政为导向,分析了我国现行预算在编制环节存在的编制范围、编制形式、编制方法、编制周期、编制主体等问题,以构建法治社会、加强预算对政府行为的约束机制为目标,提出在预算编制环节我国预算法的进一步完善思路与对策。

二、中国现行预算编制的法律依据

政府预算是一国财政框架体系中的核心内容，它涉及一国财政收入和支出两方面的制度建设与实施。而预算编制是整个政府预算体制最基本、最关键的环节，构建一个科学合理、规范透明、严谨严密、公平公正的预算编制制度对推动整个政府预算的改革至关重要。预算编制作为政府预算工作的起点，其科学性、法治化程度的高低将直接影响到后续的预算审批和执行、监督环节工作的开展。财政部门和单位在预算编制环节的基本法律依据是1994年3月22日八届人大二次会议通过的《中华人民共和国预算法》（以下简称《预算法》）和1995年11月2日国务院第三十七次常务会议通过的《中华人民共和国预算法实施条例》（以下简称《条例》）两个法律文本。《预算法》共分为"总则、预算管理职权、预算收支范围、预算编制、预算审查和批准、预算执行、预算调整、决算、监督、法律责任、附则"等11章79条内容，涵盖了预算编制、支出执行、监督的全过程。《预算法》第4章和《条例》第3章对预算编制的依据、内容、流程、相关部门职责作了详细规定。同时，为加强人大对预算工作的日常监督，在1998年12月成立了全国人大常委会预算工作委员会。

《预算法》是新中国成立以来我国财政预算管理方面颁布的第一部根本大法，这一法律的实施，改变了国家预算行为无法可依的状况，这对于强化预算的分配和监督职能，加强国家的宏观调控管理发挥了重要作用。但是，随着时间的推移，由于制度的前瞻性与现实的滞后性之间存在矛盾，以及其他各种障碍性因素的制约，《预算法》的贯彻困难重重，并出现了严重的偏差，从而影响了预算法功能和作用的发挥，因此，通过《预算法》的修订和完善来加强政府财政管理工作也就提上日程。

三、从政府预算编制现状看现行《预算法》存在的问题

(一)《预算法》关于预算主体的权责界定不明确

以预算法律形式固定下来的预算制度体系规定预算法律关系主体的地位以及他们相互之间的关系,确定各预算主体的固定职权和相互间的权利义务,为整个预算过程提供法律秩序。作为国家权力机关的各级人大及其常委会是预算的权力主体,审查和批准同级政府预算,赋予政府预算以法律效力;作为行政机关的各级政府是预算的全面组织实施主体,政府所属财政部门是预算的具体实施主体,直接实施财政管理职能;与财政直接发生缴拨款关系的各预算部门是预算的编制与执行主体。国家审计部门是预算的审计主体,行使对于预算、决算的审计职责。参与预算执行的还有税务机关、海关、中央银行、政策银行以及有关的商业银行。从财政责任看,预算法律的制度安排同时也就包含着相应的法律责任。构成一级预算的条件是独立地管理和支配一定的财政收入和支出,独立地编制预算和决算,并对同级人大负责。如果不具备这个条件,就不能构成一级预算。在2000年部门预算改革推行之后,部门成为预算编制和执行的主体,部门对本部门财政资金的使用、绩效考核负有直接的责任,财政部门仅是对资金的合规使用、及时拨付负有责任。在《预算法》和《预算法实施条例》两个范本中,对部门在预算编制、执行中的权责未能作出明确界定。

(二)《预算法》将财政资金分为预算内和预算外,破坏了预算的完整性原则

长期以来,我国在财政管理中把财政性资金分为预算内资金和预算外资金。按传统的预算外资金定义,是指国家机关(即国家权力机关、国家行政机关、审判机关和检察机关)、事业单位、社会团体、具有行政管理职能的企业主管部门(集团)和政府委托的其他机构,为履行或代行政府职能,依据国家法律法规和具有法律效力的规章而收取、提取、募集和安排使用,未纳入财政预算管理的各种财政性资金。从其性

质来看,其也是由政府财政部门管理的财政性资金,理应纳入到政府预算的收支范围之内,但按照《预算法》第76条规定,预算外资金管理办法由国务院另行规定。① 这一规定表明《预算法》只对预算内资金进行约束,而没有将预算外资金作为政府宏观调控财力来使用,所谓的预算只是预算内资金的预算。财政分配实际上只对预算内资金进行分配,导致预算外资金游离于预算管理之外,严重冲击我国正常的分配秩序,造成政府行为的失范,削弱了政府的宏观调控能力,导致资源浪费和低效率配置(预算内与预算外资金规模对比请参见表1)。尽管在2000年部门预算改革之后,将预算外资金纳入到部门的综合预算管理中,在部门预算中得以体现,但是这仅仅是将预算外资金纳入预算管理,并非纳入预算,提交人大审议监督。

表1　1996—2004年间财政收入与预算外资金规模对比

单位:亿元

	1996年	1997年	1998年	2000年	2002年	2003年
财政收入①	7407.99	8651.14	9875.95	13395.23	18903.64	21715.25
预算外资金收入②	3893.34	2826.00	3082.29	3826.43	4479.00	4566.80
比例①/②	1.90	3.06	3.2	3.5	4.22	4.76

资料来源:《中国统计年鉴》,2006年。

虽然《预算法》规定了各级人代会要加强对预算外资金使用的监督,但没有赋予人代会对预算外收支计划的审批权,预算外资金缺乏人大的审批监督。从目前我国政府预算所反映的内容看,预算收支范围过于狭窄已成为规范预算管理的重大障碍。尽管各级政府在强化预算外资金方面也做了大量卓有成效的工作,如中央财政将部分政府基金纳入预算管理,但大部分以政府名义收取的基金和收费仍游离于预算管理之

---

① 财政部于1996年11月18日发布《预算外资金管理实施办法》的通知(财综字[1996]104号),强化预算外资金的管理,主要内容在于规范预算外资金的财务收支管理,实行财政专户的收支两条线管理,对于其预算管理并未作强制性规定。

外,政府预算已失去了公认的完整性。狭窄的预算收支范围既弱化了应有的预算监督,也削弱了政府预算的宏观调控能力。另外,《预算法》第4、5、6条规定:"中央政府预算由中央各部门的预算组成","地方各级政府预算由本级各部门的预算组成","各部门预算由本部门所属各单位预算组成",由于《预算法》没有把预算外收入、部门其他收入统一作为部门收入,因此《预算法》中所称的部门预算并不是完整意义上的部门预算。因此,我国政府收支管理的现状反映了我国的财政还不是真正的"公共财政",我国的政府预算制度离现代意义上的政府预算制度还有很大一段距离。没有统一的政府预算,就没有真正的公共财政。

(三)《预算法》规定的复式预算编制形式并未真正实施

按预算编制形式可将政府预算分为单式预算和复式预算。单式预算,是将财政收入和支出汇编在一个预算内,形成一个收支项目安排对照表,而不区分各项收支性质的预算组织形式。单式预算的优点在于有利于反映预算的整体性、统一性,可以明确体现政府财政收支规模和基本结构。在政府收支规模较小,收支结构较为简单,国家基本不干预经济运行的条件下,单式预算可满足政府预算管理的需要,便于立法机构审议和公众监督,因而在预算产生后一个相当长的时期内,各国政府主要实行单式预算。但单式预算有其不足,即不能反映各项预算收支的性质,如资本性支出与消耗性支出的区别,不利于预算管理和监督,也不利于体现政府在不同领域活动的性质、特点。可以说,新中国成立以来一直采取单式预算的编制形式。

复式预算是根据预算收支的性质,将政府收支在两个或两个以上的预算表格中反映。复式预算的产生,是政府职能扩大,预算收支规模增大,收支性质趋于复杂,需要进一步加强预算管理和监督的产物。复式预算最早出现在丹麦、瑞典,后为英国、法国、印度等国陆续采用。复式预算优于单式预算之处在于,预算收支项目明确具体,结构清晰,便于分类管理和控制,增强了预算的透明度,克服了单式预算将"吃饭财政"与"建设财政"混在一起的弊端,更能适应市场经济发展所带来的预算资金分配格局的变化,有利于公共财政基本框架的建立与完善。

自 20 世纪 90 年代以来,在我国的公共预算管理中,实行复式预算的管理模式已得到理论界和实务部门的广泛认同。现行《预算法》第 26 条也规定,"中央预算和地方各级政府预算按照复式预算编制。"然而,在时至今日的中国公共预算改革中,复式预算制度并未取得实质性的进展,对于复式预算的分类、编制方法和实施步骤等未作统一规定,因此,我国真正的复式预算并未建立起来。现行部门预算仍然是部门的综合预算,并没有明确按照复式预算的内涵分编公共预算、国有资本经营性预算、社会保障预算等。

(四) 预算编制时间过短,编制内容粗放

按照我国现行的预算编报时间要求(以中央部门预算编制为例),总体上每年 7 月财政部统一布置下一年度预算编制工作,9 月各部门向财政部报送预算建议数,11 月财政部向各部门下达预算控制数,12 月初各部门依据财政部下达的预算控制数向财政部报送正式预算,12 月底,财政部将审核后汇总的中央预算草案及拟提请全国人大审议的中央有关部门的预算上报国务院,次年 1 月财政部将国务院批准的中央预算草案报送全国人大预算工作委员会交换意见,并根据人大意见修改预算草案,2 月财政部正式将预算草案提交全国人大财政经济委员会审议,财政部在全国人民代表大会批准中央预算草案 30 日内批复中央各部门预算,中央各部门应自财政部批复本部门预算之日起 15 日内,批复所属各单位的预算。从上述编制、审批的流程来看,预算草案真正讨论修改的时间集中在 9 月至 12 月之间。

合理的预算编制时间是保证预算草案科学、细致、准确的重要条件。如果预算编制时间太短,就可能导致预算草案仓促出台,预算支出项目的选定随心所欲。考察中国的预算法律制度,不难发现,由于预算编制时间过短,预算编制部门实际上不可能编制出非常详尽合理的预算。这样一来就不可避免地导致预算编制内容的简单粗放,不利于执行、管理和监督。还有这样的现象,地方财政部门迫于预算时间上限的压力，为了不影响全国的汇总，往往层层代编预算逐级向上汇总以应急需，如此这般，预算就成了形式公文，与真实需求之间就有可能存在不小的差距，甚至出现暗箱操作，让政府预算成为一纸空文，从而最终削弱政府宏观调控能力。

（五）财政超收资金使用的监督一直没有法律依据

由于1994年《预算法》制订的时候，1993年全国财政收入的规模才4348.95亿元，年度超收的规模相当有限，因此就没有对预算超收部分的使用流程加以界定。自2000年以来，我国每年预算执行情况的实际收入结果，连续7年均大幅度超过经由立法机构审议批准的预算法案的收入规模。从增长幅度的比较来看，最少的年份也是年初预算增幅的1.75倍，最高的年份达到年初预算增幅的2.46倍，远远超出预测误差（参看表2）。从规模上看，进入2003年以来，基本上年度预算超收的规模均在5000亿元以上，2007年可能会达到7000亿的规模，财政超收资金的分配使用一直是人大和财政部门争议的焦点。大量的预算超收收入，尽管需要报经全国人大备案，但其具体使用的自由裁量权却往往由各级财政部门斟酌使用，容易脱离立法监督机构的审查和监督，加重政府财政行为的非规范化程度。从理论上而言，财政超收资金也是财政性资金，理应编制单独的预算，纳入到人大的监督之内，但在实际操作中，由于《预算法》法律依据的空白，导致在关于财政超收资金的使用范围和流程上，人大和财政部门之间存在着很大的争议。

表2　2000—2007年度预算增幅与实际增幅比较

年份	预算增幅①	实际增幅②	实际增幅比预算增幅①/②
2000年	8.4%	16.9%	201.2%
2001年	10.3%	22.2%	215.53%
2002年	7.7%	15.4%	200%
2003年	8.4%	14.7%	175%
2004年	8.7%	21.4%	245.97%
2005年	11%	19.8%	180%

（续表）

年份	预算增幅①	实际增幅②	实际增幅比预算增幅①/②
2006年	12%	24.3%	202.5%
2007年	13.8%	预计25%	200%

资料来源：2000—2007年度，历次政府决算报告和预算草案报告。

（六）预算执行在前、人大审批在后带来的预算法律效力空白

政府预算是政府年度的财政收支计划，预算年度即政府预算收支、管理的法定起止期限或预算的有效期限，预算年度和会计年度并非完全一致。世界各国的预算年度一般为一年，但各国的预算年度起止日期不尽相同，立法机关召开会议的时间直接影响预算年度的起止时间，有的国家采取历年制，有的国家采取跨年制。我国的预算年度采用的是历年制，即从每年1月1日起至12月31日止，而我国人民代表大会却在每年的3月前后召开，审查批准本年度的国家预算和前一年的预算执行情况。在3月份人大正式批准国家财政预算议案前，预算已经从1月1日开始执行一个季度了。这两者之间的间隔，使得我国的财政在这段时期内，是在无政府预算的状况下运行的。根据《预算法》规定，地方各级总预算由本级预算和汇总的下一级总预算组成，县级以上地方各级人代会审查本级总预算草案。我国法律对各级人代会召开时间无具体规定，全国人代会一般在3月召开，省级人代会一般在4月或5月召开，省以下各级人代会召开时间各地不同，但一般都在3月以后。事实上，预算年度开始后，预算还处在编制和审批中，而年度预算正式批准后，预算执行已差不多过去了一个月，有些地方已经过去了半年，使编制出的预算失去了法律约束力，造成了《预算法》对政府预算进行监督的缺位。预算编制滞后于预算年度起始时间，造成预算先执行、后编制、再审批的局面，影响了预算的严肃性和权威性。虽然《预算法》作出了"先按照上一年同期的预算支出数额安排支出"等规定，肯定了这一做法的合法性，但也弱化了预算的法律约束力。尽管从预算和财政的产生而言，是先有财政活动，直到15世纪才有英国现代意义的预算的

产生，但是，从公共财政的理念要求来看，是先有政府预算的收支计划，然后才有相应的政府收支活动。在成熟的市场经济条件下，公共财政是时时刻刻都处于政府预算的约束下的，没有议会审议通过的预算，是不能进行相应的财政收支活动的。

（七）预算编制缺乏前瞻性，编制中长期预算的法律规范不到位

所谓预算即预测估算，既要符合国家的方针政策和经济发展的客观规律，又要结合各项收支的内在经济联系进行科学周密的测算，是一项技术性、专业性很强的工作。而我国长期以来预算编制只是在既定的收支之间安排资金，缺乏科学的分析预测工作，没有很好地将预算编制与经济预测结合起来。另外，预算年度也缺乏连续性，我们现在在编和审方面都较以前精细，但目前我们编的仅是年度预算，没有中长期预算，其弊端是年度间缺乏联系性，与经济周期联系不密切，缺乏对经济发展的预测性，不利于改善和加强财政宏观调控。尽管我国也编制财政发展的中长期计划，但实际执行中与年度预算基本上是两回事，因而使年度预算对财政的约束力相当有限。

（八）预算编制方法一直沿用基数预算的方法

我国多年来一直采用"基数加增长"的编制方法，预算支出"只上不下、只增不减"，从而导致了我国财政资源配置"刚性"和公共资金使用效率的低下。运用基数法编制预算，首先是收支基数的科学性、合理性难以界定。在实际工作中，往往以上年度实际数，或以前若干年度平均数为预算收支基数，以承认既得利益为前提，使以前年度不合理的收支因素继续延续，并且方法简单、粗糙。在预算编制中，年度国家政策变化、财力增加额及支出实际需要量等因素的分析，以及增减变化率的确定，主要依靠预算编制人员的主观判断，主观随意性较大，缺乏准确的科学依据。

四、从预算编制制度改革看中国《预算法》的完善

预算制度改革的核心问题是改革预算编制制度。在预算编制方法与

程序上，应变被动为主动。通过科学、规范、透明的预算编制程序，编制出便于管理和具有制约机制的预算，才有可能实现预算的规范管理，依法执行和加强监督。

（一）强化预算编制范围的完整性原则

政府预算必须全面反映政府活动，包括全部政府收支。预算的完整性，是编制预算的重要财政原则，是适应社会主义市场经济和公共财政的必然要求。当前部门预算编制改革应当尽快取消制度外的政府收支项目，把政府的所有行为纳入政府预算，并进而将其置于社会的监督和控制之下。下一步应把建立完整统一的公共预算作为一项重要的改革议程，形成一个覆盖政府所有收支的完整统一的公共预算体系。建议对《预算法》修订时，强化政府预算的完整性原则，政府预算的编制范围不仅包括预算内资金，还包括预算外资金。

（二）根据《预算法》的规定全面实施复式预算

《预算法》第26条规定，"中央预算和地方各级预算按照复式预算编制。"《预算法实施条例》第20条规定，"各级政府预算按照复式预算编制，分为政府公共预算、国有资产经营预算、社会保障预算和其他预算。"《预算法实施条例》还应进一步明确"其他预算"的含义。地方各级政府应改变传统的单式编制或形式上复式编制的做法，以遵守《预算法》的规定，全面按复式预算的编制办法和实施步骤编制各级政府预算。

（三）单独设立预算编制机构，实现预算编制与执行相分离

目前，预算的具体编制和执行、监督实际上都集中在财政部门一个部门，其间缺少制衡机制，既不利于集中精力编制好预算，又不利于集中精力执行好预算，不利于预算的科学化、规范化管理。在改革我国的预算编制机构时，可通过对《预算法》的修改明确规定，在中央一级，建立直属于国务院的预算办公室，政府预算由预算办公室编制，财政部负责组织预算收入和执行政府预算，两个部门之间无隶属关系。在地方一级，成立直属于地方政府的预算办公室，负责专门编制政府预算。预算编制机构全权负责预算编制工作，统一掌握预算编制政策与标准。预算执行部门负责预算计划的具体执行,各司其职,相互分离。

(四) 延长预算编制时间,实现预算编制精细化

延长预算编制时间,给各级政府和各部门充裕的时间来细编预算,杜绝"代编"预算、暗箱操作的出现,以保证预算质量。同时,进一步细化预算收支的具体内容,保证预算的真实性,也便于相关部门对预算的评估和审核。有充足的预算编制时间是制定较具科学性和准确性预算的一个必要条件。在改革中我们的预算编制时间虽然较原先有所提前,但是大多也只有不到半年的时间,建议全国人大以法律的形式将我国预算编制提前一年即着手编制。

(五) 解决预算年度与立法机关审批日期不一致问题

目前,在理论上有三种相应措施来解决预算执行和立法机关审批的时间冲突问题。一种观点是不改变预算年度,改变人大的会期至12月。二是不改变人大会期,而是参照国外经验将预算年度由历年制改为跨年制,如预算年度从每年4月1日至次年3月31日。三是既不改变人大会期也不改变预算年度,而是编制临时预算。临时预算由人大常委会通过,预算年度开始后,各级政府收支先按临时预算执行,待正式预算生效,临时预算自动失效。就法律修改的难度而言,第二种方法较为简便,但我国目前预算年度和会计年度、纳税年度紧密联系,一旦改变预算年度将会影响到会计年度和纳税年度,整个过程不但复杂,不易操作,而且牵涉面极大,会影响到整个社会的经济生活。"从有利于维持预算传统和符合经济习惯的角度看,改变权力机关的会议时间以适应预算法的需要更具有现实意义。"(熊伟,2001)在目前变动人代会的会期似乎缺乏可行性的背景下,可编制临时预算来缓解预算年度已开始但没有法定程序审批的预算来规范政府支出的矛盾作为过渡,待时机成熟,改变人大会期以适应预算年度。更重要的目的,则是要通过这种形式上的改革,树立起"无政府预算授权,就不能进行财政收支活动"的新观念。

(六) 引入财政中长期计划,编制滚动预算

我国国民经济和社会发展五年规划已经存在,但没有与之相结合的财政五年预算。应根据经济发展规划，引进财政中长期计划，制定滚动预算，增强预算管理的预见性和连续性。引入中长期计划可以确立一个中长期的财政支出框架，据此编制滚动预算，根据对中期经济趋势的预测，提出这一时期财政收支规模的基本框架，每年根据经济发展和各方面情况变化，调整修订一次，并滚动编制。这不仅可以确保与政府宏观调控意向相一致的跨年度项目有足够的资金来源，避免计划与实际脱节，而且可以克服年度预算编制过程中的短期行为，保证国家宏观决策与财政政策执行的一贯性，保持宏观经济的稳定。同时，也能考虑到一些长期立法，如《义务教育法》、《科技进步法》、《农业法》和社会保障及相关立法支出的要求。还要通过立法明确规定，各级人代会每年的召开时间，应当自下而上逐级推迟，从根本上解决层层代编预算的问题。

参考文献

1. 财政部预算司：《中央部门预算编制指南（2008）》，中国财政经济出版社2007年版。
2. 财政部预算司：《中央部门预算编制指南（2007）》，中国财政经济出版社2006年版。
3. 经济合作与发展组织：《比较预算》，人民出版社2001年版。
4. 李燕：《政府预算理论与实务》，中国财政经济出版社2001年版。
5. 刘剑文：《宪政视角的公共财政与预算》，载《河南省政法管理干部学院学报》，2007年第3期。
6. 刑会强：《程序视角下的预算法——兼论〈中华人民共和国预算法〉之修订》，载《法商研究》，2004年第5期。
7. 熊伟：《预算执行制度的改革与中国预算法的完善》，载《法学评论》，2001年第4期。
8. 熊伟：《财政法基本原则论纲》，载《中国法学》，2004年第4期。
9. 徐楷行：《宪政视角的我国财政改革》，载《经济与社会发展》，2007年第5期。
10. 杨华柏：《美国的预算法律制度》，载《中外法学》，1994年第5期。
11. 张馨：《法治化：政府行为·财政行为·预算行为》，载《厦门大学学报》（哲学社会科学版），2001年第4期。

中国"钱袋子"权力的突破：预算修正权

林慕华①

【摘要】 现有《预算法》没有规定各级人大的预算修正权，虽然有一些地方性法规对人大的预算修正作了相关规定，并且在实践中也出现了零星的预算修正现象，但是仍然给人大行使"钱袋子"权力、对资金分配产生实质性影响带来困境，不利于预算的民主化。另一方面，随着我国政治体制改革和预算改革的深入，预算修正权的缺失，也会使政府处于被动，减少行动的空间，影响政府公信力、合法化和理性化。当务之急是修改《预算法》，明确各级人大的预算修正权，以此作为推进中国预算民主化和理性化的契机。

【关键词】 人大　预算修正权　民主化　理性化

在现代公共预算中，"钱袋子"的权力属于立法机关最重要的权力。其演变可以追溯到中世纪，英国的骑士和自由民表决通过了当地社区增加附加税的决议，同时议会也开始关注财政的征收和使用。此后，立法机关的"钱袋子"权力逐渐发展起来，成为其代表公民扩大民主力量的手段。在20世纪90年代，世界上超过1/4的国家修订了他们的

---

① 林慕华，广东商学院公共管理学院讲师，中山大学政治与公共事务管理学院博士。

宪法，扩大立法机关的职责：一些 OECD 国家的立法机关开始努力恢复在预算过程中的积极角色，例如法国国民议会进行了大范围的预算改革，包括将预算重新分类，试图加强议会的监督权及扩大议会对财政支出预算的修正权（Chabert，2001）；一些发展中的转型国家，也开始进行一系列预算改革，主要反映在预算过程的民主化以及使立法机关得以进入到原本封闭的预算系统，例如在巴西，国会在历史上一直没有在预算过程中扮演任何显著的角色，但是现在通过修订宪法，赋予了国会修改预算的权力（Frederick C. Stapenhurst，2004）。处于社会转型与民主化改革背景下的中国，也通过预算改革不断地加强人大的"钱袋子"权力。

从 1994 年《预算法》颁布以来，我国各级人大的预算监督职能明显得到加强，尤其认识到预算审批环节的重要性。李鹏（2005：414）在会见 2000 年全国人大财经工作座谈会的代表时就指出："审查批准国家预算、监督预算的执行是宪法赋予人大的职责，是一件大事情。随着社会经济的发展，税源会不断增加，税收也会越来越多，把国家预算用好管好的责任就更大了。预算的审查监督，不仅是中央的事情，也是各地区的事情。各级人大都要加强和改善这方面的工作。"对此，地方人大的官员（张忠文，2004）也深有体会："审批环节是预算最终能否形成的环节，是人民意志最突出表现的环节，是预算运作过程的灵魂，强化预算的审查批准是预算法修改的重中之重。"

但是，当前的《宪法》、《地方各级人民代表大会和地方各级人民政府组织法》和《预算法》虽明确规定了中央和地方各级人民代表大会有权审查和批准预算草案，却均未提及预算修正权。而全国人大常委会《关于加强中央预算审查监督的决定》也未涉及对预算草案的修正问题。一句话，现有法律对人大是否享有预算草案的修正权以及修正的原则、内容、程序等语焉不详。预算修正权的缺失，成为实现人大预算审批权的瓶颈。在当前中国式行政预算体制下，衡量各级人大"钱袋子"权力大小的一个指标就是看其能否修改政府提交的预算草案。如果人大不能对政府预算草案进行修改，那么，其权力就相对比较小；反之则比较大。可以说，修正权的引入将能够从根本上改变人大介入预算的深度，从原来例行程序的批准变为有效的监督（Krafchik & Wehner, 1999）。换言之，人大要真正实现实质性监督，预算修正权是关键所在。

实际上，强调通过法律明确人大拥有预算修正权的观点也算是老生常谈。早在《预算法》制定之前，就已经有人撰文指出应该赋予人大预算修正权（王敏，1991；刘来宁，1992）。此后有更多的人在探讨加强人大预算监督时提到预算修正权是加强我国人大预算监督的重要措施之一。[①] 但是，我国现有的法律依然未对人大的预算修正权加以明确，实践中也未见有预算修正案的常态使用。究其原因，关键在于作为规范我国预算行为的专门法律《预算法》缺少"预算修正权"的相关条款。这不仅影响到我国各级人大预算修正权的行使，更制约了我国各级人大对预算草案进行实质性监督。因此，本文将结合当前我国各地预算监督的实践以及公共预算理论，从人大及政府两个主体的立场出发，分析预算修正权对于实现中国预算民主化和理性化的必要性。

一、何谓"预算修正权"？

所谓预算修正权（Amendment Power），简单说就是改变预算草案的权力，是指拥有预算审批权的主体对进入审议程序的预算草案进行修改的权力。在具体运作中，不同的国家对预算修正权有不同的界定，也就是说，改变预算草案的范围和幅度各有不同。总体来看，各国赋予立法机关的预算修正权主要有三种（Krafchik & Wehner, 1999）：（1）没有限制的权力，即议会可以向任何方向（增加或减少）改变收入和支出而不需要政府同意。绝大部分总统制国家都是这样的。（2）有限制的权力，即议会可以在某些确定的限制内修正预算，通常是和增加总支出联系在一起的。绝大部分议会制国家都属于这种类型。（3）平衡预算

[①] 根据中国期刊全文数据库的统计显示，从《预算法》实施以来，有37篇文章谈到应明确人大的预算修正权。

权力，即只要有一个制衡机制来确保预算平衡，议会就可以增加或减少支出或收入。

预算修正权是立法机关在预算审批环节中所行使的权力，更是其"钱袋子"权力最重要的体现。一般来说，预算准备权是由政府首脑掌握的，预算都是由政府首脑汇总后提交议会审查的。议会的"钱袋子"权力就体现在其对政府所提交的预算草案的最终决定权上，一般表现为否决权和预算修正权。在实际中，不论是政府总预算草案，还是部门预算草案，都是由类、款、项、目等各级收入科目和支出科目以及其预定的金额构成的。因此，对预算草案的审查只能从低一级科目到高一级科目逐级逐项进行。预算草案审查的结果，形式上包括三种：维持既有的科目及经费；增列或者删除预算科目；增加或者削减既有预算科目的金额。因此，否决权是立法机关对预算草案整体的、全面的反对；而预算修正权则体现立法机关对预算草案个体的、局部的、单项的反对。

对于议会来说，最强大的权力是否决权，但是，最重要的预算权实际上是预算修正权。虽然整体否决权看似强大，但是，议会一般不会轻易使用整体否决权。因为，整体否决政府预算将导致立法与行政之间的政治冲突，在议会内阁制国家，意味着议会对内阁投了不信任票，在总统制国家则意味着立法和行政之间的严重对立，导致政府关门。而预算修正权是在不整体否决政府预算的情况下对政府预算进行局部的修正。如果没有预算修正权，那么，议会就只有在整体通过政府预算和整体否决政府预算之间进行选择。整体通过政府预算实质上意味着议会放弃了对于政府预算的审查权力，整体否决则会导致巨大的政治冲突，而预算修正权使得议会在两个极端之间获得了一个可行的空间。因此，从某种意义上，预算修正权是现代议会最重要的权力，是"钱袋子"权力实现的关键落脚点。

有学者认为，部门预算改革以来确立下来的预算初审使得人大常委会对于具体项目具有了一定的预算修正权。在现有的人大代表制度和预算法律框架下，"预算初审在发挥预算修正的作用方面比大会审查更为直接有效，改进预算初步审查，可以成为完善预算审查监督程序、提高审查监督实效的一个很好的切入点"（李卫民，2003：85），因为到人代会召开之时，提交给人大代表审议的预算已是政府和党委研究决定的，人大代表很难提出具体的修改意见。相比之下，在初审阶段，政府的预算安排还没有定型，此时提出修改意见比较容易为政府接受。但是，人大常委会的预算修正权是否具有最后的约束力是一个值得考虑的问题。从根本上看，这一权力的最终行使者应该是全体人大代表。只有人大代表通过的预算修正案才是最具有权威性的，人大常委会在初审中形成的预算修正建议对于政府来说并不具有法律约束力，它的作用是为人大代表审查、修改预算提供某种建议。因此，在初审的基础上，应该赋予人大代表修正预算的权力。

二、预算修正权缺失产生的困境

预算修正权的缺失，使人大在预算审批环节中难以影响资金分配，无法实现实质性监督，削弱了政府预算的合法性、合理性和科学性，带来了一系列的困境。

（一）整体审批导致两难困境

没有预算修正权，使得人大在审批预算草案时，便只有两种选择：整体否决或整体通过预算草案。前者在中国的政治体制下，既不现实也无必要。而后者，又使得人大的预算审批权无法真正落到实处。

宪法和法律赋予各级人大在预算审批中拥有极高的权力，可以整体地否决预算草案。但是，即使在西方民主化程度极高的国家，整体否决政府预算的做法也是很少出现的。因为如果立法机关对预算予以否决，在内阁制国家，相当于投下不信任票，从而引发倒阁或解散国会的危机；在总统制国家，也会形成政治僵局，例如1995年美国共和党人控制的第104届国会与民主党人总统克林顿围绕1996年预算而彼此开战，结果掌管"钱袋子"的国会不批准行政开支，政府不得不暂时关门。可以说，立法机关整体否决政府预算，无论在何种政治体制下，都会带来明显的政治动荡。因此在当前中国的预算体制下，人大几乎不可能否决政府预算草案。这一点，可以通过近年来公布的各级各地人大关于预算草案的决议得到印证。以 2005 年为例，当年中央及 31 个省（自治区、直辖市）的人大关于预算草案的决议，只有山西省的财政预算报告在经过人大代表审议之后，由财政厅根据相关意见建议作了修改，其他的均为"同意"通过。但是，就是这仅有的一份吸取了人大代表审议意见而作出修改的财政预算报告，所改变的内容也未涉及资金分配，更多的只是语言表述上的变动以及政策导向的进一步明确。所以说，整体否决预算草案在当前中国的制度环境下是不现实的。

此外，通常情况下，政府所提交的预算草案，大体上是合理的，需要修改或完善的地方只是局部。从人大的角度来说，并无必要完全否决政府提交的预算草案，而仅仅需要政府对其局部进行修改。但是，现有的法律，却没有赋予人大这样的选择。因此，在实际操作中，人大只有一种结果，就是"一揽子"地通过政府预算草案及其报告。但是这种整体通过，又使人大的审批权流于形式，导致长期以来在预算审批的实际操作过程中，绝大部分的情况是，政府如何编，人大就如何批，"给什么看什么，说什么听什么，报什么批什么"，预算在很大程度上是"政府的预算"，正如地方人大的官员所描述的现象：

> 人大审批预算也就是走走形式而已。对于人大常委会行使初审预算、决定预算调整和审批决算也同样流于形式，往往政府报什么，人大常委会批什么，政府怎么报，常委会就怎么批，基本上处于"审而不查包批不改"的状况。（张子镇、谢荣英，2003）

（二）程序性缺陷导致权力行使被动

在当前的法律框架下，人大代表在审议预算草案时，即使看得懂预算草案，也提得出意见，但是，这些意见往往是较为分散的，有可能被采纳，也有可能不被采纳，没有相应的程序来对人大代表提出的意见进行筛选。其结果就是，人大代表提出的意见是否为政府所采纳，不是由人大及人大代表来决定，而是由政府决定。这就严重削弱了人大会议审议预算草案的作用，使人大代表对预算草案的意见流于形式，无法体现在最终通过的预算草案中。另一方面，现有的审批程序设置也使人大陷于被动。尤其是在一些预算改革推进得较快的地方，部门预算也上人代会审批，并且是整体地表决，因此，实际上即使人大对其中的一些部门、一些项目的预算安排有不同意见，在缺少修正权的情况下，最终也成了这些预算案合法性的来源。一位人大官员的话道出了其中的无奈：

> 我们在2003年开始推行部门预算审查。财厅批复给部门，就说明'这部门预算业经人大批准'，财厅凭这点就可以压倒部门了。我们部门预算确实是整体地、一个不漏地拿上人大会审批。这一点与某些省不同。他们用了我们这个招牌。其实，我们也只是睁只眼闭只眼，笼统地批了，打包，一大包批。在这一点上财厅利用了我们，我们心里也清楚。(20060125Y001H1)[①]

（三）实体性权利缺失导致人大权力疲软

现有法律规定人大代表有提议案、建议或意见的权利。虽然这些权利对于人大代表履职具有重要的意义，但是，缺少预算修正权仍然导致人大权力疲软。近年来，各级人大代表提出议案的热情日益高涨，数量不断增多，内容也十分广泛，见解多种多样。这一方面说明我国各级人大代表的参政议政热情和能力在提升，但另一方面，其中大量的议案是超过各级人大职权范围的，对于这类议案各级人大唯一可做的就是移交给政府部门参考。由于《预算法》及其他法律并未明确"不执行议案"的法律后果，即使人大代表通过议案的形式对预算草案提出修改的具体意见，如果政府不执行，人大也没有相应的追究机制，这样，又使议案流于形式，不能起到真正的作用。议案尚且如此，建议和意见就更难有约束力。根据相关法律，人大代表所提的建议或意见，交由"有关机

---

① 括号内为访谈编号，下同。

关和组织研究处理并负责答复"①,处置权是掌握在有关机关和组织手中的,不具有强制力和约束力,是"代表与有关机关、组织相互沟通的过程","与人大行使职权没有直接关系"。从当前的实际操作来看,由于缺少法定的程序和实体规定,因此,各地人大往往将其意见用"沟通"的形式对政府及其部门施加影响,用人大官员的话来讲,就是:

> 我们只是提出这项意见,然后与部门沟通,部门沟通完了以后,才根据我们提的意见,他们去协调。我把问题提出来之后,你自己解决,自己去调整……其实就等于是说我把发现的问题提出来。(20070110M101Z1)

这就大大削弱了人大作为最终的资源保护者和审批者的实际权力,而流于一个提出问题、仅供参考的咨询、参谋机构。

(四)"关前门开后门"给预算执行埋下隐患

由于缺少预算修正案的明确设置,人大代表在行使职权时,习惯于通过提建议的方式,要求政府实现某项活动,这些往往都是涉及支出的事项。大量的建议都是要花钱的,花钱做这个,花钱做那个,这就相当于"关前门开后门"。这种做法既不利于我国财政资金的合理、有效使用,而且也给预算执行埋下隐患,破坏了预算的刚性和严肃性。换句话,在人大应该影响资金分配的合法阶段,人大代表没有合法有效的方式去落实,却在预算执行过程中,通过其他形式干扰、试图改变资金安排。正如一位人大官员指出的:

> 本来这些预算就是代表负责审查,审查的时候你不提意见,你举手通过,现在又提出来增加钱搞这个搞那个,你为什么不把这个放到审查预算时去用呢?(20060125Y001H2)

---

① 相关的法律规定详见《地方组织法》第19条。

(五)"非此即彼"使政府也被动

随着我国政治体制改革的深入，人大代表的民主意识和参政议政能力的提高，越来越多的人大代表已经不满足于简单地投"赞同票"，正如一位人大官员所言：

> 这几年表示反对的人越来越多了。现在人大表决，能达到将近80%的通过率就相当高了。(20060125Y001H1)

这位官员同时表达了这样一种担忧，在缺少预算修正权的情况下，如果有一天预算草案没有在大会上通过，会是什么结果？在他看来，"政府相当地被动"(20060125Y001H1)。事实上，他的担忧并非多虑。近年来，我国各地已经出现过零星的政府预算草案被否决的案例。据笔者所了解的，就有1995年河北饶阳县人大两次否决政府预算草案；2002年湖南沅陵县人大以8票之差否决财政预算报告；2006年湖南麻阳政府预算草案两度"卡壳"。这三个县都有一个共同的特点，就是财政困难，存在赤字预算的现象。虽然出现这种"否决案"的情况屈指可数，但其出现已经给我们的制度设计存在的问题敲响了警钟。三起"否决案"中，人大代表对预算草案的意见相对集中，河北饶阳针对"公教人员工资发放"、湖南沅陵要求解决"财政统发工资问题"、湖南麻阳则是"保证专项支出"。但是现有的"非此即彼"的制度设计，没有提供人大代表其他的选择，他们如果要表达不满意，唯一的选择就是否决。一旦出现较多的人大代表对政府预算草案不满且沟通协调后仍不能解决问题的局面，那么，无论是人大还是政府，回旋的余地就相当有限。一旦不赞成票过半，则政府预算草案将受到整体否决。这样一来，政府就必须重新提交预算草案，势必会对其他正常的财政收支造成影响。

此外，如果人大代表只是投"反对票"，但却没有提出具体的意见，那么，政府就更加棘手。一名官员道出了这种苦衷：

你（人大代表）不同意我（财政部门的预算草案）的，但你又没有提出意见，代表又不说意见，政府就很难做。你说出意见来我可以根据你的意见改。但你不说出意见来我怎么搞啊？（20060125Y001H1）

预算修正权的缺失，使得人大与政府在预算审批环节的协调空间缩小了，回转的余地变窄了。这种情况，无论对人大还是对政府，都是弊大于利的。随着我国政治体制改革和预算改革的不断深化，及时修改《预算法》，对预算修正权的相关内容加以明确规定，甚为迫切。

三、当前我国地方法规与实践中的预算修正权

虽然包括《预算法》在内的法律尚未列入预算修正权，但是，我国一些地方已经走在了前面。近年来，一些地方法规已经出现了某种程度上的突破，零星可见到关于人大预算修正权的相关规定。截至2008年3月，我国已经颁布并实施的省一级地方性法规中，共有6个省的地方性法规规定人大可以针对预算草案提出修正案。表1对这6个省制定的预算修正权条款作了分析。

表1 省一级地方性法规关于预算修正案的规定

省份	立法时间	立法主体	提出修正案的主体	修正案成立要件	修正案法定效力	对修正案的限制
湖北	1996.7	人大常委会	各专门委员会、人大代表	主席团会议同意，大会表决	政府应修改草案	无
山西	1999.11	人大常委会	人大财经委员会	无	无	无
云南	2000.12	人大常委会	无	大会表决	政府应修改草案	无

(续表)

省份	立法时间	立法主体	提出修正案的主体	修正案成立要件	修正案法定效力	对修正案的限制
海南	2001.2	人大	人大代表10人以上联名	主席团决定是否列入大会议程，大会表决	政府应修改草案	无
广东	2001.2	人大	大会主席团、常委会、各专门委员会、人大代表10人以上联名	主席团审议决定，大会审议	政府应修改草案	对所提议的事项、理由作出详细说明；提出增加支出的修正案，必须相应提出增加收入或减少其他支出的具体方案
河北	2001.9	人大常委会	无	无	无	无

注：1. 河北省仅在其法规中提到"预算修正案"，未有其他相关规定。
2. 相关条款出处见全国人大常委会预算工作委员会预决算审查室，2005。

由表1可以看出，虽然我国若干省级人大及其常委会在立法上已经开始将预算修正权作为人大行使预算审批权的一项重要制度安排，但是，对于预算修正案的提出主体、具体内容、成立要件及法定效力等的规定却不尽相同或未予明确。究其原因，关键仍然在于我国《预算法》没有对预算修正权作明确规定。因为我国作为社会主义单一制国家，任何基本的制度框架的建构都来自于中央（何俊志，2005），各省虽然有权制定地方性法规，但是，按照《立法法》的规定，是以"不同宪法、法律、行政法规相抵触"为前提的。用地方人大官员的话就是："最关键是《预算法》没写，而我们是根据《预算法》这个母法来制定的，母法没有，我们自然也就没法明确怎样追究责任，我们不能超越母法。"（20060125Y001H1）因此，地方人大的立法，虽然可以为全国人大提供经验积累，但是要实现真正的立法突破，关键仍在于《预算法》的修改。

除了立法上的突破之外，最近几年，我国一些地方也出现了人大代表行使预算修正权的新现象，例如广东省和浙江省温岭市新河镇。2003年1月，广东省十届人大人代会期间，广州代表团的部分代表向大会提交了《预算草案修正案》的议案，建议将基本医疗保险纳入省级政府性基金预算，作为社会保险基金之一。该议案的领衔代表指出，根据广东省2003年省级政府性基金预算草案的说明，2003年省级政府性基金预算的编制有11项，但未设立基本医疗保险基金，而基本医疗保险是属于社会保障体系的一部分，应新增基本医疗保险基金项目，将其纳入省级政府性基金预算。从预算修正案的内容来看，这是一个增加预算项目的修正案。该议案经大会主席团认真审查，认为医疗保险已纳入广州市政府性基金预算，且不属于省级预算的职权范围，故未提交大会表决。时隔三年，在浙江省温岭市新河镇人代会上，人大代表共提交了议案51件，其中有8件是针对2006年预算草案的修正议案。经大会主席团审查后，有两件预算修正议案提交人代会表决并获得通过：其一是"把计生四项手术费及外出调查经费从100万元减少到50万元，补充到村庄整治"议案；其二是"从预备费中拿出50万元补充到垃圾清运费"议案。这两个议案从形式、内容和程序来看，都符合预算修正案的构成要件。可以说，这是我国地方人大真正行使并落实预算修正权的突破性实践。

应当说，近年来我国各级地方人大的立法与实践，已经为我国修改《预算法》、制定预算修正权提供了丰富的经验累积和试点支撑。

四、预算修正权是实现预算民主化、理性化的契机

随着中国逐渐向税收国家过渡，公民会逐渐形成预算民主的要求，预算民主也会在给国家的预算权力形成一些制约的同时带来一些非常重要的政治和财政收益。通过立法明确人大的预算修正权，是实现我国预算民主化、理性化的契机。

首先，预算修正权是每一位人大代表的权利，具有平等性、自由化的特点。任何一位人大代表，都可以根据相关法律法规所设定的程序和要件，向其所在人大提出关于政府预算草案的修正议案。在这一过程中，人大代表可以借助其专业优势、界别优势、信息优势，向其他代表展开游说，让更多的代表支持其预算修正议案，从而最终在人代会上表决通过。随着我国社会的发展，民生问题已日渐突出，国家也不断强调要实行"民生财政"。在当前的政治体制下，最能代表民意、反映民声、了解民生的，当属各级人大及其组成人员。人大代表来自于社会各阶层，比政府更广泛地接触到民生，更清楚老百姓最迫切的需要。借助于这样一个合法的程序，可以使人大代表真正地影响预算、影响财政资金的分配，从而使其所代表的民意得以体现，并帮助政府制定出更加科学、更加合理的预算案。

其次，预算修正权是整体行使的，其成立必须以人代会的表决通过为要件。在调研中，一些政府部门的官员也包括个别人大的官员曾经指出，目前预算观念不强，预算约束力不够的现象不仅在政府部门存在，在人大代表内部也存在。也就是说，不仅相当多的政府领导缺乏预算观念，不尊重预算，人大常委会和人大代表实际上也如此。例如，在预算编制的过程中，甚至预算执行的过程中，几位人大代表可以联名向党委、政府或直接向政府财政部门提出一些要求，而且一般都是要求安排支出的要求，出于对人大代表意见的尊重，财政部门或许会安排一些资金。但是，这种做法的问题是，这几个人大代表的要求或许并不是大多数代表的要求。因此，在赋予人大代表有权提出预算修正案的基础上，

通过人代会的集体审议和表决，既可以避免个别代表的意志凌驾于集体之上，又可以使每一个通过的预算修正案更具有合法性、合理性和科学性。

最后，明确人大的预算修正权，有利于更好地分清政府和人大在预算过程中的职权，理顺二者的预算法律关系，形成相对政府提出申请、人大进行审批的角色分工，形成一定的权力分立和制衡，使人大真正成为财政资源的保护者。正如刘剑文教授（2006）所言，未来人大预算审批权的走向，应在于扩大权限以制衡行政部门，如果能够赋予人大预算草案的调整修正权，一方面可以加大权力机关的预算职责，另一方面对不合理的预算开支也多了一条制约途径。明确人大的预算修正权，就像交给各级人大一个滤筛，可以将政府提交的预算草案仔仔细细地进行筛选，尽可能地减少不合理、不科学的收支项目。

五、小结

从目前我国立法来看，宪法和法律明确赋予人大及人大代表在预算审批环节中拥有初审权、调研权、建议权、审议权、询问权、提案权、质询权及表决权等诸多权力。但是这些权力都不能取代预算修正权在预算审批环节中的重要性。因此，有必要在修改《预算法》时对各级人大的预算修正权作明确界定，以实现各级人大的实质性监督，从而有足够的权能为人民看紧、看好"钱袋子"。

需要注意的是，人大代表应该整体行使预算修正权，在赋予人大代表预算修正权后，应该设置一定的程序来进行修正。例如，先形成预算修正议案，然后提交人代会全体代表表决。只有通过的预算修正案才具有法律约束力。同时，又要借鉴许多国家对于议会预算修正权进行限制的做法，结合中国的实际情况，明确界定人大预算修正权的范围、形式和条件。应该指出的是，落实人大的预算权并不等于将绝对的权力赋予人大。如果人大有了不受限制的预算修正权，那么，公共开支就会失去控制。因为人大代表也是想花钱的，如果允许人大代表以增加支出的形式自己提出申请再自己审批，那么，那些满足人大代表支出要求的项目就容易获得通过，这势必会导致公共支出的膨胀。所以，为了控制支出，在赋予人大预算修正权的同时，必须从制度安排上对人大的预算修正权进行限制。总而言之，预算修正权是必要的，但也必须是受限的。

参考文献

1. 何俊志：《制度等待利益：县级人大制度成长模式研究》，重庆出版社2005年版。
2. 李鹏：《李鹏日记》，新华出版社、中国民主法制出版社2005年版。
3. 李卫民：《改进预算初步审查方式，完善预算决策和管理制度》，载《人大财经》，2003年第5期。
4. 刘剑文：《民主视野下的财政法治》，北京大学出版社2006年版。
5. 刘来宁：《地方人大审批和监督预算中存在的问题及改进意见》，载《人大研究》，1992年第3期。
6. 全国人大常委会预算工作委员会预决算审查室编：《中国政府预算法律法规文件汇编》，中国财政经济出版社2005年版。
7. 王敏：《全国人民代表大会审查国家计划和预算案的几个问题》，载《中国法学》，1991年第2期。
8. 张子镇、谢荣英：《试论人大及其常委会实施对预算审批和监督的有效性》，见 http://www.mlrd.gov.cn/shownews.asp?newsid=119，2003年4月1日。
9. 张忠文：《预算监督：打造中国的阳光财政》，载《人民与权力》，2004年第8期．
10. Chabert, G., "La Reforme de l'Ordonnance de 1959 sur la Procedure Budgetaire: Simple Amenagement Technique ou Prelude a des Veritables Bouleversements?" Regards sur l'Actualité, 2001, No. 275.
11. Krafchik, W. & Wehner, J., "The Role of Parliament in the Budgetary Process", *Budget Information Service* (The Institute for Democracy, South Africa, Idasa), 1999.
12. Stapenhurst, F. C., "The Legislature and the Budget", *The International Bank for Reconstruction and Development*, World Bank Institution, 2004, Stock No. 37233.

落实人大预算权力　推进公共预算法制化建设

马海涛　程　岚　秦　强①

【摘要】长期以来,我国人大在履行预算审查和监督权方面,效果一直不甚理想。尽管预算改革已进行多年,但多数改革只停留在预算编制的技术层面,深层次的权力分配,以及人大预算权利实现问题都没有涉及。预算制度的不具体,缺乏操作性,制约了人大的预算审查权;政府与人大预算权力分配不平衡,弱化了人大的预算监督权;人大自身建设滞后,加剧了人大与政府间信息不对称性,更是使得人大的预算权"名不副实"。

【关键词】人大　预算权力　法制化

市场经济条件下,政府的收入和支出预算应该遵循民主原则,应将政府所有的收支行为都置于人民及其立法机关的监督之下。公民与政府所形成的委托—代理关系主要是通过政府预算的过程来维系。一方面,纳税人通过预算向政府让渡一部分财产权和自由权,让政府能够通过税收筹集足够的财力履行其职能;另一方面,通过政府预算审议过程中各

---

① 马海涛,中央财经大学财政学院院长,教授,主要研究领域是财政理论与财政政策。程岚,江西财经大学财税与公共管理学院教授,主要研究领域是财政理论、财政政策、政府间财税关系。秦强,中央财经大学财政学院研究生。

个利益团体间的博弈，纳税人的公共消费意愿也得到传递；第三方面，政府预算还是纳税人对政府工作开展监督的窗口，由于政府在履行代理过程中不可避免地会存在不确定性和信息不对称，有可能偏离委托人的目标，出现"逆向选择"和"道德风险"等损害委托人利益的行为。因此，要解决好这一问题，必须通过强化监督才能最大限度地缓解代理人（政府）与委托人（社会公众）之间的信息不对称，从而确保其切实有效地履行公共受托责任，以更好地维护社会公共利益，实现社会公共目标。

一、制约人大行使预算权的内在因素

我国在推行部门预算改革以来，预算过程的约束性越来越大，政府提交给人民代表大会的预算信息越来越详尽，大到工程项目，小到办公用品基本都能在预算中反映。然而，目前我国预算决策实质上还是掌握在政府及其各部门手中，政府既是预算的执行者又是预算的编制者，政府与纳税人之间预算信息处于不对称状态，纳税人及其代议制机构——各级人大难以对政府预算实施有效的审查和监督。可以说，目前我国的政府预算体系距离民主化的目标依然有一定的差距。

（一）制度因素

民主化是市场经济条件下公共财政的基本要求，是要通过政府预算编制和执行过程的公开与透明来实现民主参与、民主决策、民主监督。立法机关代表公民行使这些权力，与西方发达国家一样，我国宪法也赋予了人大以预算审查和监督的权力，然而这一权力却不能充分发挥，其首要原因是我国现行的制度体系不完善，造成人大"有权没处使"的尴尬。

1. 人大开展预算审查的法律依据不够充分

目前，我国法律层面对人大如何行使预算监督和审查权没有作明确的规定。尽管我国《宪法》和《预算法》赋予人大预算监督和审查的最高权力，但无论在《宪法》还是在《预算法》中直接规定预算监督的条款微乎其微。我国《宪法》主要是明确了各级立法机关在预算方面的审批权，以及国家行政机关的预算编制权、执行权方面的少量内容。这些都不同于西方发达国家宪法中对预算、税收、国债等公共经济问题单独设篇或单独设置大量的规定。宪法依据不充分，影响了相关的立法。《预算法》和国务院制定的实施条例虽然从立法上极大地规范了预算管理程序，但操作性仍然不强。如人大是否享有预算草案的修正权，预算调整如何界定，预算草案的主要内容怎样理解，初审以什么程序和方式进行，审议结果如何处理，预算外资金是否处于预算监管之内等《预算法》都无规定。从某种意义上说，中国的预算改革是由行政权力机关主导的，这一过程需要通过权力的让渡来完成，权力的让渡必然会使行政部门失去部分利益，因此，在法律层面上缺乏实施细则的情况下，人大开展预算监督和审查会遇到较大阻力。

2. 预算执行过程监督和决算制度不完善

预算执行过程监督制度是西方各国议会预算监督系统的重要组成部分，如美国法律规定，有关部门必须近期对预算执行情况作出报告，并对报告的具体内容、期限甚至报告人都有明确要求。目前，我国尚未建立起一套完善的预算日常监督体制，按我国现行《预算法》规定，在预算执行过程中只要不发生收支逆差或举债数额的扩大，都不必编制预算调整方案提请人大审批，这造成各级人大对政府超收支出，专项资金、返还和补助等转移支付，政府预备费，预算收支结转的监督乏力。长期以来，预算都是作为机密对待。从支出预算的确定到拨款的使用，整个过程基本上处于"暗箱"操作状态，预算执行过程很少对公众公开。这给各部门挤占挪用财政专项拨款等违法违规行为，提供了非常便利的条件，而人大预算监督又难以奏效。"跑部钱进"几乎成为预算的代名词，就是预算不够规范透明的最好证明。

由于上下级政府财政分配最终要通过决算来明确，政府决算要待上级财政批复后才能报本级人大常委会审查批准，执行中地方财政在每年终了后数月都无法提交决算草案给人大，影响人大审批决算的严肃性，审批流于形式。而且经过两个层次的批准，第二次审批已经失去了意义。目前，预决算编制科目体系不同，使得预算和决算脱节，形成了预算和决算"两张皮"。现在提交到人大的只是预算草案，没有向人大提交相对应的预算执行结果的决算，人大难以比较分析，难以发现问题、总结经验，也不便于有针对性地提出意见。

3. 缺乏信息公开制度

尽管我国政府在近年来加强了政府信息公开化建设，纳税人能够通过各种途径查阅到与政府工作相关的信息，虽然 2007 年 1 月 17 日国务院第 165 次常务会议通过并将于 2008 年 5 月 1 日起施行的《政府信息公开条例》中明确规定了财政预算、决算报告；行政事业性收费的项目、依据、标准；政府集中采购项目的目录、标准及实施情况要公开，但我国现行《预算法》中尚无关于政府预算公开透明的专门条款，且现行财政立法中行政法规、部门规章及其他规范性文件占较大比重。由于法律层次不高，执行效力将受到一定程度的影响，降低了政府预算的透明度。

（二）客观因素

除了上述制度因素外，人大对政府预算开展审查和监督需要具备至少四个客观条件：信息充分、时间充裕、技术保证、人员专业。信息充分是指人大应及时、准确且充分地掌握与政府预算有关的各种信息，如过往政府各部门各项工作开展情况及其绩效评价信息、近期预算工作安排情况、下一年度的工作安排和预算、大型项目的论证报告等；时间充裕是指政府预算的编制和审查过程应有充分的时间保障，一方面是为了确保政府各部门有充足的时间开展预算的编制工作，如政府各部门进行必要的调研和论证、财政部门统筹协调各部门的预算编制、人大与财政部门进行信息交流等，另一方面是为了使各级人大有充足的时间对预算进行审查；技术保证是指人大开展预算监督工作必须有相应的技术工具作为保障；人员专业是指人大必须有一群掌握专业知识、熟悉政府工作的人才来对预算信息进行分析和评价，为人大的预算审查和监督工作提供决策的参考。长期以来，我国政府预算每年都以高票通过，然而在次年的"审计风暴"中却暴露出很多问题，这一矛盾现象正说明我国人大在审查能力上存在缺陷。

1. 人大获得及处理信息的能力有欠缺

要切实落实好预算监督和审查的权力,需要人大有相应的能力来保证。一方面,人大应有能力掌握充分的预算信息,这不但需要政府及时向立法机关提供相关信息,而且也要求立法机关应该有独立的信息来源,以确保它能够独立自主地判断政府所提交预算信息的真实性、可行性,并帮助人大评估政府每项预算开支的社会成本。美国进步时代后,在完成预算权(编制权)在立法部门和行政部门之间重新分配之前,就已经在财政部下设立了预算局,为总统提供预算技术和信息上的支持。然而,目前我国各级人民代表大会还缺乏独立的预算信息渠道,其最主要的信息来源是政府提供的预算报告,这导致作为预算主要执行者的政府在预算制定和审议过程中始终处于强势地位,信息垄断者在市场经济条件下往往能获取超过正常水平的利益,过度的信息垄断是腐败现象的"温床"。另一方面,人大应有处理和分析信息的能力,这需要各级人大建立起相应的专业人才队伍,以确保信息能得到及时的分析和处理,并在此基础上提出相应的对策和建议。目前,我国各级人民代表大会在人力资源建设方面仍然不足,缺乏专业的人力资源开展分析工作。尽管我国《预算法》第37条规定:中央及地方各级预算应提交同级人大的财经委员会或有关的专门委员会或常委会的工作委员会或常委会进行初步审查。然而,无论是财经委员会,还是有关专门委员会和工作委员会,其人员配置在数量上和质量上都难以完成预算审查这一专业性极强的工作,这就使得初审失去了作为人大审查批准前置程序的作用和意义。政府向人民代表大会提交的往往是没有专业分析和评价的"裸"预算,这对于来自各行各业的人大代表来说确实是一门难修的"功课"。此外,我国各级人大缺乏专职的人大代表,尽管我国全国人民代表大会代表有将近3000人,但他们都是兼职代表。由于缺乏专业的背景知识,要求他们在短短的十多天的会期里较好地完成对政府预算的审议是比较困难的。

2. 人大开展预算审查和监督的时间不够充裕

政府预算涵盖政府全年工作的方方面面，所涉及的领域和范围都非常广泛，要"读懂"并能够提出有针对性的意见或建议不但要求相关人员必须掌握相关的背景知识，深悉政府工作的特点，还需要有足够的时间对预算内容进行分析。目前，我国的预算审议安排上仍存在周期过短且时间安排不合理等问题。一方面，预算审议时间安排不合理。我国的预算年度为日历年度，即从每年的1月1日起至12月31日止，但《预算法》实施条例却规定每年各省、自治区、直辖市上报本级政府总预算的时间为1月份。也就是说，法定的预算年度已经开始，但预算还没有编制完成，更谈不上接受人大的预算监督。另一方面，预算草案的审议时间过短。《预算法》规定财政部门要在本级人大召开前一个月提交预算草案，但在实际工作中安排给财经委员会进行初审的时间往往只有几天，只能作一般的程序性审查。各级人代会每年只召开一次大会，乡镇人代会会期1天左右，县级人代会会期3至4天左右，省级人代会会期7天左右，全国人代会会期也只有15天左右。会议期间用于审议预算的时间，全国人代会1天左右，省、市级人代会只有半天左右，县级人代会审议预算的时间只能用小时来计算。由于时间短，代表们难以全面了解研究预算草案的内容，也没有更多的机会发表自己对预算草案的意见和建议，审议自然难以具体、全面、深入。第三，预算准备时间过短，虽然实行部门预算以后，与原来相比编制时间有所提前，但与西方国家相比，预算编制周期还不够充分。以美国为例，从开始准备到编制完成开始执行往往需要24个月，预算编制可以得到有关各方面的充分研究分析和财政管理部门之间的反复磋商。

3. 人大预算监督的技术保障不足

政府资金流向是政府各项工作的最直接反映，西方各国议会都十分重视对政府资金向流进行监督。近年来，我国财政管理逐渐走向信息化，国库集中收付制度的实行使得财政收支基本通过电子货币的方式实现交易。但由于缺乏相应的技术保障，人大代表对预算执行情况的监督仍然停留在听取和审议报告的方式上，监督手段比较单一，监督内容比较粗泛，而且多是事后监督，时效性不强，监督力度较弱，一些政府部门滥用、挪用预算经费的事件屡见不鲜。

我国人大预算审查和监督制度体系的不完善是制约立法机关行使相应权力的关键。与西方国家采取的分权制的政治体制不同，我国人大和政府之间更多的是一种分工关系，政府的工作和各项改革往往走在立法机关前面，立法工作往往滞后于社会经济的发展。因此，由政府所主导的预算改革，在相关法律和法规不健全的情况下，人大开展预算审查和监督所需的客观条件也难以得到满足。

二、我国人大其他预算权力的思考

（一）否决权[①]

西方市场经济较发达的国家为了弥补立法机关在预算审查过程中所存在的信息和技术上的劣势，给予了立法机关或有审查批准政府预算的预算委员会以否决权，如美国，根据相关法案，国会的参、众两院都掌握否决权，一些提案可以由参、众两院中的一个或两个投票否决，有时国会的各个委员会也掌握有否决权，此外，国会还掌握部分条款否决权，这意味着国会能够删去已通过的拨款法案中的部分内容。我国《宪法》和《预算法》及各项法律中都没有明确各级人大的否决权，这意味着人大失去了反向投票的权力。虽然我国目前向人大提交的政府预算已细化到各部门，但审议、表决仍维持着过去整块审议、整块表决的模式，这为一些不合理的项目和支出"蒙混过关"创造了条件。

（二）预算编制参与权

一般来说，预算编制权的分配应与政府支出绩效挂钩，即由谁编制预算能够使政府支出绩效提高。基于"政治人"的假设，政府作为预

---

① 否决权一般是某项法律的附加，总统或行政机构根据这些法律委托的权力，可以为执行该法而采取行动和制定行政条例，但是这些行动和条例必须得到国会的同意方可付诸实施；国会可以在一定期限内（一般为30到90天）以两院共同决议或一院决议，甚至一个委员会的决议否决该项行动或规章。与一般法律不同，这项决议无需总统签署。

算的执行者，因其从事具体的社会管理工作和公共产品供给工作，因此它对预算支出信息的掌握较立法机关更具优势，从这个角度出发，预算编制权应赋予政府。然而在现实中，我们发现政府部门在缺乏权力约束的情况下往往以本部门利益最大化为目标，具体表现为部门人员和预算外收入的膨胀以及赤字增长等。政府工作目标的偏离会影响其公共职能的履行效率，从而降低支出绩效。从这个角度来看，立法机关应在预算编制上对政府进行一定的限制，同时，立法机关参与预算编制还能在一定程度上弥补其在预算信息上的缺陷，有利于立法机关开展审查和监督工作。预算体系比较完善的美国在预算编制上也采取了分权的做法，其预算改革经历了由立法机关过渡到行政机关[①]，最终形成立法机关与行政机关相互制约的预算编制体系。我国《宪法》和《预算法》也没有赋予人大参与预算编制的权力，目前的预算编制权归于政府，并分散在各个政府职能部门手中，由于信息不对称、权力缺乏制衡等原因，我国政府行政机构的绩效相对较低，虽然每隔几年就进行一次较大规模的行政体制改革，但均未从根本上解决问题。

（三）拨款权（预算分配权）

政府各部门履行其公共职能需要相应的资金支持，然而，预算资金如何分配才更能够使资金的整体使用效率达到理想水平呢？由谁做决策更有效率呢？事实上，我国人大在完成了预算审查和批准程序后就将拨款权授予了政府，之后，由财政部门、发改委、科技部、国防科工委等几个部门共同分享预算分配权。这种分配在实际执行过程中暴露出很多问题，如2005年审计署揭露，包括科技部等中央部委在内拥有预算分配权的部门年初大量预留预算资金。这种分散化的预算分配体系使得财政资金的使用透明度降低，不但破坏了预算的完整性和严肃性，还降低了财政支出的效率，不利于人大的监督。此外，由于受我国传统的"零碎化权威体制"影响，非正式预算也对我国预算分配产生非常重要

---

① 美国进步时代颁布的《1921年预算与会计法案》是美国预算史的分水岭，该法案不仅赋予总统编制和呈交政府预算的权力，而且还设立了预算局（BOB）为总统提供技术支持，自此，总统预算权力开始逐渐扩张和增强，行政部门也逐渐从立法部门的压制中重新崛起。

的作用，诸如通过领导"批条子"的方式便能够获得财政资金的事例已屡见不鲜。监督预算资金的使用也是立法机关依法监督的一项内容，美国的预算拨款权归国会及其拨款委员会，将拨款控制作为监督行政部门预算执行的重要途径①。我国人大没有被赋予拨款权，对拨款的监督职能寄望于各个有预算分配权的行政部门，可以说，这也是对人大监督权的一种削弱。

三、落实人大预算权力的建议

市场经济是一个多元化的经济模式，多元化的市场主体在相互竞争中实现平衡。政府是公共产品的供给者，市场主体是公共产品的需求者，在政府与市场之间形成一个"公共产品市场"。在代议制形态下，各市场主体选举出各自代表来表达公共需求信息，而代表各市场主体利益的人大代表（议员）通过政治博弈来影响预算决策。然而，目前我国各级人大对预算决策的影响力还不足，无法像西方国家议会那样能够增减政府各项目的预算，而主要承担传递公共需求信息的任务。

（一）完善相关制度建设

法制原则是预算管理和监督中所必须坚持的一项重要原则。对我国的预算监督而言，尽管在《宪法》与《预算法》中已规定有人大的审查监督权，但还需要进一步细化已有的法律规定，填补预算法规的空白，使预算的监督管理有法可依，增强其权威性。首先，我国应在宪法中对人大预算监督权规定得更加周密，以提高人民代表大会在预算监督中的权威和地位，增强预算法案的强制性。其次，对《预算法》进行修改和完善，进一步健全预算审议制度，应调整预算年度安排，实行跨年度预算，同时将政府向人大提交预算报告的时间提前至半年左右，确保人大有充足时间完成信息采集、分析和初审工作。再次，完善人大对

---

① 美国国会拨款委员会在预算执行过程中可以要求有关单位提交进展报告或者陈述工作，检查预算执行情况，检查结果满意后相关单位才能获得进一步的拨款。预算执行中的开支必须经过审计总署的核准，证明开支款项经过国会立法并符合国会批准的拨款限额。

预算执行过程监督的相关法律规定，在现行的预算分配权不改变的情况下，应加强对有预算分配权单位的监督，同时授权这些单位负责对用款单位的监督，改变过去部门领导只对政府首脑负责的模式。第四，完善预算监督处罚的相关法律规定，对整个预算过程中的违法行为及其他不当行为的法律责任作出明确规定。在此基础上，还应加大处罚力度，违法者除承担行政责任外，依其行为的性质及程度不同，要分别承担经济赔偿以及刑事责任。

（二）加强人大人才队伍建设，提高信息技术水平

信息、技术和人才是充实人大行使预算权的必要条件，只有先做到信息充分和对称才能发现问题，只有发现问题才能提出相应的意见，实际上，我国近年来加大对中央各部门的审计就是一种获取信息的方式。信息的获取不但需要相关政策的保障，也需要相应的技术支撑，现代技术在信息获取和信息处理方面发挥着重大的作用，一旦掌握技术优势，便能够先人一步占据有利地位。长期以来，我国政府之所以能够在预算权力分配中占据主动地位，牢牢把持预算权力，原因之一就在于其在预算信息上的垄断和技术上的领先。尽管我国近年来在预算编制上进行了重大改革，部门预算的编制标志着在政府与人大之间建立信息对称平台已经迈出了重要的一步，政府预算较过去已经更透明、更具体，但这仍远远不够，政府的预算信息垄断地位依然没有动摇。建议人大建立一套独立的信息采集机构，主动收集与政府工作有关的信息，建立政府预算信息资源库，并进行时时更新；在政府与人大之间建立起定期的信息交流机制，以便于人大能够及时掌握政府执行预算的情况；加强人力资源库的建设，提高信息整合和分析的能力，确保人大代表能够及时获得较客观、准确的分析报告，为其决策提供依据。同时，为了弥补人大在预算信息和技术上的缺陷，应适当给予人大否决权。

（三）建立分部门预算审议制度

经过几年的改革，我国部门预算工作已经取得了较大的进展，我们已经能够从部门预算中了解政府各部门"要做什么事"和"要做多少事"。然而，由于受各方面客观条件的限制，人大代表没有足够的时间对各部门预算一一审查，更谈不上提出疑义及修改的建议。尽管《预算法》要求各级政府必须提前将部门预算提交人大财经委进行初审，但由于《预算法》及各项法律中并没有具体赋予人大财经委在初审过程中所拥有的权力，因此，实质上各级人大财经委对部门预算的初审并没有任何法律效应，但现行的初审制度实际上已经取代了人大代表正式审议，人大的审议权"名存实亡"。

美国的预算初审经验值得我们学习和借鉴，总统向国会提交预算报告[1]后，美国国会负责预算控制的各委员会、小组委员会[2]，可以就预算报告中自己职责范围内的部分举行听证会，传唤相对应的联邦各部部长、各机关首长及其财政助理到国会作证，并通过国会各个助理机构收集有关资料。在完成前期取证、收集材料、评估等工作后，各委员会向本院的预算委员会提交各自的预算评估报告，随后由预算委员会在总统预算报告的基础上，形成初步预算共同决议案并向本院提交。可以看到，美国联邦预算最终提交给立法部门的并非"裸预算"，在初审过程中，各委员会、小组委员会拥有较大的预算编、审和调整权。我国人大与政府之间在预算编制问题上缺乏应有的交流，人大审查工作流于形式。因此，必须延长人大预算审查的时间。考虑到我国人民代表大会代表不是专职代表，大会时间不宜过长，可以将部分代表职业化，由他们领导一批有专业背景及实际工作经验的专家和学者组成预审小组，同时赋予他们一定的预算调整权，以及调查取证权。由他们专门负责审查各部门提交的预算，在此基础上形成修改意见，并提交大会进行表决。

总的来说，我国在实行分部门编制预算后，政府预算已经得到极大的细化，但由于目前的预算改革仅仅停留在行政部门，立法部门在执行预算权力过程中依然遵循着老办法，严重滞后于行政部门的改革进程，其后果是"看得见，但看不明白，草草审议"。

---

[1] 按照美国 1974 年制定的《预算和扣款法》规定，总统必须在本年财政年度开始 110 天之后向国会提交下一年度的预算报告。

[2] 美国国会负责预算控制的机构主要有：预算委员会、拨款委员会、拨款小组委员会和国会预算局。

公共预算研究系列
Public Budgeting Research Series

第四部分
国际经验探讨与借鉴

美国联邦预算法律：构造、演变及对中国的启示

陈立齐[①]

【摘要】 自美国建国以来，经过两百多年的发展，其联邦预算法逐渐形成为一个完整而有效的体系，并体现为丰富的预算实践。本文界定了美国联邦预算法的范围，回顾了其发展的历史背景，并就其特征进行了总结和评价。尽管美国应用预算法案控制预算程序的做法，不能完全代表市场经济发达国家的全貌，但是仍然能够给正在促进"法治"的中国带来一些启发。

【关键词】 美国联邦预算法　演变　特征　中美比较

一、美国联邦预算法界定

预算法的范围是一个研究主题，同时也是立法实践中需要关注的一个问题。本文中的"预算法"是指用来指导美国联邦政府预算编制、批准和执行的"预算程序法"或者"预算体系法"，以区别于那些包含

[①] 陈立齐，美国芝加哥伊利诺伊大学荣退会计教授，中国财政部财政科学研究所研究生部特聘教授，中山大学中国公共管理研究中心研究员。

预算内容和数额的授权和拨款法案。美国的每个州都有自己独立的预算制度和预算法律,而且,预算法包括立法部门制定的法律和行政部门制定的法规。

从某种意义上说,美国宪法是最重要的预算法。它规定了联邦政府和州政府的权限,确立了联邦政府中立法、行政和司法部门的权力。美国联邦宪法关于预算过程只规定:"除了依照法律的规定拨款之外,不得自国库中提出任何款项。"因此,在20世纪美国国会陆续颁布了多条法案来建立一个现代预算制度的法律基础,而且,有几位美国总统也提出进一步改善预算资源分配和预算编制的行政要求。至今,这些规范预算过程的法律和法规已经发展成为一个全面的法律体系(参见表1)。

表1 预算法案和规则的层次

美国宪法
美国联邦政府的权限
国会的权力
总统的权力
司法部门的权力
制定法
预算编制和递交
预算制度和程序
机构和程序
财政规则
预算执行
管理规则
管理与预算办公室(Office of Management and Budget)关于预算编制,递交和执行的第 A-11 号通知

美国宪法建立了可用于制定、执行和解释预算法案的基本政府框架

和制度，为后来颁布的预算法案奠定了基础。在第一部联邦预算法案于1921年通过之前，宪法条款和国会两院的议事规则在联邦预算的编制和审议过程中发挥着预算法的作用。宪法以下是国会通过的和总统颁布的制定法，包括编制、递交、批准和执行预算的制度、程序和决策规则。再往下是各种具体的管理规则，如管理与预算办公室（OMB）第A-11号通知（Circular No. A-11）就是一个包括预算编制、递交和执行的全面文件。

美国联邦政府的预算周期可以分成相继而关联的三个阶段：预算编制、预算审批和预算执行。不同的预算法案涉及不同的预算阶段，具有不同的功能。表2描述了按照功能结构划分的预算法案体系。

表2 按功能分的预算法体系

职能	适用的预算法律
法律基础	1787年《美国宪法》
编制和递交	1921年《预算和会计法案》（Budget and Accounting Act） 1993年《政府业绩和结果法案》（Government Performance and Results Act） 1990年《联邦信贷改革法案》（Federal Credit Reform Act）
审议和批准	1974年《国会预算法案》（Congressional Budget Act） 1985和1987年《平衡预算和紧急赤字控制法案》（Balanced Budget and Emergency Deficit Control Acts）（过期失效） 1990年《预算实施法案》（Budget Enforcement Act）（过期失效） 1995年《择项否决法案》（Line-item Veto Act）（违宪失效）
执行	1870年《反超支法案》（Anti-deficiency Act） 1974年《扣押控制法案》（Impoundment Control Act）
执行预算法律	管理与预算办公室（Office of Management and Budget） 第A-11号通知"预算编制，递交和执行"（Preparation, Submission and Execution of the Budget）

在预算编制阶段，联邦政府部门机构编好预算申请，交付管理与预算办公室审评和总统批准。这一阶段以总统的预算提议递交至国会为结束标志。部门预算申请是机密的文件，行政部门内部审议和批准部门预算的过程也是机密的，直到行政部门向立法部门递交预算建议书后，这些文件才向社会公众公开。1921 年《预算和会计法案》、1993 年《政府业绩和结果法案》和 1990 年《联邦信贷改革法案》直接影响到预算编制这个阶段。1921 年《预算和会计法案》可能是宪法层次以下美国最重要的预算法案，它结束了联邦政府各个行政部门直接向国会申请拨款的现象，要求总统协调和批准所有联邦部门的预算申请，然后给国会递交一份总的预算申请。它还要求在财政部（Department of Treasury）里设立预算局（Bureau of Budget），即现在的管理与预算办公室（Office of Management and Budget，OMB）来协助总统完成这些工作。这个法案同时指定要求总统在预算中一定包括的信息。（这些要求经过国会多次完善后，编在《美国法典》（United States Code）的第 31 篇第 11 章中。）1993 年《政府业绩和结果法案》是联邦政府试图以各种方法改善预算程序合理性的表现之一，它要求联邦机构准备战略计划，年度执行计划和年度执行报告（其中的一些材料被用来证明政府机构的预算申请）。在这里，必须指出的是"规划—项目—预算"（Planning, Programming and Budgeting System, PPBS）和零基预算（Zero Base Budgeting, ZBB）这两种编制方法是总统提倡的，而不是国会的要求。《联邦信贷改革法案》则是整个预算法律体系中专门论述联邦政府提供直接贷款和贷款担保的预算处理方式的部分。它要求国会在年度拨款中提供与预算授权对等的信用项目补助金成本，并详细说明补助金成本是如何计算的。

规范国会预算审批的基本法案是 1974 年《国会预算法案》。在 1921 年法案要求总统递交一个关于整个行政部门的全面预算后的 50 多年里，国会仍然保留着使用多个单独委员会来分开审议总统拨款申请的传统。1974 年《国会预算法案》规定在审议各项拨款前要确定收入、支出和债务的总量。这些总量为国会各委员会审议有关预算的行动提供指导和限制,并且这些总量不需要总统通过,也不受总统否决权的限制。1974年《国会预算法案》还要求国会设立国会预算办公室(Congressional Budget Office, CBO)和在参议院(Senate)、众议院(House of Representatives)中各增设预算委员会(Budget Committee),配合两院原有的筹款委员会和拨款委员会的工作。尽管在随后的20年内被部分修改过,1974年《国会预算法案》的很多初始规定仍然有效。而1985和1987年《平衡预算和紧急赤字控制法案》和1990年《预算实施法案》都过期失效了。因为美国宪法规定总统只能否决整个法案,1995年《择项否决法案》在1998年被美国最高法院判定是违反宪法而失效。

预算执行阶段开始于总统签署拨款法案和其他支出措施,或者国会已经推翻总统的否决时。《美国法典》第31篇中的第13、15、33章都涉及预算执行过程。于1870年颁布并在以后数次被修改的《反超支法案》和作为1974年法律一部分的《扣押控制法案》是管理预算执行环节最主要的法律。前者要求管理与预算办公室按照时间阶段或者其他依据给机构分派拨款,禁止机构在管理与预算办公室分派给他们的拨款份额以外进行支出,并规定了对超支和滥用公共资金的处罚。后者要求总统在行政部门延迟(defer)或废除(rescind)国会已经批准的支出时,必须通知国会。总统可以先延迟支出之后通知国会,然后遵照国会的决定。但是总统在废除支出之前必须事先通知国会,然后也是遵照国会的决定行事。

综上所述,美国联邦政府的预算周期可以分成相继而关联的三个阶段:预算编制、预算审批和预算执行。不同的预算法案涉及不同的预算阶段,具有不同的功能。这些规范预算过程的法律和法规成为一个全面的法律体系。

二、美国预算法发展历史回顾

在上文对美国预算过程各阶段适用的预算法律进行归纳总结后,本部分将按年代纵向回顾美国联邦预算法的演变。表3按年代描述各条法案出台的历史背景,以及影响预算和预算过程的一些重大事件和报告。

表3　美国联邦预算法律年代表

年份	法律、事件、报告	主要目的	主要规定
1787	《宪法》	授权和分权	国会制定法律,总统执行法律,司法部门解释法律,先国会拨款,后国库支款
1789	《财政部法案》	创建统一的财政机构	财政部由一位部长领导
1802,1816	众议院和参议院规则	为财政事务指定委员会	众议院中成立筹款委员会,参议院中成立财政委员会
1840's	众议院和参议院规则	授权和拨款职能分开	禁止在总拨款法案里再次立法
1865,1867	众议院和参议院议事规则	为应对财政问题而扩大委员会机构	在众议院和参议院中成立拨款委员会
1870	《反超支法案》	避免过度支出	禁止在可利用的拨款外花费和负债
1912	受塔夫托总统任命的委员会的报告	加强预算过程中总统的作用	总统给国会提议整个政府的预算编制和提交
1921	《预算和会计法案》	有一个政府范围的预算	要求总统为整个政府递交一个预算,创建预算局和审计署
1937	受罗斯福总统任命的委员会的报告	增强总统的预算编制能力	预算局由财政部移到总统行政办公室
1949	胡佛委员会报告	改善政府绩效	按照计划、绩效和行动提议预算

(续表)

年份	法律、事件、报告	主要目的	主要规定
1967	受约翰逊总统任命的委员会的报告	使预算变得更有用和容易理解	提议了统一预算,预算赤字/盈余和测量的权责发生制基础
1970	尼克松总统提出的改组	强调管理	管理和预算办公室
1974	《国会预算法案》	提高国会的角色和决定预算总数字以便压制各部分预算	在预算决议时要求加总,并在众议院、参议院中建立预算委员会和国会预算办公室
1974	《扣押控制法案》	抑制总统的扣押	在延期或者废除拨款时需要通知国会或者得到国会的同意
1985,1987	《平衡预算和紧急赤字控制法案》	减少预算赤字	设定每年的最大可允许的赤字,并且要求全面的削减(扣押)
1990	《预算实施法案》	减少预算赤字	设定更灵活的赤字目标,直接花费自由决定但要求量入为出
1990	《信贷改革法案》	在预算中包括信用计划中加入更好的成本分析	要求在预算中包含直接贷款和贷款担保的成本和计算
1993	《政府绩效和结果法案》	延长计划水平并加强责任	要求行政部门准备战略计划,绩效计划和报告
1995	《择项否决法案》	减少支出	授权总统取消某项支出的权力

注:表中各个委员会的全名如下。
受塔夫托总统任命的委员会:The President's Commission on Economy and Efficiency。
受罗斯福总统任命的委员会:The President's Committee on Administrative Management。
胡佛委员会:The Commission on Organization of the Executive Branch of Government。
受约翰逊总统任命的委员会:The President's Commission on Budget Concepts。

美国现代预算法律基础的根源是美洲英属殖民地时期的英国做法，殖民地时期的美洲，就存在着谁有权征税和控制支出的论战。受到欧洲启蒙运动政治哲学的影响，在"没有经过代议制的民主，是不能征税的"精神的影响下，在1776年，北美13个英国殖民地宣布《独立宣言》，组成一个联邦。由于刚刚成立的美利坚合众国的各个州保留了大部分的原有各殖民地，拥有各自的主权，作为全国政府的大陆议会（Continental Congress）并没有直接征税的权力。为了防止联盟的瓦解，1787年各州代表在费城召开了一个大会来修改《邦联条款》（Articles of Confederation）。但代表们撰写了一个全新的文件：《美国宪法》。在经历了激烈的论战之后，宪法被9个州复准，并于1789年生效。

《美国宪法》建立了美国政府总的组织框架：共和制、联邦制、三权分立相互制衡、总统制、国会两院制和司法独立等等，从本质上影响了美国社会政治生活的各个方面。尤其是众议院（House of Representatives），因为该院的席位是根据各州人口数目按比例分配。这在立宪政府结构中有着特殊的重要性，正如《联邦党人文集》（Federalist Papers）第58卷论述的那样："这种掌握国库的权力可以被认为是最完善和有效的武器，任何宪法利用这种武器，就能把人民的直接代表装备起来，纠正一切不平，实行一切正当有益的措施。"

拨款条款的第二部分"报告和账目"规定所有公款收支的定期报告和账目，应时常公布（"a regular Statement and account of the Receipts and expenditures of all public Money shall be published from time to time"）。这个要求是宪法中关于国会职责的部分描述，意味着公开政府财务报告不仅是行政部门的职责，更是国会的职责。直到今天，这个规定仍然是国会对政府财务信息无限要求的依据。

上述这些规定都体现了政府应该如何运行的政治哲学和理念：人民选举代表来决定他们的税收应该如何支出，政府应该告诉人民如何运用了他们的钱。简单地说，宪法的制定者已经表达了现代受托责任和透明度的观点。

美国第一任财政部部长亚历山大·汉密尔顿（Alexander Hamilton）

充分地发挥了他的行政领导能力。他起草了创建财政部的法案,把财政部部长视为财政计划的思考者和执行者。在他看来,财政部长的职责包括"了解和报告收入管理改进计划和公共信誉支持计划,准备和报告公共收支估计,主管税收的征收,决定债务规模和偿还……按照法律拨款要求,批准资金从财政部拨出,按照法律要求执行与美国土地出售相关的服务,以面谈或书面(按照他被要求的)的形式给立法机构的两院报告和提供信息,执行与财政相关的服务。"

汉密尔顿对财政事务的高度控制与国会产生了分歧,他在拨款过程中的积极作用是短时间的。当他辞去财政部部长之职后,行政主导的时代就过去了。在之后的一百多年时间内,直到1921年,立法主导成为联邦预算的主要特征。参议院和众议院产生法案,然后协调成单个法案递交到总统那里以得到签署或否决。

美国国会中参议院和众议院都有自己起草和通过法案的议事规则。起初,每一个议院都作为一个总的委员会来处理财政问题。但繁重和复杂的工作也就有了创建专门委员会的必要,于是在1802年众议院建立了筹款委员会(Ways and Means Committee),1816年参议院成立了财政委员会(Finance Committee)作为常务委员会。后来,在1865年和1867年,众议院和参议院相继各自成立了一个拨款委员会(Appropriations Committee),负责审查政府的申请和提出建议,让两院投票通过,在此之后,两院还必须分开讨论和决定收入和借债的措施,这个结构一直保持到1974年。

表4 1974年前美国国会相关委员会设置概况

权限	美国国会	
	众议院	参议院
收入、公债	筹款委员会 (Ways and Means Committee)	财政委员会 (Finance Committee)
拨款	拨款委员会 (Appropriations Committee)	拨款委员会 (Appropriations Committee)

在国会主导预算的近 150 年时间里，联邦预算最大的问题是如何处理超支。其实，只要国会限制行政机构的拨款的目的、数额和资金来源，冲突就几乎不可避免。这样的冲突几乎开始于宪法被批准的时期，并一直延续到现在。例如，杰弗逊总统在 1803 年购买法国在路易斯安那的土地时，付出超过国会批准的资金数额，在此之后，他也在紧急情况的名义下，购买了军事装备后才通知国会。为了减少总统这种"先斩后奏"的支出权滥用做法，国会多次在拨款法案里增加特别规定，直到 1870 年通过《反超支法案》普遍禁止这种行为。这条法律后来多次修改，直到现在仍然有效。

20 世纪初，财政危机和繁重的工作负担使得国会不得不和总统分享它的预算职责。塔夫托总统热衷于赞同总统为政府编制"国家预算"（实为联邦行政部门总预算）的概念。但这个想法因为总统和国会争权而延迟了 10 年才实现。1921 年通过的《预算和会计法案》开创了联邦预算的现代时期，从此总统有权力每年给国会递交一份总的政府预算申请，并且有一个预算局（Bureau of the Budget）帮助总统编制预算。为了制衡总统不断加强的预算力量，国会同时留名换职地将财政部的总会计署（General Accounting Office, GAO）改组，来监督行政部门。这造成今后 GAO 名为会计署，实为审计署（General Auditing Office）的名分问题，最后，GAO 在 2004 年被重新命名为政府责任署（Government Accountability Office）。

1921 年《预算和会计法案》联邦预算进入了行政主导的阶段。该法案赋予总统相当大的预算政策建议主动权，而在接下来的几十年中，美国因为战争和危机必须要更强的行政领导，行政主导的联邦预算充分发挥其资源分配的功能。这个功能在 20 世纪 30 年代应付经济大萧条而实施的罗斯福新政的过程中，以及动员社会资源取得第二次世界大战的胜利，均发挥了重要的作用。在 1939 年，罗斯福总统将预算局由财政部移到总统行政办公室（Executive Office of the President）。在 20 世纪 50 年代，由前任总统胡佛（Herbert Hoover）领导的委员会建议把联邦政府的部门的项条预算（department line-item budget）改为更好鉴别工作目标和行为的绩效预算系统。这个概念在20世纪60年代约翰逊总统实施的规划项目预算和20世纪70年代卡特总统实施的零基预算过程中得到进一步加强。值得关注的是这些改革措施均是由总统主动提出的。随着联邦预算规模越来越大，越来越复杂，总统预算概念委员会建议用联邦总预算（unified budget）来测度整个联邦政府财政对宏观经济的影响。

国会大致赞同总统的改良预算内容和表达方式的各种行动，然而，国会无法容忍总统的消极抵抗。在20世纪60年代末，在遭遇政策观点的失利后，尼克松总统就大规模扣押国会已拨资金（impoundment of funds）来延迟或避免落实国会已经通过的项目。作为对总统挑战的回应，在经历了大量的争论和商议后，国会于1974年通过了《扣押控制法案》，从而制度化了应对总统拖延和废除的措施。

经过7年的斗争，从1974年起，国会和总统在预算权力的分配上又开始出现向国会倾斜的局面，国会通过了《国会预算法案》来加强其机构设置和分析能力以抵抗总统的预算力量。该法案为国会每个议院增加了一个预算委员会（Committee on the Budget）。这些委员会以预算决议的形式建议预算总额（如收入、预算授权、支出和债务）。这些预算总额有时被称为"国会预算"，因为它限制了各委员会的自决权。这个决议在参议院和众议院分别通过后再经两院协调形成一个国会的决定，该决定不同于两院的联合决议（joint resolution），因为后者需要总统的签字认可成为法律，或也可能会被总统否决。经过一个所谓的"协调"过程，各个立法委员会也会修改税法和规定福利受益的法律以确保与预算决议一致。1974《国会预算法案》要求国会成立中立的、不属于任何党派的国会预算办公室（Congressional Budget Office）来协助国会预算委员会和国会的与预算相关的工作。

表 5　1974 年后美国国会相关委员会设置概况

权限	美国国会	
	众议院	参议院
预算决议	预算委员会（Budget Committee）	预算委员会（Budget Committee）
	在国会预算办公室（Congressional Budget Office, CBO）协助下开展工作	
收入、公债*	筹款委员会 （Ways and Means Committee）	财政委员会 （Finance Committee）
拨款	拨款委员会 （Appropriations Committee）	拨款委员会 （Appropriations Committee）

* 社会保险和许多法定福利支出项目也由参议院财政委员会和众议院筹款委员会管理。

在美国宪法之下，1921 年《预算和会计法案》和 1974 年《国会预算法案》是平衡美国立法部门和行政部门预算权限分配的两个基本法案。然而，这个过程无法使得美国联邦政府长期平衡预算，所以在 80 年代和 90 年代采取了不同的做法。1985 年国会通过了《平衡预算和紧急赤字控制法案》，建立了特定的赤字降低目标，并要求当年度赤字超过最大值时取消预算资源（即扣押）。1987 年法案再次重申了这个基本的方法，但撤销了审计署在测量赤字中的角色。1985 和 1987 年法案都没有达到降低赤字的初始目的，国会转向另外一种方式。1990 年国会通过了《预算实施法案》，规定每年拨款审批项目（discretionary programs）的上限，同时建立了一种叫"随走随付"的程序，从而使新的收入和法定支出不会增加赤字。这两种方法加上有利的经济环境，最终使联邦政府在 1998 年平衡了年度预算。《预算实施法案》两次被延长，第二次一直有效至 2002 年，至今没有得到更新。

但预算盈余的时期是短暂的。2000 年后，小布什政府在国会中占据多数的共和党配合下，在他的两个任期内成功发起了三轮减税政策，并作为对"9·11"恐怖袭击的回应，发动了一场全球性的反恐战争。与延长的战争和他声称的反恐努力长期性不一致的是，小布什选择了运用紧急追加拨款来为伊拉克行动融资。减税和战争成本一起把预算赤字推到了一个新的高度，尽管小布什政府提出了各种预算程序改革建议，赤字减少却很少受其关注。至 2008 年底，加上联邦政府为了救助面临困境的金融机构，稳定金融体系和阻止经济危机转化为全面的大萧条而安排的各项措施，有可能把 2009 年度美国财政赤字推高至 1 万亿美元的规模。现有的预算法会继续规范预算过程，在可以预见的将来，为了刺激经济而采取的凯恩斯主义赤字财政政策会卷土重来。为了挽救金融体系和宏观经济，控制赤字的各种目标、机制暂时被束之高阁。

三、对美国预算法的基本评价

从美国预算法发展的历史来看，对于公共预算而言，预算法是必要但不是足够的。预算法是必要的，因为它们提供了解决（最起码减少了）预算过程中各参与者冲突的法律框架。通过各个预算法案本身就是政治过程。具体而言，是预算过程中政治和管辖范围冲突的解决结果。存在着这么复杂而多变的美国联邦政府预算法案的原因是，在谁控制公款的问题上存在着众多的严重冲突。预算法在防止政治斗争失控方面，承担着不可或缺的职能。

不过，预算法本身并不足以使公共预算的游戏能够自动地顺利进行下去。只有政治人物对决定政府收支的权力追求，才能为预算过程提供活力。在民主国家，选民之所以投票给某位政要，一定程度上是因为他能给他们带来最大可能的政府利益分享。因此，政治家们有动力争取一切机会利用现有法律或制定新的法律，来为选民争取利益。因此，预算法的一个很重要的功能就是调节局部利益，国家利益能否得到保障是另外一个问题。

每个国家都有自己的历史。前两部分所论述的美国预算法体系及其历史沿革反映了美国的特征。从对美国预算法历史沿革的考察中，我们可以发现以下一些有意义的特征：

第一，美国预算法反映了"三权鼎立，相互制衡"的宪法原则和对预算平衡的追求。

宪法是美国联邦政府预算法案的最终源泉文件。首先，在没有其他预算法案的时候，它包含了对联邦预算的规定，提供了制定公共政策（包括预算决定）的制度框架。"除了依照法律的规定拨款之外，不得自国库中提出任何款项"的规定，成为后来所有详细预算法案的基础。在 1870 年《反超支法案》出台之前，这个规定在近 100 年的时间里发挥着联邦政府唯一预算法的作用。其次，著名的宪法原则"三权鼎立，相互制衡"，贯穿于整个美国预算法制系统。从真正意义上说，所有程序型预算法案本质上都是这条宪法条文的应用。这些法案规定了联邦预算过程中的参与者及其角色，并使他们在寻求最大好处的过程中达成妥协。

联邦预算经常出现赤字使得一些政治人物和学者不时地呼吁，在美国宪法中增加修改条款来要求实现平衡。由于很多复杂的政治因素的影响，所有这些想把预算平衡提升至宪法地位要求的尝试都失败了。其实，在美国宪法中已经包含了预算平衡的观念。宪法要求"一切公款收支的报告和账目，应经常公布"（第 1 条第 9 款）。"收支"这两个字放在一起并不是偶然的，而是表明收入和支出务必同时考虑。无论预算平衡是否是美国开国元勋的原意，美国政治人物不管是否真正付诸行动，至少在口头上也总是把预算平衡视为政府预算中的一条重要原则。

当一部新的预算法案遭到违宪的质疑时，宪法就被推到了预算和法律争论的前台。这样的事情在美国经常出现。1920 年，威尔逊总统以"总统不能在罢免审计长过程中发挥应有的作用"为理由，否决了 1921 年《预算和会计法案》的早期版本。1985 年，国会指派审计长去审评和决定实际赤字是否超过了《平衡预算和紧急赤字控制法案》允许的最大赤字目标时，这样的事情再次发生。至今，总统能否择项否决预算仍然是国会和总统的必争之地。

无论在前台还是后台，宪法原则都被视为美国联邦预算法案的指示灯。审理和决定预算法案是否违宪的权力掌握在联邦最高法院的手里。

第二，政治权力在国会主导和总统主导之间摇摆，权力斗争如同势均力敌的对手之间的角斗。

作为美国政府权力结构的设计者，美国开国元勋制造了一个政治权力在国会最大和总统最大之间摆动的钟摆装置。建国后的很长时期里，国会主导着联邦预算。1921年法案开始了预算行政主导的50年历史。通过1974年《国会预算法案》和《扣押控制法案》，国会再次收回了一些财政权力。而为了应对"9·11"以后的紧急情况，通过与共和党主导的国会进行合作，布什总统尽力争取战争时期的特大预算权。从历史上看，预算权力的钟摆不断摇摆，永不停息。因为国会和总统之间的斗争永远不会停止，甚至在同一政党控制国会和白宫时也是这样。

当然，没有任何一个政府，特别是美国政府，能像一个钟表那样有预测性、稳定性和有节奏地工作。国会和总统之间的权力斗争也许更像两个实力相当的对手之间的角力赛。宪法赋予了他们相当的力量，这使得比赛很少有完全的胜者，预算过程充满了吵闹，长期来看大家各有胜负。

权力的分离还涉及预算过程中不同阶段的分工：行政部门编制预算；国会修改和决定预算；若总统行使否决权，国会还能再推翻总统的否决；行政部门然后执行预算。无论如何，预算权力被拆分了，其中的大部分由国会保留。

第三，当预算法目标发生冲突时，权力争取将优先于财政平衡。

美国预算法使政治家们能够获得和平衡政治权力，并运用此权力来平衡预算。但经验显示，当两个目标发生冲突时，政治目的将优先于财政目标。例如在20世纪80年代，《平衡预算和紧急赤字控制法案》提出了明确减少财政赤字数目的方案，但都没有得到很好的执行。与此同时，有人建议以宪法修正案的方式来要求平衡联邦预算，但因很多国会议员不希望有这样的硬性约束而无法实现。（宪法修正案首先要赢得国会的批准才能提交并在各州通过。）另外，几乎每个美国总统都一再辩称自己需要择项否决权来削减浪费开支和平衡联邦预算，但除了一段短的时间外，国会一再驳回总统的择项否决要求。因为一些议员担心总统会运用择项否决来惩罚政敌，砍掉政敌选区的联邦预算项目。总之，尽管有平衡预算的政治承诺，美国政治人物并不愿意为预算平衡付出政治代价。

第四，预算法提供了制度和程序，政治竞争给预算过程带来活力。

学者和政治家都承认预算过程的政治性。预算法影响但不能确定资源分配的结果，它只能规定参加预算游戏各方的身份、角色和必须遵循的规则。竞争才是美国政治和政府的本质。预算过程中存在着两大类竞争：机制竞争和政党间竞争。在立法、行政和司法三个相互制衡的分支中，当有一个分支受到其他分支的挑战时，其成员就会联合起来捍卫其组织权益。因此，一个国会议员会联合其他的国会议员，来反对可能威胁到国会权威的总统择项否决权。但也同样是这位议员，如果他成为总统，就会赞同用择项否决权来提高总统的职权效力。此外，由于议院中的委员会和全体委员会议作出的大多数决策都是根据多数表决的规则，多数党相对于少数党而言具有巨大的优势，这也加剧了政党间的竞争。

简单地说，政治在美国就像一种运动，预算政治也是如此。预算法案提供规则，而对立的机构、政党之间的竞争在达成共识的规则下决定博弈的结果。由于预算博弈的结果对于他们影响很大，美国人民直接地（更多的时候通过利益集团和游说者间接地）影响他们民意代表的决策，社会和经济利益的竞争因此转化成政治人物为其支持者争取利益、避免成本的竞争。

第五，财政规则性预算法案是短寿的，制度建设性的预算法案才能长久有效。

在刚刚过去的20世纪，美国联邦政府几乎颁布了一打预算法案。至今为止，联邦预算赤字还没有消失，但建立赤字减少目标的预算法案已经全都失效了。只有设立或改变预算机构和程序的预算法仍然发挥着作用。

1921和1974年法案的制度建设明细条文是建立在宪法基本框架以内的，权力平衡得以保持，制度稳定也得以维持。增设机构和程序是为了使总统和国会将预算做得更好,而不是企图去规定任何具体的结果(如赤字应该降低到什么程度),因此不太会威胁到总统和国会预算决策的自主权。这样的法案也就更容易保留下来。相反,财政目标很容易受到宏观经济情况的影响,对其有规定时限的法案也就会更加难以延期。

第六,治理能力与预算能力相互影响。

在《平衡预算和紧急赤字控制法案》未能控制财政赤字后,希克(Allen Schick)教授于1990年指出:"毫不夸张地说,治理国家的能力,取决于解决预算问题的制度实力。"在他看来,预算问题的根源是政府服务的资源需求超过政府的税收。因此,除非政府能拿到足够的收入,或在竞争性需求之间合理地分配有限资源,否则便不能有效地治理国家。

笔者倾向于赞同希克教授的观点,但认为在治理(执政)与预算之间存在着一种"鸡和蛋"的循环关系。因为预算的能力也取决于治理能力。片面地讲,治理能力可以指政府是提高税收还是抵制服务需求的能力和意愿。在美国,政府在经济中扮演着这样的角色:做那些市场经济不能做或做不好的、有利于全社会的公共产品生产和分配,提供准公共产品(如教育、医疗卫生等)和私人福祉(如退休养老金和给农民的价格补贴),执行外交和军事政策等。美国决策者面临的巨大挑战是选择可行和可持续的财政政策的能力。

第七,预算结果由政治、政策和程序决定。

预算法案当然很重要,因为它推进了预算程序的次序性和可预见性。但是预算法并不能防止混乱或担保结果。毕竟,预算法不能自行执行或自行实施,它需要政府机制忠实地贯彻落实。由于立法监督的交易成本很高,预算体系和政府的顺利运转很多时候取决于遵守法律的习惯。正如希克教授在《联邦预算》一书中指出的那样:预算结果是由3P决定的,即是政治(politics)、政策(policy)和程序(process)。

第八,美国国会应对长期的财政不平衡应承担较大的职责。

就预算而言,宪法赋予了国会更大的权力,使其承担一个相应的指导联邦政府财政政策方向的职责。然而，不管是程序性的预算法案还是财政规则都不能阻止政治人物按照有利于他们当选的可能作出选择。为了赢得选举，政治人物要迎合大众的想法，利用预算规则给予的机会，最大化委托人的利益和最小化他们的成本，这就造成了更多的政府开支和更少的政府收入。在共享责任的预算制度内，政要们承担着长期赤字的指责。考虑到国会在联邦预算的最后决定上拥有更大的权力，让他们对当前糟糕的联邦财政形势承担更多责任也许更为公平。

第九，政治意向，而不是预算法案，能够减少赤字。

从历史上看，无论是程序性法案（如 1921 和 1974 年法案），还是结果性法案（如《平衡预算和紧急赤字控制法案》），都没有能够成功地减少赤字。美国预算法本身并不具备平衡联邦政府预算的能力。就像 1998 年出现的那样，只有政治意愿和有利的经济条件结合才能带来更多的收入，减少社会支出，平衡联邦政府预算。

第十，预算可以平衡，但要牺牲后代的利益。

在笔者看来，民主国家要平衡政府预算有着固然的困难，仅仅通过预算法案是不够的。政府有合法手段减少本期的赤字，但可能带来不良的经济和财政结果。由于联邦预算赤字是以现金制计算的（即一个时期的赤字是期间现金收入减去现金支出），联邦政府对雇员和人民的将来支出的保证和承诺并不需要支付现金，不反映在当期的赤字计算中。这种策略并不能降低一段时间内服务的总成本，而只是把一个时期的费用转移到下一个时期现金支出，当前服务的成本在未来的某个时间里会成为纳税人的负担。定期选举造成的职位更替和短视的政治家眼光可能会使他们几乎无法抗拒地利用一切可利用的工具来粉饰政绩，尽管这并不违法，但会牺牲到后代的利益。

四、美国预算法律对中国的启示

在建国之初，美国就从英国和法国那里借鉴了不少的预算观念。在 20 世纪初期，当塔夫脱总统任命的咨询委员会在研究编制整个政府预算时，也收集了世界各国的实践经验，包括当时还是清朝统治下的中国的一些做法。可以说，预算经验的互相借鉴是十分常见的事情，预算比较研究也有着悠久的历史。

当然，一国的预算实践不可能直接照搬另外一个国家的现成做法；一国的预算法律在另外一个国家的土地上也发挥不了相同的效果。以美国为例，尽管从欧洲学习到了很多理念，美国却发展了一个"自成一类"的预算体系和预算法律体系。美国联邦预算的法律不能应用于美国的50个州，更不用说世界上的任何其他国家。因此，只有充分考虑到法案、实践与国情之间的关系，才能真正把握美国预算实践经验和美国预算法的参考价值。

中国是否面临着以前美国遇到的一些问题呢？的确如此。随着市场经济的发展和政府职能的改变，中国政府和美国政府在财经政策目标上有着越来越多的共同点。例如，在整个20世纪，美国都在试图改善它的法律，以更好地规范政府预算过程；而为了更好地促进"法治"和"依法治国"，修改现行的《中华人民共和国预算法》也多次被各方提及，美国不时改变其联邦预算法律的经验可能为中国提供一些借鉴。另外，中国和美国政府都要确保政府部门的经费不多于它们拿到的拨款，美国政府制定了各种方法来加强执行早在1870年就颁布的《反超支法案》，这些技术性的成功经验与问题对中国也有着相当大的借鉴价值。可以说，美国预算实践和法律是在特定时期为满足联邦政府需要而完成的，具体规定肯定不适用于中国，但它的很多理念却对改革中的中国有着重要的价值。

当然，并不是所有的美国预算法律和实践都对中国有着相当大的意义，因此本文引入了"相关性"的概念来讨论美国预算法案和实践对中国的可转移性。除了管辖权的问题外，一些美国预算法的观念可能比另外一些与中国的环境更相配，它们的做法要求的制度变化（包括诸如组织结构和诸如行为方式等的改变）更少，也就更容易被中国接受和实行。基于对当前中国发展的粗略理解，笔者把这些观念按照需要制度改变的大小分成三组进行论述。高度相关的观念只要求对现有的想法和制度进行微小的变化，中度相关组里的内容要求想法和制度上相当大的变化，而低度相关的预算法律和实践则更多地体现了美国的特点，若在中国实行要求中国制度有很大的变化。

（一）高度相关的观念

美国预算法律和实践中有几类观念与中国高度相关。这些观念包括在预算编制、预算内容分类和预算执行等几个方面当中。

1. 总预算

在 1789 年宪法正式生效 132 年后，美国总统才根据 1921 年《预算和会计法案》，拥有为整个联邦政府编制预算的权力。46 年后，1967 年预算概念委员会才对总预算的观念进行了详细的论述。花了这么长时间才完成的原因是，在美国，国会为各个部门拨款是美国联邦政府预算的起点。

1921 年《预算和会计法案》要求总统为整个联邦政府编制预算有着重要的象征性和实质性意义。从象征性意义上说，身为行政部门首脑的总统终于根据法律成为"资源总司令"。实质上，这意味着总统拥有了控制整个内阁的行政权力，因为内阁部长们再也无法绕过总统直接接触国会拨款委员会了。控制联邦预算的权力意味着总统可以利用预算作为强有力的规划工具来确定执政的轻重缓急，并把预算作为一种动员资源以实施政策的手段。

20 世纪三四十年代罗斯福总统新政期间，美国联邦政府建立了很多公私不明的机构，使联邦政府的职责也逐渐模糊起来。这个问题带来了联邦政府预算的分裂，人们面对着多个数字同时描述联邦预算的混乱局面。1967 年约翰逊总统任命了一个预算概念委员会，提出以一个概念和数字来概括整个联邦政府财政状况，以便测量联邦政府对宏观经济的影响。这意味着统一预算覆盖了所有的联邦收入和支出，包括运营支出和资本支出。

行政预算这个观念很容易与中国各级政府行政部门预算编制的现状相提并论。但中国改革中的一些问题还有待于解决。第一个问题是如何使建设项目计划受制于预算程序，而不是被动地把预算视为建设计划的融资工具。第二个问题是如何将公共事业单位和国有或国有控股企业编入预算中。第三个问题涉及如何把地方和省级政府预算纳入全国性政府预算中。

2. 部门预算

部门预算是美国政府预算的基础。作为政府预算的基本组成部分，它们既是部门主管获得议会预算支持的主要手段，也是议会对部门主管追究责任的主要工具。把资源和责任结合起来，成为根据组织单位编制组织预算数据的主要好处。部门预算的观念是美国责任预算一贯作风的一部分，已经得到了普遍的认同，技术方面的要求在当前版本的《预算和会计法案》中通过一长串预算数据清单表述了出来。

编制部门预算在中国还是比较新的现象。使部门预算成为政府预算基本组成部分的观念，在中国现在的环境下仍然值得强调，因为这可能是很多责任分配和推进政府绩效改革的基础。

3. 项目预算和职能分类

美国传统的联邦政府预算和部门预算是给不同支出目标如工资、用品列出非常详细的项条预算。1949 年，以前总统胡佛为主席的委员会推动了结合资源和实现目标的理念。这一理念在以后的数十年里被表述为项目预算（program budget）、绩效预算（performance budget）、结果导向的预算（result-oriented budget）、零基预算（zero-based budget）和任务预算（mission-based budget）等，但基本观念仍然未变：除非目标与预算资源相关，否则预算便会失去了它的社会、经济和政治意义。尽管预算改革此起彼伏，绩效预算却以联邦支出功能分类（functional classification）的形式，成为联邦预算中的一个永久观念，分类中的一个职能就是为达到一个目标而进行的一系列活动。

依功能支出分类的方法已经成为国际惯例。中国新的政府收支分类体系也体现了功能分类的特点。需要强调的是，政府预算需要达到很多目标，因此必须有多种支出分类，新的分类补充不应该取代组织单位（比如部门）分类。

4. 权责发生制测量

胡佛委员会和预算概念委员会都赞成使用权责发生制（accrual basis）来测量政府财务绩效。然而，这在美国也仅仅是一个观念而没有普遍实行，唯一的例外是 1990 年《联邦信贷改革法案》，它要求计算提供联邦直接贷款和贷款担保给联邦政府带来的成本。

美国各级政府没有运用权责发生制预算有着许多理论和技术的原因。一个根本的原因是，权责发生制可能会显示政府财政的不良情况而被政府所反对，因为不少政府都把提供目前服务的费用（expense）推迟到将来进行支付。

由于很多概念和计量的问题都没有解决，笔者也不赞成用权责发生制编制预算。然而，笔者主张以权责发生制会计来准确地反映无论是短期还是长期的政府应收、应付款，这些权责发生制的信息能够（也应该）在现金收入和现金支出预测中得到使用。

除了披露出来的国债等显性债务外，中国政府（特别是许多地方政府）也可能存在着很多不明确记录和没有很好测量的应付款。这些债务形成了程度未知的财政风险，可能会对将来的财政稳定构成威胁。因此，笔者建议实行试点项目发展方法来收集可靠数据运用于预算分析，以更好地测量财政风险。

简言之，除了权责发生制预算，美国联邦政府在编制整个政府和部门预算中有着大量的经验，这些观念，在笔者看来，与中国现行的政府预算编制高度相关。

在预算批准和预算执行方面，美国联邦政府的很多做法也值得中国进行研究。

5. 在支出前进行预算和拨款

尽管"预算"这样的术语在美国宪法中并没有被运用，但其中对于联邦预算的规定还是很明确的：资金从国库拨出之前国会应该依法进行拨款。在早期，部门预算要求是国会拨款的基础。1921 年《预算和会计法案》通过以后，包括政府、部门和项目预算要求的总统提议，成为国会预算（包括拨款）决策制定的基础。但这两个系统的共同点都是：政府支出必须有法律基础，而且这个法律基础必须由议会提供。

目前中国政府的政策目标"依法理财"很久以前就在美国广泛推行，特别是自20世纪初期以来，这种理念更是深入人心。1915年，美国的预算改革家弗雷德里克·A. 克利夫兰（Frederick A. Cleveland）提出了预算的概念，把预算定义为"一定时期内，由适当行政部门编制，并向代表人民的机构（或其他适当组成的机构）递交的为公司或政府融资的计划，在计划被执行前，代表人民的机构的批准授权是必要的"。他强调，这个定义的三个组成部分都是必要的：一段时间内的融资计划，由一个负责的行政部门编制，由人民代表批准。这样，预算不仅能使收入和支出相配套，也能协调强的行政领导和人民代表机构的普遍控制，成为"人民主权的表现"。尽管美国政府存在着很多缺陷，美国政府的现代预算体系在形式和实质上都在努力地实践着克利夫兰的理念。以克利夫兰的预算概念为基准，当代中国政府预算体系的主要问题是，需要重新调整预算过程中立法和行政部门的角色。

6. 禁止超出预算进行支出

支出包括直接花费和承担合同债务，支出超过拨款额度就意味着缺乏预算支持。尽管一直不能很好地解决联邦预算的赤字问题，美国在预算控制方面还是很到位的。大量细致的行政法规被采用，并且被编撰入国会预算与管理办公室第A-11号通告中来执行《反超支法案》。该法案还要求国会预算与管理办公室把年度拨款经费分季度拨付，从而防止超支的发生。为响应法规和规章的要求，联邦政府还设置了巧妙高明的财务管理系统和内部控制系统。这些系统对于减少财政违法行为的数量有着明显的意义。笔者相信类似的法律、规则和它们的严格执行，能很好地减少近些年来中国审计署报告的那些浪费和滥用行为。

（二）中度相关的观念

现在我们转向那些需要进行较大改变才能在中国政府预算中采用的美国预算观念。这些观念可以分成以下几个主题：透明度，为平衡财政的国会审查和财政规则。

1. 总统财政预算案的公布

在美国总统向国会递交他的预算提议（即正式的《美国政府预算建议书》）之前，这些提议和关于它们的内部讨论被视为是机密的。两个原因使得这样的做法被认为是合理的：首先是鼓励内部讨论时的坦诚沟通；其次，一项提案，特别是有争议的提议，必须经过多次修改，才能成为正式的政策立场。在美国总统代表政府向国会提交以后，《美国政府预算建议书》就成为一个公开文件，可以在管理和预算办公室的网站上免费得到，联邦政府出版社（U.S. Government Printing Office）也会将其印刷和用 CD 光碟发售。若干年以来，预算与管理办公室一直在出版《联邦预算的公民指南》（A Citizen Guide to the Federal Budget），尽管布什政府已经不再这样做了。各大报纸刊登着联邦预算的重点，利益集团也热切地分析着那些影响他们成员利益的联邦预算部分。

2. 公开的国会讨论

国会是一个比行政部门更加开放的机构。参、众议院以及各委员会，甚至包括公众听证会的会议内容，都会出现在一份名为《国会纪录》（Congressional Record）的文件中。除了这些讨论、投票和发言的每日印刷记录外，C-SPAN 电视频道也对参议院和众议院的演讲进行现场转播。国会 6 个所谓的"管钱委员会"的网站同样有着预算文件、委员会报告、听证会记录和立法程序中的法律草案等内容。另外，国会预算办公室的报告和分析，也同样按要求提供公文或发布在互联网上。但国会研究服务处（Congressional Research Service）的信息公众得不到。总之，除了秘密会议和情报工作的信息外，所有国会预算过程中产生的材料公众都可以得到。

3. 强大的国会能力

值得注意的是，美国国会预算、美国最高法院和联邦法院的预算，都不受总统的评审和调整，这意味着国会能给自己提供它认为有必要的任何数目的预算资源。国会运转所需的大部分预算资源，用于国会议员私人工作人员，委员会的民主党和共和党工作人员，以及其他支持国会的部门（例如政府责任署、国会图书馆、国会预算办公室等）的工作人员的薪水。按照1974年《国会预算法案》创建的国会预算办公室，扩大了国会的分析能力，它分析总统的预算提议，编制长期（未来5到10年）预算和经济预测，并估计国会正在审议的议案的将来成本。国会预算办公室没有审议个别部门预算申请的权力，这些是参议院和众议院各自拨款委员会中的子委员会的工作。每个拨款委员会有13个子委员会，除了审议个别部门与管理和预算办公室递交的文件外，这些委员会还能够要求管理和预算办公室的官员和部门领导来为预算申请进行解释和回答相关问题。

按照宪法精神，美国国会在预算方面有着非同寻常的能力。它能批准、不批准或修改总统提交的预算。因为拥有彻底改变总统提议的权力，在极端的情况下（如在国会中占多数的是反对党），总统预算会被宣布"未审先死"（dead on arrival）。在实践中，国会在多大程度上运用其本质上无限大的修改预算的权力，取决于政治偏好的集中度。当参、众议院的多数党和白宫执政的是一个政党的时候，国会将会非常配合政府的选择。

4. 国会有充分的时间对预算进行审查

1974年《国会预算法案》对预算日程安排进行了规定，要求总统最晚在10月1号开始的财政年度之前的2月的第一个星期一，向国会递交预算。这给国会将近8个月的时间，来按照1974年法案批准的程序对总统预算进行商讨、审议和采取行动。8个月对国会而言应该是相对充分了，但是，国会还是不能保证遵守时间安排，在新的财政年度开始前通过所有的拨款法案。延误的原因有很多，包括紧急情况和其他立法活动，另外的解释可能是很难在政府的执政重点和人民的需要之间达成共识。这方面来自美国经验的教训是，立法机关应该会有足够的时间履行其职责，但在某种程度上可能会降低其紧迫感，使国会推迟作出最后财政决定的时间。

5. 国会财政纪律

国会议员个人本身很难行使财政纪律（fiscal discipline），预算法律的一个功能就是，给他们在作困难决定时提供一些可遵循的没有人情的规则。例如，1990年《预算实施法案》对审批项目规定了上限，并对法定开支（entitlement spending）和新的收入提议提出了"随走随付"的要求，即当被提议的法案可能增加预算当年或接下来年份赤字水平的时候，法案必须作出其他规定来抵减这种增长。通常通过在受到影响的年份里减少其他开支或者增加收入来完成，例如一个增加福利支出的规定可以通过减少当年其他法定支出或增加税收的方式来抵减。为了减少赤字，政治家很有可能同意这个合理的规则，而一旦规则被制定，例行公事将成为一些议员约束自利行为的理由和方法。

6. 设定预算目标

在法律中对具体的预算目标进行设置是一件值得商榷的事情，美国预算实践历史就提供了过度期望政治家能够实现减少赤字目标诺言的教训。1985年和1987年《平衡预算和紧急赤字控制法案》雄心勃勃地树立了明确削减赤字的财政目标，规定了实现目标的具体程序。法案要求预算赤字在以后的六年里不断减少，并且具体指出了每年被允许的最大赤字数额。但这些法案并没有达到起初的设想。正如现在大家都知道的那样，政府预算赤字的减少，要求可行的财政政策、严格的预算纪律和有利的经济条件相结合。这些条件就像一个三脚凳的三条腿，缺少任何一条，凳子都立不起来。

（三）低相关性的观念

最后，我们来讨论一组与美国国情、制度十分相关的理念，这些观点和中国的实践还有着很大的差距，更多的是体现了美国的独特之处。

1. 国会决策制定程序

美国国会有着复杂的组织结构，使其行使代表和协商职能的议会议事规则，同样相当复杂。在财政方面，众议院首先发表自己的看法，参议院也会提出自己的意见，协调委员会会综合两者的观点，消除差异并提出单一议案让总统来签署或否决。国会参众两院都有着庞大的委员会机构来执行立法和监督的职能。除非另外一个国家的立法部门也有类似的制度和制度能力，否则很难去复制美国国会在联邦预算过程中的角色。

2. 国会监督预算执行

在每年联邦预算被批准后,美国国会将继续在预算执行过程中发挥作用。不同的意见存在于国会合理的干预程度,即行政部门在预算执行中应该拥有多大程度的弹性权力以应对环境的变化。可以预见是,政府官员视为"管理细节"的行为通常被国会视为合法的监督。例如,正像我们所看到的那样,为了应对总统的扣押行为,国会颁布了1974年《扣押控制法案》,建立了国会通知和批准的论述程序。简单来说,美国国会对预算执行的参与程度,在别的国家可能被视为是对行政部门的过度干涉。

3. 将预算办公室设在总统办公室

美国国会和总统都很清楚财政控制权的重要性。20世纪30年代末,罗斯福总统把预算局从财政部搬到总统行政办公室。从此,预算局改为预算和管理办公室,而其领导也成为总统内阁的一员。近年来,大多数美国总统都十分关注财政政策和联邦预算,其中当然可能因为联邦预算的赤字规模已经成为一个大的政治经济问题。但总统对财政的高度任意干涉可能也是美国所独有的。

4. 预算中的联邦主义

由于历史的原因,美国50个州都有很强的独立性以保护他们的权力。宪法给各个州保留了很多没有交给联邦政府的权力。只是由于拥有征收所得税的权力,联邦政府控制着比所有州加总还多的财政资源。

作为法律规定,在自己州的宪法下,每个州都保持着独立且与联邦政府不一样的财政和预算体系。联邦预算法案的政策和程序并不适用于各州和州内的各地方政府。在美国历史上,联邦政府和州,以及地方政府部门之间,存在着很多理论和实践上的双向影响。然而,按照法律进行一致实施对于习惯联邦主义的美国人而言,可能还是一个陌生的概念。

五、结论

综上所述,我们可以看到,美国预算法的历史发展过程就是一个依预算法治国的过程，这也是美国依法治国的一个方面。依预算法治国首先意味着政府不能在法律手段之外增加收入或支出公共资金。政府的行政部门有对政府财政的物质保管权，但立法机关控制财政部门使用财政资源的权力。其次，宪法控制的宪政和国会对行政的限制从两个层面上完成对政府财政行为自由的限制。在这之后，政府才能通过一套正式规则和制度实现法治。再次，依预算法治国还意味着在政府的决策中，应尽量免除个人的喜好或偏见，从而保证法律执行的正义和公平。当然，归根究底，美国联邦政府的收入、支出和债务水平是由美国社会中的政治力量所决定的，其次才是预算程序法的影响。

中国正在努力为其公共预算制度奠定坚实的法律基础，美国联邦政府的预算经验对此有着很大的参考价值。法律背后的很多观念都可能与中国相关。考虑可行性以后，这些观念可以进行如下的分类：

高度相关的观念包括：使用部门预算来阐明责任和作为整体政府预算的基础；使用项目预算和职能分类来强调政府绩效；使用权责发生制基础来体现长期效果；拨款前不能进行支出；对滥用资金和拨款外支出进行严格的规定。

中度相关的观念包括：预算递交到国会后的预算信息公开化；加强国会处理信息的能力；给国会充足的时间来审议和批准预算措施；在预算过程中灌输财政纪律。

低度相关的观念包括：两院制议会对改变政府预算执行过程拥有几乎无限的权力；在预算过程中，国会和总统都会进行广泛的干预；各级政府之间的财政和预算体系是分开的。

参考文献

1. 中华人民共和国财政部预算司：《部分国家预算法汇编》，外文出版社 2005 年版。
2. 陈立齐：《论美国重大的联邦预算法》，白彦锋译，载《经济社会体制比较》，2008 年第 1 期。
3. 陈立齐：《美国联邦预算法律的演进》，见马骏、侯一麟、林尚立主编：《国家治理与公共预算》，中国财政经济出版社 2007 年版，第 25—31 页。
4. Fishev Louis, *Constitutional Conflicts between Congress and the President*, 4th ed., rev.

Lawrence, Kansas: University Press of Kansas, 1997.

5. ——, *The Politics of Shared Power: Congress and the Executive*, 4th ed., College Station, Texas: Texas A&M University, 1998.

6. ——, *American Constitutional Law*, Vol. 1 Constitutional Structures: Separated Powers and Federalism, 6th ed., Durham, N. C.: Carolina Academic Press, 2005.

7. Chan, James L., "Chapter 3: Major Federal Budget Laws of the United States", in Siamack Shojai (ed.), *Budget Deficits and Debt: A Global Perspective*, Westport, Connecticut: Praeger, 1999: 17–25.

8. China, People's Republic, Ministry of Finance, Budgeting Department, *Budgetary Legislation of Some Countries*, Beijing: Foreign Languages Press, 2005: 3–556.

9. Fisher, Louis, *Presidential Spending Power*, Princeton, NJ: Princeton University Press, 1975.

10. Garrett, Elizabeth, Elizabeth A. Graddy and Howell E. Jackson (eds.), *Fiscal Challenges: An Interdisciplinary Approach to Budget Policy*, Cambridge, UK: Cambridge University Press, 2008.

11. Johnson, Charles W., *How Our Laws Are Made*, revised and updated, Washington, D. C.: U. S. Government Printing Office, 2000.

12. Kepplinger, Gary, "Appropriations Clause", in David F. Forte and Matthew Spalding (eds.), *The Heritage Guide to the Constitution*, Washington, D. C.: Regnery Publishing, Inc. and The Heritage Foundation, 2005: 163–166.

13. Kurland, Philip B. and Ralph Lerner (eds.), *The Founders' Constitution*, Chicago: University of Chicago Press, 1987, Vol. 3: 373–379.

14. Lienert, Ian and Moo-kyung Jung, "The Legal Framework for Budgeting Systems: An International Comparison", *OECD Journal on Budgeting*, Special Issue, 2004, Vol. 4, No. 3: 445–479.

15. Mathews, John Mabry and Clarence Arthur Berdahl, *Documents and Readings in American Govrnment: National and State*, New York: Macmillan Company, 1947.

16. Patashnik, Eric, "Budget and Fiscal Policy", in Paul J. Quirk and Sarah A. Binder (eds.), *The Legislative Branch*, Oxford, UK: Oxford University Press, 2005: 382–406.

17. Schick, Allen, *Congress and Money: Budgeting, Spending and Taxing*, Washington, D. C.: The Urban Institute, 1980.

18. Schick, Allen, *The Federal Budget: Politics, Policy and Process*, 3rd ed., Washington,

D. C. : The Brookings Institution, 2007.
19. Skowronek, Stephen, *Building a New American State: The Expansion of National Administrative Capacity, 1877 – 1920*, Cambridge, UK: Cambridge University, 1982.
20. Stewart III, Charles, *Budget Reform Politics: The Design of the Appropriations Process in the House of Representatives: 1865 – 1921*, Cambridge, UK: University of Cambridge Press, 1989.
21. Studenski, Paul and Herman E. Krooss, *Financial History of the United States*, 2nd ed, New York: McGraw-Hill Co. , 1963.
22. U. S. House of Representatives, Committee on the Budget, *Compilation of Laws and Rules Relating to the Congressional [Budget] Process*, Washington, D. C. : U. S. Government Printing Office, 2000.
23. U. S. Office of Budget and Management, "The Budget System and Concepts", in *Budget of the United States Government*, Washington, D. C. : U. S. Government Printing Office, Fiscal Year 2009.
24. Wildavsky, Aaron and Naomi Caiden, *The New Politics of the Budgetary Process*, 5th ed, New York: Pearson/Longman, 2004.

附 件

On-line Resources for Further Research on
U. S. Federal Budget and Budget Process
(Current as of December 16, 2009)

A) Information Sources

The Budget System and Concepts, Chapter 26 of Analytical Perspectives, *The Budget of the United States Government* (http: //origin. www. gpoaccess. gov/usbudget/fy09/pdf/spec. pdf)

Federal Budget Laws (http: //budget. house. gov/laws. shtml)

United States Code (http: //www. gpoaccess. gov/uscode/index. html)

OMB Circular A – 11 (http: //www. whitehouse. gov/omb/circulars/a11/current_ year/a11_ toc. html)

The Congressional Budget Process: An Explanation (December 1998) (http: //budget. senate. gov/democratic/the_ budget_ process. pdf)

Budget Reform Proposals, Chapter 15 of Analytical Perspectives, The Budget of the United States Government (http: //origin. www. gpoaccess. gov/usbudget/fy09/pdf/spec. pdf)

Glossary of Budget Terms (http: //budget. senate. gov/democratic/glossary. html)

B) Institutional Participants

Executive Branch of the U. S. Government

Office of Management and Budget (http: //www. whitehouse. gov/omb)

Department of the Treasury (http: //www. treas. gov)
- Financial Management Service (http: //www. fms. treas. gov)
- Office of Performance Budgeting and Strategic Planning

(http: //www. treas. gov/offices/management/budget/budget-documents)

U. S. Congress

Congressional Budget Office (http: //www. cbo. gov)

Government Accountability Office (http: //www. gao. gov)

Senate (http: //www. senate. gov)

- Budget Committee (http: //budget. senate. gov)
- Finance Committee (http: //finance. senate. gov)
- Authorizing Committees (http: //senate. gov/pagelayout/committees)
- Appropriations Committee (http: //appropriations. senate. gov)

House of Representatives (http: //www. house. gov)

- Ways and Means Committee (http: //waysandmeans. house. gov)
- Authorizing Committees (http: //www. house. gov/house/CommitteeWWW. shtml)
- Appropriations Committee (http: //appropriations. house. gov)

Supreme Court (http: //www. supremecourtus. gov)

Additional resources are available at http: //www. JamesLChan. com

预算立宪制度比较研究

——一个文本分析的视角

张献勇[①]

【摘要】 本文运用文本分析的方法,对各国预算立宪制度从预算在宪法中的位置、预算原则、预算提案、预算审批、预算执行、决算等方面作了比较研究,可为我国修订《预算法》提供参考。

【关键词】 预算立宪 预算原则 预算提案 预算审批 预算执行 决算

预算是按法定程序编制、审查和批准的国家财政收支计划。预算立宪制度是指一国通过宪法所规定的关于预算的编制、审批、执行、决算等的一系列原则和制度。本文拟以姜士林等主编的《世界宪法全书》(青岛出版社1997年版)作为基本材料来源,对其中所搜集的亚洲、欧洲、美洲和大洋洲的111个国家的宪法文本进行考察,将其中所有包含"预算"的条款搜索出来,比较考察世界各国预算立宪制度。

关于本文所使用的材料,需要说明三点:(1)本文所使用宪法文本材料不包括非洲国家的宪法;(2)本文所考察的是各国宪法文本中规定的制度,而不是各国实际实践中的制度;(3)本文所使用的材料

---

① 张献勇,山东工商学院政法学院教授,研究方向包括宪法学、行政法学、经济法学等。

一般截至 1997 年 1 月。

同时，鉴于预算的极其复杂性，为方便起见，就本文的研究范围作四点说明：(1) 预算在不同国家的宪法中有不同的名称，如国家预算、政府预算、公共预算、财政预算等，从严格意义上来说，它们的内涵是不尽相同的，但本文视为同一概念；(2) 有的国家宪法中既规定了中央预算，又规定了地方预算，本文只考察中央预算，不关注地方预算及其与中央预算的关系；(3) 有的国家宪法中既规定了行政机关预算，又规定了立法机关预算和司法机关预算，考虑到立法机关预算和司法机关预算一般具有相对独立性，因而本文只考察行政机关预算；(4) 预算包括收入预算和支出预算，而收入预算通常仅是对未来财政收入的估计，组织收入的直接根据不是收入预算而是税法等法律，因而本文考察的重点在于支出预算。

一、预算在宪法中的位置

在本文所考察的 111 个国家的宪法中，实行预算立宪制度的国家有 106 个，占 95.5%。可见，预算立宪制度得到了世界上绝大多数国家的重视，预算立宪是世界上绝大多数国家的普遍做法。预算在宪法中的位置主要有以下几种方式。

(一) 在国家机关章节中规定

这种方式通过在国家机关有关章节规定预算的提案权、审批权和执行权等，确立预算立宪制度，强调预算权力在国家机关之间的配置。如哈萨克斯坦宪法（1995 年）第 4 章"议会"第 52 条规定，"议会须经两院联席会议通过的有：……批准共和国预算、政府和共和国预算执行情况财务检查委员会关于预算执行情况的报告，对预算进行修改和补充……"第 5 章"政府"第 66 条规定，"哈萨克斯坦共和国政府……制定并向议会提交共和国预算和决算，保障预算的执行……"

(二) 在专门的财政章节中规定

采用这种方式的国家在宪法中设有专门的财政章节，集中规定预算立宪制度，强调预算是国家的一项基本财政制度。如马来西亚宪法（1957年）第7章"有关财政的规定"第99—104条分别规定了"年度财政报告书"、"拨款法案"、"追加支出与超支"、"批准预付支出或未指定用途的权力"、"应急基金"、"从统一基金支领款项"等内容。

（三）在国家机关章节和财政章节中共同规定

采用这种方式的国家在国家机关章节中概括规定预算权力的配置，在财政章节中对预算相关问题作出较为详细的规定。如爱沙尼亚宪法（1992年）第4章"议会"第65条规定，"议会的权力有：……通过国家预算和批准预算执行报告……"第6章"共和国政府"第87条规定，"共和国政府有下列职权：……制定国家预算草案并呈交给议会，组织执行国家预算并向议会提交有关预算执行情况的报告……"第8章"财政和国家预算"第115—119条又具体规定了预算草案的提交、预算草案的修改、制定和通过预算的程序、预算未通过的救济、预算未批准引致的议会非例行选举等问题。

二、预算原则

预算原则即预算的编制、批准、执行和监督过程中必须遵守的基本准则。各国宪法规定的预算原则包括法定性原则、年度性原则、完整性原则、平衡性原则和公开性原则等。

（一）预算法定性原则

预算法定性原则，有三层含义。第一层含义是指预算必须经过法定机关批准，并且一经批准，即具有法的效力。这一法定机关通常即是议会。在实行预算立宪制度的106个国家中，规定预算须经议会批准的有103个，占97.1%。如巴林宪法（1973年）第90条第2款规定，"政府应编制包括国家岁入和支出的年度预算，至迟在每个财政年度结束前两个月提交国民议会审议批准。"第二层含义是指议会以立法程序批准预算。议会批准预算大多采用立法程序，但由于预算具有不同于一般法律的特点，因而各国宪法对此程序又有特别规定。如冰岛宪法（1944

年)第22条规定,"……议会须在预算案通过后方得休会。必要时,总统得召开议会特别会议。"第42条规定,"下一年度的财政法案包括国家收支概算,须在议会常会复会时立即提交议会。财政法案和财政补充法案,须向议会联合院提出并经三读通过。"第44条规定,"除财政法案和补充财政法案外,任何法案均须经两院分别以三读通过。"第三层含义是指预算的主体、内容、程序、时间等必须由法律事先加以规定,预算的编制、审批、执行、变更、调整、决算等整个预算过程必须依法进行,否则就要承担相应法律责任。如菲律宾宪法(1986年)第6章第25条规定,"预算案的形式、内容和编制方式由法律规定。"

(二)预算年度性原则

预算年度性原则,即预算应按财政年度编制和审批,不应对本财政年度之外的财政收支作出任何事先的规定。财政年度也称预算年度或会计年度,是预算收支起止的有效期间,它是编制和执行预算所必须依据的法定时间期限,通常以一年为标准。根据起止时间的不同,财政年度区分为历年制和跨年制。历年制,即1月1日起、12月31日止。跨年制又包括多种情形:如4月1日起、3月31日止的4月制,7月1日起、6月30日止的7月制,10月1日起、9月30日止的10月制,等等。各国宪法对于财政年度起止时间的规定,有三种模式:(1)直接规定,即由宪法明确规定财政年度的起止时间。采用这种模式的有巴基斯坦、孟加拉国、立陶宛、瑞典、海地、新西兰等国家。如巴基斯坦宪法(1973年)第260条规定,"'财政年度'指从7月1日开始的一年。"(2)法律保留。采用这种模式的有阿联酋、巴林、科威特、土耳其、叙利亚、巴西等国家。如阿联酋宪法(1971年)第128条规定:"……财政年度的起讫日期也由法律规定。"(3)直接规定+法律保留。采用这一模式的有马耳他、巴巴多斯、巴哈马、圭亚那、圣克里斯托弗和尼维斯联邦[①]、特立尼达和多巴哥、牙买加、斐济、基里巴斯、所罗门群岛、图瓦卢等国家。如马耳他宪法(1964年)第126节第1条规

[①] 现通用"圣基茨和尼维斯联邦"名称。

定:"……'财政年度'指在每年 3 月 31 日或由议会规定的其他日期届满 12 个月的期限。"

(三) 预算完整性原则

预算完整性原则,要求预算包括全部财政收支,完整地反映以政府为主体的全部预算活动。在宪法中明文规定预算完整性原则的有伊朗、爱沙尼亚、比利时、芬兰、列支敦士登、卢森堡、摩纳哥、斯洛文尼亚、西班牙、巴拿马、巴西、厄瓜多尔、哥斯达黎加、洪都拉斯、萨尔瓦多等国家。如爱沙尼亚宪法(1992 年)第 115 条规定,"议会每年通过国家的全部收入和支出的预算法。"又如巴西宪法(1988 年)第 62 条规定,"年度预算将责无旁贷地包含所有权力机关的支出和收入,以及无论是直接管理还是间接管理的机构和基金会的支出和收入,只不包括既不接受补贴金也不转让资金给预算账目的单位。"

(四) 预算平衡性原则

预算平衡性原则是指在一个财政年度内,政府的预算收支应保持平衡。在宪法中规定预算平衡性原则的有德国、巴拿马、哥伦比亚、哥斯达黎加、秘鲁、萨尔瓦多、乌拉圭等国家。如德国基本法(1949 年)第 110 条第 1 款规定,"……预算必须收支平衡。"秘鲁宪法(1979 年)第 197 条规定,"支出与收入未能确实平衡的预算草案不得提交。"

(五) 预算公开性原则

预算公开性原则是指预算及其执行情况必须采取一定的形式公之于众,使公众了解财政收支情况,置于公众的监督之下。这一原则是预算法定性原则的延伸。在宪法中明确规定预算公开性原则的有阿联酋、巴林、科威特、丹麦、摩纳哥、厄瓜多尔、尼加拉瓜等国家。如摩纳哥宪法(1962 年)第 39 条规定,"预算须列为法案,经投票通过后以法律形式予以公布。"又如奥地利宪法(1929 年)第 42 条第 5 款规定,国民议会所通过的批准联邦预决算等法案"应立即予以确认并公布。"

三、预算提案

预算立宪制度中涉及预算提案的问题主要是提案主体、提案期限、提案附属文件等。

(一)提案主体

一般认为,预算编制属于行政权的一部分,因而各国把编制预算的权力赋予行政机关而非立法机关(议会),具体则是由财政部门负责。日本学者井手文雄认为,无论哪个国家,如果把预算编制权归属于议会,从预算制度民主化看,较为理想,但操作起来困难(井手文雄,1990:199)。当预算在行政机关编制完毕并经内阁审查同意后,应由法定提案主体将其提交议会审议批准。各国宪法规定的提案主体主要有三种情况。一是总统。如阿塞拜疆宪法(1995年)第109条规定,"将国家预算提交国民议会批准"是阿塞拜疆共和国总统的职责。二是内阁。如日本宪法(1947年)第73条规定,"内阁除执行一般行政事务外,执行下列各项事务:……编制并向国会提出预算。"三是财政部长。如马耳他宪法(1964年)第106节第1条规定,"财政部长应在每一财政年度开始前,至迟于其开始后30天内,负责编制并向议会提交马耳他的当年收支预算。"

(二)提案期限

议会审批呈交给自己的预算案是需要一定时间的,仓促议决可能会使议会的这一权力发挥不了作用。为此,各国宪法普遍就预算提案期限作出了规定。主要有两种模式。一种模式是在财政年度开始前的一定期限内提交。这种模式下,提交时间主要取决于财政年度的起始日期。另一种模式是在议会举行例行会议之后某个期限内提交。这种模式下,提交时间则要随议会开会日期而定。

采用第一种模式的国家,要求政府提交预算案的具体期限也有所不同。提交时间较早的,如丹麦宪法(1953年)第45条、哥斯达黎加宪法(1949年)第128条规定,预算案须在该财政年度开始的至少四个月以前提交议会审议；格鲁吉亚、韩国、西班牙、爱沙尼亚、巴拿马、智利等国家的宪法则规定，预算案在财政年度开始的三个月前提交；立陶宛宪法（1992年）第130条规定，预算案在财政年度开始的75天前提交。提交时间较晚的，如科威特宪法（1962年）规定，预算案至迟在财政年度开始前两个月提交。约旦宪法（1952年）第112条、希腊宪法（1975年）第79条规定，预算案在财政年度开始的一个月前提交。圭亚那宪法（1980年）第218条规定，预算案在财政年度开始前提交，或开始后的90天内准备完毕和提交议会。

采用第二种模式的有黎巴嫩、秘鲁、玻利维亚、哥伦比亚等国家。如秘鲁宪法（1979年）第197条规定，"共和国总统在每年第一次议会例行会议开始后30天内向议会提交次年的公共部门预算草案。"[①] 玻利维亚宪法（1967年）第147条也有相同的规定。

（三）提案附属文件

为便于议会审议和批准预算案，一些国家宪法规定，提案主体在提交预算案的同时还要附带提交其他文件。如巴林宪法（1973年）第96条规定，"政府应将有关国家财政经济状况的报告书以及有关现行预算拨款的执行安排及其对新预算草案的影响的说明，随同每年的预算草案一起提交国民议会。"又如葡萄牙宪法（1982年）第108条第4款规定，"预算草案须附有对前次预算的收支项目之变化提出根据的报告，以及关于公债与国库账目、关于自治基金与公用事业情况的报告。"

四、预算审批

预算案提交议会，就进入审批程序。审批预算是各国议会普遍拥有的三大权力之一，也是预算立宪制度的核心内容，主要涉及如下几方面的问题。

---

① 秘鲁财政年度实行历年制。根据秘鲁宪法（1979年）第168条的规定，每年第一次议会例行会议于7月27日开幕，12月15日闭幕。

(一) 预算的及时审议

议会接到预算案后,如不尽速审议,将影响到政府的运作。为此,爱尔兰、瑞典、巴拉圭等国家在宪法中规定,议会对此议案要及时审议。如爱尔兰宪法(1937年)第17条第1款规定,"国家每一财政年度的收入预算和支出预算,一经按本宪法第28条的规定送达众议院,即须尽速予以研究。"瑞典议会法(1975年)第5章第10条规定,"议会可以通过决议规定某一事项推迟至下次常会审议。但是与下一财政年度预算有关的事项只有在不影响预算的最后确定的情况下方可推迟审议。关于推迟审议的决定可以重复作出。"

(二) 预算审批在两院的协调

当今世界各国议会有两院制和一院制之分。无疑,一院制议会更有利于预算法案的及时议决,因为在两院制下,除非预算经一院批准即可生效,否则两院必须通过一个统一的预算文本,这就需要有协调程序。而且,这种协调程序又不同于审议普通法案的程序。对于普通法案,如果两院协调未果,则法案成为废案。而对于预算法案,两院必须通过协调最终议决。从各国宪法规定看,议会两院在审批预算时的协调程序有:

1. 下议院先议

哈萨克斯坦、日本、波兰、海地等国家宪法规定了下议院对预算案的优先审议权。如哈萨克斯坦宪法(1995年)第54条规定,"议会按照先在马日利斯①后在参议院的顺序,分别在两院会议上审议的问题有:……讨论共和国的预算及其执行情况的报告,讨论对预算的修改和补充,规定和取消国家税收……"当然,亦有将预算同时提交两院的例子。如德国基本法(1949年)第110条第2、3款分别规定,"预算在第一会计年度开始前分别由为期一年的或几个会计年度的法律确定。可以规定适用于不同期限的预算部分,但应该划分会计年度。""本条第(2)款第一句的意义范围内的法案以及修正预算法和预算的法案,

---

① "马日利斯"是哈萨克斯坦下议院的名称。

同时提交联邦参议院和联邦议院；联邦参议院必须在六个星期内，或在修正法案的情况下，在三个星期内对这种法案声明自己的立场。"

2. 由两院联席会议议决

巴西、秘鲁等国家的宪法专门设置了两院联席会议制度议决预算案。巴西宪法（1988 年）第 66 条规定，"年预算法案由共和国总统提交国民议会、由两院联席会议共同表决……"秘鲁宪法（1979 年）第 197 条第 2 款规定，"预算草案由一个八名参议员和八名众议员组成的混合委员会审议和提出意见。在议会会议上就所提意见进行辩论并对预算法草案进行投票表决。众议员和参议员的投票分别统计以确定各自百分比。投票结果根据赞成票和反对票的百分比之和确定。"秘鲁宪法的这一规定表明，两院在审批预算案上处于完全平等的地位。

3. 某一议院——通常是下议院——决议优越

如日本宪法（1947 年）第 60 条第 2 款规定，"对预算案，如参议院作出与众议院不同的决议，根据法律的规定，举行两院协议会而仍不能取得一致意见时，又在参议院接到众议院已经通过的预算案后，除国会休会期间外，在 30 日内仍不作出决议时，即以众议院的决议作为国会决议。"但也有以上议院决议为最后决议的。如巴拉圭宪法（1967 年）第 163 条规定，"行政机关要在每年的 9 月 30 日之前把国家总预算案提交给议会，议会应绝对优先予以审议。众议院接到议案后要立即开始研究和在一个月内修改完毕，参议院要在不超过一个月的时间内对议案连同众议院提出的修改意见一并进行研究；如果同意，议案即获批准。如果不同意，应把议案连同反对意见一并送回众议院。众议院应在相连的十天之内作出决定并只限对参议院的反对意见作出决定；如果赞成议案即获得批准。如果不赞成，应把议案退回参议院再进行连续十天的考虑。这时，参议院的决定是最后决定。"

4. 上议院对下议院通过的预算案只有延搁权

如泰国宪法（1991 年）第 146 条规定，"国家预算年度的财政开支预算草案、财政开支补充预算草案及国家财政开支预算调整草案等，下议院应在接到之日起 90 天内审议结束。如下议院不能在上述规定时间内审议结束,应视为上述草案已被下议院同意通过,并提交上议院审议。上议院应在接到上述草案后的15天内审议结束,决定同意与否,并且不能对草案作任何改动。如超过15天,应视为上述草案已获得上议院通过。"

5. 只需下议院通过

如捷克宪法(1992年)第42条规定,"国家预算和决算法案由政府提出。""这项法案在公开会议上讨论,只需众议院通过即可生效。"实行这一制度的还有奥地利、智利等国家。预算只需由众议院通过即可生效的理论基础在于,可以忠实代表人民的意愿来议决预算案。

可以看出,在预算审批程序中,下议院总体上处于一种更为优越的地位。其主要原因在于,预算规定国家费用的支出方法,而国家费用最终是由人民负担的。所以对于其使用方法,人民尤为关注。议会两院中,下议院通常以直接选举方式产生,可以忠实地代表人民的利益,据此,应将审批预算的权力更多地赋予下议院。如果两院皆由直接选举产生,也可以由两院平等地分享审批预算的权力。

(三) 预算修正权限

议会在对预算案进行审议的过程中,是否拥有不受限制的权力呢?在此问题上,各国宪法的规定不尽相同。

1. 审批预算时不得变更法律

巴林、科威特、土耳其、德国、秘鲁等国家在宪法中确立了这一原则。如巴林宪法(1973年)第93条规定,"预算法不得包含规定新税、增加现有税额、修改现行法律或设法不颁布按本宪法规定应予颁布的专门法律的任何条款。"宪法中作出上述规定,既有利于防止议会因纠缠于对某一法律的修改而使预算久议不决,也有利于防止因预算案及时议决的要求而导致对拟议的法律在审议时间不充分的情况下草率作出修改。

2. 增额修正禁止

国家费用主要来自纳税人的税收,议会作为民意代表机关,从历史上看,其存在的基础就是防止行政机关滥用纳税人的金钱。因此,对预算案作减额修正——即削减某一预算项目开支或删除某一预算项目,自无不当。当然,对于一些宪法和法律规定的支出,如对其作减额修正,将影响到宪法和法律的实施,因而禁止议会作减额修正。如立陶宛宪法(1992年)第131条第2款规定,"除非有关法律已修改,否则法律批准的支出不得减少。"但是,如议会可作增额修正,包括为某一预算项目增加开支或新增某一预算项目,则有悖于议会存在的基础。为此,巴西、秘鲁、哥斯达黎加等国家宪法规定,议会对于政府提交的预算案,在审议时只能作减额修正,不得为增额修正。如巴西宪法(1988年)第65条规定,"提出预算法案和开立信用账户,规定公共服务人员的薪俸和优待,给予任何形式的补贴金或补助和批准、开立或增加公共支出的法律的动议权属于行政机关。""要求增加总支出或各机构、基金会、计划和规划项目的支出,或旨在使行政机关改变支出总额、性质或对象的修正案,将不予审议。"

3. 增额修正限制

在有些国家,增额修正并非绝对禁止,但附加有限制条件。这些限制条件包括:(1)增额修正动议须经政府同意。这样可以让行政与立法取得一个协调的空间。如韩国宪法(1987年)第57条规定,"未经政府同意,国会不得增加政府提出的预算支出的各项金额或另设新费用项目。"德国、西班牙等国家的宪法也规定增额修正须经政府同意。(2)修正后的支出预算不得超过收入预算。如委内瑞拉宪法(1961年)第228条规定,"财政议案应当在组织法所指定的时间内向国会提出。两个议院可以修正议案,但不可以批准超出议案中所估量的岁入总数的开支。"(3)由审计机关验证。如希腊宪法(1975年)第75条规定,"任何法案或提案,如其后果将增加各部部长已经提出的预算的支出,又不附有审计署规定该项支出金额的报告,均不得提交讨论;如议员在讨论前提出该项提案,应将其送交审计署,审计署应在收到后15天内提出报告。如在此期限届满后未提出报告,则该项法案或提案得径直提交讨论。"

(四) 预算的表决方式

巴林、叙利亚、黎巴嫩、约旦、摩纳哥、海地等国家宪法要求预算应逐章或逐条、逐项表决。如叙利亚宪法第75条规定,"预算应逐章进行表决。编制预算的办法由法律规定。"黎巴嫩宪法第83条规定,"每年10月常会开会时,政府应向国民议会提出下年度国家收支的总预算,由议会对该预算逐条进行表决。"约旦宪法第112条第2款规定,"对预算的表决应逐项进行。"实行逐章或逐条、逐项表决的方法,虽然将耗费较多的时间,但却使审议和批准预算更具有实质性,也有利于将表决结果和行政部门的责任相对应。

(五) 禁止对预算的全民公决

在实行全民公决制度的国家,对于议会通过的普通法律,可以依照法定程序付诸全民公决。但是,对于议会通过的预算,按照丹麦、拉脱维亚、斯洛伐克、乌克兰、意大利等国家宪法的规定,不得付诸全民公决。如意大利宪法(1947年)第75条规定,"……对有关税收、预算、大赦和特赦的,以及授权认可国际条约的法律不得进行全民公决。"由于全民公决程序繁杂、耗时颇多,禁止对预算进行全民公决,可以防止议会通过的预算迟迟不能生效。

此外,同样出于促使预算及时生效的考虑,在总统制国家,总统虽对议会通过的普通法律可以行使否决权,但对预算的否决权则是被禁止或受到限制的,如洪都拉斯宪法(1982年)第218条规定,"下述情况和决议不必政府批准,也不容政府提出反对意见:……预算法……"塞浦路斯宪法(1960年)第51条第2、3、4款分别规定,"对于众议院通过的预算案,共和国总统和副总统根据各自或共同的判断,如认为存在歧视,得单独或共同地行使将预算退回给众议院的权力。""如系预算案依照本条第2款规定被退回,众议院应在退回后的30天内对此作出决定。""如果众议院维持原决议,共和国总统和副总统应依照本宪法的规定,并在第52条规定的公布期限内,将众议院所通过的预算案在共和国公报上予以公布。"

(六) 预算未议决的救济

正常情况下,预算案应在法定期限内——通常是财政年度开始前——议决。但是,由于各种原因,财政年度即将开始,预算仍未议决的情形是有可能发生的。此时,为避免政府工作因缺少财政支持而陷入停顿,需要有相应的救济方法。从各国宪法规定看,预算案未议决的救济方法主要有:

1. 临时预算制

以色列、丹麦、瑞典等国家采用这种救济方法。如以色列基本法—国家经济法(1975年)第3条规定,"如果政府认为预算法案不会在财政年度开始前通过,政府可以提出临时预算法案。"又如丹麦宪法(1953年)第45条第2款规定,"如预计不能在下一个财政年度开始前完成对该财政年度财政法案审议,须向议会提出临时拨款法案。"临时预算在获得议会批准后由政府予以执行。

2. 延长上年度预算制

罗马尼亚、摩尔多瓦、西班牙、洪都拉斯、危地马拉等国采用这一制度。西班牙宪法(1978年)第134条规定,"如果预算法在有关经济年度第一天之前未被批准,则上一年度预算自动延长,直至新预算通过。"延长上年度预算制主要有如下弊端:"一是本年度支出情形与上年度支出情形自不相同,非促行政滞涩即致浪费;二是预算本为政治政策的经济数字解释,为政策之所寄,如果延长旧预算,则新政设施不能进行,改革进步必生阻碍。"(潘传栋,1947:48)

3. 上年度十二分之一预算制

如约旦宪法(1952年)第113条规定,"如果总预算法不能在新的财政年度开始前公布,支出按上年度每月支出额的十二分之一的比例按月继续拨款。"再如爱沙尼亚宪法(1992年)第118条规定,"议会通过的国家预算从预算年度开始起生效。如果直至预算年度开始议会尚未通过国家预算,每月的开支只许控制在前预算年度的十二分之一的范围。"阿联酋宪法第130条、立陶宛宪法第132条也有类似规定。

4. 政府为必要支出制

德国、马耳他等国家采用这一制度。如德国基本法（1949年）第111条第1款规定，"如果在会计年度终了时，法律还没有确定下年度的预算，联邦政府可以在这种法律开始实行前支付一切必要的费用：（1）维持法定的机构和实行法律授权的措施；（2）履行联邦应负的法定的、契约的和条约的义务；（3）继续进行建筑工程，采办其他公共设施，或继续为这些目的而拨出补助费，但适当的数额必须在上一年度的预算中已经拨出。"德国的这一规定，使法律承诺的支出、国家债务信用和政府业务不会成为预算争议下的牺牲品。

5. 预算案径直生效制

巴拿马、玻利维亚、哥伦比亚、智利等国家采用这一方法。如巴拿马宪法（1972年）第267条规定，"如果国家总预算草案直至相应财政年度的第一天尚未被表决，执行机构应以内阁会议决定将由其提出的草案予以通过并开始生效。"

上述五种救济方法中，临时预算制、执行上年度预算制、十二分之一预算制和政府为必要支出制下，议会仍继续对原预算案进行审议，一旦其获得通过，则救济终止；而预算案径直生效制下，议会已无继续审议预算案的必要。

有的国家对救济方法适用的最终期限作了规定。超过此期限，如果仍未议决，则可能产生议会被解散的后果。如爱沙尼亚宪法（1992年）第119条规定，"如果从财政年度开始过去两个月，议会尚未批准国家预算，共和国总统就决定举行议会的非例行选举。"又如波兰宪法（1992年）第20条第4款规定，"如果自把符合预算法律要求的预算法草案提交众议院之日起三个月内，预算法未获得通过的话，那么总统可以解散众议院。"

五、预算执行

预算经议会批准以后，由政府执行，议会有权对政府执行预算情况予以监督。各国宪法中涉及预算执行的主要内容包括如下几个方面。

（一）预算是支出款项的根据

预算获得议会批准以后，成为年度预算法，具有法的效力，成为支出款项的法律根据。如冰岛宪法（1944年）第41条规定，"非经预算或补充预算法案授权，不得支付任何开支。"又如多米尼加宪法（1966年）第113条规定，"除非有法律的授权和主管官员的命令，否则一切公款的开支均属无效。"宪法作出这样的规定可以保证预算的权威。

（二）应急基金、预备费

预算在执行过程中难免会出现编制和批准时未能预见的情况，这就需要为已列的预算项目增加支出或增加新的预算支出项目，为此，各国宪法规定了应急基金、预备费等制度。

1. 应急基金

实行应急基金制度的有马来西亚、斯里兰卡、新加坡、马耳他、巴哈马、斐济、瑙鲁等国家。如马来西亚宪法第103条第1款和第2款分别规定，"议会得立法规定设立应急基金，并授权财政长官对于他认为出于紧急和无法预算的需要而尚未有其他款项规定拨付的支出，由应急基金项下预付此项需要。""按第1款规定预付款项时，应尽速提出抵偿该项预付款的追加预算及预算法案。"

智利、玻利维亚等国家宪法未明确规定应急基金制度，但规定，总统在经部长签字或部长会议同意情况下，可以决定用于无法拖延的紧急开支，同时对这一开支的最高限额作了规定。如智利宪法（1980年）第32条规定，"……在国家各部部长签字后，共和国总统可不经法律批准决定用于无法拖延的紧急开支，如公共灾难、外部侵略、国内动乱、国家安全受到严重损害或威胁，或维持一旦瘫痪会给国家带来严重危害的服务业资金枯竭。此项支出每年不得超过预算法批准的开支总额的20%。"按照玻利维亚宪法第148条的规定，该最高限额为1%。

2. 预备费

日本、韩国等国家则实行预备费制度。政府动用预备费一般不需要议会事先批准。但是，应在事后获得议会的承认。如日本宪法（1947

年）第87条规定，"为补充难以预见的经费的不足，可根据国会决议设置预备费，由内阁负责其支出。"但是，"所有预备费的支出，内阁必须于事后取得国会的承认。"韩国宪法（1987年）第55条也有类似规定。

（三）科目流用的禁止

卢森堡、列支敦士登等国家的宪法规定，禁止预算科目的流用。如卢森堡宪法（1868年）第105条规定，"除非根据法律授权，预算的任一部分挪作另一部分均属无效。但政府成员在其所掌管的部门范围内，可把预算中的某一项剩余拨给同一部分中的另一项，但他们必须向众议院说明这样做的理由。"列支敦士登宪法（1921年）第69条第4款规定，"预算中某一项目的经费结余不得挪作抵补其他项目的超支。"

（四）协助议会监督预算执行的机关

预算具有较强的专业性，而且需要加以经常性地监督，为增强对预算执行的监督，各国宪法设置了协助议会监督的机关。这样的机关主要有两个：其一是由普遍设立的审计机关进行专业监督。如比利时宪法（1831年）第116条第2款规定，"审计院监督各项预算支出，不得超支，也不得挪作他用；审决中央行政部门的账目并为此负责收集一切情况和一切必要的会计账目。国家的决算应连同审计院签注的意见一起提交议会两院。"其二是由议会的常设委员会在议会闭会时予以监督。如萨尔瓦多宪法（1983年）第167条规定，"部长会议拥有下列职权：……审定为满足由于战争、公共灾难和秩序受到严重破坏而引起的需要追加预算的数额。如在国会闭会期间，则立即向国会常设委员会说明造成采取此措施的原因，直到如此程序——即如国会开会，则批准或不批准所述追加预算。"

六、决算

作为预算执行最终结果的决算，一般也需要在一定时期内由执行机关以议案的形式提请议会批准。

（一）提案期限

从理想状态来说，决算案应在财政年度结束之际即行提出。但是，决算的编制毕竟需要时间，因而这在事实上又是不可能的。但如果决算案提出过于迟延，又必将影响议会监督效果。首先，从审查主体上看，如果时隔既久，议员调查决算的热情可能不复存在。其次，从审查所需证据来看，证据收集的难度增大，甚至一些可供参考的资料已经归于消灭。再次，从审查对象来看，财政年度结束与决算案提出期间，政府可能已经发生了变动，难以纠问现政府之责。为防止决算案提交过于迟延而影响议会监督的效果，一些国家在宪法中限定提交期限。该期限长短不一。希腊宪法（1975年）第75条第7款规定，"国家的财务报告书和决算应在每个财政年度结束后至多一年内提交议会，经议会专门委员会审议后，由议会依照议事规则的规定予以批准。"土耳其宪法（1982年）第164条第1款将决算案提交议会的时间规定为财政年度结束后的7个月内。丹麦宪法（1953年）第47条规定为6个月内。巴林宪法（1973年）第94条规定为5个月内。科威特宪法（1962年）第149条规定为4个月内。塞浦路斯宪法（1960年）第81条规定为3个月内。叙利亚宪法（1973年）第82条规定为2个月内。

（二）审计机关对决算的审查

日本、土耳其、匈牙利、危地马拉、萨尔瓦多、牙买加等国家宪法规定，审计机关有权对决算进行审查，审查报告或意见提交议会，为议会审批决算提供专业支持。如日本宪法（1947年）第90条第1款规定，"国家的收支决算，每年均须由会计检查院审查，内阁必须于下一年度将决算和此项审查报告一并向国会提出。"又如危地马拉宪法（1985年）第241条第2款规定，"有关部门应编制年度预算的结算，并在每年的头三个月中送交审计总署审议。审计总署收到结算后在不超过两个月里作出报告并发表意见送交议会，议会对结算将予以通过或拒绝。如予拒绝，议会将被要求报告情况或作出应有的解释。如果是出于该受惩处的原因，就认证送到检察部。"

（三）决算的复查

议会如果认为决算无违法失当之处，即予通过，政府责任于是得以解除。但是，由于决算内容繁杂，而议会审查讨论时间又极为短暂，有时难以发现所有违法或不当之处。如果决算公布后，即无复查权力，则一旦事后发现重大非法失职情形时，就无法处理。因而，一些国家在宪法中规定一定时期以内，如发现重大非法行为，其决算仍得重行审查。如土耳其宪法（1982年）第164条第3款规定，"决算草案和说明草案在总体上符合实情的报告提交给土耳其大国民议会，不应妨碍审计院对尚未审计的有关财政年度的账目继续审计，也不表明对这些账目予以最后核定。"

七、启示

我国1982年宪法也确立了预算立宪制度的框架，规定全国人大有权审查和批准国家预算及预算执行情况的报告；全国人大常委会有权审查和批准国家预算在执行过程中所必须作的部分调整方案。1994年全国人大又制定了《中华人民共和国预算法》。但是，我国的预算立宪制度仍然很不完善，对预算立宪制度中的一些基本问题，宪法和预算法及其他相关法律都没有规定，或者虽有规定，但规定本身缺少科学性。如关于全国人大的预算修正权限，无论是宪法还是预算法均未规定；又如，关于全国人大审批的程序，宪法未规定采用立法程序，根据宪法制定的《立法法》也排除了其适用立法程序；再如关于全国人大审批的对象，从宪法规定看，全国人大审批的并非是预算草案，而是预算草案的报告，等等。

其他国家的预算立宪制度为我们解决这些问题提供了较好的参考。从路径看，修改宪法文本当然是理想的选择，但毕竟现实可能性不大。目前，最高国家权力机关正在组织修订预算法。在修订预算法时，其他国家的预算立宪制度的规定同样可以为我们所借鉴。

参考文献

1. 井手文雄:《日本现代财政学》,中国财政经济出版社1990年版。
2. 潘传栋:《岁计制度论》,上海中华书局1941年版。

OECD 预算法的基本原则与预算改革

马蔡琛　白彦锋[①]

【摘要】 预算原则是一国构建现代预算制度的核心内容。本文主要分析了 OECD 国家政府预算的十大基本原则。这些原则的层次和法律地位不同，因而在实践中的应用和约束力也不尽相同。对预算原则的选择和应用实际上反映了一国预算权力，尤其是立法机构和政府之间预算权力的分配。

【关键词】 OECD　预算原则　预算改革

一、OECD 国家预算法的十项基本原则

在欧洲大陆国家，很长一段时间以来，预算程序和相关法律遵循的是几项"古典"原则，主要是年度性、全面性、统一性、具体性和平衡性这五项原则。这些是关于"前"预算程序——预算的编制和通过——的主要原则。

---

① 马蔡琛，南开大学经济学院副教授，主要研究领域为公共预算、公共财政管理、公共选择理论与新制度经济学。白彦锋，中央财经大学财税研究所副教授，主要研究方向：税收理论与政策。

后来，几个盎格鲁-撒克逊国家在其法律中纳入了一些"后"预算程序的原则，当然，还纳入了一些其他原则，即更加强调责任性、透明性、稳定性和绩效性等"现代"四项原则，其核心是对预算报告的要求，强调行政部门要向立法机关汇报预算结果的责任。

所有这十项原则都很重要，但并不是同等重要。正如下文分析的那样，一些原则具有宪法层面的重要性，应当纳入一国宪法；有些更适合纳入关于预算程序的普通法。人们一般认为权威性、全面性和责任性三项原则相当重要，应当纳入一国宪法，因为这三项原则规定了立法机关、行政机关、司法机关和其他一些宪法机构的职责，不管在中央层面还是地方层面都是如此。

（一）权威性（Authoritativeness）原则

权威性原则规定的是预算程序每个阶段决策权的归属情况。该项原则的核心内容是，立法机关对预算事项拥有主导权。这十项原则中最重要的原则就是权威性原则。该原则强调，在预算程序中，立法机关和行政部门应当有相应的决策权。在此基础上，每个机构可以将其权力向下级机构转授。

在几乎所有的OECD国家中，国家立法机关都对财政事务拥有主导权。但是，对立法机关的这种主导权需要作进一步的界定。一般来讲，当选的议员有权通过立法机关的立法功能：

• 审批年度预算。预算体制法会规定，预算必须在新的财政年度开始之前得到批准。

• 要求行政部门报告预算执行情况，这样议会才可以进行"控制"。

作为国家的最高权力机关，立法机关应当在法律中规定，行政部门必须在预算年度中就预算执行情况定期报告。在委托—代理模型中，立法机关是委托人，行政部门是代理人，行政部门负有执行预算并定期报告的责任。立法机关应当在法律中规定，在财政年度结束之后，"代理人"要就预算执行情况编制年度报告。法律应当规定，这些报告要经过外部审计机关的审计；外部审计机关应当是为代表公民意志的代议制的立法机关服务的。

（二）**年度性**（Annual basis）**原则**

年度性原则规定，预算授权的期限是 12 个月，年度预算应当提前制定好，所有的评价都基于其在这一年中的效果。

年度性原则要求每年都要提交预算和中期规划。法律可能会规定财政年度的起始时间。向议会提交的预算文件中应当说明前些年度的预算执行结果，以及预算年度的估测结果。法律可以规定，立法机关要首先审批财政收支的年度总额（可能还应包括政府提交的中期数额），然后再来审批具体的拨款支出情况。

尽管法律规定的预算授权是 12 个月的，但还应规定这种授权的具体内容和例外情况。具体来讲，法律还应对以下问题作出规定：

● 课税和征集其他收入的授权是永久性的还是只是这 12 个月的。

● 是否有一些支出授权是永久性的（如由专门法律规定的福利项目）。预算体制法可能会将拨款分为不同的类型，即其是否有年度法律限额；这种限额是否可以因为合同或其他法律安排而被超出，从而会超越预算的规定（如偿债支出）。

● 年末对预算授权的结转问题。

● 从下一年度预算授权中的借款问题。

当然，对于"年度性原则"需要辩证的进行理解。在美国著名预算学家凯顿看来，"连续性"（continuousness）而不是"年度性"（annuality）是盛行于君主专制时期的"前预算模式"（prebudgeting）的特征，当时根本就没有"年度预算"的概念。经过 19 世纪初的预算改革浪潮之后，周期性（典型的就是"年度性"）才开始替代连续性，成为"传统预算模式"的重要特征。而 20 世纪 70 年代之后，传统的预算模式开始受到挑战，预算变得越来越具有连续性，这是因为过去对某一团体的预算承诺常常不能随意终止，因此，许多预算决策就变成了自动的非年度性。凯顿将其概括为"预算的非弹性"（budgetary inflexibility）。在这方面，著名财政学家维尔德斯凯也有过非常精彩的论述，即所谓的预算中的"冰山理论"："决定今年预算的最主要的因素，其实是去年的预算。任何预算中的大部分内容,都是此前决策的结果。可以把预算看做是个冰山;它的大部分内容都是在水面以下的,是不受任何人控制的。预算中的许多内容都是有标准的;如果没有特定的理由来改变这些标准,那么每年的预算就只是个简单重复立法的过程。长期的方针已经制定了,今年的份额只是总额中的一部分,同时也只是年度预算中的一部分……在任何时候,当过去的承诺被实现之后,实际上任何人(包括国会和预算局)都可以对一个很小数额的变化——很少会超过30%,通常都小于5%——施加自己的影响"。这也从一个侧面说明了为什么"零基预算"(zero-based budget)更多的是一种理论假说,实践中奉行的更多的还是"增量预算"或者称做"渐进式的预算"(incremental budget)。

尽管年度性原则受到了上述的种种指责,但是,在预算评估当中,年度性原则还是有其深厚根基的。

(三) 全面性(Universality)原则

全面性原则规定,预算中的所有收支都应当是总额。收入不能专款专用。支出也不能直接由收入抵减。与全面性原则相关的一个预算原则被称为"排除性原则"(exclusiveness),即预算应当集中关注政府的财政事务,而不宜将与财政不相关或关联不大的事项纳入预算。

宪法或者预算法中应当包含统一收入原则,即要建立统一收入基金,所有的预算收支都通过该基金进行。这一理念可以通过开设单一财政账户(a single treasury account)实现,该账户通常应当开设在中央银行。单一财政账户的具体问题(可以为具体支出开设分账户)可以通过法规来规定。在联邦制国家,各级政府都有预算自主权,他们都有其自己控制的统一收入基金,通过该基金完成其本级政府的各项支出。

全面性原则的例外情况应当纳入预算体制法或专门的法律中,特别是:

● 预算外基金。为了践行全面性原则,政府和立法机关应当严格限制预算外基金的创设。如果确有需要,每个预算外基金都应根据专门的法律来建立,法律中应当规定该基金的治理结构,以及其事前和事后分别向立法机关报告的责任。法律可以建立专门基金，专款专用（如社会保障基金）。

- 全面统计的例外情况。在收入方面，如果法律确有规定，预算统计可以体现为净额（如预算中的增值税收入可以是扣除增值税退税之后的净额）。在支出方面，任何对支出的冲减都应有明确的法律依据。

（四）统一性（Unity）原则

统一性原则要求，预算中的所有收支通常应当在同一文件、同一时间提交表决。统一性原则要求预算要全面体现财政收支情况。但是，议会在年度预算法案中批准的财政收支可能只是年度预算财政战略中收支总额的一个子集。这主要是因为全面性原则有些特殊情况，如独立的地方政府，净拨款或预算外基金。因此，法律应当要求行政部门编制一个表格作为向议会提交的年度预算文件的一部分，此表格要说明宏观财政战略中的财政收支总额（最好是按照国民账户计算出来的）与年度预算中批准的财政收支之间的关系。

（五）具体性（Specificity）原则

具体性原则规定，预算中的收支应当详细说明确定的过程。用于某项支出的授权（拨款）应当规定最高限额。具体性原则要求预算中的财政收支应当比较详尽。法律应当对收入进行分类。国际货币基金组织的《政府财政统计手册》提供了某种参考。它将收入分成了各种税收收入、其他收入（收费，财产收入等），社会保障缴款和补助收入等。

在支出方面，法律应当规定拨款的种类、基础、内容和有效期。预算体制法应当：

- 区分固定拨款和无限制拨款（unlimited appropriations）。其中，固定拨款是指12个月期间的法定最大支出限额；无限制拨款是指由于其他法律或合同安排可能会超出预算的支出（如法律规定的向家庭支付的社会福利，规定政府必须偿还的债务合同）。法律应当要求对此定期要向立法机关报告，说明为什么无限制拨款会超出规定的数额。
- 规定拨款的会计基础：收付实现制还是权责发生制。法律可能允许年度预算法中采取上述任何一种形式的支出。

- 区分净拨款和总拨款，确定都有哪些专款专用的收入。
- 确定都有哪些多年期拨款或无限期的拨款。有些支出——如需要长期计划的投资项目，最好按照多年审批，至少应当作为一种支出承诺（也可以在年度预算法中对其规定年度资金限额）。

"具体性原则"有时候也称为"规范性原则（或称严格性原则，specification）"。严格性原则强调预算一经作出后就必须严格执行，并能有效地约束各个政府部门的行动。该原则又包括定性和定量两个层面的内容。在定性层面上，预算拨款只能用于预先规定在预算中的目的。从某一个项目（或部门）将拨款转移到另一个项目（或部门）常常被禁止。按照中国俗话来讲，就是"买油的钱不能用来买醋"；在定量层面上，该原则规定只有当政府决定在预算中提供某笔资金后才允许进行支出。从这种意义上看，所谓的"严格性原则"其实和这里的"具体性原则"的含义是类似的。

（六）平衡性（Balance）原则

平衡性原则规定，预算支出应当由预算支出来弥补，最好能够达到"平衡"。平衡预算原则要求预算支出要有等额的预算收入。该原则不能按照收付实现制来简单理解，因此要区分：（1）现金收入和一般收入；（2）现金支出和预算支出。在经济术语中，这一原则被表述为支出要与预算收入和借款保持平衡。法律应当界定财政收入、财政支出和财政余额，立法机关要对前两者制定限额。

（七）责任性（Accountability）原则

责任性原则规定，行政部门要说明它是如何履行立法机关交付的职责的。在行政部门内部，预算管理者的职责应当界定清楚。独立的外部审计机构至少每年要向立法机关报告预算的执行情况。

财政责任法案可能会区分行政部门的事前责任和事后责任。前者是指行政部门向议会提交预算草案审议的责任。后者是指，预算在执行之后，行政部门提供信息的责任。除了这些方面之外，至少还有两方面涉及责任问题，一是行政部门内部的责任，二是外部审计机关的责任。行政部门的职责应当在法律法规中予以规定；外部审计机关的职责则应在宪法中予以规定。

（八）透明性（Transparency）原则

透明性原则规定，国家机构之间的分工应当明确。关于预算的财务信息和其他信息要及时发布。预算法律中使用的术语应当界定清楚。

《国际货币基金组织财政透明度规范做法》规定，应当将政府部门和公共部门中的其他部分以及经济中的其他部分区分开来。为了使这种区分明确，预算法和关于政府组织、准政府机构和非政府机构的专门法律应当对以下内容作出规定：

- 政府对经济活动的介入。如果国有企业从某些领域退出之后私人部门可以经营得更好，可以制定新法或者对现行法律作出修改。根据国民账户的界定，政府所有企业是不属于"一般政府"的。关于公共企业建立标准和私有化法的内容的研究已经超出了本项研究的范围。
- 政府机构的地位需要清晰界定。在"一般政府"内部，可能会存在几类半自治的机构（semi-autonomous entities）。有些这种机构可能是依法建立的，有些则不需要获得独立的法律地位。这需要制定一部框架法（a framework law）来界定各种类型的政府机构。
- 显性和隐性的财政活动。有些政府功能可能是通过预算外的公共企业以一种不透明的方式履行的；法律应当要求对这类活动要在年度预算的框架内全面向立法机关报告。类似的，法律还应要求向立法机关报告税式支出和准财政活动。
- 或有负债。法律应当要求向立法机关汇报显性或有负债（explicit contingent liabilities）的情况。法律还应要求将重大的或有债务（如，政府提供的贷款担保）进行量化。在收付实现制的会计体制中，预算中并没有体现出贷款违约给政府预算带来的直接成本。现有的技术可以在年度预算中量化提供担保的成本。应当将这种技术的主要内容纳入法律，特别是如果一国决定有选择地采用权责发生制的会计原则的话。

(九) 稳定性 (Stability) 原则

稳定性原则要求预算具有可预见性,中期预算框架中的预算和公债目标应当不断更新。税率、税基及其他收费应当相对稳定。法律应当要求将预算和公债目标纳入中期预算框架,并经常作更新。中期预算框架要求政府的税率、税基和其他收费项目保持相对稳定。因此,当向立法机关提交年度预算时,法律还应要求提交关于预算年度之后其他年度的规划情况。这种中期财政框架使立法机关可以在长期财政战略的视野中来审议当年 12 个月的预算情况,包括财政总收入、财政总支出和总财政余额等。法律可以要求立法机关来正式审批中期规划。

(十) 绩效性 (Performance) 原则

预算中要报告有关预算项目的预期结果和实际结果。效率性 (efficiency)、经济性 (economy)、有效性 (effectiveness) 是关于"绩效"典型的"3E"原则。预算绩效在很多国家正在日益受到重视。通常来讲,效率被看做是评价人类活动的首要指标 (Brion,1999:1043)。

如果一国有意愿、有能力实施绩效导向的预算体制,该国就应向《经合组织预算透明度的最佳做法》中的高标准看齐。法律应当要求行政部门在年度预算中向立法机关提交过去、现在和预期未来的绩效信息,要在预算管理人员在预算执行结束之后向立法机关报告绩效信息。这种预算体制可能需要对外部审计法、行政法、就业法作出调整。

二、OECD 国家的预算原则与预算改革

经合组织成员国在制定、修改其与预算相关的法律时并没有参照国家标准。在一些欧洲大陆国家,其预算法律的前身只是一些预算原则。传统上总是强调,将普遍性、一贯性、具体性和年度性等预算原则纳入预算法。这些预算原则主要是和预算周期中的早期阶段联系在一起的,即预算的编制、提交和立法机关对预算的通过等。但是,通常并不太强调将与预算周期中的后期阶段联系在一起的预算原则纳入预算法律,这些预算原则包括责任性、透明性、稳定性和绩效性等。与之不同的是,

威斯敏斯特国家的预算法律更加强调与预算执行相关的责任性等预算原则。

在欧洲大陆国家和两个亚洲的经合组织国家（即韩国和日本），比较强调成文宪法和将预算原则纳入法律的重要性。在其中的一些国家，成文宪法中的一些原则需要体现在基本法和普通法中。在这些国家，法律的思维方式是根深蒂固的：首先要制定预算原则，然后将其体现在法律中，最后运用于预算体制当中。在预算改革之初，人们要问的第一个问题就是："现行法律需要变革吗，需要对现行原则进行变革，还是引入以前法律中没有的新原则？"在法治文化背景中，人们的普遍感觉就是，如果没有立法机关的授权，政府以及其公务员都是毫无权力的。

这与一些北欧国家和威斯敏斯特国家对待法律的态度形成了鲜明的对比。在威斯敏斯特国家，行政部门向来在预算程序中就拥有非常可观的权力。例如，在英国，预算拨款的类型和结构都可以不经立法机关的直接批准。除了这些历史继承来的权力之外，政府可能还拥有很强的转授来的权力。因此，行政部门可以发布与预算体制有关的命令和其他规则。由于行政机关在立法部门中占据了统治地位，因此，这可能导致行政部门利用国会自己颁布的法规来提升行政部门的权力（例如，严格限制国会对预算进行修改的权力；限制国会对预算的辩论时间）。在这些国家，预算改革的起点并不是"在法律中需要融入新的预算原则"。相反，只是在预算改革被认为可行时，才可能会制定一部法律。但通常并没有必要来制定预算法律。这些国家的行政部门权力强大，只是不能自己制定法律，他们那里的国会只不过是行政部门的橡皮图章。例如，20世纪90年代，威斯敏斯特国家立法提高政府预算程序的透明度，就是要求国会不要对政府未来的财政政策提案制造什么麻烦。这些国家的国会中都有一个由各部部长组成的内阁（或者对内阁负责的强有力的委员会），由内阁制定国家的预算策略，确定预算总额和分配预算资源。国会反对政府的主要方式就是对政府进行不信任投票。但是，这一工具很少使用，因为执政党的纪律通常都比较严格。

参考文献

1. 贺蕊莉:《政府预算原则与完善政府预算的社会条件》,载《现代财经》,2004 年第 4 期。
2. 马骏:《公共预算原则:挑战与重构》,载《经济学家》,2003 年第 3 期。
3. 马骏、侯一麟:《公共管理研究》(第 5 卷),上海人民出版社 2008 年版。
4. 马骏等:《国家治理与公共预算》,中国财政经济出版社 2007 年出版。
5. 王金秀:《政府预算原则的理论分析》,载《中南财经大学学报》,2000 年第 3 期。
6. 肖文东:《中国政府预算改革:从年度基础到中期基础》,中央财经大学博士论文, 2008 年。
7. Caiden, Naomi., "Public Budgeting amidst Uncertainty and Instability", *Public Budgeting and Finance*, 1981, 1(1): 6 – 19.
8. Gösta Ljungman, "The Medium-term Fiscal Framework in Sweden", *OECD Journal on Budgeting*, OECD, Paris, 2006, Vol. 3, No. 2: 93 – 109.
9. Kelly, J. M., "The Long View: Lasting (and Fleeting) Reform in Public Budgeting in the Twentieth Century", *Journal of Public Budgeting, Accounting & Financial Management*, 2003, Summer, 15 (2): 309 – 326.
10. Lienert, I. and Jung, M. K., "Part II Comparisons of OECD Country Legal Frameworks for Budget Systems", *OECD Journal on Budgeting*, Special Issue, 2005, Volume 4, No. 3.
11. Organisation for Economic Co-operation and Development (OECD), *Statement by the Chairman at the 19th Annual Meeting of Senior Budget Officials*, OECD, 1998.
12. Tanaka, Hideaki, "Fiscal Consolidation and Medium-term Fiscal Planning in Japan", *OECD Journal on Budgeting*, 2003, Vol. 6, No. 3: 105 – 137.
13. Hou, Yilin, "Budgeting for Fiscal Stability over the Business Cycle: A Countercyclical Fiscal Policy and the Multiyear Perspective on Budgeting", *Public Administration Review*, 2006, September/October, 66 (5): 730 – 741.

英国公共预算制度的演进

彭 健[①]

【摘要】 英国的公共预算制度演进过程分为三个阶段：早期形成阶段（1215—1688 年）、中期发展阶段（1688—1852 年）、近期成熟阶段（1852 年至今）。以 1215 年《大宪章》的签订为起点，英国公共预算制度开始了漫长的形成过程，议会对君主的预算控制权逐步进行了剥夺与控制，但从 19 世纪末开始，预算控制权又逐步从议会手中转向政府。英国预算制度的发展呈现出与其议会制度、政治制度发展相关的若干特征，诸如原创性、渐进性和灵活性等。

【关键词】 公共预算制度 演变 英国历史

纵观英国公共预算制度从 13 世纪初的萌芽到发展成熟，其数百年的发展演变正是英国议会以法律形式逐步剥夺君主财政权的过程。英国公共预算制度的演变与其议会制度的形成发展有着紧密的联系。"立宪政治（议会政治）的历史也就是现代预算制度的成立史"（井手文雄，1990：173）。依据议会对于财政权控制程度的变化，可以将英国公共预算制度的变迁过程分为以下三个阶段：（1）早期形成阶段（1215—

---

① 彭健，东北财经大学财税学院，研究方向是财政理论与管理。

1688年);(2)中期发展阶段(1688—1852年);(3)近期成熟阶段(1852年至今)。

一、早期形成阶段

12世纪初,英王约翰(King John,1199—1216)即位前后,英格兰经历了严重的通货膨胀,王室财政陷于极度的困难之中。在这样的财政背景下,约翰王仍然不断扩军备战,进行无休止的财政榨取,这使得国王与贵族之间的矛盾不断激化,从而导致1215年的贵族反叛。最终,英王约翰被迫于1215年6月19日与反叛贵族签署《大宪章》。

《大宪章》数千言,主要是重申了国王的权限范围和贵族的封建权利。《大宪章》明确宣布国王不可擅自征税,其中的第12条强调:除封建义务所规定的贡款赋税外,"王国内不可征收任何兵役免除税或捐助,除非得到本王国一致的同意"(所谓"一致同意",是指当时以大贵族为核心的大资政会①的同意);"为了对某一捐助或兵役免除税的额度进行讨论并取得全国的同意,国王应发起召集大主教、主教、寺院长老、伯爵和大男爵等开会,讨论研究征款事宜"(钱乘旦、许洁明,2002:59)。

从内容来看,《大宪章》不过是一个典型的封建法文献。但就其精神实质而言,《大宪章》则具有深远的意义:一是确立了"法律至上,王在法下"的原则,这一原则成为英国宪法政治的基础;二是向国王宣告国民有被协商权,并明确规定国王必须召开有若干贵族组成的议会,为议会制度的形成奠定基础;三是首次将"非赞同毋纳税"和"无代表权不纳税"等预算原则以法律形式确立下来,从而标志着英国

---

① 公元5—7世纪,盎格鲁-撒克逊在英格兰建立起大小7个王国,这些王国的国王与贵族代表组成"贤人会议"(Witenagemot)或称为"智者大会"(The Assembly of the Wise Men)。1066年,诺曼底征服后,威廉一世(King William I,1066—1087)基本继承了贤人议会体制。以后,诺曼王朝(1066—1154)在贤人议会的基础上建立起了"大咨政会"(The Great Council,也译为"大议会"),后来又逐渐演变成"议会"(Parliament)。

公共预算制度开始形成。

尽管英王约翰在《大宪章》上签了字，但直到爱德华一世（King Edward I，1272—1307）时期，"非赞同毋纳税"原则才得到君主真正的遵守。其中的原因在于：12世纪时，英格兰君主的收入只有十分之一左右来自以丹麦金①为主的对一般公民的征税。这种收入来源保证了国王在政治上和经济上的独立性。然而，13世纪末时，随着战争规模的扩大，行政和军费开支的增加使得英王越来越倚赖于向其臣民加征的税收。13世纪末14世纪初，爱德华一世进行国务活动和维持王室活动的绝大部分收入都来自于税收。这类税收必须由英王召集议会，充分陈述征收缘由才能开征。因此，爱德华一世在位期间，议会的召开明显地经常化、制度化，"非赞同毋纳税"原则得到爱德华一世的明确接受。

1337—1453年间的英法百年战争成为英格兰宪政发展、社会变化和民族意识成长的催化剂，为议会权力的增强创造了客观条件。虽然战争有助于国王威望的提高，从而使王权产生专制倾向，但另一方面，百年战争带来的额外开支使英国君主不得不在政治上和经济上更加依赖于议会的支持。君主们急剧膨胀的军费需求，迫使他们频繁地要求议会给予其财政授权。

百年战争期间，议会的结构也发生了变化，逐渐分为上、下两院。下院的形成使纳税人与君主的税收关系进一步发生变化，意味着议会是由纳税人选出的代表，而不是由国王指定的人选所组成的机构。下院最初还必须依靠上院的支持才能行使权力。1373年，下院获得财政授权的动议权。1407年，君主与贵族们试图否定下院的财政动议权，结果未能成功。从此，下院的财政动议权得以牢固确立，该年也成为议会预算控制史上的重要里程碑。

英法百年战争刚刚结束，两大贵族集团——约克家族和兰开斯特家族便展开了历时30年（1455—1485年）的"玫瑰战争"。在"玫瑰战

---

① 9世纪时，英国处于盎格鲁—撒克逊诸侯国分裂时期，受到外族的不断入侵，其中主要是丹麦人。英王课征"丹麦金"，用以筹集抵御丹麦入侵的军费，这是西欧最早的国税。丹麦金后来作为土地税延续下来。

争"时期,议会的地位曾一度受到冲击。由于局势动荡,政权不稳,国王唯恐触犯国民,尽量减少税收的征收;同时,没收敌对贵族的地产也使国库得到充实,国王征税的动力减弱,议会召开的次数明显减少。但这一时期,下院的地位得到很大提升。这是因为,许多在战争中反对国王的大贵族被剥夺爵位,因而失去上院议员的资格,上院议员人数大大减少。而国王为了巩固自己的统治地位,特别注意向世人表明,他得到了全民的拥护。

都铎王朝时期,出现了亨利七世(King Henry VII, 1485—1509)、亨利八世(King Henry VIII, 1509—1547)和伊丽莎白一世(Queen Elizabeth I, 1558—1603)等王权显赫、在位较久而又颇有作为的君主。他们承前启后,一再扩充王权,形成了颇具特色的专制君主体制。都铎王权有着明显的专制主义特点,但同时也具有相当突出的"有限性",这与欧洲大陆和东方社会的绝对主义王权有着很大的差别。在政府预算管理方面,都铎王权的有限性主要表现在都铎王朝的各个君主还必须遵循"非赞同毋纳税"的传统,依靠议会来获得预算收入。除了亨利七世善于开源节流,维持了王室财政的独立性外,都铎王朝的其他君主都入不敷出。为解决财政困境,国王总会或多或少地依赖于议会的支持,才能获得所需的财政资金,并需要作出妥协以回报议会的拨款举动。

斯图亚特王朝的詹姆士一世(King James I, 1603—1625)和查理一世(King Charles I, 1625—1649)实行了一系列的敛财行为,并在税收问题上都与议会发生过激烈的冲突。1642年,英国内战爆发,以克伦威尔为首的议会军最终打败王党军,处死了国王查理一世。议会宣布成立"共和国"。随后,克伦威尔又废除共和国,建立起护国政府,由克伦威尔担任护国主,实施军事独裁统治。具有讽刺意味的是,17世纪40年代以议会战胜国王为特征的英国革命,却没有增强议会的预算控制权。在共和国和护国政府时期,议会被迫给予克伦威尔一项长期性的年度收入授权,当议会休会时,护国公及其咨政会有权征收任何数额的钱款,以应付紧急事件的需要。克伦威尔还开征了种类繁多、不得人心的税收,有的经过议会的批准,而大部分则未经过。

斯图亚特王朝复辟后，1685年，詹姆斯二世（King James II, 1685—1688）继位不久，便有步骤地开始实施专制主义统治，最终导致了1688年的"光荣革命"。1689年2月，议会召开全体会议，宣布荷兰执政威廉和其妻玛丽共同登上王位，成为威廉三世和玛丽二世（King William III and Queen Mary II, 1688—1702）。议会发布《权利法案》，作为新国王登基的条件。该法案明确规定，议会是英国最高的立法机关，议会权力高于王权。议会的最高权力终于以成文法的形式固定下来，《权利法案》因此成为英国宪政中最重要的奠基性文件之一。此外，《权利法案》还与《大宪章》和《宪章追认书》一起，共同构成了"非赞同毋纳税"这一宪法原则的完整基础。经过四百多年的议会与国王的斗争，议会终于完成了对政府预算权力的初步控制。

二、中期发展阶段

18世纪60年代开始的工业革命使得英国由传统农业社会发展成为世界上第一个工业化国家。随着封建势力的衰落和民族国家的形成，近代国家的政治结构和行政管理体系在英国逐渐发育成长。同时，伴随着内阁制度、政党制度和选举制度的形成和发展以及下院民主化的不断进展，英国公共预算制度也随之发展完善。

首先，英国的现代税制结构基本形成，议会的税收控制权逐步加强。

随着英国由传统农业社会向工业化社会的转型，英国的税制也经历了一个从自然经济税制属性的单一税制向基本适应近现代市场经济需要的税收体系的复杂转变过程。在短短的一个世纪当中，从简单直接税——土地税，到间接税——货物税和关税，再到现代直接税——所得税，英国的现代税制结构基本定型。18世纪初，土地税在英国预算收入中居于基础地位。随着经济的发展，英国的社会财富不断增长，税额固定的土地税相应减少，到1793年时，土地税收入只占到英国预算收入的五分之一左右，货物税和关税等间接税逐步成为政府预算收入的主要来源。从 18 世纪末期开始,直接税迅速发展起来。1798 年,英国引进了重要的现代税收——所得税;19 世纪中叶,所得税也从战时的"临时税收"变为和平时期的一项重要税收。1841—1842 财政年度,英国的直接税在财政总收入中的比重为 27%,1861—1862 财政年度增长到 38%,1895—1896 财政年度则高达 48%(Mallet,1913:103)。

随着现代税收体系的逐渐形成与完善,议会在税收控制方面也获得显著进展。1767 年 6 月 2 日,下院通过《格伦维尔修正案》,将政府建议的 4 先令的土地税削减至 3 先令。其后,在 1816 年、1833 年、1841 年、1848 年、1850 年等年份,政府的税收提议或是被击败,或是被修正。1787 年,议会通过《统一基金法》,建立起"统一基金"。所谓的"统一基金",是政府在英格兰银行的公共账户名称。自 1787 年开始,政府所有的收入均应纳入统一基金,所有的支出均应由统一基金支付。统一基金的建立极大地增强了下院的预算控制权。

其次,议会逐步加强了对王室收入的控制力度。

"光荣革命"后,议会认识到:以往给予国王大笔拨款授权的做法,为国王滥用权力和侵吞预算资金提供了极大的便利。为了解决这一问题,议会建立起"王室年俸制度"。1689 年,议会给予威廉三世和玛丽二世一笔 60 万英镑的固定年收入的终身授权。作为回报,君主取消了自己大部分的世袭收入,将其列入"王室年俸",由专门指定的政府收入来支付用于君主和王室需求的财政款项。

同时,议会还加强了对君主"私人收入"的控制。1688 年光荣革命之前,对于君主来说,除了通过议会从社会公众取得收入之外,还有许多自己的"私人收入",主要形式包括:变卖王室地产的收入、没收财产的收入、买官鬻爵的收入、专卖权和垄断权的售卖收入、王室的食物与重要产品征发权的收入、战俘赎金、外国政府的贡纳、海外领地的售卖收入、强制捐款等。在不断努力下,议会对君主"私人收入"的控制也逐步取得进展。谋反者被没收的财产、缴获的走私物品,海军部的珍宝收藏、王室地产出售收入等都逐渐被置于议会的控制之下。

第三,系统预算支出拨款制度的形成,使得议会在预算支出方面获得真正的决定权。

"拨款"是议会为了特殊目的而建立起来的某一专项基金,议会可通过收入授权和规定支出的用途等直接方式,限制和约束君主的行为。在英国公共预算制度的早期形成阶段,也存在大量的拨款例子。不过那时的拨款通常仅限于战争支出。很长一个时期以来,英国一直有着在和平时期禁止拥有常备陆军的传统。战时费用是导致君主需要课税的最主要原因,议会批准课征的税收主要是作为每次具体战争的费用。但"拨款"制度的有效性随着议会与君主之间权力格局的变化而变化,强有力的君主往往否定拨款制度。在亨利七世、亨利八世和伊丽莎白一世统治下,几乎不存在议会控制支出的现象。

"光荣革命"后,议会逐步加强了对财政支出的控制。但议会对军事支出和民用支出的控制存在着很大差异。议会始终保持着对军事支出的严格控制。而对民用支出的控制则有着一个宽松到严格的发展过程。在18世纪的大部分时间中,议会对民用支出的控制相对宽松。在王室年俸制度建立之初,由于中央行政部门的大部分行政管理支出是在"王室年俸"的名义下安排的,这就使得该部分支出逃避了议会的控制和年度详细审查。为了进一步加强对预算支出的控制,议会逐步将君主的个人支出和政府一般性行政支出区分开来。议会又通过一系列措施加强对民用支出的控制。1847年,民用支出预算最终具备了现代的预算管理形式,完全纳入到议会的控制之下。

在这一时期,政府与议会之间在支出控制方面也形成了一定的相互制约关系,确立起增加预算支出的动议权仅属于君主及其政府的原则。1706年12月11日,议会对政府预算的具体规则作了重大改变,下院作出决议,除了君主的建议,本院不接受任何增加公共服务费用的提议。这一规则由下院的《66号议事规则》(Standing Order 66)正式确定下来。1713年6月11日,该规则成为永久立法。下院放弃支出动议权有以下两个目的:一是要求行政当局为财政状况承担责任,议会则具有批准、削减或不批准建议支出的权力。二是希望通过采用该原则以确保预算支出不致由于各议员之间的意见不同而分散。

第四，议会开始对政府借款进行严格的控制。

长期以来，作为封建君主个人收不抵支而出现的借款，一直被认为是君主个人的私事。君主无需议会的赞同就可以借款筹集资金成为预算管理中一个重要漏洞。为了堵塞这一漏洞，议会于1680年通过决议，"从今以后，无论君主以关税、货物税的收入，还是以取自家庭钱财的收入为担保，而进行借款，都被认为是在妨碍议会的活动，而必须对这些行为负责"（Einzig, 1959: 98）。这一法令的执行，确保了君主借款处于议会的完全控制之下。

三、近期成熟阶段

19世纪中后期，以第二次议会改革为序幕，行政、司法制度和地方政府管理体制改革接踵而至，英国出现了一个"改革时代"。英国公共预算制度的发展也进入近期成熟阶段，这以威廉·尤沃特·格莱斯顿①于1852年首次担任财政大臣为标志。格莱斯顿于1852—1866年期间多次担任财政大臣。在此期间，他进行了一系列的公共预算制度改革。

格莱斯顿改革的首要措施是于1854年通过《政府收入统一基金支用法》，将所有的财政收入都纳入预算管理，从而堵塞住长期以来各部门仅仅上缴净收入这一严重的财政漏洞。一直持续至19世纪中期，政府的各个收入部门都有权动用其收入去抵补其支出，而无需议会批准。《政府收入统一基金支用法》通过后，国内收入部、关税部和邮局的所有年度支出预算，都被强制性地提交给议会。同时，君主的封建收入也逐步被取消或被控制起来。如王室领地收入被压缩到极小的规模，王室

---

① 自19世纪中期起，自由党和保守党开始轮流执政。在自由主义价值观的指导下，自由党和保守党两党已没有实质性差别。自由党的党首威廉·格莱斯顿和保守党的党首本杰明·迪斯雷利交替上台。迪斯雷利四次掌权（1852年、1858—1859年、1866—1868年、1874—1880年，虽然仅最后一次由他自己出任首相），格莱斯顿则四次出任首相（1868—1874年、1880—1885年、1886年、1892—1894年）。这两个人都出生于富商家庭，这两人掌权表明中等阶级已真正登上了政治舞台。格莱斯顿和迪斯雷利任首相期间，都分别实施了一系列的政治改革和经济改革。

征收权和铸币权都被取消，王国的罚没财物收入也都逐渐被置于议会的控制之下。此后，英国政府预算收入的主要来源就是税收和公债，而这些收入必须取得议会下院的批准。

1861年4月2日，议会通过了格莱斯顿议案，重新组建具有超党派性质的"公共账户委员会"。虽然早在1690年，议会就成立了第一个现代意义的公共账户委员会，1780年的《丹宁议案》也明确规定所有的公共账户都要提交给公共账户委员会，但公共账户委员会在手段上和技术上都难以胜任详细审查政府预算和各部门的支出情况的职责，因而一直未能充分发挥其应有的作用。1861年重新成立的公共账户委员会收集和出版了与财政相关的详细的信息资料，为议会控制财政提供了重要的服务，从而堵塞了许多议会财政控制中的漏洞，也加强了财政部对于政府各部门终身公务员的控制。

1866年，在格莱斯顿的努力下，议会又通过《国库与审计部法》，建立总审计长制度，"将议会名义的控制变成了真正的控制"（Einzig，1959：236）。总审计长制度以专职的专家，即议员、总审计长（The Comptroller and Auditor General）及其职业审计员组成的审计机构，来取代议会的专门委员会，对政府的收支进行审计。总审计长是完全独立于政府，而只服务于议会的官员。总审计长和公共账户委员会互相配合和支持，共同开展工作。此外，该法案规定，议会对政府预算实施强制性的独立审计，要求所有的部门都向议会提交审计后的账户，以说明财政部拨付的钱款是否真正依据议会的拨款规定使用，从而以法令形式形成了议会对预算权的完全控制。至此，将政府账户现代化并置于议会控制之下的长期努力终于实现。

经过一系列的预算改革，格莱斯顿的改革奠定了英国现代预算制度框架的主要轮廓，所有的政府收支都纳入了政府预算当中，确立起现代的预算和簿记方式，形成了政府向议会递交各政府部门的收支预算和审计后的公共账户制度。格莱斯顿的预算制度改革最终形成了这样一种财政权力格局，即在政府预算的执行过程中，议会以社会公众的名义拥有最高权威，政府只负责有效足额地征集和使用钱款，所有的财政资料都须定期呈送议会，并由议会进行详细审查。从议会对政府预算的控制来看，19世纪下半叶，格莱斯顿的改革使议会的预算控制权达到其最高点。

然而，以1867年的第二次议会改革为分界线，包括预算控制权在内的政治权力开始由议会向政府行政部门转移。1867年和1984—1985年的议会改革后，随着选民的增多和政党政治的成熟，任何人要想成为议员必须首先得到政党的支持，而议员进入议会后就必须服从于自己所在党的领袖。这样一来，议会实际上就控制在政党手中。在通常情况下，执政党在议会下院中都拥有多数席位，所以内阁和政府的提案基本上都能获得通过。到20世纪60年代，政府已经完全控制了议会。在预算程序中，政府和议会形成了这样一种权力格局：预算的编制、执行完全由政府负责，议会拥有批准预算的权力。但19世纪末以来，下院往往原封不动地通过政府的预算草案。这是因为，一个在议会中拥有明显多数的政府完全能够确保其预算草案按照提交时的形式通过。

目前，在英国的预算程序中，财政部和内阁发挥着主导作用。其中，财政部是英国中央政府中具体管理预算事务的部门。财政部是中央政府部门中最为重要的部门，财政部部长常常由首相兼任。在整个预算程序中，财政部负责编制年度预算草案，指导和监督预算的执行，协调和管理对预算的内部控制。财政部除了负责管理全国税收和支出、公债发行、制订有关公共开支的长期计划外，英国中央政府的其他经济事务和经济政策也都由财政部管理，包括货币政策和金融管理政策也由财政部负责。近些年，随着政府经济管理的复杂化，财政部传统的权力地位受到一定程度的削弱，其他部门的相对独立性在逐渐增强，但财政部在预算管理中仍发挥着重大的作用。内阁作为最高行政机构，负责对政府预算的指导方针和目标进行审查。内阁审查的重点在于支出的效益和有效性，审查各部门对所规定各项任务的完成情况以及各政府部门管理者是如何进行活动和履行职责的，同时，内阁也对预算支出是否超过限额、社会保障资金的运用、地区政策和就业措施的有效性进行全面审查。

需要指出的是，尽管预算控制权逐渐从议会转到政府手中，但毕竟议会拥有法律上的至尊地位，其在公共预算制度中仍然起着非常重要的作用：其一，使政府的预算议案合法化；其二，对政府的预算行为进行监控。

四、20 世纪 90 年代以来的资源会计与预算制度改革

20 世纪 80 年代以来，在世界范围内兴起的新公共管理改革浪潮中，以新西兰、澳大利亚和美国等为代表的 OECD 国家，对以投入为重点的预算管理模式进行改革，开始实行以产出和成果为导向的预算管理改革，这已成为国际预算管理改革的新趋势。在这一改革背景下，1994 年，英国政府开始实施以权责发生制为核算基础的"资源会计与预算制度"（Resource Accounting and Budgeting，RAB），这标志着英国公共预算管理从以投入为导向逐步转向以成果和产出为导向。

所谓资源会计与预算（RAB），就是以权责发生制为核算基础的中央政府会计与预算，即以权责发生制为基础进行政府预算的编制、预算执行的会计处理和政府财务报告的编制，以更全面、系统地反映政府部门运行的成本或资源耗费的成本。改革过程中，英国先是于 1994 年由政府发表白皮书，提出引入资源会计与预算，后在 2000 年由议会通过《2000 年政府资源与账户法案》，确定了权责发生制原则在预算管理中的地位，财政部制定《资源会计手册》，作为政府各部门遵循的资源会计与预算准则。在此项改革中，资源会计和预算项目的整体框架由财政部负责构建，但具体细节的实施原则由政府各部门负责，但是对所有部门来说采用的实施日程表是一样的，财政部为此制定了一个长期的时间表（如表 1 所示）。

表 1　英国资源会计与预算实施时间表

时间	内容
1997—1998 财政年度	中央政府中大多数部门试行资源账户

(续表)

时间	内容
1998—1999 财政年度	中央政府中所有部门都必须试行资源账户
1999—2000 财政年度	首次公布资源账户,并将其报送议会
2000—2001 财政年度	在以权责发生制为基础的支出调查过程中,制定出首份资源预算
1998—1999、1999—2000、2000—2001 财政年度	实行双轨制,同时编报资源账户和现金基础的拨款账户
2001—2002 财政年度	资源账户正式取代以收付实现制为基础的拨款账户;2001年4月起全面实行资源会计与预算;提交第一套资源概算;议会首次公布资源概算
2001—2002 及 2002—2003 财政年度	编制试行的中央政府账户(Central Government Accounts, CGA)
2003—2004 财政年度	公布基于公认会计原则(GAAP)的中央政府账户(CGA)
2005—2006 财政年度	编报包括整个公共部门的政府整体账户(WGA),中央政府在财务报表中采用完全的权责发生制

参见楼继伟,2008:241。

1998年,为了进一步实施以成果和产出为重点的预算管理改革,英国政府首次对各个政府部门的支出项目实施了全面审查,并要求各个部门提交公共服务协议(Public Service Agreements, PSA)以及服务交付协议(Service Delivery Agreements, SDA)。这些协议可以看做是各个政府部门向公众有效提供公共服务的一种承诺。

公共服务协议列出政府部门所有的工作成果目标,并且将这些目标分解为一系列具体的指标,通过这些指标可以对该部门成果的实现情况作一度量。另外,公共服务协议还包括许多能够测度的、将成果和产出相联系的货币指标。此外,除了单个部门的公共服务协议外,还有一些跨部门的公共服务协议,因为很多政策是由许多部门共同实施的。跨部门的协议包括所有部门和政策目标实现相关的各种指标。对于每一个公共服务协议,相应的技术手册都在网上发布。技术手册中详细地列出了如何测度每一个指标,包括数据资料的来源,对含义不明确的词语的解释以及对有关资料排列顺序的详细解释等等。

服务交付协议则详细说明与公共服务协议中成果指标相联系的产出和过程指标。服务协议有时也包括一些在部门控制之外,但是能对成果的实现产生影响的详细因素。规模较小的政府部门不用制定公共服务协议,但是必须制定服务交付协议。这些部门用服务交付协议来设定绩效指标,如果有可能的话,这些绩效指标需要包括成果指标。

目前,英国各部门的预算资源的配置主要是基于各个政府部门的工作成果。对各部门公共服务协议的讨论和预算的分配是由内阁中的同一委员会在同一时间进行的。有关预算的白皮书和公共服务协议也同时公布。财政部负责具体监督公共服务协议中所列出的成果的实现情况,根据协议中所列出的指标来测度实际的绩效,并于每个季度向相关的内阁委员会提交一次对各部门公共服务协议实施情况的评价报告。另外,在每一年度的政府部门工作报告中,各政府部门还根据其在公共服务协议中所列出的成果和产出目标,提供一份公共服务进展报告。

五、英国公共预算制度的演进特征

从发展演变过程来看,英国的公共预算制度和政治制度的发展密切相关。在大多数国家,议会是以政治自由为目的的政治运动高潮的产物。而在英国,议会产生和发展的直接原因则是由于13世纪初贵族和国王之间对经济利益的争夺。正如爱因齐格所指出的,在英国,"雄辩的事实表明,下院的起源和早期发展,完全应归功于其'卑贱'的财政功能"(Einzig, 1959: 17)。因此,探讨英国预算制度演变的特征,需要将其放入英国政治制度的发展过程当中加以审视。英国预算制度的发展呈现出和其议会制度、政治制度发展相关的若干特征:

其一,英国的公共预算制度和政治制度都具有原创性。诸多事实表明,英国是近代资本主义政治、经济制度的开拓者,英国人在建设本国政治、经济制度时,许多地方都表现出一种原创精神。同样,英国公共预算制度的发展也具有这样的"原创性"。当欧洲诸国仍处于黑暗的"中世纪"时,英国自 1215 年起以《大宪章》的签订为标志,便开始了公共预算制度的构建过程;1688 年"光荣革命"之后,议会就基本上控制了财政权,在与国王争夺预算控制权的过程当中获得胜利,英国预算制度进入了中期发展阶段,而此时欧洲诸国的预算权力还是由君主完全控制着;早在 18 世纪 50—60 年代,格莱斯顿的财政改革便奠定了英国现代预算制度的基本框架,而美国现代形式的公共预算制度则是直到 20 世纪 20 年代才得以建立。现在大不列颠帝国的辉煌已是昨日的历史,但英国所创建的包括公共预算制度在内的近现代政治、经济制度却为许多国家所借鉴和吸收,对世界近现代历史的发展产生了深远影响。

其二,英国的公共预算制度和政治制度的演进都体现出渐进性。英国政治制度的发展,尽管也有 17 世纪革命等剧烈变革,但总体上是一个平和渐进的过程。而英国公共预算制度变迁也显现出这种渐进性。预算控制权由国王向议会的转移过程是一个缓和渐进的过程。1215 年《大宪章》签订后,议会对预算的控制是缓慢渐进的,而且时有反复,直到 19 世纪中叶,议会才拥有完全的预算控制权,完成了 1688 年"光荣革命"以来公共预算制度自然持续的演变进程。此外,议会对财政权的控制经历了一个由点及面、逐步扩展的过程。公共预算制度的形成史,也就是议会为控制君主的"钱包",即为预算控制权而斗争的历史。这一过程具体来看是从控制部分税收权开始,经历了:部分税收——军费支出——全部税收——拨款——支出责任制度——王室年俸——王室收入——年度收支计划报告——审计……逐步推进并最终完成。

其三,英国的公共预算制度和政治制度的发展呈现出灵活性。"灵活性"是英国政治制度和预算制度发展的又一特征,主要表现为:(1)有宪制而无单一的成文宪法。英国的宪法不同于绝大多数国家的宪法,并不是一个独立的文件,而是由成文法、习惯法、惯例组成,主要包括

《大宪章》（1215年）、《人身保护法》（1679年）、《权利法案》（1689年）、《议会法》（1911、1949年）以及历次修改的选举法、市自治法、郡议会法等。其中的《大宪章》与《权力法案》等法案共同构成"非赞同毋纳税"宪法原则的完整基础。（2）分权和权力混合现象兼蓄并存。政治权力与预算权力的分割不够清晰，不受单一固定的成文法的限制；行政、立法和司法之间，立法结构的上院和下院之间，不过于强调政治权力和预算控制权力的平等均衡，预算控制权完全由下院掌握，而国家高层行政权和立法权可以由同一批人掌握，包括首相在内的内阁成员又同时是议会成员。

参考文献

1. 经济合作与发展组织：《比较预算》，人民出版社2001年版。
2. 井手文雄：《日本现代财政学》，陈秉良译，中国财政经济出版社1990年版。
3. 克拉潘：《现代英国经济史》（中卷），陈秉良译，商务印书馆1986年版。
4. 肯尼思·O.摩根：《牛津英国通史》，陈秉良译，商务印书馆1993年版。
5. 钱乘旦、许洁明：《英国通史》，上海社会科学出版社2002年版。
6. 阎照祥：《英国政治制度史》，人民出版社1999年版。
7. 张馨、袁星侯、王玮：《部门预算改革研究——中国公共预算制度改革剖析》，经济科学出版社2001年版。
8. 楼继伟主编：《政府预算与会计的未来——权责发生制改革纵览与探索》，中国财政经济出版社2002年版。
9. Einzig, P., *The Control of the Purse: Progress and Decline of Parliament's Financial Contral*, London: Secker & Warburg, 1959.
10. Emsley, *A British Society and the French Wars 1793 – 1815*, London: Macmillan, 1978.
11. King, H., *Parliament and Freedom*, London: Butler & Tanner ltd, 1962.
12. Mackie, J. D., *The Earlier Tudors (1485 – 1558)*, London: Oxford University Press, 1962.
13. Mallet, B., *British Budgets 1887 – 88 to 1912 – 13*, Bernard Mallet, 1913.
14. Rule, J., *The Vital Century, England's Developing Economy, 1714 – 1815*, Longman: London and New York, 1992.
15. United KindomTreasury, *Budget 2005*, http://www.im-treasury.gov.uk.

国际比较视野下的中国财政转移
支付法律制度框架思考

张 光①

【摘要】 1994 年的分税制改革重塑了中央地方间的财政关系。由于中央收入比重扩大，地方财政支出责任不断增加，地方对中央的转移支付高度依赖。然而，中国的政府间财政关系的确定并不是通过国家立法形成的。本文首先阐述了为什么政府间财政转移支付需要法律来规范，然后介绍了多个国家在政府间财政转移支付上的立法实践，最后指出中国在此存在的问题及改革方向。

【关键词】 转移支付 法律 政府间财政关系 国际比较

在除中国以外的所有国家里，中央政府对州和地方政府的转移支付，都必须通过国家立法部门的立法行动获得法律基础。

（Anwar Shah, 2007b: 296）

用法律形式把转移支付的原则、内容、形式、预算和监督等确定下来，是各国的共同经验。这有利于减少人为因素的干扰和影

---

① 张光，厦门大学公共事务学院政治系教授，主要研究领域是公共财政、比较政治、国际政治经济学。

响，保证转移支付制度的正常运行。目前我国现行的转移支付制度很不完善，缺乏规范性和透明度，带有很大的随意性，亟待加强法制建设。

（安体富，2007：7）

1994年的分税制改革，使我国的政府间财政关系，在历史上首次摆脱了由地方政府征收国内主要税赋、然后上解中央的传统，进入了中央占有大量税收收入，地方必须依靠中央的财政转移支付方能运作的时代。就国家财政收入的大部分由中央政府征收这一点而言，分税制改革使中国财政与当今世界其他主要国家特别是发达国家的做法接近。但是，地方政府支出占财政总支出的比重，在中国远远大于外国。这意味着，地方政府对中央财政转移支付的依赖，在中国显著大于外国。例如，2006年，在中国的预算内财政收入中，中央和地方分别占52.8%和47.2%；而两者在财政支出上所占比重分别为24.7%和75.3%。这意味着，中央政府对下级政府的财政转移支付，接近国家财政总收入的28%。如果计入中央政府利用国债收入向地方政府进行的转移支付，则中央对地方的财政转移支付占全国财政总支出的比例高达30%，在地方政府的预算内总支出中，来自中央政府的转移支付收入占了40%（国家统计局，2008）。而在2001年，在OECD国家的一般财政总收入和总支出中，其地方政府所占的平均比重分别为21.9%和32.2%，中央政府对下级政府的财政转移支付，大体相当于国家财政总收入的10%（Joumard and Kongsrud：164）。发展中国家的这一比重，1997年，印度为17%，阿根廷和巴西分别为3%和4%。不管是在发达国家还是发展中国家，财政收入和支出由中央占大头，地方政府收入和支出占小头的例子比比皆是。而中国却是收入高度中央集权、支出极度地方分权，使得转移支付在财政运行中占据特别重要的地位。

然而，与这种局面不相称的是，如本文题头的两个引语（分别出自世界银行著名财政学家沙安文和中国人民大学金融学院安体富教授）所指示的，中国是世界上唯一一个没有通过国家立法部门立法，规定中央政府对地方政府财政转移支付的国家。在崇尚法治的今天，这个唯一的例外亟待改变。事实上，十届全国人大常委会已经把财政转移支付法列入了该届人大的立法规划（洪亮，2007）。受全国人大常委会预算工委委托，中国财税法学教育研究会会长、北京大学财经法研究中心主任刘剑文教授负责的《中华人民共和国财政转移支付法》（草案）已于2006年完成起草工作并提交全国人大常委会（中国财税法网，2006）。但是，从我接触到的有关研究来看，国内的现有研究对转移支付立法的国际研究和经验重视不够（刘剑文，2006；洪亮，2007；徐孟洲、徐阳光，2005；傅光明，2004）。本文的目的是要弥补这个缺憾，对国际上政府间财政转移支付立法的主要理论和实践作一初步的梳理和思考。我们的论述将分三个步骤进行：首先利用新制度主义经济学的"委托—代理"交易成本分析框架，从理论上说明建立政府间财政转移支付法律框架的必要性；然后介绍若干发达国家和发展中国家在转移支付法律建设上的实践；最后转入讨论我国的现状和改进的方向。

一、为什么需要法律？

为什么政府间财政转移支付需要法律的框架规范？我们需要的是什么样的法律框架？让我们从马斯格雷夫关于公共财政功能的规范性论述开始回答这两个问题。他认为，在现代市场经济条件下，公共财政有三个基本的经济功能：（1）保持宏观经济稳定；（2）保证资源的均等分配；（3）争取资源的有效配置（Boex and Martinez-Vazquez，2005）。落实到政府间关系上，有五个理由可作为财政转移支付的规范性根据：（1）纵向不平衡；（2）横向不平衡；（3）外部性（跨地区外溢性）；（4）在地方层次推动国家目的；（5）支付由地方政府实行的国家项目（Martinez-Vazquez，2002）。所谓纵向不平衡，是指中央政府的财政收入大于它的支出需要，而地方政府的财政收入则不足以满足其支出需要的情形。这个情形出现的主要原因是在现代市场经济中，国家的主要税种如企业所得税、增值税、个人所得税的税基具有高度的流动性，因而这些税由中央政府统一征收较有效率和公平。这就产生了通过转移支付来填补地方政府收入不足以支付开支的必要。横向不平衡指一国内各地区间因经济发展水平差距而导致的公共服务提供水平不平衡的情况。转移支付制度设计应当有助于各地公共服务水平的均衡。

外部性指地方政府提供的某些公共服务产生的积极的社会效果，可能超出它所管辖的地区而"外溢"到相邻甚至更远的地区。初等和中等教育就是典型的具有正外部性的公共产品。一个地区初中等教育办得好，等于为国家而不仅仅为它自己培养了更好的劳动力、更守法知礼的公民。由于劳动力的流动性（请想想大陆有多少受过初中或高中教育的内地落后地区的年轻人在沿海地区打工的事实）导致本地的毕业生外流，可能挫伤当地政府教育投入的积极性。严格地说，地方政府提供的大多数服务如教育、卫生、道路等都具有明显的正的外部性。转移支付设计应着眼于纠正地方政府可能因利益外溢导致的公共物品供给不足的倾向。例如，对于那些适龄青少年比重较大的地区，应当保持较高的人均转移支付水平（Boex and Martinez-Vazquez, 2005）。

进行转移支付的最后两个理由——在地方层次推动国家的政策目的和支付地方政府实行的国家项目，其规范根据也不外是马斯格雷夫所论的稳定宏观经济、提高经济效率和促进公平。例如，20世纪60年代美国的民权平等成为国策后，联邦政府对州和地方的转移支付被用于贯彻种族平等政策（Ansolabehere, 2002）。我国于20世纪90年代后半叶起大力推进社会保障制度建设。中央财政开始向地方进行社会保障补助转移支付。2006年，中央财政对城镇基本养老保险基金补助支出774亿元，占各级财政对基本养老保险补助支出971亿元的84%，占当年基金总支出4897亿元的16%（劳动和社会保障部，2007）。这两个政策的目标中都包含了社会公平的成分。中国的财政社保补助政策还服务于当时"抓大放小"国有企业改革战略，从而具有稳定宏观经济的目的。

那么，一个能达到稳定宏观经济、提高资源配置效率和公平目的的转移支付体系，应当具有什么特征、符合哪些标准呢？首先，它应当能够促进地方政府预算自主性。地方政府应当对本地政策的优先事项具有完全的独立灵活的决策力，而不应当受到专项补助以及同中央政府相连的决策的不确定的束缚。第二，它应当为地方政府提供适当的收入，保证能够完成指定的职责。转移支付不应该取代合理分配各级政府财权的必要。第三，它应当对地方政府形成积极的激励。鼓励地方的税收努力和收入动员，促进支出效率，抑制财政赤字和软预算约束。第四，促进平等和公平。转移支付的分配应当与各地方的财政（支出）需求因素正相关，与其财力（收入能力）负相关。第五，它应当具有稳定性和可预测性，否则地方政府无法进行合理的预算。第六，它的分配方式和规则应当透明简单，应当基于那些个别单位难以控制的客观因素，尽量公式化，使"跑要援助"之术如我国的"跑部钱进"失灵（Martinez-Vazquez, 2002; Shah, 2003）。

很难设想在没有相应的法律建设的情况下，一个政府间财政转移支付体系能够符合上述标准。在这里，我们借用新制度主义经济学的"委托—代理"分析框架（North, 1990），来阐述法制对建立一个合理有效的转移支付体系的重要性。在这个框架下，委托人和代理人都是利己的理性经济人。任何交易都必须建立在掌握一定信息的基础上，而信息的获得是有成本的，信息的分布也是不平等的。因而在委托人处于"有限理性"，克服信息不对称的交易成本很高的情况下，代理人未必会按照委托人的利益行事，委托人未必能够控制代理人的机会主义行为。人们发明制度的目的正在于降低交易成本，制度的优劣可以从它们降低交易成本的功效上加以比较，因此，新制度主义经济学家把交易成本定义为"在不同治理结构下为完成任务而进行计划、协调以及监督的比较成本"（Williamson, 1989: 142），或者是"测量被交换事物的有价值的属性的成本，保护产权的成本以及制定和实施协议的成本"（North, 1990: 27）。

在包括转移支付在内的财政制度设计上，根据"取之于民、用之于民"的民主财政原则，作为纳税人的公民是委托人，包括立法、行政和司法在内的政府是代理人。一个国家对政府间财政转移支付的制度化可以有如下可能：行政命令（包括行政当局和部门的规制）、政府间协议、法律和宪法。行政命令的制定权由中央政府及其部门单方面掌握，启动、修改、废止的门槛最低。政府间协议涉及中央和地方政府或者地方政府之间的协商，法律则须由立法部门通过，两者的启动、修改、废止的门槛，一般来说显著高于行政命令。宪法的产生和修正门槛最高。因此，单纯从制定规则的角度看，似乎以行政命令的交易成本最低，法律和政府间协议较高，宪法最高。但是，从计划的科学、利益的综合、承诺之可信、协调和监督的角度看，政府间协议、法律和宪法框架下实现的转移支付政策过程的交易成本，一般都显著低于行政命令。在新制度主义经济学看来，民主和法制才是降低交易成本的最好途径。如沙安文所言，新制度主义经济学主张"建设能够使公民、公民社会各个利益部门（包括传媒和学术界）和立法者更多地获得信息的（转移支付）行政和治理体系。这个体系使公民能够让那些主管转移支付决策的代理人（政府）负责。这个体系将把与参与、监督和决策相连的代理成本、不确定性成本和交易成本降到最低程度。它还将创造一个能够激励立法和行政代理人遵从他们与委托人订立的契约的机制"（Shah, 2007b: 306）。

二、国际实践与经验[①]

2007 年世界银行发表的由两位世行公共经济学家主编的《政府间财政转移支付：原则和实践》（Boadway and Shah, 2007）一书中，有一篇论文《转移支付的法律构造：比较研究》（Choudhry and Perrin, 2007）提出了一个分析比较各国转移支付法律建设的框架。论文的作者丘德莱和佩林认为，当人们比较评价有关财政转移支付的法律问题时，他们一般都要面对如下几个事关转移支付制度设计的普遍问题：

1. 政府间转移支付体系的法律基础。中央政府具有向下级政

---

① 本节论述主要依据 Choudhry 和 Perrin, 2007。

府进行转移支付的责任吗？转移支付体系应当在多大程度上，从宪法、联邦法（超级多数和简单多数）、规制、部委决定和政府间协议那里获得存在的依据？中央政府是否具有向地方进行转移支付，资助那些属于地方事权领域的支出？

2. 设立和修改转移支付的程序。中央政府是否具有单方面设立、修改和终止转移支付条件（如转移支付的数量水平和配套要求）的权力？或者需要地方的介入？如果地方的介入在法律上是必需的，其参与的性质为何？是被通知即可，还是被征询意见，甚至必须获得它们的同意？个别地方政府可以同中央政府就转移支付订立政府间协定吗？

3. 有条件和无条件转移支付。中央政府可以在转移支付上附加条件吗？或者补助必须是无条件的？如果补助是有条件的，当地方政府违背了这些条件时，它们将面临什么法律后果？地方政府有无权利放弃有条件的政府间转移支付？如果有的话，它们有无权利就那些已经满足了条件的部分获得补偿？

4. 争端的解决和裁决。如何解决与政府间转移支付相关的争端？政府间转移支付的贯彻可以诉诸司法吗，还是司法不得介入？争端的解决在多大程度上基于宪政原则（对联邦的忠诚）、随机的政治谈判、仲裁调解、行政程序或者宪法判决？这些机制在实践中如何运作？（Choudhry and Perrin, 2007: 261-262）

按照上述问题的线索，丘德莱和佩林对比利时、德国、印度和南非四国的转移支付法律框架作了比较研究。表1按宪政基础、法律法令、决策代理、有条件 VS 无条件、仲裁和调解分类，概括了他们的主要发现。下面逐一简述。

表 1 比利时、德国、印度、南非的转移支付法律框架要点

国家	宪政基础	法律、法令	决策代理	有条件VS无条件	仲裁和调解
比利时	联邦制 中央与地方政府事权划分	特别立法 财政理事会	联邦议会	一般为无条件，有条件为例外	政治谈判、协调委员会、仲裁法院
德国	联邦制 中央与地方政府事权划分	基本法（宪法）、特别立法	联邦上议院、财政计划理事会、联邦宪法法院	基本上为无条件，但有重要的例外	州财政会议、参议院协调委员会、联邦宪法法院
印度	带有明显单一制特征的联邦制、中央与地方政府事权划分	宪法、特别立法、部门法令	财政委员会计划委员会	无条件和有条件并重	中央政府
南非	中央与地方政府事权划分	宪法、特别立法	金融财政委员会	无条件为主，有条件为辅	预算理事会、调解委员会、行政调解

资料来源：据 Choudhry 和 Perrin 整理，2007。

（一）宪政基础

所谓宪政基础涉及国家在政府间关系上采取的基本制度（联邦制或单一制）以及各级政府之间的事权在宪法里有无划分、如何划分的问题。在被比较的四国中，比利时和德国均实行联邦制。印度的政府体系则"基本上是联邦制的，但带有强烈的单一制特征"（Vithal and Sastry, 2001：14）。南非宪法则未明确规定政府为单一制还是联邦制。四国的宪法均对中央政府和地方政府的事权作了具体程度不等的划分。比利时宪法明确规定了按语言（佛兰芒语、法语、德语）划分的社区政府的权力范围，包括文化事务、教育、健康、语言政策、社区间合作、

国际合作等。这些领域中的不少事务如健康须与联邦政府分享。宪法没有对按地理（佛兰芒、瓦龙、布鲁塞尔）划分的地区政府赋予任何确切的事权。地区政府的事权必须经联邦众参议院三分之二多数票通过的特别立法决定。目前，地区政府的事权包括经济政策、就业、交通、公共工程、贸易、农业和能源。不属于社区和地区事权范围的剩余事权，由联邦政府掌握。德国的基本法对联邦的权力分割作了规定。州享有剩余权力，并与联邦政府分享多项事权，负责执行多项联邦法律。但是，事实上，联邦"已经大量地侵蚀了州的事权，并由自己来执行绝大多数法律"（Larsen，1999：433-434）。根据印度宪法，中央政府独自持有的事权包括国防、外交、银行、保险、铁路、货币、股票交易和若干税种。州政府独自享有的事权有健康、事业、农业和若干税种。共享事权包括刑法、森林、经济和社会计划、竞争性法律、电力等等。一切剩余的事权均归中央。州决定分配给地方政府的财政收入数额。南非宪法规定了中央、省和地方政府的事权。健康、教育、福利和道路事权属于省，地方政府负责城市基础设施，包括上下水、市内交通和垃圾收集。但南非宪法法院判定省只有有限的自主权，它们是"权力的接受者，而非权力的来源。"

（二）有关转移支付的法律和法令

国家可以通过宪法、国家立法部门通过的法律、中央政府的法令、部门规章和政府间协定等途径，来规范其政府间转移支付。在比利时，政府间转移支付体系是通过经政治谈判形成的联邦特别立法而建立并修正的。这些立法必须获得联邦众参两院三分之二以上的赞同票，并在代表法语和德语区每个区的议员中获得三分之二多数票方可通过。比利时有关财政转移支付的联邦法律的特征是重灵活性甚于稳定性，法律经常被修正改变。例如，地区法（1988年）规定联邦政府将28%的所得税收入转移给地区性政府。特别财政法（1989年）向社区政府提供来自于增值税和个人所得税的转移支付。虽然这些方案初始设计适用至1999年，但在1993年即因法语社区政府财政困难，经过政治谈判又形成了一系列修正型的法案。特别财政法于1999年到期后，新的政治谈判重启，到 2001 年形成了一组新的相关联邦法律。

德国在 1949 和 1990 年地区间的经济发展极不平衡，这使"平衡全国地区发展、提供相等水平的生活条件，成为决策和制度建设的要务"（Spahn，2001：2）。德国基本法第十章奠定了德国复杂的转移支付体系的宪法基础。它对所得税、企业税和增值税（三者合计占德国财政总收入的四分之三）的分配方式都作了规定。规定所得税和企业税收入由联邦和州平分。所得税在州内按居民的居住地而非工作地分配。企业税的分配则根据一个考虑到了公司跨州经营等因素在内的公式进行。基本法对增值税的规定则更复杂，涉及间接均等化。基本法要求"在财力强和财力弱的州之间达到一个合理的均等化。"均等化将依公式而行。它的实施极为复杂，包含四个步骤：评估每个州的财力，测定各州的人口统计特征，使用公式测算各州的转移支付水平，从具有剩余财力的州征收贡献并将之转给财政赤字州。

印度的转移支付是"一个由宪法规定、制度化先例、官僚自由裁量和谈判构成的混合体"（Rao and Singh，2000：2）。印度宪法规定总统任命负责转移支付政策的咨询建议机构——财政委员会。宪法第 270 条规定国家的所有税收收入都必须根据由财政委员会建议、总统批准的比率，在中央和州之间分配。每一届财政委员会都须检讨国家的净税收收入（刨除征收成本的税收收入）中，多大比重可用作对州的转移支付。宪法第 275 条要求财政委员会提出对那些"需要援助"的特殊的州进行补助的建议。

在南非宪法中，第 13 章完全由关于政府间财政转移支付的规定构成。第 227（1）条指出省和地方政府"有权平等地分享国家的财政收入，使自己能够提供基本的服务和履行被指定的职能"。第 214（1）条规定国会对转移支付体系立法。1997 年通过的政府间财政关系法要求国会必须每年就转移支付的分配立法。2004 年通过的收入划分法对每年国家财政收入在中央、省和地方政府之间的分配原则和方式，作了进一步的具体规定。

(三) 转移支付的主要决策设计的代理机构

各国进行政府间财政转移支付决策和实施的机构,按照沙安文 (Shah, 2007b: 294-296) 的分类,大体有四类。一是中央政府及其部门型,二是国家立法部门型,三是政府间论坛型,四是独立机构型。在中央政府及其部门型中,有关转移支付的政策决定和实施的任务,或者由总统/总理府承担,或者由中央政府的部委承担。在后者那里,以财政部最为常见,其次为内务部、地方政府部、计划委员会。许多单一制国家采取这一形式。国家立法部门型是由国会直接进行转移支付的决策和执行,而不只是对政府有关部门提出的有关法案进行审议批准通过。在政府间论坛型中,由中央和地方政府构成的会商谈判机构决定转移支付政策,最终形成的政策必须得到地方政府的同意。采取这一形式的多为联邦制的发达国家,包括比利时和德国。在独立机构型那里,国家设立(一般由中央政府设立)一个专门从事转移支付政策设计和建议的独立机构。澳大利亚、南非和印度属于这类国家。(更详细的国家分类,见附表 1 和附表 2。)

在比利时,国会是转移支付政策的最高决策机构。获得法语和佛莱芒语社区的同意是任何转移支付法律成立的前提。此外,比利时还设有财政理事会,该会由 12 个成员组成,其中说法语和佛兰芒语的成员人数相等,来自联邦政府和地方政府的成员人数相等。财政理事会每年负责就联邦和地方政府的财政提出建议。这些建议具有很强的道德约束力,一直得到政府的遵从。

在德国,联邦上议院和财政计划理事会在相关的宪法条款规定下,共同承担了建立和修正财政转移支付体系的任务。联邦上议院是为了使州的利益在联邦政府那里得到代表而设立的,其成员由各州任命。各州至少有三票,至多有六票(依人口数而定)。各州的代表必须作为一个整体而投票。上议院的权力尽管没有公民直接选出的下议院大,但对那些事关州的根本利益的立法,具有绝对的否决权。在德国,任何影响到州的收入的法案都处于上议院的绝对否决范围之内,因此必须得到上议院的同意。在每年年度预算形成过程中,财政计划理事会发挥了提出方针计划、协调组织的作用。该理事会成员包括联邦财政和经济部长，各州财政部长，和四个由上议院依据都市协会提名而任命的都市代表。理事会的主席是联邦财长，每年必须至少开两次会。此外，德国的地方政府有权利到联邦宪法法院挑战联邦关于转移支付的立法。法院的判决具有高度的法律约束力，从而使之成为影响转移支付决策的一个重要机构。

在印度，中央政府享有广泛的转移支付决策权。在具体的操作层面上，由总统任命产生的财政委员会负责就财政经常收支部分的政府间关系处理问题，向总统和立法部门提出政策建议。根据1950年中央政府的一个行政命令而诞生的计划委员会，在资本项目的转移支付投向决策上，具有巨大的影响力。

南非宪法设置了金融财政委员会，并规定它的职责是：（1）就金融和财政事务向国会、省立法部门，以及其他经国家立法部门决定的权威机构提出建议；（2）保持独立和中立。《金融财政委员会法》进一步规定了金融财政委员会的具体职责，除了上面提到的两点外，还包括进行相关研究并发表报告，每年向国会两院、各省立法部门和地方政府报告协会在相应财政年度的活动。金融财政委员会有20名工作人员，9位正式委员，均由总统任命产生，总统在任命时或者同内阁协商，或者参考各省行政当局提名。9位委员的组成是：主席和副主席；3名委员经咨询总理，按国家立法规定的程序从备选名单中选择产生；2名委员经咨询地方政府，按国家立法规定的程序从备选名单中选择产生；其他2名委员。

（四）有条件 VS 无条件转移支付

中央政府对地方政府的财政转移支付，有所谓有条件和无条件的分别。有条件转移支付通常或者对资金的用途作了规定（投入型条件），或者对资金的使用应达到的效果如服务的改进达标状况提出要求（产出型条件）。有条件转移支付还可以要求地方使用自己的资源配套。配套要求可以是不封顶的，即无论地方自己提供的资金有多少，中央都将以转移支付的形式，提供项目所需的其余资金。配套要求也可以是封顶的，即中央对地方的补助，只会达到按事先规定好的比率，其余的所需资金必须由地方自筹（Shah，2007a：4）。

　　公共财政学家认为，就对地方政府提供公共服务的质和量而言，在一般的情况下，无条件转移支付优于有条件转移支付，产出型条件转移支付优于投入型条件转移支付。地方公共服务应当由地方政府提供，因为它们比中央或上级政府更能了解和反映本地居民的需求和偏好。地方政府的自主性越大、事权划分越清晰、责任归属约束越强，则地方政府提供的公共服务质量越高。无条件转移支付对地方自主性的侵犯少于有条件转移支付。地方政府可以把无条件转移支付用于任何它认为适当的部门或项目，意味着它没有对地方的优先选择造成歪曲效应，从而在经济学上是有效率的。有条件转移支付往往模糊了地方政府的事权，从而降低了上级政府和公众对后者的问责能力。有条件转移支付往往因其来自不同的部委，依据不同的条件和标准而变得非常复杂。其结果往往是变成"既浪费时间又浪费金钱的项目和官僚的乱局。事权不明、运作复杂是使用有条件转移支付项目的主要缺陷"（Kitchen，2007：496）。根据同样的道理，在非得使用有条件转移支付的情况下，产出型条件优于投入型条件。如沙安文所言，"投入型条件援助往往是干预有余而成效不足，而产出型条件援助则既有助于实现援助者的目的，同时又保留了援助接受者的自主性"（Shah，2007a：4）。

　　在我们重点讨论的四个国家中，比利时极少使用有条件转移支付，后者被认为是在宪法上得不到支持的东西。在德国，无条件援助转移支付是常态，尽管也有重要的例外，某些补助援助和成本分担项目采取了有条件的转移支付形态。但是，这些例外遭到了联邦宪法法院等的质疑。例如，在1975年的一次判决中，宪法法院认为转移支付被指定给城市再建，"造成了使州依赖于联邦从而危及它们受宪法保护的自主权。……[联邦赠款]是例外，而且必须这样构造，以保证不会成为影响作为联邦成员的各州履行自己职责决策的工具"（转引自Currie 1994：58）。德国统一后实行的《团结合约Ⅰ》下的联邦援助中，三分之二为无条件，另外三分之一为服务于《东部复兴投资促进法》的有条件转移支付。但在《团结合约Ⅱ》（2005—2019年）的转移支付援助中，所有的转移支付援助都不是有条件的，受援州只需要向政府间财政计划理事会提交有关援助资金使用的年度报告。

印度和南非在对有条件转移支付的使用条件上，要比比利时和德国宽松得多。根据印度宪法第275条，有条件赠款是允许的。历史上，由财政委员会推荐的有条件援助，不会被追究其使用是否满足了条件。但自从第七届财政委员会开始，中央政府开始要求有条件援助应当以"其用途能够得到查证的方式"进行（Vithal and Sastry，2001：156）。此外，在印度，由计划委员会决定的转移支付项目多是有条件的，其宪政依据也引起更多的争论。

南非宪法明确规定省和地方政府有权"获得来自中央政府的有条件或无条件的资源转移"。《收入划分法》赋予转移支付的给予者——中央或省政府——以监督检验资金的使用是否符合条件的权力。如果一个省或市政府在使用转移支付资金时没有满足规定的条件，资金的给予方可以在同中央财政部和省财政部门咨询后，部分或者完全推迟拨款，甚至取消项目。但事实上，部门的监督力是很弱的。

（五）争端的仲裁和调解

当转移支付的各方出现矛盾时，哪些制度和程序可用于解决争端？宪政原则、随机政治谈判、利用政府间论坛调解和协调、行政程序、司法诉讼是几种可能的解决途径。丘德莱和佩林从他们研究的文献中，没有发现有关印度转移支付争端解决机制和过程的论述。对此，他们的解释是，"这很可能是由于联邦在转移支付体系上具有高度的决定权，而省在这个体系的创造和修改上处于无足轻重的地位"（Choudhry and Perrin，2007：281）。

比利时、德国和南非的宪法都有关于如何化解政府间关系冲突的原则性规定。这些规定构成这些国家处理财政转移支付冲突的出发点。比利时和德国都奉行所谓联邦忠诚原则，即联邦和谐学说（Larsen，1999：436）。这个学说要求地方政府和联邦政府互相尊重和合作，"以一种旨在避免相互利益冲突的方式行动，达到不同的机构作为一个平衡的整体发挥作用的目的"（OECD，1997：27）。南非宪法第41条要求国会通过一个法律,"以建立或提供能够促进政府间关系的制度和结构……提供有助于解决政府间争端的合适的机制和程序。"2004年实施的南非收入划分法完成了这个任务。

随机政治谈判是多数国家在解决政府间财政关系争端时首先尝试的方法。在比利时,有关的政治谈判借助于联邦参议院的舞台,或者通过财政理事会的渠道。但实际上大多数协调都通过政党内部协商或政党之间谈判进行。德国政治谈判的主要机制有州财长会议,在这个会议上,各州政府就财政事务协调统一立场,并据此同联邦政府展开谈判。在这个过程中,政党发挥了重要的作用。南非的收入划分法规定司法诉讼是解决政府间财政关系冲突的最后手段,在此之前必须走完政治谈判以及政府间财政关系法规定的所有程序。这些程序包括请预算理事会裁断,该会是一个具有咨询功能的、经立法产生的政府间组织。

在政治谈判未能达成妥协的情况下,仲裁和调解是下一步可选的解决争端的主要方法之一。比利时的协调委员会是一个接受各级政府的仲裁申请的政府间关系机构。在德国,联邦上议院的仲裁委员会扮演了类似的角色。在南非,仲裁委员会受理涉及金融财政委员会的职能以及与省政府财政的提案相关的争端仲裁申请。但如果仲裁未能解决争端,国民大会仍然可以通过相关法案,如果它得到三分之二的赞同票的话。

当政府间财政关系发生冲突时,通过行政程序处理是一个可能的解决途径。但是,在比利时、德国和南非三国中,只有南非重用这个方法。南非的收入划分法要求,当有条件的转移支付的条件引起争端时,应启动行政程序。这个程序的第一步是转移支付的提供方(中央或省政府相关部门)在咨询国家财政和省财政部门后,采取单方面决定。第二步是财政部的行动跟进,如停止拨款。

通过司法审查和判决来解决转移支付的相关争端,在比利时和德国(特别是后者)常见。

比利时的仲裁法院"有权处理发生于联邦政府、社区和地区之间的在立法过程中出现的争端"(转引自Choudhry and Perrin, 2007: 283)。德国宪法法院具有解释基本法,并裁决联邦与州之间、州与州之间的争端的权力。例如，2001年，一些州向宪法法院提出诉讼，认为它们的利益因德国的均等化转移支付项目而受损。法院作出了对这些州有利的判决，敦促联邦政府对平等化体系进行（有限的）改革（Boex and Martinez-Vazquez, 2004: 22）。

（六）本节小结

综合以上研究比利时、德国、印度和南非四国有关政府间财政转移支付的法律体制建设的论文，可以得出如下几个初步结论：第一，这些国家都把本国的转移支付体系建立在法律——宪法和由国家立法部门通过的法律——的基础之上。第二，由于立法部门的介入，转移支付的政策决策必须反映从中央到省（州）再到地方各相关者的利益。第三，立法部门的介入，使得转移支付政策的决定不单单是由官僚特别是中央政府官僚说了算的事情，而官僚的控制欲等利益纠葛决定他们偏向于有条件而非无条件转移支付。因此，在本节讨论的比利时和德国这两个强调地方政府利益的联邦制国家中，无条件转移支付成为常规，而有条件转移支付则是得不到宪法多少支持的例外。从四国的经验来看，一个国家的转移支付体制的法律约束越强，利益相关者的参与度越高，其体制运行的交易成本越低。德国就是这方面的一个好例子（Larsen, 1999）。

三、中国的现状和改进方向

我国的法律体系，在国家的层次上，由宪法、全国人大和人大常委会通过的法律、国务院及其组成部门颁布的条例组成；在地方的层次上，亦由省级行政区、经济特区和民族自治地方人大通过的法规，以及同级地方政府及其有关部门颁布的条例组成。我国的宪法对财政管理的规定不过如下三条："县级以上的地方各级人民代表大会审查和批准本行政区域内的国民经济和社会发展计划、预算以及它们的执行情况的报告"（第99条）；"县级以上地方各级人民政府依照法律规定的权限，管理本行政区域内的……财政"（第107条）；"民族自治地方的自治机关有管理地方财政的自治权。凡是依照国家财政体制属于民族自治地方的财政收入，都应当由民族自治地方的自治机关自主地安排使用"（第117条）。从这些规定中，我们得不到任何有关政府间财政关系和转移支付的具体信息。如果有什么的话，那就是三条规定的内容有着非常大的弹性，给任何政府间关系和转移支付制度的安排留足了空间。

根据项怀诚（2003：434）主编的《中国财政管理》一书的统计，截至2002年，涉及财政的法律和条例，由全国人大及其常委会通过的法律有十余件，国务院及其部委（主要是财政部和国家税务总局）颁布的条例分别为近一百件和一千余件。在由立法部门通过的国家法律的层次，没有一部关于政府间财政关系和转移支付的法律。在涉及财政的国家法律中，以1994年通过的《预算法》对政府间财政关系的规定最多。《预算法》对中央到乡镇五级政府"一级政府"、"一级预算"，本级预算和总预算的关系，中央预算和地方各级本级预算的内容和范围作了原则性的规定，并规定"国家实行中央和地方分税制"（第8条），但没有对分税制作任何具体规定。

在我国法律体系中，直接针对政府间财政关系和转移支付的文件，无不是国务院及其部委（主要是财政部）以及地方政府发布的有关条例。表2报告了1993年以来国务院和财政部颁布的有关政府间财政关系的主要决定、通知和办法。表3列举了部分地方政府的有关文件。从中我们可以看到，中国关于政府间财政关系和转移支付的法律建设的现状，具有如下几个特点：第一，相关法律规定无不是由中央和地方政府行政部门发布的行政命令。两表罗列的文件名称使用的语言（决定、通知等），也清楚地表明了它们自上而下的行政命令性质。第二，这些行政命令大多出自国务院及其办公厅、地方政府及其办公厅以及财政部（厅）之手，没有经过立法部门（全国和省级行政区人大和人大常委会）的审议和批准，因此缺乏法律的权威。第三，这些行政命令大都带有政策规定或表述的特征，因此带有临时易变的倾向，不具法律的稳定性。第四，这些行政命令的内容或者是有关中央和地方政府事权和财权的原则性规定，或者是有关收入或增收部分在中央与地方、各级地方政府之间的分成比例、上级政府转移支付的使用对象和方法等具体规定。第五，有关转移支付的行政命令政出多门，几乎每个县和县级以上的政府，都有权在自己管辖的范围内，制定有关本地的转移支付规则。为此，才有了所谓省以下财政转移支付问题（李萍主编，2006：第三章）。这种完全依靠各级政府行政命令，来处理政府间关系和转移支付中出现的法律问题的做法，具有很大的随意性。表现之一是有条件的专项转移支付规模巨大。在开始实施分税制改革的1994年，在中央对地方的转移支付中，专项转移为361亿元，占78%。2005年，尽管这一比重下降到48%，仍然是一个很大的比重，而且其绝对数高达3579亿元（李萍主编，2006：51）。这笔庞大的资金，分布于大大小小的近300个专项项目中，成为中央和地方官员寻租（跑部钱进）的温床。

表2 国务院、财政部发布的有关政府间关系的文件（1993—2007）

	文件名	发布部门、编号及发布日期	主要内容
1.	《国务院关于实行分税制财政管理体制的决定》	国发〔1993〕85号，1993-12-25	中央与地方的收入划分，共享收入分配比率，税收返还数额确定方法、原体制中央补助、地方上解以及有关结算事项的处理
2.	《国务院关于印发所得税收入分享方案的通知》，附件：《所得税收入分享改革方案》	国发〔2001〕37号，2001-12-31	企业所得税和个人所得税收入在中央和地方政府的分享方式，中央财政因所得税改革增加的收入的使用方式
3.	《国务院关于改革现行出口退税机制的决定》	国发〔2003〕24号，2003-10-13	关于中央和地方共同负担出口退税的规定
4.	《财政部、国家税务总局、中国人民银行关于出口退税机制改革后有关预算难管理问题的通知》	财预明电〔2003〕1号，2003-12-19	出口退税机制改革后有关预算管理事宜

(续表)

	文件名	发布部门、编号及发布日期	主要内容
5.	《国务院关于完善出口退税负担机制的通知》	国发〔2005〕25号，2005-5-1	调整中央与地方出口退税分担比例
6.	《国务院批转财政部关于完善省以下财政管理体制有关问题意见的通知》，附件：《关于完善省以下财政管理体制有关问题意见》	国发〔2002〕26号，2002-12-26	对完善省以下财政管理体制有关问题的意见
7.	《农村税费改革中央对地方转移支付暂行办法》	财预〔2002〕468号，2002-7-26	农村税费改革中央对地方转移数额计算方法
8.	《中央对地方专项拨款管理方法》	财预〔2000〕128号，2000-8-7	有关专项拨款的申请、审批、分配、使用、执行和监督管理的规定
9.	《财政部关于印发革命老区专项转移支付资金管理方法的通知》，附件：《革命老区专项转移支付资金管理方法》	财预〔2006〕61号，2006-4-29	革命老区转移支付资金使用中央、省、县分级管理方法

资料来源：李萍主编，2006；政部网站，www.mof.gov.cn。

表3 近年地方政府有关转移支付的通知和决定示范

1.	《济南市人民政府办公厅关于市属企业办中小学移交地方管理工作中对区级转移支付经费有关问题的通知》（2005-9-19）
2.	《九江市人民政府办公室关于印发〈关于管好用好教育转移支付资金确保税费改革后农村义务教育投入的意见〉》（2002-11-21）
3.	《益阳市人民政府办公室关于印发益阳市农村税费改革市对区县（市）转移支付资金分配办法的通知》（2002-7-16）
4.	《大足县人民政府关于印发大足县农村税费改革县对乡镇（街道）转移支付暂行办法的通知》（2002-11-4）
5.	《陕西省人民政府关于切实管好用好农村税费改革转移支付补助资金的通知》（2002-9-1）

（续表）

6.	《河南省人民政府办公厅关于加强转移支付资金管理的通知》（2002-9-16）
7.	《深圳市人民政府印发深圳市市区政府间财政转移支付制度实施方案的通知》（1996-5-15）
8.	《青海省人民政府批转省财政厅关于〈青海省过渡期转移支付办法〉的通知》（1997-12-5）
9.	《陕西省人民政府关于印发财政转移支付督查办法的通知》（1998-10-5）
10.	《宁夏回族自治区人民政府转发自治区财政厅关于〈宁夏回族自治区过渡期转移支付办法〉的通知》（2000-7-3）
11.	《曲靖市人民政府关于市对县（市）区财政管理体制有关问题的通知》（2001-1-1）
12.	《昆明市人民政府关于印发〈昆明市过渡期财政转移支付暂行办法〉的通知》（2002-3-1）
13.	《中共浙江省委办公厅、浙江省人民政府办公厅关于规范省对市县财政转移支付的办法的通知》（2002-8-13）
14.	《青海省人民政府关于印发青海省省对下财政转移支付办法的通知》（2003-7-14）
15.	《市人民政府关于印发〈荆门市农村税费改革转移支付资金管理办法〉的通知》（2004-2-19）
16.	《云南省人民政府办公厅转发省财政厅关于农村税费改革省对县转移支付办法的通知》（2004-4-15）
17.	《青海省人民政府办公厅转发省财政厅关于省对财政困难县（市）财政激励性转移支付奖补办法的通知》（2005-6-24）
18.	《江西省革命老区专项转移支付资金三年项目规划》（2006-6-27）
19.	《延安市人民政府办公室关于配合做好中央转移支付专项审计调查工作的通知》（2006-6-13）
20.	《福建省人民政府办公厅转发省农村税费改革领导小组办公室关于农村税费改革转移支付资金检察情况报告的通知》（2005-5-12）
21.	《广东省政府办公厅印发关于促进县域经济发展财政性措施意见的通知》（2004-4-16）

资料来源：找法网，http://china.findlaw.cn/fagui。

面对政府间财政关系和转移支付无"法"（这里的法指的是人大或人大常委会通过的法律）可依、官僚独大的局面，中国该怎么办？安体富对这个问题持有相当悲观的看法。他在本文抬头所引的话之后接着写道,"但严格说来,目前对财政转移支付制度进行立法,尚不完全具备条件。"原因主要有二:一是目前我国的财政体制缺乏规范、尚未立法。各级政府间的职责和收支都划分不清,就很难规范转移支付,更不用说立法了。二是政府收入管理混乱。与国外政府的一切收入通常都纳入预算不同,我国除预算内收入外,还有预算外、制度外以及"土地转让金"收入。在许多地方,后几项收入之和往往大于预算内收入。在它们没有纳入政府预算的情况下,仅靠预算内收入来进行转移支付,很难实现均等化目标。安体富建议,"鉴于目前的现实情况和条件,如果要对转移支付制度进行立法,就应该把立法的重点放在巩固已有改革成果、解决当前亟须解决并可以解决的问题上,并为今后法律的修改和完善留出空间。这些问题主要包括,规范转移支付的原则、形式和结构、分配方法和标准、预算的编制和监督等"(安体富,2007:7—8)。

安体富的悲观主义和保守主义我们难以苟同。我们相信,既然除中国以外的世界各国都可以依据立法部门通过的国家法律来规范政府间财政关系和转移支付,那么,中国作为一个独一无二的例外,是很不正常的。中国必须追随世界的主流,把自己政府间财政关系和转移支付体制建筑在法制的基础之上。全国人大及其常委会就政府间财政关系和转移支付立法,不是一个做不做的问题,而是一个什么时候开始做、如何做、何时完成的问题。如前所述,转移支付法已经列入十届全国人大(2003—2007年)立法计划,专家完成的法律草案也已完成并提交给全国人大常委。

但是,安体富对转移支付立法涉及整个财政立法的牵一发而动全身的担忧是完全合理的。国际经验表明,转移支付立法不能脱离政府间财政收入(财权)划分、事权划分、财政体制立法甚至宪法而单兵突进。进入到这个层面,问题的症结不在财政,不在法律,而在政治。如刘剑文(2006:262)的感慨之言,"财政的问题决不仅仅是法律的问题,整个政治体制的构建实际上决定了国家财政权将如何行使。更何况,财政的运作将直接决定政治格局的形成,政治利益的考虑可能突破法律的规范性要求，使法律对财政运行的规制流于形式化。"基于此，中国的转移支付立法、财政立法应当从宪法修正开始。

附表1 一些国家负责涉及政府间财政转移支付的机构或部门

模型	机构
中央政府机构模型	**总统府** 吉尔吉斯共和国 坦桑尼亚（地区行政和地方政府处） **财政部** 中国 意大利（仅关于政策） 哈萨克斯坦 荷兰（与内务部分享） 波兰 瑞士 乌克兰 **内务部** 意大利（仅负责资金分发） 荷兰（与财政部分享） 菲律宾（内政和地方政府部） 韩国（行政内务部） **地方政府部** 加纳（地方政府和农村发展部） 赞比亚 **计划委员会** 印度（负责计划和资本项目援助） **总务省** 日本（咨询财务省）

(续表)

模型	机构
中央立法部门型	巴西：参议院
政府间论坛型	加拿大：财政安排委员会 德国：财政金融委员会 印度尼西亚：地区自主评议会 尼日利亚：收入动员、配置和财政委员会 巴基斯坦：全国财政委员会
独立机构（援助委员会）型	澳大利亚：联合体援助委员会 印度：财政委员会 南非：财政和金融委员会 乌克兰：地方政府和财政委员会

资料来源：Shah，2007b。

附表2　协调中央—地方政府间财政关系的国际经验

国家	机构	职能	权力来源	领导和组织构成	向谁报告
澳大利亚	联合体援助委员会	政策对话、政策设计	立法	独立于中央政府	财政部、国会
德国	财政计划理事会	政策对话、政策设计	立法	财政部	总统
印度尼西亚	地区自主评议会	政策设计	立法	财政部	总统/国会
荷兰	荷兰城市协会	政策对话、政策设计	盟约	独立于中央政府	公众
尼日利亚	收入动员、配置和财政委员会	政策监督、对话和设计	宪法	财政部	政府各部
南非	财政和金融委员会	政策对话、政策设计	宪法、法律	财政部	财政部等部委

（续表）

国家	机构	职能	权力来源	领导和组织构成	向谁报告
乌干达	地方政府财政委员会	政策监督、对话和设计	宪法	地方政府部	地方政府部和总统
乌克兰	财政分析办公室	政策监督和设计	国会	国会	国会
美国	政府间关系咨询委员会	政策监督、对话和设计	立法	独立于中央政府	政府各部

资料来源：Boex, and Martinez-Vazquez, 2004。

参考文献

1. 安体富：《中国转移支付制度：现状、问题、改革建议》，见河北大学预算管理研究所：《中国政府间财政关系研究》，经济管理出版社2007年版，第1—8页。
2. 傅光明：《论中国制定〈财政转移支付法〉的若干问题》，见中国财税法网，http://www.cftl.cn/show.asp?a_id=2089，2008年1月20日。
3. 国家统计局：《中国统计年鉴2007》，国家统计局出版社2008年版。
4. 洪亮：《浅谈加快财政转移支付立法》，见国财税法网，http://www.cftl.cn/show.asp?a_id=6761，2008年1月20日。
5. 劳动和社会保障部、国家统计局：《2006年劳动和社会保障事业发展统计公报》，见http://wenku.baidu.com/view/b150af2f7375a417866f8f6d.html，2008年1月20日。
6. 李萍：《中国政府间财政关系图解》，中国财经出版社2006年版。
7. 刘剑文：《民主视野下的财政法治》，北京大学出版社2006年版。
8. 项怀诚：《中国财政管理》，中国财经出版社2003年版。
9. 中国财税法网：《刘剑文教授完成〈中华人民共和国财政转移支付法〉（草案）的起草工作》，见http://www.cftl.cn/show.asp?a_id=5678，2008年1月20日。
10. 徐孟洲、徐阳光：《论财政转移支付立法理念与制度设计——对制定〈中华人民共和国财政转移支付法〉的若干建议》，载《江西财经大学学报》，中国法学会经济法学研究会2005年年会专辑。
11. Ansolabehere, Stephen et al., "Equal Votes, Equal Money: Court-Ordered Redistricting and Public Expenditures", in the American States, *The American Political Science Review*,

2002, 96 (4): 767 - 777.
12. Boadway, Robin and Anwar Shah, *Intergovernmental Fical Transfers: Principles and Practice*, Washington: D. C. : World Bank, 2007.
13. Boex, Jamie, and Martinez-Vazquez, Jorge, Developing the Institutional Framework for Intergovernmental Fiscal Relations in Decentralizing LDTCs, Working Paper 04 - 02, Andrew Yong School of Policy Studies, Georgia State University, 2004.
14. Choudhry, Sujit and Perrin, Benjamin, "The Legal Architecture of Intergovernmental Transfers: A Comparative Examination", in Robin Boadway and Anwar Shah (eds.), *Intergovernmental Fical Transfers: Principles and Practice*, Washington, D. C. : World Bank, 2007: 259 - 292.
15. Curryie, David P. , *The Constitution of the Federal Republic of Germany*, Chicago: University of Chicago Press, 1994.
16. Joumard, Isabelle and Per Mathis Kongsrud, *Fiscal Relations across Government Levels*, OECD Economic Studies, 2003, No. 36 /1.
17. Kitchen, Harry, "Grants to Small Urban Governments", in Robin Boadway and Anwar Shah (eds.), *Intergovernmental Fical Transfers: Principles and Practice*, Washington, D. C. : World Bank, 2007: 483 - 509.
18. Larsen, Clifford, "State, Federal, Sovereign and Social: A Critical Inquiry into an Alternative to American Financial Federalism", *American Journal of Comparative Law*, 1999, 47: 433 - 488.
19. Martinez-Vazquez, Jorge, *Principles for Designing Transfers*, The World Bank Institute, http: //www1. worldbank. org/wbiep/decentralization/library2/vazquez. pdf (retrieved on January 10, 2008).
20. North, Douglas, *Institution, Institutional Change and Economic Performance*, Cambridge: Cambridge University Press, 1990.
21. OECD, "Belgium", *In Managing across Levels of Government*, 1997.
22. Rao, M. Govinda and Nirvikar Singh, *The Political Economy of Center-State Fiscal Transfers in India*, World Bank Institute, 2000.
23. Shah, Anwar, "A Practitioner's Guide to Intergovernmental Fiscal Transfers", in Robin Boadway and Anwar Shah (eds.), *Intergovernmental Fical Transfers: Principles and Practice*, Washington, D. C. : World Bank, 2007a: 1 - 53.
24. ——, Institutional Arrangements for Intergovernmental Fiscal Transfers and a Framework

for Evaluation", in Robin Boadway and Anwar Shah (eds.), *Intergovernmental Fical Transfers: Principles and Practice.* Washington, D. C.: World Bank, 2007b: 260 – 317.
25. ——, *Intergovernmental Fiscal Arrangements: Lessons from International Experience*, The World Bank Institute, 2003.
26. Spahn, Paul Bernd, *Maintaining Fiscal Equilibrium in a Federation: Germany*, www. desequilibrefiscal. gouv. qc. ca/en/pdf/spahn. pdf (Retrieved on March 20, 2008).
27. Vithal, R. and M. L. Sastry, *Fiscal Federalism in India*, New Delhi: Oxford University Press, 2001.

公共预算研究系列
Public Budgeting Research Series

第五部分
中国预算管理的其他相关问题

中国政府间财政转移支付影响因素的实证分析
——离基本公共服务均等化还有多远

张 光[①]

【摘要】 财政转移支付是实现基本公共服务均等化的供给保证,然而在实践中,很多其他因素可能会在转移支付的分配过程中起作用。本文通过采用多元线性回归的方法,对2004—2006年中国各地区财政数据建模,分析中国现行财政转移支付政策的主要影响因素和价值取向,认为中国财政转移支付政策导向是:更倾向于民族地区,坚持效率优先兼顾公平,在一定程度上是保地方机构运转和保工资的。文章就此提出相关政策建议。

【关键词】 财政转移支付 影响因素 政策取向

2006年的"十一五"规划纲要提出:"加快公共财政体制建设……逐步推进基本公共服务均等化",2007年党的十七大提出:"缩小区域差距,必须注重实现基本公共服务均等化"。由此可见,基本公共服务均等化已经成为我国当前重要的公共政策目标,完善财政转移支付政策是实现基本公共服务均等化的供给保证。然而,现实中的财政转移支付

---

① 张光,厦门大学公共事务学院政治系教授,主要研究领域是公共财政、比较政治、国际政治经济学。

政策往往受到多种力量的左右，中央财政转移支付更多的是对政治、效率等因素的考虑，本文试图通过对2004—2006年有关数据的实证分析来探究我国现行财政转移支付政策的主要影响因素和价值取向，思考我国离基本公共服务均等化还有多远？

一、研究方法

本文引入四种类型的独立变量，即是否为民族地区、各地区人均财政收入、人均财政收支缺口、政府规模，把各地区人均财政转移支付（本文中提到的人均都是按照各地区总人口计算的人均）对这四种因素进行回归，对中国2004—2006年各省（含自治区、直辖市，下同。由于西藏的情况比较特殊，在样本选择时，将西藏剔出）的数据建模。

以中央对各省的人均财政转移支付作为解释变量，对是否为民族地区、各省的财政收入能力、人均财政收支缺口、政府规模等因素作为自变量进行回归分析。设回归方程为：$T = c_1 mz + c_2 sr + c_3 qk + c_4 gy + \beta + e$，其中，$T$ 表示中央对各省的人均财政转移支付，mz 表示是否为民族地区；sr 表示各省人均财政收入，qk 表示各省人均财政收支缺口，gy 表示各省的政府规模，c_1、c_2、c_3、c_4、分别表示回归系数，β 为常数项，e 为误差项。下面是四个模型的因变量设置。

1. 对民族地区的考虑。这是一个虚拟变量，mz 为 1 或 0，1 表示民族地区（民族地区包括内蒙古、新疆、广西、宁夏等 4 个自治区以及云南、贵州、青海等 3 个少数民族比较集中的省），0 表示非民族地区，如果财政转移支付政策对民族地区有照顾，那么回归系数应该为正数。

2. 对财政收入能力的考虑。选择各省人均财政收入，这是描述财政能力大小的决定性指标。财政不平衡的主要渊源就在于各地区人均财政收入能力的不对称，如果中央的决策者分配财政转移支付的目的是减轻财政的不平衡，缩小地区间财力差异，那么回归系数就应当是负的。

3. 对财政收支缺口的考虑。选择各省人均财政收支缺口，这是财政均衡的重要指标，如果中央财政转移支付政策是基于均等化的考虑，那么回归系数应该是正的。

依据财政部预算司 2004—2006 年测算的标准财政收入和标准财政支出的办法来计算各地区人均财政收支缺口，即某地区人均财政收支缺口 =（该地区标准财政收入 - 该地区标准财政支出）/该地区总人口。

4. 对政府规模的考虑。财政供养人口的比重是衡量政府规模的重要指标，采用各地区财政供养人口/总人口来衡量各地区的政府规模。如果中央财政转移支付政策有利于各地区精简财政供养人口，那么回归系数是负的，如果对地方财政供养人口过多采取一种默认的态度，那么回归系数应该是正的。

二、中国政府间财政转移支付影响因素的实证分析

根据公式 $T = c_1 mz + c_2 sr + c_3 qk + c_4 gy + \beta + e$，采用 Eviews 软件对模型进行回归，可以得到以下回归结果：

表1 2004—2006 年财政转移支付影响因素的 OLS 估计

变量	2004 年		2005 年		2006 年	
	系数	t—统计值	系数	t—统计值	系数	t—统计值
C	-297.6790	-1.666869	-373.6341	-1.992360	-370.7656	-1.836994
MZ	238.6303	2.633122	318.6378	3.338016	390.2112	3.826089
SR	0.260567	6.712795	0.188115	5.805917	0.169831	5.268560
QK	2.336710	6.208543	2.028014	7.354195	1.822702	7.866750
GY	15845.23	2.595220	17380.31	2.771487	18978.57	2.763352
统计检验	$R^2 = 0.886633$ $R^{-2} = 0.868495$ D.W = 2.080595 F = 48.88082		$R^2 = 0.893460$ $R^{-2} = 0.876413$ D.W = 2.241542 F = 52.41328		$R^2 = 0.904348$ $R^{-2} = 0.889044$ D.W = 2.243734 F = 59.09136	

回归模型的总体显著性检验：从全部因素的总体影响看，在5%显著水平上，从表1中可以看出 F 分别等于48.88082、52.41328、59.09136，均大于 $F_\alpha(k, n-k-1) = F_{0.05}(4, 30-4-1) = F_{0.05}(4, 25) = 0.76$，说明这些因素对财政转移支付的共同影响是显著的。

回归模型单个系数的显著性检验：如果计算出的 t 统计量的绝对值 $|t| > t_{\frac{\alpha}{2}}(n-k-1) = t_{0.025}(30-4-1) = 2.06$，则在 $(1-\alpha)$ 的置信概率下，变量对被解释变量的影响是显著的。从表1中可以看出，所有的 t 统计量的绝对值均大于2.06，说明这些因素从单个上看对财政转移支付的影响也是显著的。

从表1中可以看出，R^2、R^{-2} 接近于0.90，表明模型拟合效果非常好，回归方程高度显著；D.W 均在2左右，对于 n=30，k=4 时，根据判定法则残差序列不存在自相关（易丹辉，2005：40—58）。

1. 回归模型中是否为民族地区自变量的回归系数 C_1 分别为 238.6303、318.6378、390.2112，反映了中央对民族自治区的特殊政策的实施效果。在其他同等条件下，回归结果显示2004—2006年民族地区比非民族地区人均分别多获得238.6303、318.6378、390.2112元的转移支付。回归结果与以前一些学者的研究是吻合的，在1978—1992年间财政转移支付的一项研究中，有学者（Martin Raiser，1998：1-26）已经发现，所有穷省都得到了数量不等的补助，但最穷的省份却并未必然得到最高水平的补助。补助水平最高的是那些非汉族人口为主的省份，尽管他们的收入水平超过了那些最穷的省份。这个发现促使他开始怀疑中国的财政转移支付更可能是由政治考虑驱动，而不是出于公正性考虑。王绍光（2002：47—54）的研究认为财政转移支付分配中的政治考虑非常明显。8个少数民族聚居的省份，当地人均的自创收入通常比其他省份要低。由于中央的财政转移支付，8个省份的人均支出总是远远高于除北京、天津、上海和广东外的其他地区。更有趣的是，在分配财政转移支付时，中央政府似乎给予最容易受到民族分裂影响的省份,如藏族人和穆斯林居住的地区(西藏、新疆、青海和宁夏)以绝对优先权。另一方面,少数民族几乎不生事端的省份,如广西和贵州,中央考虑财政转移支付时就没有那么重视。

2. 回归模型中人均财政收入自变量的回归系数 C_2 分别为 0.260567、0.188115、0.169831,也就是说在 2004—2006 年的财政转移支付中地方人均财政收入每增加 1 元,地方分别可以多得到 0.260567、0.188115、0.169831 元的财政转移支付。这说明人均财政收入高的省份获得的人均财政转移支付比人均财政收入低的省份反而要高。这体现了我国财政转移支付的"效率先导、公平滞后"的取向,经济越发达的地区得到的转移支付越多,这些资金激励经济水平高的地方进一步发展经济,但是也加剧了地区差异。

以上的分析表明,中国现行的财政转移支付政策没有很好实现横向均衡的目标。原因是现行转移支付制度设计的政策导向是效率优先,即在承认既得利益的前提下兼顾公平,这有悖于财政转移支付的根本目标,也不符合当前中国地区间经济发展差距过大的现实。从财政转移支付结构上看,保持地方既得利益的转移支付(包括消费税、增值税税收返还和所得税基数返还)占财政转移支付的比重平均为 50% 左右(见表3)。根据分税制改革规定,从 1994 年起开始实行中央向地方的消费税和增值税税收返还,返还额按 1993 年地方净上划给中央的数额(消费税 + 25% 增值税 – 中央下划收入)为基数,全额返还,以后在此基础上逐年递增,增速按当地增值税与消费税增长速度的 1:0.3 系数确定。这一办法最明显的特征就是转移支付的数额和增长率均以来源地的增值税和消费税为依据,不考虑地区差别。这一做法的初衷是保证地方既得利益,以使改革能顺利推行下去,但同时也体现了对收入能力强的地区倾斜的原则,2001—2005 年人均消费税和增值税税收返还与人均财政收入的相关系数平均为 0.95(见表2),证明这种保证地方既得利益的转移支付办法没有起到均衡地区财力差异的作用(刘亮,2007;

65—72)。而且 1997—2005 年消费税和增值税税收返还占转移支付的比重平均高达 43.52%（见表 3）。所得税基数返还于 2002 年开始实行，改革办法是"以 2000 年为基期，以 2001 年实际执行数为所得税划转基数，保地方既得利益"。它也体现了对收入能力强的地区倾斜的原则，2002—2005 年人均所得税基数返还和人均财政收入的相关系数平均高达 0.94（见表 2），证明这种保证地方既得利益的转移支付办法也没有起到均衡地区财力差异的作用。2002—2005 年所得税基数返还占转移支付的比重平均为 9.03%（见表 3）。

表 2　2001—2006 年人均财政收入与消费税和增值税税收返还、所得税基数返还的相关系数

	2001 年	2002 年	2003 年	2004 年	2005 年	2006 年	平均
人均财政收入与消费税和增值税税收返还的相关系数	0.94	0.94	0.95	0.95	0.95	0.94	0.95
人均财政收入与所得税基数返还的相关系数	——	0.88	0.96	0.96	0.96	0.97	0.94

资料来源：根据 2002—2007 年《中国财政年鉴》和各省财政年鉴计算得出。

表 3　1997—2006 年各项中央财政转移支付结构情况表（%）

	年份	1997	1998	1999	2000	2001	2002	2003	2004	2005	2006	平均
财力性	消费税和增值税税收返还	73.83	63.41	53.33	46.99	37.70	32.76	31.38	25.71	26.53	22.28	41.39
	所得税基数返还	NA	NA	NA	NA	NA	8..13	11.15	8.07	8.78	6.63	8.55
	原体制补助	4.10	3.45	2.86	2.65	1.99	1.69	1.57	1.17	1.25	0.97	2.17

(续表)

	年份	1997	1998	1999	2000	2001	2002	2003	2004	2005	2006	平均
财力性	一般性转移支付补助	0.90	1.84	1.89	2.21	2.26	3.78	4.68	10.07	7.29	11.26	4.62
	民族地区转移支付补助	NA	NA	NA	NA	0.54	0.49	0.69	1.43	0.75	1.15	0.84
	农村税费改革转移支付补助	NA	NA	NA	NA	0.81	3.32	3.77	2.76	3.00	2.44	2.68
	调整工资转移支付补助	NA	NA	2.73	4.62	9.32	10.92	11.07	8.84	9.60	11.58	8.59
	结算补助	1.06	1.47	2.37	6.99	5.57	2.72	2.50	1.59	2.12	1.41	2.78
	调整收入任务增加或减少补助	0.10	0.75	1.15	0.80	2.38	1.65	1.92	1.79	1.50	NA	1.34
	其他补助	1.09	2.00	1.86	1.51	2.00	1.43	1.16	1.37	1.21	1.10	1.47
	取消农业特产税降低农业税率转移支付	NA	NA	NA	NA	NA	NA	NA	3.19	2.12	3.08	2.80
	缓解县乡财政困难转移支付补助	NA	NA	NA	NA	NA	NA	NA	1.35	NA	1.73	1.54
	农村义务教育补助收入	NA	NA	NA	NA	NA	NA	NA	NA	NA	0.55	0.55
	合计	81.08	73.28	65.79	65.79	63.48	66.89	69.89	67.29	68.47	65.89	68.79
专项	专项补助	18.92	17.98	28.65	24.98	22.20	21.59	22.58	26.87	24.69	30.44	23.89
	增发国债补助	NA	8.74	5.56	9.23	14.32	11.52	7.53	5.84	6.84	3.67	8.14
	合计	18.92	26.72	34.21	34.21	36.52	33.11	30.11	32.71	31.53	34.11	31.22

资料来源：根据历年《中国财政年鉴》和各省财政年鉴计算得出。NA 表示当前没有该项财政转移支付资金。

3. 回归模型中人均财政收支缺口自变量的回归系数 C_3 分别为 2.336710、2.028014、1.822702，也就是说按照现行财政部预算司 2004—2006 年一般性转移支付办法计算的低层次的"保运转"的省份出现缺口时，地方每出现 1 元钱的缺口，可以得到 2.336710、2.028014、1.822702 元的补助，反映了中央财政转移支付政策有一定的均等化效果，但力度有待加强。因为现行的人均财政收支缺口是依据标准财政收入和标准财政支出测算的一种低层次的"保运转"的缺口，财政转移支付政策一定程度上体现了公平的价值取向，但力度不够。1997—2006 年一般性转移支付占财政转移支付的比重平均只有 4.62%（见表3），在这样的格局下，我国地区间财力差异较大是必然的，可以说中国现行的财政转移支付政策没有很好实现横向均衡的目标。

4. 回归模型中财政供养人口比重自变量的回归系数 C_4 分别为 15845.23、17380.31、18978.57，说明政府规模与人均转移支付的高度正相关关系，表明 2004—2006 年财政转移支付在维持地方政府正常运转中的重要作用，财政供养人口比重高一个百分点，人均财政转移支付就分别增加 15845.23、17380.31、18978.57 元。这说明"保工资"在财政转移支付政策中处于优先的位置。我国现行的调整工资转移支付是根据各地区标准财政供养人口规模来测算的，某种程度上意味着规模越大的地方政府所能获得的转移支付越多，当前中央财政转移支付政策仍在为地方政府规模的无度扩张买单。

三、主要结论与政策建议

（一）主要结论

第一，政治因素对当前财政转移支付政策影响远高于其他因素，中央政府的决策者们对国家统一的重视在很大程度上左右了政府间的财政转移支付决策。民族地区往往比非民族地区得到更多的人均财政转移支付，即使前者的人均财政收入高于后者。

第二，中国财政转移支付政策导向是坚持效率优先兼顾公平的。对人均财政收入高的地区给予较多的财政转移支付违背了公平原则，虽然对地方财政收支缺口有所考虑，但力度不够，有待加强，现行财政转移支付政策离均等化还有很远的距离。

第三，财政转移支付政策的取向在一定程度上是保地方机构运转和保工资的。中央于1999年、2001年、2003年和2006年出台调整工资政策，考虑到地区之间财政状况相差较大，各地对增加支出的承受能力不一，中央决定，实施这些政策增加的支出，北京、上海、江苏、浙江、广东等沿海经济发达地区由当地政府自行解决，财政困难的老工业基地和中西部地区由中央财政给予适当补助。

2005年，针对部分地区存在的县乡财政困难，国务院决定采取综合性措施，争取用三年左右的时间，使县乡财政困难状况得到较大缓解。在各级政府的共同努力下，县乡财政"保工资，保运转"问题基本解决（夏祖军、刘明中，2008）。在机构精简并未取得实质性效果，行政管理体制改革仍然滞后的背景下，这样的政策实际实际是对政府规模扩张的纵容，这样的价值取向不利于地方精简机构和人员，更不利于实现基本公共服务均等化。

（二）政策建议

1. 明确财政转移支付政策的目标——逐步推进公共服务均等化

发展经济要体现效率优先，兼顾公平，这是由我国的基本国情决定的。但财政相对于经济来说应偏向于公平，这是由财政本身收入分配的职能决定的。转移支付作为财政的一个组成部分更应当体现公平这一职能。财政转移支付政策中应当体现公平优先的原则，按照"以人为本"的总要求和构建社会主义和谐社会的总方针，我国应旗帜鲜明地把促进基本公共服务均等化作为财政转移支付制度的最终目标。主要原因是：

（1）从全国人大常委会预工委的定义看，财政转移支付是指基于上下级政府财政收入能力和支出需求不一致的状况，以实现各地公共服务均等化为目标而实现的一种财政资金的无偿转移和均衡的制度。从其定义中即可看出，实现公共服务均等化是财政转移支付的目标，也是其主要目标，其他任何行为都要服从并服务于这个目标。

(2) 转移支付对于上级政府是一种支出，是一种相对于购买性支出的转移性支出。购买性支出的主要职能是资源配置，更多的是体现效率优先兼顾公平原则；转移性支出的主要职能是收入分配，更多的是体现公平优先兼顾效率原则。

(3) 财政转移支付是资金的无偿拨付，价格杠杆、等价交换原理等体现效率的机制对财政转移支付不发挥作用，这种无偿资金的分配应体现公平。

2. 财政转移支付政策有必要统筹地区差距和民族问题

在我国现阶段地区间经济社会发展差距较大的情况下，财政转移支付制度在解决民族问题的同时，也要致力解决公平问题。日益扩大的地区差距，即使同是汉族居住的省份之间的差距也会削弱国家的政治稳定性。如果不致力于缩小贫富差距，虽然发达地区经济效率仍会提高，但落后地区与发达地区的贫富差距会加大，从而导致落后地区更加贫困，导致失业人口增加、消费水平降低和犯罪率升高，造成社会经济的不稳定。同时，落后地区的大量人口会涌入发达地区，过多人口的涌入会恶化发达地区的投资环境，最终又必然影响到经济效率，导致地方经济效率的下降。因此，要提高国民经济的整体水平，必须对落后地区进行扶持，相应地提高它的发展水平，否则会直接影响到整体水平（效率）的提高。这也就是所谓的"木桶效应"。

3. 将财政转移支付均等化政策与精简财政供养人口政策统一在实现基本公共服务均等化的目标之中

均等化的财政转移支付政策是以全体公民为对象，而不是以财政供养人口为对象的。由于我国是一个社会、自然条件差异比较明显的国家，不利的自然地理条件如气候恶劣、山地较多、交通不便、人口稀少等会形成较高的单位支出成本，提供大致相同的公共服务的支出成本在各地区有明显的差异，为此应加紧进行各省标准支出的估算工作，在精确测算各地基本公共服务支出成本的基础上，有必要在我国财政转移支付的测算上尽量以总人口为依据，淡化财政供养人口的概念，体现为公众提供均等化公共服务的理念。只有这样才能将财政转移支付政策与精简财政供养人口政策统一在实现全体居民享有基本公共服务均等化的目标之中。

参考文献

1. 曹俊文、罗良清：《转移支付的财政均等化效果实证分析》，载《统计研究》，2006年第1期。
2. 陈秀山、张启春：《我国转轨时期财政转移支付制度的目标体系及其分层问题》，载《中央财经大学学报》，2004年第12期。
3. 胡德仁、刘亮：《中国地区间财力差异的度量及分解》，载《广东商学院学报》，2006年第4期。
4. 胡德仁、刘亮：《地区间财力差异适度性模型及应用》，载《财贸研究》，2007年第4期。
5. 江依妮、张光：《中国县（市）财政转移支付影响因素的实证分析》，载《地方财政研究》，2007年第2期。
6. 刘黎明、刘玲玲、王宁：《转移支付中的公平与效率》，载《预算管理与会计》，2000年第2期。
7. 刘亮：《中国地区间财力差异的变化趋势及因素分解》，载《财贸研究》，2007年第1期。
8. 刘溶沧、焦国华：《地区间财政能力差异与转移支付制度创新》，载《财贸经济》，2002年第6期。
9. 齐守印：《建立我国政府间转移支付制度的初步设想》，载《财政研究》，1994年第9期。
10. 王绍光：《中国财政转移支付的政治逻辑》，载《战略与管理》，2002年第3期。
11. 王佐云：《政府间财政转移支付：政策功和适度性问题》，载《上海财经大学学报》，2002年第12期。
12. 曾军平：《政府间转移支付制度的财政平衡效应研究》，载《经济研究》，2000年第6期。
13. 张恒龙、陈宪：《政府间转移支付对地方财政努力与财政均等的影响》，载《经济科学》，2007年第1期。
14. 朱玲：《转移支付的效率与公平》，载《管理世界》，2000年第3期。
15. 易丹辉：《数据分析与Eviews应用》，中国统计出版社2005年版。
16. 夏祖军、刘明中：《财政收入越来越多地用于地方》，载《中国财经报》，2008年2

月 21 日。
17. Martin Raiser, "Subsidizing Inequality: Economic Reforms, Fiscal Transfers and Convergence across Chinese Provinces", *The Journal of Development Studies*, 1998, Vol. 34, No. 3.

探究财政"超收"原因,强化预算约束机制*

王金秀 何志浩①

【摘要】 在1994—2007年的14年间,我国财政收入规模不断攀升。财政收入规模一再高幅跃升的决定因素主要是财政"超收"。持续十几年之久的巨额财政"超收",带给我们的挑战也是非常严峻的。财政"超收"现象的长期持续存在实际上是政府预算约束机制弱化这一命题长期存在的反映,是对现代政府预算制度的灵魂——法治性——的违背。借鉴西方发达国家政府预算的经验,按照公共财政的要求,强化政府预算的法治性,加强立法机关——人民代表大会——的监督机制,改变政府预算约束弱化现状,强化预算约束机制,这已是当务之急。

【关键词】 财政"超收"　政府预算　预算约束机制　法治性

---

* 本文是国家社科基金项目 (07BJY143)、国家自然科学基金项目 (70540012)、教育部人文社会科学重点研究基地中山大学行政管理研究中心项目 (05JJD810006) 成果。

① 王金秀,中央财经政法大学财政税务学院教授,主要研究领域包括公共支出、政府预算、公共经济学、政府行政和事业财务会计理论、制度等。何志浩,中南财经政法大学财税学院博士研究生,广东技术师范学院经济与贸易学院讲师,主要研究方向包括财税理论与政策。

一、财政"超收"——一个近来值得关注的现象

在 1994—2007 年的 14 年间,我国财政收入规模不断攀升。1994 年全国财政收入不过 5218.1 亿元,1999 年突破 10000 亿元,2003 年突破 20000 亿元,2005 年突破 30000 亿元,到 2007 年,突破 50000 亿元,达到了 51304.03 亿元,年均增长速度为 18.07%。财政收入占 GDP 的比重已经由 1994 年的 10.95% 提升至 2007 年的 20.8%。财政收入规模一再高幅跃升,这是个可喜的现象,毕竟政府拥有更多的财力去解决目前面临的一系列棘手问题。财政收入规模的变化也集中反映着政府介入资源配置的轨迹。从过去 14 年间财政收入规模的变化中可以发现,这些年财政收入规模的增幅都是持续高速的,其结果便是 GDP 的分割格局越来越向政府一方倾斜。对于财政收入规模大小的判断,往往要在比较分析中得出,比较的参照系之一是"超收"规模——当年的财政收入同预算或计划数字相比较。以 2007 年的情况为例,全国财政收入 51304.03 亿元,超收额为 7239.18 亿元。

财政收入规模一再高幅跃升的决定因素主要是财政"超收"。财政"超收"是以当年的预算数字为参照系而计算出来的财政收入增长额,是国家财政收入计划指标与实际指标即预算收入数与决算收入数的差额。也就是说,它是突破了既有预算规模的控制而处于预算框架之外或称超计划的财政收入增长额。财政"超收"的一个很重要的原因在于,我们历年沿用的预算收入规模测定办法是在 GDP 的计划增幅上加 2—3 个百分点。例如 2007 年,GDP 的计划增幅为 8%,预算收入增幅便为 11%(8%+3%)。过去 14 年的财政收入实际增幅都远大于预算增幅。我国自 1994 年实行分税制以来,政府财政收入总量一年上一个新台阶,经历了较快的发展,每年都会有为数不小的"超收",少则几百亿元,多则上千亿元。到 2007 年,"超收"额达到了巅峰。在 2007 年初人民代表大会批准的预算中,财政收入的预算数字为 44064.85 亿元,实际的财政收入规模则为 51304.03 亿元。两相比较,"超收"7239.18 亿

元。如此规模的财政"超收"收入跃出了人民代表大会批准的预算框架,应该引起人们的高度关注,我们要深思发生这一现象背后的深层次原因。

持续十几年之久的巨额财政"超收",的确是一件好事情。但是,长此以往它带给我们的挑战也是非常严峻的。长期以来,大家只关注财政支出"膨胀"问题,而对财政"超收"现象没有过多考察,潜意识认为"超收"总是好事情,多多益善,这已经成为我们认识公共财政问题的一个误区。政府财政预决算收入差距即财政"超收"现象的长期持续存在,实际上是政府预算约束机制弱化这一长期命题存在的反映,是对现代政府预算制度的灵魂——法治性的违背。

二、政府预算约束机制弱化——一个长期的命题

近年来,在公共财政体制的建设进程中,预算管理制度本身的改革取得了一些突破性进展。但是,在过去的14年间,中国政府预算的约束机制仍然处于相对弱化的状态。近期,这种相对弱化的预算约束状况又被进一步弱化了。它的集中表现之一就是上述所说的"超收"(超预算收入)规模的膨胀,具体见表1。

表1 政府财政预算决算收入

单位:亿元

年份	预算收入	决算收入	超收数	超收数为决算数的百分比(%)
1994	4759.95	5218.10	458.15	8.78
1995	5692.40	6242.20	549.80	8.81
1996	6872.18	7407.99	535.81	7.23
1997	8397.94	8651.14	253.20	2.93
1998	9683.68	9875.95	192.27	1.95
1999	10809.40	11444.08	634.68	5.55
2000	12337.77	13395.23	1057.46	7.89
2001	14760.20	16386.04	1625.84	9.92

(续表)

年份	预算收入	决算收入	超收数	超收数为决算数的百分比（%）
2002	18014.83	18903.64	888.81	4.70
2003	20501.32	21715.25	1213.93	5.59
2004	23570.34	26396.47	2826.13	10.71
2005	29255.03	31649.29	2394.26	7.56
2006	35423.38	39343.62	3920.24	9.96
2007	44064.85	51304.03	7239.18	16.43

注：此表中政府财政预算决算收入均不包括国内外债务收入。

资料来源：(1)《中国财政年鉴》(1994—2007年)；(2)财政部2008年3月5日向十一届全国人大一次会议提交的《关于2007年中央和地方预算执行情况与2008年中央和地方预算草案的报告》。

"超收"（超预算收入），实际上就是超计划的财政收入增长额。通过表1提供的数据我们可得到图1和图2，它们揭示了1994—2007年间全国超预算收入的变化情况。在1994年以后，超预算收入便成为中国财政收支安排中的一个常态现象。而且，总的趋势是，超预算收入的规模越来越大。就绝对规模看，1994年为458.15亿元，2000年为1057.46亿元，2004年为2826.13亿元，2006年为3920.24亿元，2007年为7239.18亿元。就相对规模看，1994年超预算收入占当年财政收入的比重为8.78%，2004年达到10.71%，2007年为16.43%。

从这些年规模如此之大、持续如此之久的财政"超收"跃出了人民代表大会批准的预算框架来看，超预算收入规模的持续膨胀实际上就是政府预算约束机制弱化的反映。一方面反映了政府预算缺少法律的严肃性，政府预算在某种意义上演变成了"政府自己的预算"，在收入预算的编制上，往往存在较多的人为因素和长官意志；另一方面反映了人民代表大会对于政府预算审查监督机制的弱化，人民代表大会对于政府预算的监督制约作用在某种程度上形同虚设。

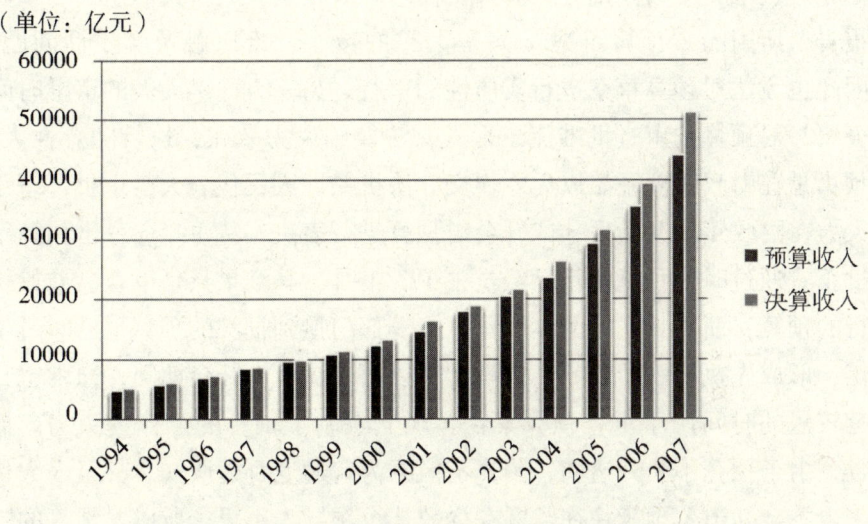

图1 预算收入与决算收入（实际财政收入）比较

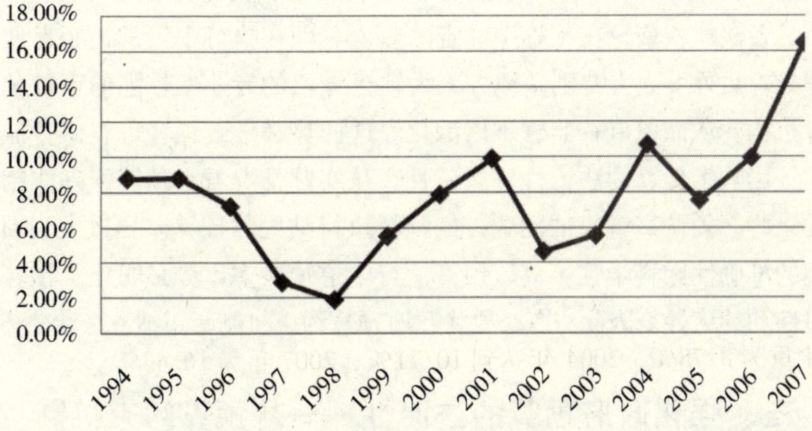

图2 超预算收入占财政收入的比重

作为国家的立法机关，人民代表大会预算审查监督普遍存在的问题是实质性监督不够。比如预算审查程序形式化、预算执行监督表面化、决算报告审议走过场、代表监督职能弱化等。一方面，预算编制不科学，不规范，不具体细化，简单粗糙。政府报送人大审批的主要是预算报告，所附的"预算草案"只是大类的数字，难以触及实质性问题，因此也无法对预算草案进行实质性的审查。另一方面，人大的审批时间极短，对预算的审查批准流于形式，法律约束力软化，执行随意性大。预算是在财政年度开始以后才递交立法机关即人民代表大会审批，每年人大在财政年度开始后才能开会对预算进行表决，待每年 3 月份预算审批正式通过时，预算执行已经过去了 3 个月，其结果只是审查已开始执行的预算，而不是完整的年度预算，等部门接到批准的预算也已时过半年，形成先执行、后编制、再审批的局面。在人大开会期间，通常也只有较短的时间用于审查预算案，客观上限制了预算的法律约束力。而且，由于预算不公开透明，预算不但不为普通老百姓所知，甚至人大代表也不全知道，预算往往掌握在少数几个领导人手里，所以，预算的随意性强而约束性极差，从而造成预算决策过程不民主，预算的决定权在政府而不在人大的事实。预算约束软化问题还表现在已通过的政府预算并不具备法律权威，在预算中确定的收入总额在执行中经常被轻易调整和突破。另外，人大特别是地方人大缺乏专门的专业性较强的审批预算服务机构，从而使审查监督难以深化。这样势必导致预算审查监督流于形式，影响了预算的法治性和权威性。从实际情况看，预算管理体制存在的一些必须认真解决的问题，如预算执行结果与预算差异过大，预算编制的准确性和科学性不高，预算执行中追加较多，势必弱化了预算的严肃性和约束性。因此，有必要将政府预算约束机制真正纳入法治轨道。

三、强化政府预算的法治性——从预算约束机制的弱化到预算约束机制的强化

通过对政府预算约束机制弱化现象的分析可以看出，政府预算的法制建设有待加强。财政"超收"现象本质上凸显了政府预算法治性不

强。借鉴西方发达国家政府预算的经验，按照公共财政的要求，强化政府预算的法治性，加强立法机关——人民代表大会——的监督机制，改变政府预算约束弱化现状，强化预算约束机制，这已是当务之急。

（一）预算的法治性——政府预算的本质

政府预算的法治性是政府预算的本质，是政府预算区别于以往任何财政范畴的根本性质，是政府预算活动的灵魂，是政府预算的精髓和要意所在。其内容主要包含以下几方面：（1）计划性。作为政府的基本财政计划，政府预算依据政府的施政方针编制，财政收支必须由预算安排并遵照执行，不得超越和违背计划行事。（2）法律性。法律性是指政府预算必须经过立法机关审核批准并最终形成具有法律效力的文件，并接受立法机关的监督。西方国家的政府预算必须经过议会的批准。而在我国，各级政府预算要经过相应各级人民代表大会的审核批准。政府预算通过相应的法律程序确立，既受到法律的约束和限制，其本身又是国家法律的组成部分，具有法律的权威性。违反政府预算是违法行为，将受到法律的追究和制裁。（3）统一性。除某些特殊款项，所有的财政收支都必须纳入政府预算，以确保社会公众和议会对政府及其财政活动的约束与监督。而那些特殊款项也必须由议会的法律授权才行，否则也将是违法的。（4）程序性。政府预算的审议和批准权限属于立法机构，它通过一系列严格的政治程序来完成。即政府预算从草案提出、通过、执行、调整到决算的全过程，都在既定的政治程序监督和约束下进行，要改变该程序只有先改变已有的法律条文。（5）公开性。公开性是指政府预算按照法律程序经过立法机关批准后必须向社会公开。政府预算实际上反映了政府的活动范围，其所确定的政策与全体公民的切身利益息息相关。因此，政府预算及其执行情况必须向社会公布并置于民众的监督之下。政府预算应成为公开的文件，其内容应能被全社会所了解，除少数机密外，其数据都应向社会公布，而不是少数人随心所欲的私下活动。

（二）强化政府预算法治性的路径

市场经济从根本上决定了政府预算所具有的法治性内容。在市场取向的经济改革中，必须维护政府预算的法治性，强化政府约束机制，并用以约束政府的财政活动。从现实看，我国政府预算尽管具有法治形式，但并无实质内容，有法不依导致了我国财政工作的极度紊乱状态，从而严重地危害着我国财政的正常运行。我国现有的政府预算制度离上述法治性要求还有很大差距，因此必须进行较大幅度改革。

1. 加强预算法制建设，按照法治化要求强化政府预算的法律性

改革开放以来，我国的法制建设取得了长足的进展，但政府预算却是其最为薄弱的领域之一。现行法律规定不完善，人大及其常委会难以有效地行使职权，我国宪法和地方组织法对地方人大及其常委会审批监督预算只是原则性的规定，而对于审批监督的范围，主要内容，实施程序和操作办法，以及与之相适应的机构设置，人员配备等都没有相配套的专项法律规定，实际审批监督工作仍然难以操作。因此，必须加强预算法制建设。一是提高对预算的认识，预算审批权是特殊立法权，预算经过法定程序批准即为法律，具有不可改变的法律效力，要树立预算的权威性和严肃性。坚决杜绝随意增加减少财政收支等没有相应法律授权的财政收入和支出活动发生，维护政府预算的法律性。二是完善预算法。针对现行《预算法》存在的缺陷，应进一步修订完善现行《预算法》，进一步细化一些预算的重大事项，明确预算法中的一些重要解释，包括预算调整，预算变更等预算的重大事项，以利于操作。对于严重违反预算法律的行为追究刑事责任。三是协调预算法与其他法律的关系。除预算法之外，其他法律法规中不宜过多地规定财政收入问题，以免发生冲突。四是加强有关地方预算法规的建设。目前，有关预算监督的地方法规已经出台，下一步应当结合实际运行情况，进一步细化预算管理和监督的内容与程序，充分体现预算管理法制化的特点。

2. 建立预算公开制度，提高预算透明度

应尽快按照国际标准在立法方面作出相应的明确规定，实行预算内容和相关附属文件的定期、定例公布制度，扩大民众知情权，便于社会监督。

3. 强化政府预算的计划性

政府财政收入计划是政府预算的重要组成部分。政府财政收入计划

的法律严肃性可追溯到预算的法律性，预算的法律严肃性体现在通过法律的形式赋予公众监督和控制政府财政收入行为的权利上。在收入方面，《预算法》强调要依法将应征的预算收入征收入库，并对收入超预算后产生的预算节余的使用以及预算短收时应进行的预算调整作了比较详细的规定，预算执行中最重要的是要坚持依法征税。政府预算规范和安排着财政活动，直接体现着政府的政策意向，直接关系到社会经济运作状况的好坏，因而必须预先作出周密的计划和规划。但几十年来我国政府预算却从未真正发挥好这一作用。至今为止，每年都是在预算年度已开始若干个月之后，才完成制订政府预算的法律和政治程序，此前严格地说是在没有"预算"的状态下开展财政活动的；就是此后通过的各级政府预算，也大体上是"一年预算，预算一年"，临到年终还在不按法律程序地更改预算指标。而西方的政府预算在预算年度开始之前就必须制订完毕，否则政府是无权开展财政运作的，因而西方的财政活动本身具有强迫计划性，一收一支都是由计划预先安排的。为此，必须将我国政府预算编制时间大大提前。大致在上一年年初就开始着手本年度各级政府预算草案的编制工作。建议将预算编制的时间提前到预算年度开始前的10个月左右，以留出足够的时间使支出部门和下属单位根据工作目标充分准备好各自的计划，并就预算安排进行必要的论证或谈判。

另外，规范预测数的调整修订安排。目前，我国没有规定调整修订政府财政收入计划的固定时间，计划的调整随意性很大。财政收入计划年初下达、中期调整、年末追加的现象几乎年年发生，更令人忧虑的是这种调整有时并未经人代会批准。从西方国家的普遍做法及实践经验来看，修订政府财政收入计划的时间一般为每半年一次，调整修订必须有充足的理由支持，修订后的计划数须经人代会审批，才具有法律效力并正式生效。同时也应规定政府财政收入计划可以视意外情况的发生灵活修订调整。

4. 提高预算管理技术水平，提高预算编制的科学性和准确性，改变预算执行结果与预算安排差异过大的问题

努力改进预算编制和管理工作，应当按照建立公共财政体制的要

求，进一步改进预算编制方法，形成财政资源合理配置、公共服务能力均衡发展的机制。一是扩大预算编制范围，深化部门综合预算管理改革。为了增强政府预算透明度和宏观调控能力，今后要加快推行部门预算的改革步伐，不断扩大编制和报送部门预算的范围，同时推行编制部门综合财政预算，实现真正意义上的财政资金收支统管，以此来规范政府部门的行为和财政分配秩序，提高预算的科学性和完整性。二是使用科学的预测方法与模型提高预算编制质量。政府财政收入计划的编制质量取决于宏观经济预测的准确性，西方发达国家尤其关注 GDP、CPI 及失业率三大指标的变动，并运用大型的经济计量与统计分析模型进行预测，准确性都较高。从 1982 年到 1992 年间，美国的预测误差保持在 3% 左右，加拿大和新西兰更为突出，误差小于 2%，1981 到 1996 年间加拿大十省份的预测误差为 3.13%，预测误差基本都能控制在正常幅度内，这一点是值得我国仿效的。三是确立总额预算控制机制。总额预算控制是年度预算法案权威性的体现。因此，需要切实提高年度预算编制与执行的准确性与刚性，尽可能杜绝预算超收现象，今后财政收支审计的重点，也应该适度向超收资金的使用倾斜。

5. 完善立法机关——人民代表大会对政府预算的审查监督约束机制，加强对超收收入监督

从委托代理理论来看，在政府预算中存在着委托代理关系。由契约理论发展演化而来的委托代理理论，其基本内容是规定委托人聘用代理人完成某项工作时的委托代理关系的成立，及代理人为了委托人的利益应采取何种行动，通过委托人和代理人共同认可契约来确定它们各自的权利和责任，最大限度地增进委托人的利益。预算是由政府部门编制并执行的，表面上似乎预算资金是属于政府的，但实际上预算资金是属国家和人民所有，政府是在代理全社会公众理财，政府预算本质上是国民和政府机构之间就政府的活动范围和方向所形成的委托代理关系，公众对公共物品的需求决定了国家的存在，而国家的职能又是由各级政府组织来承担的，具体包括立法机关、行政机关和司法机关等。总之，政府组织承担着为社会公众提供包括制度、秩序、物品和劳务等在内的公共

物品的职能，政府预算必须对社会公众负责，接受公众的民主监督。在我国，人民代表大会制度是党领导的人民民主制度，人大监督是最具权威的监督。宪法和地方组织法明确规定了人大与政府之间监督与被监督、制约与被制约的关系。人民代表大会本质上就是一个国家或社会的代理机构，承担着一种公共受托责任，理应发挥其对政府预算审查监督的约束职能，对人民负责。

加强和完善人民代表大会对于政府预算的审查监督制约职能也是建立公共财政体制的需要。建立真正的公共财政体制，离不开民主、规范、透明的预算制度；而建立一个民主、规范、透明的预算制度，更离不开各级人大在财政预算监督方面的核心作用。我们必须从各个方面不断完善我国的财政预算决算制度，加强人大监督。公共财政的核心是立法机关掌握国家的预算权。预算权的一个重要方面就是任何政府财政收入计划首先必须获得立法机关的审查批准，立法机关有权决定预算的总额，有权对预算进行监督，如对预算执行进行审计，还可召开监督听证会等。

如何尽快采取措施不断完善强化人民代表大会对于政府预算的审查监督制约职能是个很重要的课题。建议在《预算法》中增设一章"人大及其常委会的审查监督"，专门规定人大及其常委会对预算的审查和预算执行的具体监督程序。结合事权监督财权，组织代表参与预算审查监督，预决算草案预审关口前移。保证人大及其常委会真正审查到预算的内容，保证人大及其常委会对预算执行问题提出建议，真正起到审查监督的作用。

要发挥人民代表大会对政府预算的审查监督职能，加强对超收收入监督，落实人大预算监督责任，完善预算监督控制手段，还需要从以下几方面来完善：

首先，完善人大及其常委会的机构设置和人员配备，增强人民代表大会对政府预算的审议、监督能力。预算具有较强的专业性和技术性，即使是专业人员也要花费很大气力才能搞清楚。从各级人大目前的机构设置来看，缺乏专门的专业性较强的审批预算服务机构，审查监督难以深化。而且，从各级人大代表来看，他们来自社会各阶层，很多都不太了解预算的特点和内容，这样的机构、人员和审议方式，难以适应提高预算审批监督质量的要求。因此，一方面必须强化各级人大有关机构设置和人员配备。全国人大常委会为了加强这方面的工作，已于1998年12月设立了预算工作委员会，地方人大常委会也应抽调一批专业知识强、长期从事财政、审计、统计分析工作的同志成立预算工作委员会，为地方人大审批预算和监督预算执行服务。在地方人大系统内部，可以建立政府预算管理审议专家咨询机构，由具有丰富经验的预算管理专家和学者组成专家库，协助人大代表审查政府预算。另一方面，还可以逐步实现代表专职化，减少代表名额，以及代表按行业划分审议组等等，增强审查力量。另外，可借助审计手段加强对预算的监督。从世界各国审计机构发展的共同特点和趋势来看，其共同点就是协助立法机关审批监督预算。在我国建立人大审计制度已提出多年，应尽早把各级审计机关划入各级人大序列，提高审计机关对预算监督的有效性，使各级审计机关协助同级人大对预算的合法性、真实性和效益性进行监督，这将有利于把人大经济监督推向专业化、科学化和综合化的轨道。

其次，人民代表大会会议议程要在政府预算报告的审议上增加政府预算报告的审议时间，提升政府预算报告的审议力度，这样，对政府的收支行为具有更强的约束力。为了充分行使人大对政府预算的审批和监督权力，有必要增加人大审批政府预算的时间。为此，必须将我国政府预算审批时间提前，大致在上一年年初就开始着手本年度各级政府预算草案的立法审议工作。为解决多年来预算年度开始几个月后预算才产生法律效力的问题，预算提交立法机关审批的时间应提前到预算年度开始前的2—3个月。只有这样，各级人代会才能有充分的时间对政府提出的预算草案进行讨论、修改和审批，从而形成较为成熟的各级政府预算。各级政府至少应在同级人民代表大会举行的前两个月向人大常委会有关部门汇报预算编制情况，而且提交的预算草案必须细化到款、项，以保证人大有足够的时间对提交的预算草案进行详细的审查和质询。还可以考虑引入"临时预算"的概念，临时预算可看做是准法律文件，在预算草案正式批准前，财政部门可据以实施收支管理，以增强预算执行的法律约束力。同时，通过立法明确规定有审查或者审批预算议程的人民代表大会会议，应当自下而上逐级提前召开，保证按照上级政府汇编预算所需时间，提交经过本级人大审批通过的本级预算和本级总决算，从根本上解决代编预算的问题。

第三，全面推广各级人大代表政府预算解读的知识普及，提升立法监督机构的预算管理权威。在中国，尤其是某些省以下人大代表的政府预算管理水平，相对于成熟市场经济国家而言，还是存在一定差距的。因而，尤其需要普及基层人大代表的预算管理与预算审查知识。

第四，建立一套以人大批准审查预算为基础的、程序化的、有公众参与的民主审查预算制度。一是在预算提交人民代表大会审查批准程序中，要有人大有关专门委员会提前介入政府预算编制的安排。二是要有公众参与预算决定的程序安排。重要的预算项目决定应举行听证会。代表审议预算时，一定代表联名可以提出预算修正案。人大代表在人代会审查预算时应保证有充分的时间讨论和辩论。三是要加强对预算执行的监督，使之更加科学规范和具有可操作性。常委会审查批准决算和听取预算执行情况报告过程中，要有质询制度，让有关部门接受质询。建立对预算绩效评估制度，设置一套科学的评估指标，对预算执行情况进行评估。预算执行过程中的调整变更要报人大常委会批准，预算执行情况报人大批准，使这些监督从形式变成有效的制度。

第五，认真贯彻落实人大监督法、加强人大对超收收入的监督。2006年8月27日，十届全国人大常委会第二十三次会议审议通过了《中华人民共和国各级人民代表大会常务委员会监督法》，并于2007年1月1日起施行。监督法的颁布实施，对于各级人大常委会依法行使监督职权，更好地发挥人民代表大会制度的特点和优势，推进社会主义民主法治建设具有重大的现实意义和深远的历史意义。人大监督法第18条明确规定，预算超收收入的安排和使用情况是人大常委会审查预算草案的重点内容。近些年来，我国各级政府的超收收入数量增长很快。超收收入置于预算的盘子之外，非常容易脱离人大的监督。没有了人大的监督，过多超收收入带来的弊病显而易见：导致预算收入不准确，不利于政府统筹安排财政资金、合理配置财政资源，财政资金的使用效率难以保证；使决策者对财政政策执行的效果产生错误判断，对确定未来政策走势造成干扰；使得一些政府部门频繁追加支出预算，造成年底突击花钱的现象，更为严重的是，这种状况还滋长了权力寻租的歪风，诱发了腐败现象；给事后的审计监督也带来难度。在这种情况下，认真贯彻落实人大监督法、加强人大对于超收收入的监督有着非常重要的意义。同时，人大监督对超收收入的监督不仅是一种制约，它对于建立公开、民主、透明的公共预算管理体系，促进政府支出行为的程序化、规范化、法制化也会起到重要的作用。因此，落实人大监督法，加强人大对超收收入监督在我国有着现实的必要性与深刻的重要性。各级人大在对超收收入监督中，必须坚持依法理财的原则，严格按《人大监督法》和《预算法》规定的权限和程序办事，精心作好两个报告：人大财经委关于预算的审查结果报告和关于决算的审查结果报告——这是对包括超收收入使用在内的预算监督的最集中的体现。

参考文献

1. 蔡定剑：《公共预算改革的路径和技术》，载《中国改革》，2007年第6期。
2. 高培勇：《关注预决算偏离度》，载《涉外税务》，2008年第1期。
3. 郭小聪、程鹏：《政府预算的民主性：历史与现实》，载《东南学术》，2005年第1期。
4. 马蔡琛：《中国公共预算管理改革的制度演化与路径选择》，载《中央财经大学学报》，2007年第7期。
5. 马骏：《中国公共预算改革：理性化与民主化》，中央编译出版社2005年版。
6. 王金秀、陈志勇：《国家预算管理》（第二版），中国人民大学出版社2007版。
7. 张馨：《论政府预算的法治性》，载《财经问题研究》，1998年第11期。
8. 中国社会科学院经济学部：《中国经济研究报告（2006—2007）》，经济管理出版社2007年版。
9. 中央财经大学税收研究所课题组：《我国财政超收收入研究》，中央财经大学2007年版。

试论公共财政下政府会计的目标与改革

路军伟 李 昊[①]

【摘要】 当前,我国正在建立和完善与社会主义市场经济体制相适应的公共财政体制,而政府会计改革是完善公共财政的一项重要举措。本文通过分析市场经济条件下公共财政的几个关键特征,来阐述政府会计在建立和完善公共财政中的作用;通过分析我国当前的现实环境,来对我国政府会计的目标进行定位,并对我国政府会计的未来改革提出若干建议。

【关键词】 公共财政 政府会计目标 政府会计改革

我国国民经济和社会发展第十一个五年规划纲要明确提出,将推进我国的政府会计改革作为完善我国公共财政体制的一项重要组成部分。根据我国企业会计改革的经验,会计改革必须在科学目标的指引下才能达到预期效果。因此,政府会计改革的重要理论先导工作应是对我国政府会计目标进行科学界定和合理定位。对政府会计来说,财政体制及其类型是最为重要和直接的环境性因素。故本文试图通过分析市场经济条

---

① 路军伟,山东大学管理学院会计系副教授,研究领域包括财务与会计基本理论、政府与非营利组织会计理论、内部控制理论与实务、实证会计研究。李昊,大连理工大学管理学院博士研究生。

件下公共财政的几个关键特征,来阐述政府会计在建立和完善公共财政中的作用;在对我国当前现实环境进行分析的基础上,对我国政府会计目标进行定位,并据此对我国政府会计的改革提出若干建议。

一、市场经济条件下公共财政的关键特征

公共财政是指为弥补市场失灵、向社会提供公共服务以满足公共需要的政府分配行为或其他形式的经济行为,它是与市场经济相适应的一种财政类型,对应于奴隶社会、封建社会的家计财政以及计划经济体制下的国家财政。根据财政学者的研究,相比较其他财政类型,公共财政除"公共性"和"非营利性"两大基本特征以外,还应具有以下几个关键特征:

(一)公共财政应是法治化财政

公共财政的立学之本是"社会契约论"的国家观以及"经济人"的经济学假设(陈立齐、李建发,2003),旨在解决公共性和私人性领域的问题,而市场经济是法治经济,法律是维护社会契约以及市场和资本约束政府公共行为的最佳手段。财政的法治化使得市场通过法律手段,既赋予政府必不可少的财政收入,又基本上否定了政府取得非份财力的企图;既同意政府的非市场活动,又将其限制在一定的规模与范围之内,使得政府在市场力量面前只能"循规蹈矩"(李建发、肖华,2004)。从公共财政的表现形式和运行载体——现代政府预算来看,在代议制的民主政治下,政府预算须经立法机构的批复才能得以执行,因此具有严肃的法律效力。张馨教授更直接指出,法治性是政府预算的灵魂(张馨,2001;王玮,2002)。换句话说,要实现政府财政的法治化,就必须以政府预算的法治化为基本途径和手段。然而,实现公共财政的法治化并非一件易事,由于政府中存在着复杂的委托代理关系,政府中的下游代理人(部门)"有法不依"、"执法不严"等现象也经常是从执行和操作层面破坏公共财政法治化,让公共财政法治化流于形式的重要根源。

(二) 公共财政应是绩效性财政

市场经济下的公共财政旨在弥补市场失灵以及提供公共服务，因此，公共财政的绩效性特征主要表现在宏观和微观两个层面。从宏观层面来看，政府的公共财政政策配合其他经济政策应能够在宏观经济交替波动周期的波峰（繁荣）或低谷（萧条）抑制或拉动经济的增长，弥补市场失灵带来的巨大破坏力，促进社会资源的配置效率和提高社会的福利水平；从微观层面来看，尽管公共财政具有非营利性，但政府的某一机构或单位提供公共服务也是一个投入产出过程，应讲求成本效益原则，以尽可能低的成本提供更多更优质的公共服务。取得成果和消耗资源的配比关系应符合经济性、效率性和效果性（即"3E"）原则。然而，"官僚"具有"经济人"的特征，通常会在"功能财政"的遮掩下扩大公共支出规模，同时无视微观层面公共服务的高投入和低产出。[①]笔者认为，宏观层面的经济效率和微观层面的绩效是密切联系的，有效削减公共支出不仅要从宏观层面提高公共财政政策制定的科学性、优化公共支出结构等方面着手，还应从微观层面的公共部门财务治理、财务管理以及加强投入产出绩效等方面努力。

(三) 公共财政应是透明化财政

前文已述，公共财政建立在"社会契约论"的国家观之上，旨在满足社会公共需要。按照这一观点，"政府"是人们为满足社会共同需要而相互缔约的产物，因此，不但经济市场化是财政公共化的前提条件，而且社会民主化也是公共财政得以生存和发展的土壤，如有的学者认为，推进公共财政建设，民主与法治必须先行。民主意味着公众应该拥有知情权、参与权和选择权（徐曙娜，2005），人民有权知道、参与和监督政府的财政经济行为的过程及其结果，而保障这些权力的前提条件是要求政府应有较高的财政透明度。财政透明度的增强不仅可以将政府财政行为置于社会的监督之下，进一步推进财政的法治化，而且能够

---

① 维托·坦齐和卢德格尔·舒克内希特在《20世纪公共支出》一书中指出，在过去35年间，政府（所有工业化国家）支出的增长并没有带来多少额外的社会经济福利。

健全社会公共选择机制，提高公共财政政策制定的科学性，进一步提升公共财政的绩效性；而财政的法治化是财政透明的前提和基础，因为财政透明要由法律提供保障。

需要说明的是，公共财政的建立和完善是一个动态和渐进的过程，而这一过程就是在"公共性"和"非营利性"两大基本特征的基础上，不断推进和强化公共财政的法治化、绩效性和透明度等若干关键特征①。

二、政府会计在完善公共财政中的作用

在市场经济条件下和民主社会中，政府的财政经济行为正是政府使用公共资源履行公共受托责任的行为。有效的政府会计能够对这一受托责任的履行情况进行及时的确认、计量、记录和报告。一方面，政府会计能够发挥监督职能，帮助政府有效履行受托责任，尤其是对政府预算的执行情况进行及时反映和监督，严防政府中下游代理人对政府预算的破坏，从执行和操作层面促进政府公共财政的法治化，以及为公共财政、财务管理提供相关信息，从宏观和微观两个层面强化公共财政的绩效性。另一方面，政府会计能够将政府受托责任的履行情况，通过政府财务报告的形式报告给政府的外部利益相关者，有效促进财政透明度，并进一步改善公共治理以及优化公共选择机制。陈立齐和李建发（2003）从一般意义上提出了政府会计的三个层次目标，包括：基本目标是检查、防范舞弊和贪污，以保护公共财政资金的安全；中级目标是促进健全的财务管理，促进政府的运营活动具有经济性、效率性和效益性；最高层次的目标是帮助政府履行公共受托责任，这个目标可以通过激励代理人披露信息和降低使用者信息成本，以期更好地实现（张馨，

---

① 发达市场经济国家经过数百年努力，公共财政"法治化"已经基本成熟，但这并没有抑制公共支出的膨胀和政府规模的扩张，上世纪70年代末80年代初发轫于英国等国家的新公共管理运动就是在这种背景下产生的，这场运动倡导绩效政府、责任政府。从某种意义上来说，我们可以将新公共管理运动也看做完善政府公共财政的"绩效性"和"透明度"的一个重要举措。

1998)。不难看出,政府会计的三层次目标分别对应和强化公共财政的三大关键特征,从而能进一步完善公共财政。政府会计在完善公共财政中的作用如图1所示:

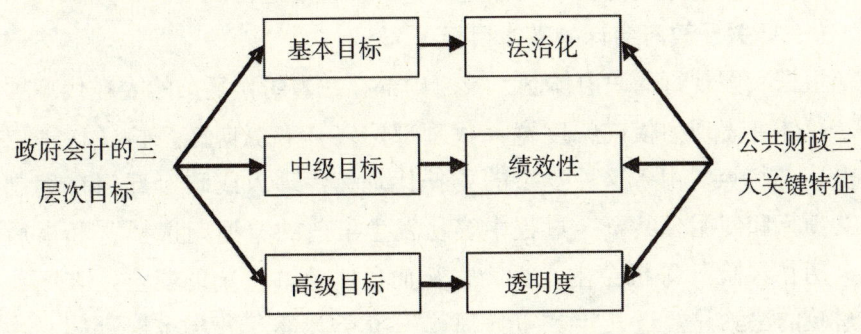

图1 政府会计在完善公共财政中的作用

在西方国家,政府会计改革是新公共管理运动的重要组成部分,它作为管理信息系统,不仅能够为绩效预算、管理、审计和评价等提供相关信息,而且还可以促进财政透明度。总的来看,西方国家新公共管理运动下的政府会计改革,旨在实现政府会计的中级目标和高级目标,强化公共财政的绩效性和透明度[①],因此,我们可以将其看做是利用政府会计进一步完善其公共财政的一个重要性举措。

三、我国当前环境下政府会计目标的定位

我国在1998年提出建立公共财政的目标,到目前为止,从形式上看,我国公共财政框架已经建立,但与规范化的公共财政制度相比仍存在不小差距。笔者认为,法治化、绩效性和透明度应是我国进一步完善

---

① 这可以从两个方面加以证明,一是西方国家政府会计改革的主要内容是引入应计制,这可以为绩效管理等提供更多相关的信息,促进财政绩效;二是政府对外财务报告是政府会计改革的另一重要内容,到目前为止,IFAC的21项政府会计准则都是财务报告导向的,并且得到了财政透明度倡导者和推动者——IMF的强力支持。

公共财政的几个重要方面，相应的，政府会计应在这一进程中充分发挥其使命。但是，政府会计作用的发挥和目标的实现既要体现环境（完善公共财政）的要求，也同时受制于环境（其他环境因素）的约束。因此，必须对我国政府会计目标进行科学和合理定位。

（一）关于政府会计的基本目标

根据我国现行的政府体制，政府内部存在着纷繁复杂的委托代理关系，总体上表现为横向幅度宽（代理部门多）和纵向链条长（代理层次多）的特点。由于这种复杂的委托代理，代理人或政府部门在编制公共预算和使用公共资金过程中容易发生事前的"逆向选择"和事后的"道德风险"等机会主义行为，从而危害公共资金的安全，破坏公共财政的法治化。近几年"审计风暴"充分暴露了我国政府部门、预算单位在使用公共资金上的机会主义行为，如有些部门和单位在编制年度预算时通过虚报、造假等手段，恶意骗取财政资金、扩大预算规模；有些则在预算执行过程中挪用、挤占、截留预算资金，甚至贪污、私分公款。这些违规、违纪甚至违法问题的存在充分表明，当前我国公共资金安全状况不容乐观，财政法治化往往只流于形式，而无实质性的内核，当然，这也从某种程度上反映了我国现行预算会计存在的诸多缺陷。所以，笔者期待通过改革现行预算会计，配合其他预算管理手段，如部门预算、国库集中支付等，发挥政府会计应有职能，解决公共财政资金安全与完整问题，从执行和操作层面促进公共财政的法治化。因此，在我国确立政府会计的基本目标应是当务之急。

（二）关于政府会计的中级目标

李建发、肖华（2004）认为，公共财务管理应当包括公共预算管理、公共收入管理、公共支出与成本管理、公共资金管理、公共投资管理、公共财产管理、公共债务管理以及公共部门绩效管理等内容，这些方面都需要政府会计为其提供相关信息。然而，我国现行的预算会计的目标仅反映预算收支情况及结果，由于核算范围过窄，无法提供可靠和相关的政府财务状况、财务绩效以及成本耗费情况等信息，显然无法满足上述公共财务管理的需要。由此，我国现行公共财务管理也仅侧重从预算的角度对年度预算收支进行管理，至于年度以外或预算收支以外的财务活动基本上没有纳入管理视野。而近年来，政府部门和预算单位普遍存在重投入轻产出、重钱轻物现象，造成公共资金使用效益低下。由于公共财产疏于管理，造成国有资产严重流失；公共支出疏于控制，导致行政成本居高不下；财务风险疏于防范，造成政府公共部门债务累累，严重影响财政的可持续发展。这些问题的存在，客观上要求政府会计应当从促进建立健全我国公共部门财务管理的角度进行相应改革，从微观层面提升财政绩效。此外，我国也正在轰轰烈烈地开展或准备开展绩效预算、审计、评价等，这也需要政府会计能够提供相关信息。

(三) 关于政府会计的高级目标

政府会计的高级目标旨在通过编制和报送财务报告，促进政府履行对外部的报告受托责任，提高财政透明度。由于政府自愿供给财务信息的动力不足，要考察政府会计的高级目标，就需要探讨政府外部利益相关者对政府财务信息的兴趣及需求动力的情况。

首先，从政府掌握的公共资金来源看，其主要来源于具有法律强制性的税收渠道。在法律的强制下，作为政府公共资金提供者的纳税人并无权根据其享受的公共服务和政府的财务状况来决定是否纳税，也不能像企业资源提供者那样可以根据企业的财务状况和经营成果作出是否予以提供资源的决策。所以，相对于企业资源提供者，纳税人对政府财务信息的兴趣并不大。此外，我国是以流转税为主体税种的国家，相对于以个人所得税为主体税种的西方国家，这将从心理上降低纳税人与政府的利益相关度，从而进一步降低了纳税人对政府财务信息的兴趣。需要说明的是，西方国家特别是美国，只要获得议会的批准，各级政府都可以在资本市场上发行债券进行筹资，所以，政府对外财务报告的改革在很大程度上受到债务市场的推动。我国地方政府由于没有独立发债权，缺少市场对政府财务报告的强制披露的机制。

其次，从民间会计职业团体的力量看，民间会计职业团体越强大，就越能推动政府对外的财务信息披露。比如，美国州和地方政府会计与财务报告的历次改革，基本上都是由民间会计职业团体和组织直接推动的，因为美国的政府普遍可以独立发行债券筹资，为了向市场提供经审计的政府财务报告，政府审计市场向民间会计职业团体开放。作为政府的利益相关者，民间会计职业团体一直主导着政府会计与财务报告改革，并将政府会计准则纳入美国注册会计师协会（AICPA）的公认会计原则（GAAP）体系。相比之下，我国民间会计职业团体的力量相对较弱小，而且不允许民间会计职业团体和组织涉足政府审计市场，它们与政府之间不具有相关的利益关系，也没有动力去推动政府会计与财务报告改革。

最后，从我国传统文化背景和公民受教育程度看，有关研究表明，文化因素对财务信息披露产生一定的影响，在崇尚个人主义和以阳刚为主要特征的文化环境中，人们更加倾向于"透明"的会计价值观；而在崇尚集体主义和以阴柔为主要特征的文化环境中，人们更加倾向于"保密"的会计价值观。我国传统文化的特征显然属于后者。此外，对政府财务报告的理解和使用需要一定的文化素质和专业能力，而我国国民的文化素质和专业能力存在一定的欠缺[1]，从而导致我国政府的利益相关者对政府财务报告的需求动力可能相对不足。

但从长远来看，随着我国民主法治建设进程的不断加快，政府官员受托责任意识的不断增强，对外披露财务信息将成为政府的一种法定义务；税种结构不断朝着以个人所得税为主体的税收结构演进，社会公众的纳税人意识的不断增强，将逐渐产生对政府财务信息的需求；随着民间会计职业团体和组织的不断发展壮大以及政府审计市场的有限度开放，它们将逐渐对政府会计与财务报告改革予以关心。这一系列积极因素都将推动政府财务报告改革步伐的加快。但是，要实现政府会计的高级目标，将是一个比较漫长而艰难的过程[2]。

---

[1] 我国的国民教育发展水平还比较落后，九年义务教育刚刚普及，高等教育刚刚从精英教育过渡到大众化教育阶段，而且政府及非营利组织会计教育长期得不到应有的重视。

[2] 这里需要指出的是，政府会计高级目标的实现仅仅是推动财政透明度的一个方面，还可以从其他方面推动财政透明度，如预算信息的披露、财政政策的披露等。因此，政府会计高级目标实现的过程漫长并不代表我们在推动财政透明度上无能为力。

四、对我国政府会计未来改革的若干建议

上述分析表明,我国当前的环境迫切需要将政府会计目标定位于基本目标和中级目标,来完善我国的公共财政体制。至于政府会计的高级目标,尽管是一个漫长而艰难的过程,但仍然可以在力求实现基本目标和中级目标、进行政府会计改革的同时,逐步兼顾高级目标的实现。基于这一思路,笔者认为,我国政府会计改革应当从以下几个方面着手。

(一) 探索新型的政府会计管理体制

政府会计管理体制是我国政府会计改革需要认真研究的问题之一,有效会计管理体制能够确保会计人员的独立性,充分发挥监督职能,促进政府会计基本目标的实现,进而从操作和执行层面促进公共财政的法治化。事实上,我国的一些地方政府已经开始探索和实践会计委派、会计集中核算等会计管理体制,以充分保证会计人员的独立性。笔者认为,除此之外,美国联邦政府机构为了提高财务管理和会计工作在政府机构中的地位而设立的首席财务官制度,以及法国中央政府为了严格控制支出机构的各项开支、确保公共资金安全而设立的财务控制官制度,都是值得我们学习和借鉴的做法。

(二) 在政府会计内引入基金会计模式

政府不以营利为目标,但政府资源提供者通常会根据预算、合同、协议等要求资源用于指定项目或目的。基金会计模式中的"基金"是一个拥有自我平衡账户体系的财务和会计主体,用于记录现金和其他财务资源、相关负债、剩余权益或余额及其变动,基金的设置遵循特定的法规要求、限定条款和约束条件来开展活动并实现指定目标。因此,以基金作为独立的会计主体可以更好地保证公共资金用于特定项目或目的,这也是促进财政法治化的一个方面。鉴于我国当前政府部门和预算单位在运用公共资源上的自由裁量权过大和随意挪用专项资金现象比较普遍这一客观现实,应在我国政府会计体系中恰当地引入基金会计模式,以更有效地防范挪用资金的机会主义行为,确保专款专用。

(三) 构建系统而完整的政府会计体系

首先，应当建立真正意义上的政府预算会计。我国现行预算会计还不是真正意义上的"预算会计"。笔者认为，由于预算法治化是财政法治化的基本途径和手段，政府会计改革的重要内容之一就是围绕国库集中支付制度改革，建立能够对政府预算执行的全过程（包括拨款、承诺、核实、支付等各个阶段）进行追踪、反映和控制的真正意义上的"预算会计"，以防范政府部门和单位在预算执行过程中对预算资金的挤占、截留、挪用等行为，确保预算资金的顺畅流动和有效使用，保护公共资金的安全与完整。其次，应当建立独立于政府预算的政府财务会计。从某种程度上说，当前我国公共部门财务管理存在的问题，应归因于现行预算会计仅立足于对年度预算收支的核算，其核算范围过"窄"而无法提供公共部门财务管理所需要的信息。所以，应从财务的视角建立政府财务会计，拓宽核算范围，并关注和追踪政府财务活动的长期结果和影响，以在微观层面提升财政绩效。最后，还应根据我国行政管理体制改革的思路和以绩效管理为核心的公共管理发展趋势，结合我国各级政府绩效评价、审计、预算等绩效管理实践，建立政府成本会计，对公共部门、公共项目或活动、公共产出等进行成本核算，为加强政府成本管理、绩效管理等提供必要的成本信息，以提高公共资金的使用效益和效率。

(四) 循序渐进地引入应计制基础

应计制政府会计是政府会计改革的重要内容，也是政府会计改革能否取得成功的重要标志。因为它不仅是拓宽政府财务会计核算范围，强化资产管理、债务管理等的前提，也是建立健全政府成本会计，加强成本管理和绩效管理的基础。因此，应当在政府会计中逐步引入应计制基础。笔者认为，政府会计引入应计制基础的改革应当充分考虑我国的具体国情以及与政府会计相关的公共管理改革是否为其提供了相应的改革环境和条件，不能急于求成，而应当采取循序渐进、稳步推进的改革策略，即先短期项目再长期项目、先会计后财务报告再预算、先采用修正的应计制再逐步过渡到完全的应计制。

（五）逐步建立健全政府财务报告制度

根据财务信息使用者群体的不同，政府财务报告可以分为对内财务报告和对外财务报告。对内财务报告旨在推进政府会计中级目标的实现，加强政府内部的公共财务管理与控制，提高财政资金使用绩效，这在我国当前的环境下是非常迫切的；对外财务报告旨在实现政府会计的高级目标，解脱政府对社会公众的财务受托责任，提高财政透明度，这在我国应是一个长期性的目标。因此，我国政府财务报告改革应当遵循"先内后外、循序渐进"的原则，即先向内部或准外部的上级政府、主管部门、立法机构提供财务信息，在条件成熟时再向社会公众等外部信息使用者报告，并根据我国政府承担受托责任的广泛性和动态发展性、使用者对信息需求的多样性、政府财务报告主体的层次性等特点，构建报告内容完整、信息披露充分、层次结构分明的政府财务报告体系。

参考文献

1. 陈立齐、李建发：《国际政府会计准则及其发展评述》，载《会计研究》，2003年第9期。
2. 李建发、肖华：《公共财务管理与政府财务报告改革》，载《会计研究》，2004年第9期。
3. 王玮：《"公共财政论"的兴起与我国财政学范式的变迁》，载《山东财政学院学报》，2002年第2期。
4. 徐曙娜：《财政受托责任的理论分析》，载《税务与经济》，2005年第1期。
5. 张馨：《论政府预算的法治性》，载《财经问题研究》，1998年第11期。
6. 张馨：《法治化：政府行为·财政行为·预算行为》，载《厦门大学学报》（哲学社会科学版），2001年第4期。

公共预算研究系列
Public Budgeting Research Series

结语及附录

结语：反思《预算法》修订

牛美丽[①]

作为政府管理改革的先行者，公共预算管理在中国得到了前所未有的广泛关注。十几年来的财政预算管理改革对相对滞后的法制建设提出了严峻的挑战，预算管理法制化迫在眉睫。《预算法》的修订无疑成为承载这一使命的重要里程碑。2011年11月16日，国务院常务会议原则上通过了《预算法修正案（草案）》，这是2004年启动《预算法》修订工作以来的第一个阶段性成果，虽然这个草案何时能够由人大审议通过还是个未知数，但是，这个举措起码向外界表达了中央政府对《预算法》修订的决心和定位。

这本书汇编的24篇文章在不同层面分析了我国政府预算管理法制化所面临的问题。从这些分析来看，学者们对改善财政预算管理有着强烈的使命感和责任感，并且对《预算法》修订寄予厚望，迫切希望通过《预算法》的修订来彻底解决目前财政改革和预算管理的瓶颈，因而提出的建议全面而详尽，涵盖了预算编制、审批、执行和监督的各个环节。其中的具体内容，不再赘述。然而，从国务院所通过的《预算

---

① 牛美丽，中山大学中国公共管理研究中心研究员，政治与公共事务管理学院副教授，研究领域是公共预算与财政管理。

法》修订的五个原则来看,实际上并没有涵盖学者们提到的所有具体建议,例如,预算年度问题、人大预算修正权问题、预算责任问题等等。但是,对于研究中国预算管理法律体系的学者们来讲,对这个修正案的思考应该不仅仅限于这些具体内容,而是要高屋建瓴地审视《预算法》的修订。

首先,为什么要修订《预算法》?我国现行的《预算法》不尽如人意是毋庸置疑的事实,这是《预算法》修订的直接原因。那么,不尽如人意的原因又是什么呢?这里有两个原因:一是现行《预算法》不能与时俱进。近些年的预算改革,尤其是部门预算改革以来,我国的财政预算管理从编制、人大审批、执行到事后审计监督都发生了很大的变化,《预算法》作为预算管理的最重要的法律依据已经无法指导实践。二是《预算法》制定之初就存在问题,例如,预算年度的问题。虽然《预算法》要求是每年的1月1日到12月31日,但是根本无法落实,因为这个时间和人大审批预算的时间表严重脱节。以前政府预算不受重视,管理本身也不规范,加之人大的预算权力非常薄弱,这个问题不突出。现在,人大批准通过之前的临时预算执行的问题已经无法回避,由此导致的执行进度缓慢、年底不得不突击花钱的问题也必须得到解决。以上两个原因说明:(1)《预算法》必须具有相关性,要尊重预算管理的现实和改革的现有成果,不能脱离实践,才能有助于解决目前存在的问题,同时为将来的预算改革提供指引;(2)《预算法》必须具有权威性,所有的预算行为不能超出这个法律框架,才能真正约束各利益相关者的行为。否则,不但不能推动预算改革,还会继续成为改革的掣肘。

这两点说起来容易做起来难,因此,我们还必须考虑第二个相关的问题,我们需要什么样的《预算法》?在对《预算法》的具体内容进行修订之前,我们必须先明确《预算法》在整个政府预算管理的法律框架中的地位和作用。从层次上来看,一个国家的预算法律体系包括不同层次的立法,有宪法层面的(个别国家可能没有),也有非宪法层面的。非宪法层面当中,既包括了立法部门颁布的法律,也包括行政部门颁布的法规条例。这些法律法规共同构成一个国家预算管理的法律框架,但是这些法律的地位和规定的层次是不同的,因此,寄望《预算法》的修订来解决我们面临的所有预算管理的问题是不现实的,应该通过其他层次法律法规解决的问题就不应该由《预算法》来规定。当前《预算法》的修订应该着重解决的是原则性问题,例如年度性、全面性、一致性、责任性等等。一旦这些原则得以确认,后续的实操性问题可以由行政法律法规来跟进落实。这样做有两点好处:一是避免修订过程中陷入细节的纠结;二是操作中给行政部门更多的灵活性,在明确原则的前提下,为下一步的改革提供可操作的空间。

此外,在确定了《预算法》修订的定位之后,就要解决怎样修改《预算法》的问题了。确定原则并不难,因为现代预算制度在其他国家发展的经验已经提供了非常好的借鉴。但是说起来容易做起来难。——比照这些预算原则,会发现任何一个原则在中国都没有得到完整的落实。那么是不是所有涉及的内容都要逐条修改或一一添加?当然没有这个必要。陈立齐教授在序言中提到制定预算法的一个问题:到底是把现行的做法升级明文立法?还是把一些理想和目标先赋予法律地位,以便使用执法手段来达到这些理想和目标?我的理解是这二者兼而有之。实际上,有时二者很难严格区分开来,例如有些先验性的改革(像预算公开、绩效管理)完全符合改革的长远目标,应该升级明文立法。此外,目前预算管理中遇到的其他紧迫的问题,例如预算年度性、完整性问题,人大预算审批权限、政府间(不只是中央和地方,也应该包括地方各级政府之间)财政管理权限问题、收入权(征收税费、举债等)以及预算责任问题都应该成为《预算法》修订的核心内容。遗憾的是,从国务院刚刚公布的修正草案的原则上来看,多项内容不是此次修订的重点。

最后,《预算法》的修订除了要决定修订哪些内容外,还要包括修订的程序问题。《预算法》修订工作历时八年,两次被全国人大常委会列为五年立法规划,可谓举步艰辛。当然,客观原因是我国财政预算管理处于大变革时期,从中央到地方各种改革层出不穷,所以中央政府对修订《预算法》比较谨慎,但是,这并不能成为不及时修订的借口。

很多原则性问题实际上早已经达成共识。陈立齐教授在本书中强调，美国联邦预算法律的制定实际上是各种政治力量角逐的结果。Lienert 和 Jung（2005）通过对 OECD 国家预算法律框架的研究发现，一国的政治生态是形成该国预算法律体系的重要影响因素之一。我国的人大预算权力薄弱、政府对公共预算不重视、公众的预算认知偏低等因素导致《预算法》修订的条件不充分，修订草案几易其稿，迟迟未能问世。现在终于有了阶段性成果，但还是犹抱琵琶半遮面，草案草稿的内容迟迟没有公开，让我们对此次修订的期望大打折扣。当然，这个公开的制定程序应该不仅限于《预算法》的修订，新的《预算法》出台之后的一系列法律法规条例的制定都应该有开放的程序作保障。

当然，一国采用什么样的预算法律体系要立足国情，尊重历史和法律传统，同时兼顾政府管理体制，这将成为评价《预算法》修订的一个不可回避的问题。Lienert 和 Jung（2005）的研究发现，因为各国的差异太大，预算管理的法律体系几乎没有模式而言。那么，我们到底应该如何完善中国的预算法律框架呢？或者，更具体来说，如果评价修订后的《预算法》是好是坏呢？答案其实很简单，就看它是否能够推动中国的财政预算管理改革。如果我们回顾其他国家的预算法律法规的制定就会发现，法律法规的制定往往是与预算改革同步产生的：有了改革的需求，需要新的立法来推动和保障。那些与改革方向背道而驰的内容必须加以修订。

陈立齐教授在序言中为我们提出了一个新的要求：除了致力于制度变革，预算法的研究还可以以增加学科知识为目标。就这点而言，我们的确做得不够。《预算法》修订工作可能很快就有结果，那么我们下一步的研究可以做什么呢？以下几个方面可以供大家思考。

一是研究现有的预算管理法律体系。因为《预算法》修订一直未有结果，所以此前的学者多是针对现有《预算法》的不足和改进建议进行研究。目前还没有学者能够完整地研究我国的预算管理法律体系，特别是那些行政性法律法规的综合研究。我国到底有多少这样的行政性法律法规？他们是怎么出台的？各自到底发挥了什么样的作用？尤其是将这些法律法规整合起来的全景式研究对我们审视中国的预算管理法制化大有裨益。

二是拓展比较的研究。本书中收录了几篇国际比较的文章,我感到非常欣慰。但是,对于整个预算法研究领域来讲,比较研究相当缺乏。我国近些年的预算管理改革很大程度上参考了国外的经验,而国外的这些改革往往伴随着预算法律法规的变化,甚至是依赖这些法律法规来推动改革。非常遗憾的是,很多学者只关注其他国家改革的技术性议题,忽略了法律框架的比较分析,尤其是对转型国家的分析。

三是加强研究方法。好的研究取决于两个关键因素:研究主题和研究方法。我们已经很幸运地选择了预算法治化这个很好的主题,但是如果方法上的缺陷不能加以弥补,我们的研究既不能达到增长知识的目的,更无法为实践提供参考。本书收录的文章展示了各位学者的真知灼见,但是也存在方法上的不足。其中只有很少一部分文章采用了精确的研究方法。不管是法学还是行政管理学都有自己学科系统的研究方法,尤其是实证研究方法对无论是法律法规的制定还是执行效果的研究都非常重要。

参考文献

1. 陈立齐:《美国联邦预算法律:构造、演变及对中国启示》,见本书。
2. Lienert, I. and Jung, M. K., "Part II Comparisons of OECD Country Legal Frameworks for Budget Systems", *OECD Journal on Budgeting*, Special Issue, 2005, Volume 4, No. 3: 59–124.

附录：有关中国《预算法》的部分学术文章（2001—2010年）

许云霄 陈立齐[①]

  科学研究要确认先驱的成就，方能识别后者的贡献。我们编这份参考文献表的目的是为中国政府预算的法律基础的学术研究初步创定一个起点。本文献表的内容多数来自最近十年由中国学术期刊网（China Academic Journal Electronic Publishing House）收集的关于中国预算法的论文。我们小心加上"部分"这个形容词是预料本文献表的内容不够完整。谨此邀请作者和读者将"漏网之鱼"通知我们：jimchan@uic.edu 或 xuyunxiao@pku.edu.cn。此文献表有一些其他的限制：它没有包括官方文件、书籍、书籍中的章节和会议发表的文章。希望我们的努力将鼓励其他学者和公共政策分析者编写和发布更多的参考文献表，以增加政府预算的法律基础科学研究的质量和数量。最后，我们感谢麻志明，王齐和陈彦玲的帮助。

---

  ① 许云霄，北京大学经济学院财政系副教授。陈立齐，美国芝加哥伊利诺伊大学荣退会计教授，中国财政部财政科学研究所研究生部特聘教授，中山大学中国公共管理研究中心研究员。

2001

刘剑文、熊伟:《中国预算法的发展与完善刍议》,载《行政法学研究》,2001年第4期,第6—12页。

熊伟:《预算执行制度改革与中国预算法的完善》,载《法学评论》,2001年第4期,第133—139页。

2002

李燕:《适时修改〈预算法〉的几点建议》,载《中央财经大学学报》,2002年第1期,第47—49页。

唐丽华:《关于适当修改〈预算法〉的几点建议》,载《哈尔滨金融高等专科学校学报》,2004年9月,第37—38页。

2003

陈炜等:《关于完善〈预算法〉若干问题的思考》,载《改革纵横》,2003年12月,第7—9页。

郭志强:《浅析〈预算法〉存在的主要问题》,载《改革纵横》,2003年11月,第12—14页。

顾宗瑜:《〈预算法〉存在的问题及修改思路》,载《财政研究》,2003年第12期,第16页。

刘文峰:《从预算执行审计中的问题谈修订〈预算法〉的必要性》,载《中国审计》,2003年第15期,第47—48页。

裴志江、刁秋雨:《完善〈预算法〉的几点思考》,载《科学中国人》,第58—59页。

徐志、林学富:《〈预算法〉编制与贯彻中存在的偏差及其纠正》,载《现代财经》,2003年第11期,第53—57页。

杨树琪：《对〈预算法〉运行中几个问题的思考》，载《云南财贸学院学报》，2003年第6期，第45—48页。

张丽华等：《预算法的修订：财政预算体制改革的迫切需要》，载《云南财贸学院学报》，2003年第1期，第41—43页。

张丽华等：《预算法的修订：依法行政、依法理财的迫切要求》，载《经济问题探索》，2003年第11期，第73—77页。

2004

高培勇：《我们期待一部怎样的预算法？》，载《经济》，2004年5月，第55页。

高培勇：《我们期待一部怎样的预算法？》，载《新理财》，2004年5月，第14页。

高培勇、马蔡琛：《中国政府预算的法治化进程：成就、问题与政策选择》，载《财政研究》，2004年第10期，第11—14页。

华国庆：《预算法两个基本问题的再探讨》，载《法学杂志》，2006年第2期，第60—62页。

林洪昌：《〈预算法〉实施、调整、改革及深化——关于〈预算法〉及相关法规的理论思考》，载《云南财贸学院学报》，2004年第2期，第44—46页。

林洪昌：《〈预算法〉执行中几个问题的思考》，载《云南财贸学院学报》，2004年第1期，第76—78页。

林洪昌：《〈预算法〉执行中几个问题的思考》，载《教育财会研究》，2004年第2期，第8—16页。

李刚、祝儒志：《〈预算法〉中存在的问题集其他》，载《财会通讯》，2004年第12期，第67页。

邢会强：《程序视角下的预算法——兼论〈中华人民共和国预算法〉之修订》，载《法商研究》，2004年第5期，第25—32页。

杨舜娥执笔：《修改和完善现行〈预算法〉的若干建议》，载《经济研究参考》，2004 年第 26 期，第 7—17 页。

张丽华等：《预算法的修订：市场经济和公共财政的客观要求》，载《云南财贸学院学报》，2004 年第 1 期，第 63—67 页。

2005

何灵：《论现行〈预算法〉中存在的时间问题》，载《中国审计报》，2005 年 6 月，第 1—2 页。

李杰云：《现行〈预算法〉存在的主要问题及修订建议》，载《金融财经》，2005 年 1 月，第 98—103 页。

林雄：《从新〈征管法〉看如何完善现行〈预算法〉》，载《涉外税务》，2005 年第 8 期，第 65—66 页。

麦方、李夏：《对〈预算法〉增加预算公开条款的思考》，载《广东行政学院学报》，2005 年 4 月，第 86—89 页。

庞凤喜：《论地方财权的确立及预算法的完善》，载《扬州大学税务学院学报》，2005 年 9 月，第 1—6 页。

王忠厚执笔：《关于修改〈预算法〉的若干建议》，载《前沿》，2005 年第 2 期，第 139—143 页。

王世涛：《〈预算法〉的修改与预算监督法律制度的完善》，载《经济问题研究》，2005 年 3 月，第 91—94 页。

王世涛、安体富：《预算的法理控制——兼论〈预算法〉的修改》，载《财贸经济》，2005 年第 6 期，第 28—32 页。

王延春：《〈预算法〉修改建言：超收收入先审后用》，载《经济观察报》，2005 年 3 月。

张平等：《部门预算改革与〈预算法〉之完善初探》，载《现代财经》，2005 年第 1 期，第 73—76 页。

2006

鲁超、化炜:《预算法原则研究》, 载《绥化学院学报》, 2006 年第 4 期, 第 35—37 页。

宋晨:《预算法基本原则刍议》, 载《黑龙江对外经贸》, 2006 年第 11 期, 第 46—48 页。

徐义刚:《"主义—原则—制度":我国修订〈预算法〉的路径选择》, 载《大庆师范学院学报》, 2006 年 1 月, 第 65—67 页。

俞光远:《关于修订完善预算法的主要看法和建议》, 载《人大研究》, 2006 年第 10 期, 第 29—33 页。

袁孝宗:《公共财政理念与中国预算法完善》, 载《广西政法管理干部学院学报》, 2006 年 9 月, 第 23—30 页。

2007

龚婷婷:《从预算法的理念谈中国预算法的完善》, 载《法制与社会》, 2007 年 10 月, 第 325—326 页。

郭维真:《预算法原则再思考》, 载《福建法学》, 2007 年第 2 期, 第 19—22 页。

王霞:《论预算听证——兼谈〈预算法〉的修改》, 载《前沿》, 2007 年第 3 期, 第 112—114 页。

郗建荣:《预算法"超期服役"审计监督难治屡犯——根治预算违法违规尚需根本之策》, 载《法制日报》, 2007 年 6 月。

杨团团:《关于完善〈预算法〉中预算收支平衡原则的思考》, 载《法制与社会》, 2007 年 8 月, 第 580 页。

张炜:《试论〈预算法〉的理念及修改方向》, 载《法制与社会》, 2007 年 12 月, 第 331—332 页。

朱建璋:《人大财政预算监督的难点及困境》, 载《资料通讯》,

2007 年第 2 期, 第 31—34 页。

2008

白志刚、韩东平:《公共预算立法决策现状分析与对策》,载《学术交流》,2008 年第 3 期,第 46—48 页。

陈建宁:《浅谈预算法的修订和完善问题》,载《会计之友》,2008 年第 12 期,第 78—79 页。

陈玲霞、温艳:《预算公开原则之于预算法:思考与建议》,载《河北理工大学学报》,2008 年 5 月,第 33—35 页。

邓淑莲:《地方政府该不该发债?——对〈预算法〉修订的一点思考》,载《上海财经大学学报》,2008 年第 3 期,第 59—63 页。

厉征:《2008 年:预算法和转移支付法有望进入立法程序》,载《中国税务报》,2008 年 1 月。

李炜光:《〈预算法〉修订的突破效应》,载《双周刊》,2008 年第 17 期,第 45—47 页。

刘佳:《论我国预算法的修改——从中央与地方财政权的划分入手》,载《时代经贸》,2008 年 2 月,第 79—80 页。

刘守刚:《将〈预算法〉修订为真正的法律》,载《上海财经大学学报》,2008 年第 3 期,第 61—63 页。

徐曙娜:《谈〈预算法(修订草案)〉中"预算调整"的相关规定》,载《上海财经大学学报》,2008 年第 3 期,第 56—63 页。

王雍君:《论〈预算法〉修订的核心原则》,载《首都经济贸易大学学报》,2008 年第 6 期,第 60—65 页。

2009

陈华:《论以公共财政理念完善我国预算法》,载《海峡科学》,2009 年第 10 期,第 49—51 页。

陈申申等：《让人大看好人民的"钱袋子"——学者谈预算程序和预算法改革思路》，载《中国改革》，2009年第4期，第67—69页。

陈正武：《预算法预备费应对自然灾害有关法律问题思考》，载《经济体制改革》，2009年第5期，第44—50页。

邓淑莲等：《关于中国〈预算法〉修订的若干重大问题研究——基于预算纵向关系视角的研究》，载《财政研究》，2009年第9期，第56—57页。

苟燕楠：《反思〈预算法〉：目标、实践与原则》，载《贵州社会科学》，2009年第5期，第77—81页。

华国庆：《预算法的理念与中国预算法的完善》，载《法学论坛》，2009年7月，第86—92页。

蒋勇：《从预算执行乱象谈预算法的修订与完善》，载《鸡西大学学报》，2009年第6期，第54—55页。

马蔡琛：《论中国〈预算法〉的修订问题》，载《云南社会科学》，2009年第6期，第92—96页。

王晓阳：《我国预算立法过程的制度设计原理初探》，载《现代财经》，2009年第1期，第14—18页。

王雍君：《中国〈预算法〉的修订：精神、理念和核心命题》，载《经济社会体制比较》，2009年第2期，第79—84页。

徐永胜、吴维：《我国现行预算法存在的问题及修订建议》，载《财政研究》，2009年第5期，第29—31页。

2010

洪亮：《关于预算法修改的六点建议》，载《江淮法治》，2010年第13期，第54—55页。

蒋洪、温娇秀：《预算法修订：权力与职责的划分》，载《上海财经大学学报》，2010年2月，第70—76页。

刘小川：《构建〈预算法〉修订基本框架指导思想探析》，载《上海财经大学学报》,2010年第1期,第77—81页。

马国贤:《我国预算法修订中的难题与破解路径》,载《铜陵学院学报》,2010年第2期,第3—7页。

徐阳光:《我国〈预算法〉修改中的预算编制权与审批权》,载《团结》,2010年第2期,第23—26页。

叶姗:《前置性问题和核心规则体系研究——基于"中改"〈中华人民共和国预算法〉的思路》,载《法商研究》,2010年第4期,第125—134页。

周骞:《我国〈预算法〉存在的问题与完善建议》,载《河南师范大学学报》,2010年7月,第126—128页。

致 谢

本书编者特别感谢陈立齐教授在项目的策划、启动和执行过程中的指导。中山大学政治与公共事务管理学院院长、中国公共管理研究中心主任马骏教授为本项目的组织和出版提供了全方位的支持。这里还要特别鸣谢中央编译出版社贾宇琰女士，正是因为她的高效工作，本书才能及时和读者见面。最后，编者要感谢所有参加本次学术研讨会并且为本书赐稿的作者。

图书在版编目(CIP)数据

构建中国公共预算法律框架/牛美丽,马蔡琛主编.
—北京:中央编译出版社,2012.11
ISBN 978 - 7 - 5117 - 1467 - 1

Ⅰ.①构…

Ⅱ.①牛… ②马…

Ⅲ.①预算法 - 研究 - 中国

Ⅳ.①D922.210.4

中国版本图书馆 CIP 数据核字(2012)第 174796 号

构建中国公共预算法律框架

出 版 人	刘明清
出版统筹	谭 洁
策划编辑	贾宇琰
责任编辑	李小燕
责任印制	尹 珺
出版发行	中央编译出版社
地 址	北京西城区车公庄大街乙 5 号鸿儒大厦 B 座(100044)
电 话	(010)52612345(总编室) (010)52612340(编辑室)
	(010)66161011(团购部) (010)52612332(网络销售)
	(010)66130345(发行部) (010)66509618(读者服务部)
网 址	www.cctphome.com
经 销	全国新华书店
印 刷	北京瑞哲印刷厂
开 本	787 毫米×960 毫米 1/16
字 数	390 千字
印 张	27.25
版 次	2012 年 11 月第 1 版第 1 次印刷
定 价	79.00 元

本社常年法律顾问:北京市吴栾赵阎律师事务所律师 闫军 梁勤
凡有印装质量问题,本社负责调换。电话:(010)66509618